读史札记

种道群 著

中国文史出版社

图书在版编目（ＣＩＰ）数据

读史札记 / 种道群著. -- 北京：中国文史出版社，2023.11

ISBN 978-7-5205-4483-2

Ⅰ.①读… Ⅱ.①种… Ⅲ.①史学—文集 Ⅳ.①K0-53

中国国家版本馆CIP数据核字(2023)第227593号

责任编辑：戴小璇　　詹红旗

出版发行：中国文史出版社
社　　址：北京市海淀区西八里庄 69 号院　　邮编：100142
电　　话：010- 81136606　81136602　81136603（发行部）
传　　真：010-81136655
印　　装：廊坊市海涛印刷有限公司
经　　销：全国新华书店
开　　本：787×1092　1/16
印　　张：39
字　　数：490 千字
版　　次：2024 年 7 月北京第 1 版
印　　次：2024 年 7 月第 1 次印刷
定　　价：98.00 元

《读史札记》自序

　　今人喜谈国学，但闻古人之名，辄俯焉叹阻，所恨生不与之同时，未获聆其绪言，睹其行事。然古圣贤之言行皆载在简编，可考而知也。予每见人于圣贤言理谈道之书，一见辄倦，再见即思睡矣，惟稗官野史，津津不厌。予质性疏鲁，虽亦嗜学，然于道望洋，殊未有得。少壮之时，未敢萌分外一念，今已古稀，白驹过隙，忧从中来，辄藉卷帙以自遣耳。于是日事操觚，上自帝王名流，下至山泽隐逸，乃至倡伎艺人，凡其言行可采录者，率猎收而纪之。至若风雅澹词，山林逸事，以及邮亭歌咏之章，间阎谐谑之语，间亦记之而不弃，盖以为足可启人之才思也。所录者，大而缥缃之所纪，小而刍荛之所谈。其幽人雅士于月户芸窗，抚琴吟咏间，袖出一编，用资谈柄，不诚下酒物哉？或谓前贤生平大节固多，岂独藉此一端而记之哉？窃以为就此一端，乃如颊上之毫，睛中之点，传神正在阿堵也。

　　嗟乎，予敢好事哉。私幸于残年方得少闲，驱策毫墨，观书悦志，以此自足耳。自以为所书者，皆有裨于世道人心，而无怪诞不经之说。惟学之不能纯，乃降而出于此，良自愧也。至于稽考之多疏，论说之鲜当，则望世之君子刊正其失焉。

　　　　　　　　　　　　　　昭阳单阏清明，种道群书于处州二涯陋室

目　录

卷　一

卷　二

卷 四

卷 六

卷 七

卷　八

卷　九

卷　十

卷　一

白发诗

自古骚客伤怀，喜书白发以寄兴，李太白诗云"君不见高堂明镜悲白发，朝如青丝暮成雪。"孟浩然诗云"白发催年老，青阳逼岁除"。王维诗云"宿昔朱颜成暮齿，须臾白发变垂髫"。辛稼轩词云"了却君王天下事，赢得生前身后名。可怜白发生"。范仲淹诗云"羌管悠悠霜满地，人不寐，将军白发征夫泪"。苏轼词云"谁道人生无再少，门前流水尚能西。休将白发唱黄鸡"。人生迟暮，悲悯复生，亦人之常情也。

《说郛》载人咏镊鬓诗云："劝君莫镊鬓毛斑，鬓到斑时也自难。多少朱门年少客，被风吹上北邙山。"北邙山多墓，秦吕不韦，汉光武刘秀，西晋司马氏，南朝陈后主，南唐李后主，杜工部，颜真卿皆葬于此也。故王建诗云："北邙山头少闲土，尽是洛阳人旧墓。"余见袁简斋《随园诗话》云："唐人诗曰'欲折垂杨叶，回头见鬓丝'。又曰'久不开明镜，多应为白头'。皆伤老之诗也。不如香山作壮语曰'莫道桑榆晚，余霞尚满天'。"古今咏白发者，余独爱杜牧《送隐者》所云："无媒径路草萧萧，自古云林远市朝。公道世间惟白发，贵人头上不曾饶。"又有清佚名《和查为仁悼亡诗》云："逝水韶华去莫留，漫伤林下失风流。美人自古如名将，不许人间见白头。"此又另一番议论矣。

《本事诗》之误

唐孟棨《本事诗·征异》载：宋考功以事累贬黜，后放还，至江南。游灵隐寺，夜月极明，长廊吟行，且为诗曰："鹫岭郁岧峣，龙宫隐寂寥。"第二联搜奇思，终不如意。有老僧点长明灯，坐大禅床，问曰："少年夜夕久不寐，而吟讽甚苦，何耶？"之问答曰："弟子业诗，适偶欲题此寺，而兴思不属。"僧曰："试吟上联。"即吟与之，再三吟讽，因曰："何不云'楼观沧海日，门听浙江潮'？"之问愕然，讶其遒丽。又续终篇曰："桂子月中落，天香云外飘。扪萝登塔远，刳木取泉遥。霜薄花更发，冰轻叶未凋。待人天台路，看余度石桥。"僧所赠句，乃为一篇之警策。

迟明更访之，则不复见矣。寺僧有知者，曰："此骆宾王也。"之问诘之，曰："当敬业之败，与宾王俱逃，捕之不获。将帅虑失大魁，得不测罪，时死者数万人，因求戮二人者，函首以献。后虽知不死，不敢捕送，故敬业得为衡山僧，年九十余乃卒。宾王亦落发，遍游名山，至灵隐，以周岁卒。当时虽败，且以匡复为名，故人多护脱之。"

自孟棨《本事诗》后，《太平广记》《郡斋读书记》《唐诗纪事》《唐才子传》皆采缀之，后世言其事者广也。然细考之问行迹，此事诚属谬误矣。文曰："宋考功以事累贬黜，后放还，至江南。游灵隐寺。"查子问生平，凡贬黜事三：神龙元年，贬泷州参军，后逃归洛阳，起为鸿胪主簿。景龙三年，贬越州长史。景云元年，由越州长史贬流钦州，先天时玄宗赐其死。三次贬黜均未有"贬还"之事。又文中骆宾王称之问为"少年"，考其外贬已过知天命年，则断非少年矣。《四库全书总目提要》卷一四九集部别集类《骆丞集提要》亦辩其误云："孟棨《本事诗》则云宾王落发，遍游名山。宋之问游灵隐寺作诗，尝为续'楼观沧海日，门对浙江潮'之句。今观集中与宋之问踪迹甚密，在江南则有投赠之作，在兖州则有饯别之章，宜非不相识者，何致觌面失之？"《临海集》收有赠宋诗三首，即《在江南赠宋五之问》《在兖州饯宋之问》《送宋五之问得凉字》。诗称之问为"故人"，可见非泛泛之交，焉有觌面不识之理？是知孟棨亦未细考子问生平，而以传闻书之也。

唱和诗用韵

诗人唱和之作，唐之前无用同韵者。宋叶梦得《玉涧杂书》云："唐以前人和诗，初无用同韵者，直是先后继作耳。顷看《类文》，见梁武《同王筠和太子忏悔》诗，云'仍取筠韵'，盖同用'改'字十韵也。诗人以来，始见有此体。"至唐律诗兴，方有和诗诸般用韵之则也。

宋刘攽《中山诗话》云："唐诗赓和，有次韵，有依韵，有用韵。"夫次韵者，又谓步韵，即用原韵原字，且次第皆须类也。依韵者，又谓同韵，即二诗须同属一韵，然不求其用原字也。所谓用韵者，即以原诗之韵字而不求其次第也。

《洛阳伽蓝记》载王肃妻谢氏《赠公主诗》："本为簿上蚕，今作机上丝。得路逐胜去，颇忆缠绵时。"公主代肃答云："针是贯绵物，目中恒任丝。得帛缝新去，何能纳故时。"二诗赠答皆用丝、时二韵。可知曹魏之时即有和诗依原韵者也。

朝云诗

朝云者，东坡之侍妾也，字子霞，吴郡钱唐人也。坡公谪居惠州，朝云随之。绍圣三年卒，年三十有四，葬于栖禅寺东南。朝云本乐籍中人，聪颖灵惠，善歌舞，东坡爱幸之，然坡公集中余未见言其善诗者。《双槐岁钞》言朝云之诗，殊为奇尔，真伪不可辨，而其诗固亦清丽，录之以为谈谑耳。

《岁钞》云：洪武中，西庵孙典籍仲衍赟，号岭南才子，工于集句，叙所作《朝云诗一百韵》。叙曰："庚戌十月，余与二客自五仙城泛舟游罗浮，道出合江，访东坡白鹤峰遗址，还，舣舟西湖小苏堤下，夜登栖禅寺，留宿精舍。时薄寒中人，霜月如昼，山深悄无人声。二客卧僧榻上，余独散步东廊，壁光皎洁若雪，隐约有字，急呼小奚童，篝灯读之，字体流丽飞动，似仿卫夫人书法。诗凡十首，皆集古语而成者。"又录其诗云：

其一曰："家住钱塘东复东，偶来江外寄行踪。三湘愁鬓逢秋色，半壁残灯照病容。艳骨已成兰麝土，露华偏湿蕊珠宫。分明记得还家梦，一路寒山万木中。"

其二曰："妾本钱塘江上住，双垂别泪越江边。鹤归华表添新冢，鞋蹴飞花落舞筵。野草怕霜霜怕日，月光如水水如天。人间俯仰成今古，只是当时已惘然。"

其三曰："三生石上旧精魂，化作阳台一段云。词客有灵应识我，碧山如画以逢君。花边古寺翔金雀，竹里春愁冷翠裙。莫向西湖歌此曲，清明时节雨纷纷。"

其四曰："东望望春春可怜，江蓠漠漠荇田田。绕篱野菜飞黄蝶，糁径杨花铺白毡。云近蓬莱长五色，鹤归华表已千年。梦回明月生南浦，泪血染成红杜鹃。"

其五曰："浮云漠漠草离离，泪湿春衫鬓脚垂。秋水为神玉为骨，芙蓉如面柳如眉。钟随野艇回孤棹，蝉曳残声过别枝。青冢路边南雁尽，问君何事到天涯。"

其六曰："身前身后事茫茫，恼断苏州刺史肠。猿带玉环归后洞，君骑白马傍垂杨。鹤群长绕三珠树，花气浑如百和香。惭愧情人远相访，为郎憔悴却羞郎。"

其七曰："孤月无情挂翠峦，金炉香烬漏声残。云收雨散知何处，鬓乱钗横特地寒。去日渐多来日少，别时容易见时难。明朝有约谁先到，青鸟殷勤为探看。"

其八曰："杏花疏雨立黄昏，金屋无人见泪痕。短鬓欲星愁有效，此身虽异性常存。关门不锁寒浮水，环佩空归月夜魂。倚柱寻思倍惆怅，夜寒皱玉倩谁温。"

其九曰："万紫千红总是春，登临一度一思君。舞低杨柳楼心月，香沁梨花梦里云。风景苍苍多少恨，阴虫切切不堪闻。思君今夜肠应断，书破羊欣白练裙。"

其十曰："零落残魂倍黯然，一身憔悴对花眠。南园绿草飞蝴蝶，落日深山哭杜鹃。天若有情天亦老，月如无恨月长圆。此声肠断非今日，风景依稀似往年。"

其后复云"妾钱塘歌者，眉山苏长公妾也。"询之寺僧，则曰："寺南有王氏朝云之墓，今数百年矣。"噫，其事固荒诞不经，余诵其诗多取先人句，其风度则与《疑雨》诗类也。

丑男作丽人艳歌

余新得书韵楼巾箱本《玉台新咏》，宣笺生香，套印活色，枕边吟之，颇可把玩。

其书传世既久，徐陵为之序。夫为诗人作序者，当言其诗，而徐孝穆绝不言诗，专咏"丽人"，谓其"真可谓倾国倾城，无对无双者也。加以天时开朗，逸思雕华。妙解文章，尤工诗赋"。"其佳丽也如彼，其才情也如此。""往世名篇，当今巧制，分诸麟阁，散在鸿都，不借篇章，无由披览。于是然脂暝写，弄笔晨书，撰录艳歌，凡为十卷。"自谓"曾无忝于雅颂，亦靡滥于风人。"其言虽非虚语，然于两汉唐宋文以载道之辈言，岂非有风雅沦亡之叹焉？

《玉台》十卷皆为艳歌，然大半乃"丑男"之作，细寻其迹，"丽人"所书者鲜矣。徐孝穆全系于"倾国倾城，无对无双者"之"丽人"之下，不知其意如何也。抑或既为"艳歌"则出于"丽人"方愈香艳耶？"丽人"而能"倾国倾城，无对无双"，方愈美满耶？尤为不解者，斯书既传，则人皆可咏，而其复云："至如青牛帐里，余曲既终，朱鸟窗前，新妆已竟；方当开兹缥帙，散此绦绳，永对玩于书帷，长循环于纤手。"以此而论，则斯书专于掖庭之内矣。

徐孝穆以香艳之心而为香艳之文，其序可谓古今第一香艳之序也。

传习诗赋杖一百

宋叶梦得《石林燕语》云："及第必有赐诗，惟莫俦一榜不赐。政和末，御史李彦章言：'士大夫多作诗，有害经术。'自陶渊明至李、杜，皆遭诋斥，诏送敕局立法。何丞相执中为提举官，遂定命官习诗赋杖一百。故是榜官家不赐诗而赐箴。未几，知枢密院吴居厚，喜雪御筵进诗，称口号。是后上圣作屡出，士大夫亦不复守禁。或问何立法之意，何无以对，乃曰：'非谓今诗，乃旧科场诗耳。'作诗获罪，乃至于杖，诚事之绝可笑者。"其《避暑录话》又云："何丞相伯通适领修敕令，因为科云：'诸士庶传习诗赋者杖一百。'是岁冬初雪，太上皇意喜，吴门下居厚首作诗三篇以献，谓之口号，上和赐之。自是圣作时出，讫不能禁，诗遂盛行于宣和之际。伯通无恙时，或问初设刑名将何所施，伯通无以对，曰：'非谓此诗，恐作律赋，省题诗害经术尔。'"

此事亦见于俞荫甫《茶香室丛钞》，然传习诗赋者杖一百，且入于刑律，此事太过奇异，后世皆以奇闻相传，实乃元祐党争之延也。南宋葛立方《韵语阳秋》云："荆公以诗赋决科，而深不乐诗赋。熙宁四年，既预政，遂罢诗赋专以经义取士，盖平日之志也。"及司马温公执政，科举复以诗赋。"元祐五年，侍御史刘挚等谓治经者专守一家，而略诸儒传记之学，为文者惟务训释，而不知声律体要之词。遂复用诗赋。"至徽宗即位，御史李彦章上疏，谓诗为元祐学术，"承望风旨，遂上章论陶渊明，李杜而下皆贬之，因诋黄鲁直、张文潜、晁无咎、秦少游等，请为科禁。"

呜呼，元祐党争，斯人俱已逝而党争未息，不亦悲乎？

垂泪对宫娥

李后主《破阵子》词，弃比兴而全用赋，以情驱动，一抒悲情，痛快淋漓，后世褒贬异说不一，皆因"最是仓皇辞庙日，教坊犹奏别离歌，垂泪对宫娥"句也。

苏轼《东坡志林》卷四云："后主既为樊若水所卖，举国与人，故当恸哭于九庙之外，谢其民而后行，顾乃挥泪对宫娥，听教坊离曲哉。"自坡公此论出，考其事实而论之者不绝也。宋洪迈《容斋随笔》承其意谓"予观梁武帝启侯景之祸，涂炭江左，以致覆亡。乃曰：'自我得之，自我失之，亦复何恨。'其不知罪己亦甚矣。"

宋袁文《瓮牖闲评》则以为其词乃后人附会之作。其云："余谓此决非后主词也，特后人附会之耳。观曹彬下江南时，后主预令宫中积薪，誓言：'若社稷失守，当携血肉以赴火。'其厉志如此。后虽不免归朝，然当是时更有甚教坊，何暇对宫娥也。"

清尤侗《西堂杂俎》又云："东坡谓后主既为樊若水所卖，举国与人，故当恸哭于九庙之外，谢其民而后行，何仍挥泪对宫娥，听教坊离曲？然不独后主然也。安禄山之乱，明皇将迁幸。当是时，渔阳鼙鼓惊破霓裳，天子下殿走矣，犹恋恋于梨园一曲，何异挥泪对宫娥乎？后主尝寄旧宫人书云：'此中日夕只以眼泪洗面。'而旧宫人人掖庭者手写佛经为李郎资福，此种情况，自是可怜。乃太宗以'小楼昨夜又东风'置之死地，不犹炀帝以'空梁落燕泥'杀薛道衡乎？"

清毛先舒《南唐拾遗记》谓："案此词或是追赋。倘煜是时犹在作词，则全无心肝矣。至若挥泪听歌，特词人偶然语。且据煜词，则挥泪本为哭庙，而离歌乃伶人见煜辞庙而自奏耳。"

清王士禛编《五代诗话》引《希通录》：项羽夜闻汉军四面皆楚歌，泣数行下。歌曰："力拔山兮气盖世，时不利兮骓不逝。骓不逝兮可奈何，虞兮虞兮奈若何。"《东坡志林》载李后主去国之词云"四十年来家国"。东坡谓后主当恸哭于九庙下，谢其民而行，却乃挥泪宫娥，听教坊离曲哉。歌辞凄怆，同归一揆。然项王悲歌慷慨，犹有喑呜叱咤之气；后主直是养成儿女态耳。

清梁绍壬《两般秋雨庵随笔》卷二又云："讥之者曰仓皇辞庙，不挥泪于宗社而探泪于宫娥，其失业也宜矣，不知以为君之道责后主，则当责之于垂泪之日，不当责于亡国之时。若以填词之法绳后主，则此泪对宫娥挥为有情，对宗社挥为乏味也。此与宋蓉塘讥白香山谓忆妓多于忆民，同一腐论。"

嗟乎，后主之词乃追赋之词，至若"垂泪对宫娥"语，岂必当时之景耶？辞庙之时当哭，闻教坊离曲焉能无泪？以后主性情，亦合之矣。梁绍壬以为讥之者为"腐论"，是以其不明词赋之笔矣。

慈禧书画多代笔

慈禧传世书画颇多，然多为代笔也。《清代野记》载："光绪中叶以后，慈禧忽怡情翰墨，学绘花卉，又学作擘窠大字。常书福寿等字以赐嬖幸大臣等。思得一二之代笔妇人不可得，乃降旨各省督抚觅之。会四川有官眷缪氏者，云南人，夫宦蜀死。子亦孝廉。缪氏工花鸟，能弹琴，小楷亦楚楚，颇合格，乃驿送之京。慈禧召见，面试之，大喜，置诸左右，朝夕不离，并免其跪拜。月俸二百金，又为其子捐内阁中书。缪氏遂为慈禧清客，世所称缪老太太者是也。间亦作应酬笔墨售于厂肆，予曾见之，颇有风韵。自是之后，遍大臣家皆有慈禧所赏花卉扇轴等物，皆缪氏手笔也。"

缪氏字素筠，昆明人，适同邑陈氏。清末陶农部有诗咏其曰："八方无事畅皇情，机暇挥毫六法精。晨翰初成知得意，宫人传唤缪先生。"今人郭沫若氏尝亦有诗云："苍天无情人有情，彩霞岂能埋荒井。休言女子非英物，艺满时空永葆名。"又有阮玉芬氏，字苹香，工花卉翎毛，入手即超然，妙于点染，亦入大内，供奉福昌殿。一时荣遇不亚于缪嘉蕙。

慈禧学琴

清同光间人张祖翼撰《清代野记》云："琉璃厂有琴工张春圃者，其为人戆直而朴野，以弹琴为士大夫所赏。慈禧欲学琴，闻其名，召入宫，授琴焉。据云，授琴之处，似是寝殿，正屋七大间，慈禧坐于极西一间，距西厢房甚近，弹琴处，即在西厢房。"

张春圃贫而性狷介，善琴，京师四九城抚琴者皆知之。春圃既入内，不跪，云："琴乃圣人所制，小人鼓琴可跪指，不敢跪膝。"太后遂命置琴凳焉。《野记》云："设琴七八具，金徽玉轸极其富丽，张取弹皆不合节，盖饰虽美而材则劣也，旋闻慈禧云：'可将我平日所用者付彼弹之。'内监以授张，一落指，觉声甚清越，连声赞曰'好琴好琴'。慈禧闻之，即命曰：'既他说好，即叫他弹罢。'于是竭其所长，似闻隐隐有赞美声。"

夫春圃为人狷介有志节，以贫为厂肆佣，而琴法甚工。当慈禧之召也，命内监传语曰："你好好用心供奉，将来为汝纳一官，在内务府差遣，不患不富贵也。"然其后绝迹未入宫。

或谓春圃所抚琴即"大圣遗音"也。是琴乃唐时雷氏所斫，神农式，金徽玉轸，蛇腹如牛毛断纹，鬃以栗色漆。圆滑形龙池，扁长圆形凤沼，腹内纳音微微隆起。琴背龙池上刻"大圣遗音"，池下刻"包含"印。龙池两旁隶书铭文"巨壑近秋，寒汀印月，万籁悠悠，孤桐飒裂"。此琴后为溥仪所用。民国间，王世襄得其琴，然已破败，尝嘱琴家管平湖修复。

嗟乎，春圃后终以贫死。一介琴人，轻富贵，避权势，贤于士大夫远矣。吾故表而记之。

杜陵不作海棠诗

清人车万育《声律启蒙》有句云"张骏曾为槐树赋，杜陵不作海棠诗。"诵者多不解少陵何不作海棠诗也。杜诗无咏海棠，唐人郑谷首发其疑，其《蜀中赏海棠》诗云："浓淡芳春满蜀乡，半随风雨断莺肠。浣花溪上堪惆怅，子美无心为发扬。"自注云："杜工部居西蜀，诗集中无海棠之题。"自此说出，千载而后诸说不可胜矣。

宋梅尧臣《海棠》诗云"要识吴与蜀，须看线海棠。燕脂色欲滴，紫蜡蒂何长。夜雨偏宜著，春风一任狂。当时杜子美，吟遍独相忘。"圣俞以为子美忘咏也。释了惠则云："见说家山富海棠，杜陵才短没篇章。"竟谓子美才短。王十朋则以为子美未曾相识海棠，其诗云："杜陵应恨未曾识，空向成都结草堂。"杨万里亦附其说，谓"岂是少陵无句子，少陵未见欲如何？"独陆放翁以为子美当有所咏，皆散佚耳。其《海棠》诗云："贪看不辞持夜烛，倚狂直欲擅春风。拾遗旧咏悲零落，瘦损腰围拟未工。"

宋人《古今诗话》"海棠诗"条则谓"杜子美母名海棠，子美讳之，故杜集中绝无海棠诗。"此说持论甚正，然子美母名海棠，亦无可考，取之传闻耳。

又有婺州王柏，以为子美之不咏海棠，盖出于激愤，其《独坐看海棠二绝》其二云："沉香亭下太真妃，一笑嫣然国已危。当日杜陵深有恨，何心更作海棠诗。"宋释惠洪《冷斋夜话》载："上皇登沉香亭，诏太真妃子。妃子时卯醉未醒，命力士从侍儿扶掖而至。妃子醉颜残妆，鬓乱钗横，不能再拜。上皇笑曰：'岂是妃子醉，真海棠睡未足尔'。"其谓子美乃憎杨妃误国，而帝以海棠喻之，故不咏海棠也。

子美未咏海棠，固有其因也。人之心思岂必尽为外人所可知者哉？盛名之下，无私情也。而其未咏海棠则又成一典，子美之幸也。近读朱淑贞《海棠》诗云"曾比温泉妃子睡，不吟西蜀杜陵诗"，闺中怨妇亦知其事也。

古琴无节拍

琴曲本古乐，元李治《敬斋古今注》云："诸乐有拍，惟琴无拍。琴无节奏，节奏虽似拍，而非拍也。前贤论今琴曲，已是郑卫，若又作拍，则淫哇之声，有甚于郑卫者矣。故琴家谓迟亦不妨，疾也不妨，所最忌者，惟其作拍。"李治所谓前贤者，东坡也。善哉斯言。琴乃上古乐器，其时所奏之乐，尚无节拍之理念。乐曲之所谓节拍，源于周代之《韶乐》。《韶乐》史谓舜乐，乃集诗、乐、舞合一之乐。《竹书纪年》载："有虞氏作《大韶》之乐。"《吕氏春秋·古乐篇》载："帝舜乃命质修《九韶》《六列》《六英》以明帝德。"夏商周三代一以《韶》为国之大典用乐。其乐既集诗、乐、舞而一，则必明其节奏，以相谐和，故云乐曲之节奏源于《韶》也。至汉乐府有"曲折"之说，所谓节拍亦在其中。自此，人不知古乐、雅乐之琴曲原为无节拍之乐也。唐人以胡笳十八拍变入琴曲，则李治所谓"甚于郑卫"之"淫哇"也。今人赏瑶琴，每有指其不合节拍者，不知上古之琴曲固无节拍。又有按减字谱而复以近代西洋之简谱附之者，其远古之琴乐又甚矣。

余尝观祭孔之礼，有演《韶乐》者，虽亦诗、乐、舞合一，然其所用之乐器则违于古制也。古制《韶乐》，所用概以八音，今人以琵琶、胡琴入之，更甚者有以西人之器入之，谬也。其咏歌尤误，古《韶乐》有所谓"钟鼓一声，歌更一字"之说，今人不谙其理矣。

古人诗赋好数词

古人为文好用数词，清汪中《述学》内篇卷一云："一奇二偶，一二不可以为数，二乘一则为三，故三者，数之成也，积而至十则复归于一。十不可以为数，故九者数之终也。于是先王之制礼，凡一二所不能尽者，则以三为之节，三加三推之属是也。三之所不能尽者，则以九为之节，'九章''九命'之属是也，此制度之实数也。"

《诗经》雅、颂之什，以"什"为单位编录。唐陆德明谓："歌诗之作，非此一人，篇数既多，故以十篇，编为一卷，名之为什。"（《经典释文》卷六）大雅《荡之什》，周颂《闵予小子之什》虽实为十有一，盖因"此存一篇"，故权统之耳。

先秦诗赋，屈原《离骚》有《九歌》《九章》，宋玉有《九辩》，王褒有《九怀》，刘向有《九叹》，王逸有《九思》，盖以九篇为一组也。

西汉枚乘，以七为类。其《七发》介于诗、文之韵文也，亦以七篇为数，所谓"七体"者是也。其后则有东方朔作《七谏》，曹子建作《七启》，傅毅作《七激》，张衡作《七辩》。宋洪迈《容斋随笔》卷七云："枚乘作《七发》，创意造端，丽旨腴词，上薄骚些，盖文章领袖，故为可喜。"然枚乘以七数而作文，盖有其因也。《尚书·尧典》谓舜帝"在璇玑玉衡以齐七政"，"七政"亦谓"七正"，乃谓红日白月金木水火土七星也，七星高悬，光照人间，此枚乘取七之意也。

古冢败棺斫琴

今人论琴多以百年陈木为佳，为其木性燥也，然斫琴之材岂唯燥者为佳焉？沈括《梦溪笔谈·乐律》载：

琴虽用桐，然须多年木性都尽，声始发越。予曾见唐初路氏琴，木皆枯朽，殆不胜指，而其声愈清。又尝见越人陶道真畜一张越琴，传云古冢中败棺杉木也，声极劲挺。

窃谓古冢之棺，尸腐而浸之，殆不可谓其燥也，而存中称之，是以后人多有疑之者，古冢之棺木果斫琴佳材乎？余尝闻西人制梵婀玲，其取材虽亦以杉木，然其木既需温润多岁，复需暴晒经年，一湿一燥，不可或缺。噫，中西之器虽异，琴理一也。南宋赵希鹄《洞天清录集》云：

昔吴钱忠懿王能琴，遣使以廉访为名，而实物色良琴。使者至天台，宿山寺，闻瀑布有声止于帘外，晨起视之，瀑布涂石处，正对一屋柱，而柱且向日。私念曰：若是桐木，则良琴在是矣。以刃削之，果桐也。即赂寺僧易之，取阳向二琴材，驰驿以问，乞俟一年斫之。既成，献钱忠懿王，一曰"洗耳"，二曰"清绝"，遂为旷代之宝。后钱氏纳土太宗庙，二琴归御府。

赵氏宗室子，《宋史·世系表》列于燕王德昭房下，盖太祖之后，其记诚可信也。其言瀑布者，湿也；其言向日者，晒也。一湿一干，遂成斫琴良材。是故，存中之记不谬也。

自古斫琴之人多喜神其技。若"西蜀雷氏"威名天下，言雷威斫琴取材，宿林中听松涛之声而辨良木。《后汉书》记蔡邕"吴人有烧桐者，邕闻火烈之声，知其良木，因请而裁为琴，果有美音，而其尾犹焦"。人谓蔡邕独具通天巨眼，是以后人不奇焦尾，不奇洗耳、清绝，而奇斫琴之人矣。

旧传古冢中棺木可入药，称古椁板。《本草拾遗》云：（古椁板）古冢中棺木也，弥古者佳，杉材最良，千岁者通神，作琴底。

鼓琴传情

人皆以琴为雅乐，实乃郑卫之声也。余阅元杂剧及诸宫调多以琴为男女传情之器，或以琴通意，或以琴诉情，万般风情尽付诸七弦矣。

溯其源，司马相如之琴挑卓文君当为始作俑者。《玉台新咏》载司马相如《琴歌》，其序云："司马相如游临邛，富人卓王孙有女文君新寡，窃于壁间窥之，相如鼓琴，歌以挑之。"长卿所鼓者，《凤求凰》也。

唐时元微之书《莺莺传》，道及张生求莺莺弹琴，莺莺心绪不宁，曲不成声，为其情爱之状。微之云："及期，又当西去。当去之夕，不复自言其情，愁叹于崔氏之侧。崔已阴知将诀矣，恭貌怡声，徐谓张曰'始乱之，终弃之，固其宜矣。愚不敢恨。必也君乱之，君终之，君之惠也。则没身之誓，其有终矣。……君尝谓我善鼓琴，向时羞颜，所不能及。今且往矣，既君此诚。'因命拂琴，鼓《霓裳羽衣序》，不数声，哀乱不复知是曲也。左右皆歔欷。崔亦遽止之，投琴，泣下流连。"

金、元时人董解元据《莺莺传》写《会真记》，俗为《董解元西厢记》，卷三红娘曰"莺莺稍习音律，酷好琴阮。今见先生囊琴一张，想留心积有日矣。如果能之，莺莺就见之策，尽在此矣"。【仙吕调】【恋香衾】

"这七弦琴便是大媒人"。

王实甫《北西厢》第二本"崔莺莺夜听琴"写张君瑞"琴呵，小生与足下湖海相随数年，今夜这一场大功，却在你这神品、金徽、玉轸、蛇腹、断纹、峄阳、焦尾、冰弦之上。天哪，却怎生借得一阵顺风，将小生这琴声吹入俺那小姐玉琢成、粉捏就、知音的耳朵里去者"。莺莺闻张生琴声，因而【圣药王】"他那里思不穷，我这里意已通，娇莺雏凤失雌雄；他曲未终，我意转浓，争奈伯劳飞燕各西东；尽在不言中。"君瑞转而弹《凤求凰》，直听得莺莺感到"其词哀，其意切，凄凄如鹤唳天，故使妾闻之，不觉泪下。"

元高则成有《琵琶记》，写蔡伯喈与赵五娘情爱故事，其"琴诉旧情"折云：（贴）相公，对此夏景，弹个风入松倒好。（生）这个却好。（弹琴介）（贴）相公，你弹错了。（生）呀，我弹个思归引出来。（贴）怎地定风么那，我却知道你今操琴，只管这般卖弄怎地？（生）不是，这弦不中弹。（贴）这弦怎地不中？（生）当原是旧弦，俺弹得惯。这是新弦，俺弹不惯。（贴）旧弦在哪里？（生）旧弦撇了多时。（贴）为甚撇了？（生）只为有这新弦，便撇了旧弦。（贴）怎地有把新弦撇了？（生）便是新弦难撇。【桂枝香】危弦已断，新弦不惯。旧弦再上不能，我待撇了新弦难拼。一弹再鼓，又被宫商错乱。

明末高濂有《玉簪记》写书生潘必正与尼姑陈妙常相爱故事。妙常乘月明弹琴，必正寻琴声寻访，必正鼓《雉朝飞》，妙常抚《广寒游》，情意愈合，必正遂以情挑之。【懒画眉】"妙常连日茸茸俗事，未曾整此冰弦。今夜月明风静，水殿生凉，不免弹潇湘水云一曲。"必正闻之则"步虚声度许飞琼，乍听还疑别院风。凄凄楚楚那声中，谁家夜月琴三弄，细数离情曲未终。"于是乎【生作弹】吟云："雉朝雏兮清露，惨孤飞兮无双。念寡阴兮少阳，怨鳏后兮彷徨。"

噫，琴者情也，情者琴也，才子佳人心中，焉有别乎？元微之假《莺莺传》云："登徒子非好色者，是有淫行耳。余真好色者，而适不我值。何以言之？大凡物之尤者，未尝不流连于心。是知其非忘情者也。"斯言善矣。

海棠虽好不吟诗

宋陈严肖《庚溪诗话》卷下载："东坡谪居齐安时，以文笔游戏三昧。齐安乐籍中李宜者，色艺不下他妓。他妓因燕席中有得诗曲者，宜以语讷，不能有所请，人皆咎之。坡将移临汝，于饮饯处，宜哀鸣力请。坡半酣，笑谓之曰：'东坡居士文名人，何事无言及李宜？恰似西川杜工部，海棠虽好不吟诗'。"

《春渚纪闻》卷六亦载："先生在黄日，每有燕集，醉墨淋漓，不惜与人。至于营妓供侍，扇书带画，亦时有之。有李琪者，小慧而颇知书札，坡亦每顾之喜，终未尝获公之赐。至公移汝郡，将祖行，酒酣，奉觞再拜，取巾乞书。公顾视久之，令琪磨砚，墨浓，取笔大书云：'东坡七岁黄州住，何事无言及李琪？'即掷笔袖手，与客笑谈。坐客相谓：'语似凡易，又不终篇，何也？'至将撤具，琪复拜请。坡大笑曰：'几忘出场。'继书云：'恰似西川杜工部，海棠虽好不吟诗。'一座击节，尽醉而散。"

两书所记虽人事略异，然言杜子美居蜀久而不赋海棠诗则同。清之蒙学书《声律启蒙》"四支"有句"海棠春睡早，杨柳昼眠迟。张骏曾为槐树赋，杜陵不作海棠诗。"是以杜工部不书海棠诗乃成一典也。《古今诗话》云："杜子美母名海棠，子美讳之，故杜集中绝无海棠诗。"然余寻之唐人诗集，李太白、孟浩然、韩退之、柳宗元、白居易、元稹诸人亦无赋海棠者，岂亦避讳者焉？

夫盛唐之前，海棠未为人所重也。赏海棠之风实始于晚唐，至宋时方有

《海棠记》《海棠谱》行于世。故宋人多有咏海棠者。李易安词云："试问卷帘人，却道海棠依旧。"东坡《黄州寒食帖》云："卧闻海棠花，泥污燕支雪。"《海棠》诗云："东风袅袅泛崇光，香雾空蒙月转廊。只恐夜深花睡去，故烧高烛照红妆。"陆放翁居蜀时，其《成都行》诗云："成都海棠十万株，繁华盛丽天下无。"《海棠歌》云："碧鸡海棠天下绝，枝枝似染猩猩血。蜀姬艳妆肯让人，花前顿觉无颜色。"放翁甚喜海棠，至有句云："绿章夜奏通明殿，乞借春阴护海棠。"

自晚唐始，后世赋海棠者未为绝也，以至《石头记》大观园中亦有"海棠诗社"之佳话矣。

韩愈鸟名入诗

唐人赋诗，鸟兽虫鱼万物皆可入诗，然后人不知，以致误读其诗。韩退之《游城南十六首赠同游》诗云："唤起窗全曙，催归日未西。无心花里鸟，更与尽情啼。""唤起""催归"，宋彭乘《墨客挥犀》卷七以谓"唤起，催归二禽名也。"

南宋魏庆之《诗人玉屑》卷六云："唤起窗全曙，催归日未西。无心花里鸟，更与尽情啼。"山谷曰：吾儿时每哦此诗，而了不解其意。自谪峡川，吾年五十八矣，时春晚，忆此诗，方悟之。"唤起""催归"二鸟名若虚设，故人不自觉耳。古人于小诗用意精深如此，况其大者乎？催归，子规鸟也；唤起，声如络纬，圆转清亮，偏于春晓鸣，亦谓之春唤。冷斋升按：此诗"唤起""催归"固是二鸟名，然题曰赠同游者，实有微意。盖窗已全曙，鸟方唤起，何其迟也；日犹未西，鸟已催归，何其蚤也。岂二鸟无心，不知同游者之意乎？更与我尽情而啼，早唤起而迟催归可也。

前辈诗人赋诗，用意殊深，若非见《玉屑》所言，余亦不解矣。是知读前人诗赋，切不可率尔解之矣。

何来六经之首

今人讲《易》者，每每以"《易》为六经之首"而自高，然所谓六经者，乃六种书籍耳，何来尊卑之分焉？

六经之说，源于《庄子·天下》篇："《诗》以道志，《书》以道事"，《礼》以道行，《乐》以道和，《易》以道阴阳，《春秋》以道名分。马迁《史记·滑稽列传》云："六艺之于治，一也。《礼》以节人，《乐》以发和，《书》以道事，《诗》以达意，《易》以神化，《春秋》以道义。"考之前人典籍，言六艺六经者所述次第有二：《诗》《书》《礼》《乐》《易》《春秋》，此一也；《易》《书》《诗》《礼》《乐》《春秋》，此二也。如是之分，实乃今文家与古文家经学之争也。

夫以《易》列于六经之首者，以为六经乃周公旧典，故依其制作先后为次第：《易》之八卦乃伏羲所画，故列为首；《书》之首篇为《帝典》，记尧舜之事，故列为二；《诗》之《豳风·七月》为周末去豳迁岐之作，《商颂》为商之郊祀乐章，故列为三；《礼》《乐》乃周公所制，故列为四、五；《春秋》乃孔丘就鲁史修成，故列为六。以《诗》六经之首者，以为六经乃孔子所作，用以教化，故依其浅深而为次第：《诗》《书》乃文字教育，故列之为首；《礼》乃束约人之行为，《乐》乃陶冶人之品性，故列于其次；《易》明阴阳之变、天人之际；《春秋》为孔子讲政治，假褒贬旧事以示微言大义，此二书非初学者可涉，故列之于末。

夫庄周之述六经，重其道也；马迁之述六经，重其治也，岂以次第而别其尊卑焉？

讥孟诗

金庸《射雕英雄传》书黄药师有诗云："完廪捐阶未可知，孟轲深信亦还痴。岳翁方且为天子，女婿如何弟杀之。"其诗实为北宋李觏所书。觏字太伯，不拘汉唐诸儒旧说，推理经义，独抒己见，为一时儒宗也。其说后为范仲淹"庆历新政"之据，亦为王荆公"变法"之渊。《坚瓠甲集》卷四载其事又谓某士子所作。云：

宋李太伯觏贤而有文章，素不喜佛，不喜孟子，好饮酒。一日，有达官送酒数斗，太伯家酿亦熟，一士无计得饮，乃作诗数首骂孟子云："完廪捐阶未可知，孟轲深信亦还痴。岳翁方且为天子，女婿如何弟杀之。"又："乞丐何曾有二妻，邻家焉得许多鸡。当时尚有周天子，何必纷纷说魏齐。"太伯见诗大喜，流连数日，所与谈莫非骂孟子也。无何酒尽，乃辞去。

宋时盛疑经、改经、删经之风，多有重释经义者，李觏亦一代大儒，然其于先贤诸经亦持己见，非泥古者也。完廪捐阶，古之所传；乞丐二妻及邻人攘鸡事，夫子假以为喻耳，太伯岂不知者焉？东邪亦非礼法者，故查氏假太伯诗于其也。

集句诗

集前人之诗句而成诗始于宋。初，采诸各家之经典，所谓"百家衣"者也。渐而专集一家，勒为一编，北宋末有李齐《集杜句》。自兹而降，蔚为大观。《东越文苑》卷四云：（李元白）"雅不喜应举言，而肆力于诗，宗之杜甫。初王安石作集句体，元白效之，以《集杜句》为一编行于世。"

夫缀集百家则其态各异，大要取其精工，专集一家则又别具奥窈也。李元白专集一家何以始于少陵，元代吴师道《陈氏〈凤髓集〉后题》云：

诗集句起近代，往往采拾诸家而间一为之，未有寻取一家之作而用之全编者也。文文山在羁囚中，始专集杜陵诗以发已意，咸谓创见。今观九华陈氏《凤髓集》，则知前乎己有此矣。夫杜陵之诗，浩博深宏，涵蓄万象，巨细无不有，而于古今之治乱得失，人情之舒惨戚忻，亦莫不散布毕陈。斯人乃能融液贯穿，排比联合，大篇短章，词从句顺，宛然天成，积至数百首之多……其用心不既专且勤乎？

专集一人之句，多取其和谐耳。元好问首集陶渊明诗，虽欲隐之然五柳形影宛然，焉能去之耶？其《杂著五首》三云：

荣叟老带索，原生纳决履。邈哉此前修，久而道弥著。人生少至百，每每多忧虑。量力守故辙，余荣何足顾。栖迟固多娱，几人得其趣。

其妙处非一味以陶集陶，自欲于难处而出巧，人读之虽知为陶，然此陶非他陶，似曾相识燕归来焉。善盗如斯，不亦奇乎。

王荆公首创集句诗，游戏耳，后人效之竟成一体，亦非其可预之也。今人有不识集句诗者，误以为集者所作，盖读书寡也。

禁体诗

欧阳永叔《六一诗话》载："有进士许洞者，善为词章，俊逸之士也。因会诸诗僧分题，出一纸，约曰：'不得犯此一字。'其字乃山、水、风、云、竹、石、花、草、雪、霜、星、月、禽、鸟之类，于是诸僧皆阁笔。"

后世谓之禁体诗者也。

赵翼《陔馀丛考》卷二十三云："禁体诗始于欧阳公守汝阴日。因小雪会饮聚星堂赋诗，约不得用玉月梨梅练絮白舞鹅鹤等字。欧公所云'脱遗前言笑尘杂，搜索高寒窥冥漠'者也。"宋哲宗时，东坡守颍州，因祷雪于张龙公获应，亦举此体，其末云："汝南先贤有故事，醉翁诗话谁能说。当时号令君听取，白战不许持寸铁。"所云乃欧公故事也。

夫禁体诗者，禁例略为不得以常见名状体物字入诗，故亦谓之"禁物诗""禁字诗"也。永叔，东坡天人也，诚可弃俗字而状物，岂凡人可为之哉？余观夫今之赋诗者，多以常见字状物，则又流于俗矣。

九言诗

九言诗传为三国魏主曹髦始创。萧统《文选序》云："自炎汉中叶，厥途渐异。退傅有在邹之作，降将著河梁之篇，四言、五言区之别矣。又少至三字，多则九言，各体互兴，分镳并驱。"

南朝宋谢庄有《明堂歌》九首，依五行数，或三言，或五言，或六言，或七言，其《歌白帝》为九言，诗曰：

百川如镜天地爽且明，云冲气举德盛在素精。

木叶初下洞庭始扬波，夜光彻地翻霜照悬河。

庶类收成岁功行欲宁，浃地奉渥馨宇承秋灵。

自唐律体行，后世多五七言律，鲜有九言者。元天目山僧明本尝有《九字梅花》诗，明杨慎依其题作九言诗，云：

玄冬小春十月微阳回，绿萼梅蕊早傍南枝开。

折赠未寄陆凯陇头去，相思忽到卢仝窗下来。

歌残水调沉珠明月浦，舞破山香碎玉凌凤台。

错恨高楼三弄叫云笛，无奈二十四番花信催。

赵翼《陔馀丛考》谓之为"九言律"，其诗实乃四五言之合耳。吟诵之中，虽亦有抑扬顿挫之感，终未及五七言之高山流水矣。故后世鲜有效之者，或有作之亦游戏尔。

《乐经》存亡

六经虽有其名，然《乐经》未见其书，汉武之时即言五经也。古文家以为《乐经》原有是书，惜亡于秦火。六经乃周公旧典，焉有无其书之理？斯说固言之成理，然自经秦火燔书，坑灰灭后五经复出，独缺《乐经》者何？吾人今日可见先秦传至汉时典籍，绝无一言及《乐经》者，岂不怪哉。而今文家则谓本无《乐经》其书，似可信也。或曰《乐》乃《诗》之乐谱耳，其据引《论语·子罕》，"吾自卫反鲁，然后乐正，雅颂各得其所"。夫子之说可知古之"乐"与《雅》《颂》关联甚密，然亦未可确知六经之《乐》即《诗》之乐谱也。

夫由《仪礼》《礼记》观其用乐，其礼甚备且详。《仪礼·燕礼》载：

小臣纳工，工四人，二瑟。小臣左何瑟，面鼓，执越，内弦，右手相入，升自西阶，北面东上坐。小臣坐授瑟，乃降。工歌《鹿鸣》《四牡》《皇皇者华》。

又《礼记·乡饮酒义》：

工入，升歌三终，主人献之。笙入三终，主人戏之。间歌三终，合乐三终。工告乐备。遂出。一人扬觯，乃立司正焉。知其能和乐而不流也。

由是观之，《诗》之乐谱非即《乐》也。

李白律诗不合律

　　太白享诗仙之誉，然其律诗多有不合律处。盖其性洒脱，为诗则恣意挥洒，飘逸不羁。故其诗多古风、乐府而少律诗也。赵翼《瓯北诗话》谓："青莲集中古诗多律诗少。五律尚有七十余首，七律只有十首而已。"若《黄鹤楼送孟浩然之广陵》"故人西辞黄鹤楼，烟花三月下扬州。孤帆远影碧空尽，唯见长江天际流"。"故人"之"人"，"烟花"之"花"皆为平声，一二句不当黏而黏。《登金陵凤凰台》"凤凰台上凤凰游，凤去台空江自流。吴宫花草埋幽径，晋代衣冠成古秋"。"凤去"为仄仄，"吴宫"为平平，失之于黏也。细究太白律诗，其例尚多。

　　盛唐诗人，律诗失对失黏者亦非鲜见。盖诗人兴之所至，不欲为律节制，而非不知律也。韦应物《滁州西涧》"独怜幽草涧边生，上有黄鹂深树鸣。春潮带雨晚来急，野渡无人舟自横"。"春潮""上有"一平一仄，失之于黏也。

　　元白先生尝言："唐以前的诗是长出来的，唐诗是嚷出来的，宋诗是想出来的，宋以后的诗是仿出来的。如果勉强再分，明人诗可为抢出来的（几派来回打架）。"先生谓唐诗乃"嚷"出，窃谓其言唐人作诗出之天性，性之所至则若人之畅言，但凡尽兴，口不择言，岂囿于诗律哉。至于宋以后诗，或想或仿，其律严谨，而失之天性。是故唐诗不可越也。

李贺诗多毁厕中

李长吉唐之诗鬼也，然存世之篇什绝少，仅二百四十余，人多惜之矣。唐清河张固撰《幽闲鼓吹》云："李藩侍郎尝缀李贺诗，为之集序未成。知贺有表兄与贺笔砚之旧者，召之见，托以搜访所遗。其人致谢，且请曰：'某尽记其所为，亦见其多点窜者，请得所葺者视之，当为改正。'李公喜，并付之，弥年绝迹。李公怒，复召诘之。其人曰：'某与贺中外自小同处，恨其傲忽，常思报之。所得兼旧有者，一时投于溷中矣。'李公大怒，叱出之，嗟恨良久。故贺篇什流传者少。"

鸣呼，诗鬼之作竟入厕中，不亦千古奇事哉？李长吉卒于唐宪宗元和十一年，年仅二十有七，其存世二百余皆佳作，未谓少也。论诗者岂可以其多寡论之焉。放翁存世诗近万，佳作亦百余耳；弘历之作更逾万数，而绝无一佳者。是诗不可以多寡论之焉。余每见今人作诗，日可数篇，而无一可卒读者，其焉可谓之诗耶？

律诗之言

诗有三言、五言、七言、杂言之别，言者，字也，故五言诗句五字，七言诗句七字。然考之典籍，言非字也。《说文·言部》："言，直言曰言，论难曰语。"《论语·乡党》："食不语，寝不言。"邢昺疏："直言曰言，答难曰语。"朱熹集注"自言曰言"。《论语·为政》："子曰：《诗》三百，一言以蔽之，曰：思无邪。"此一言谓一句解也。《论语·子路》"一言可以兴邦，有诸？"是一言亦谓一句也。然亦有以一言为一字解者。《卫灵公》："子贡问曰：'有一言而可以终生行之者乎？'子曰：'其恕乎。己所不欲，勿施于人。'"则一言训为一字也。窃谓诗之以一字为一言者，本于此也。

买画改名

世之购画者莫不以其名重而藏之，然清季有购马士英丹青者则易其名款，亦异事也。

马士英，字瑶草，贵阳人，明末内阁首辅。甲申变后，与史可法、高弘图等拥立福王朱由崧为帝，是为弘光帝。《明史·马士英传》载："南明弘光朝亡后次年，士英与长兴伯吴日生俱擒获，诏俱斩之。"以评其"为人贪鄙无远路，复引用大铖，日事报复，招权罔利，以迄于亡。"自孔尚任《桃花扇》行于世，人尤鄙其也。

清杨复吉《梦阑琐笔》云："马士英善绘山水，得之者改其名曰冯玉瑛。"盖士英既为世所鄙，骨董家凡得其画幅，皆易题款为秦淮好郎冯玉瑛，人遂以兼金购之也。《画征录》谓士英"画法倪（瓒）、黄（公望），颇足以与思翁（董其昌）、龙友（杨文骢）肩随"。是可知其画之善也。

清樊增祥有《菩萨蛮》词题其《千峰夕照图》云："桃花扇底虫沙劫，南都乔木伤心色。残照下西岑，难为瑶草心。 天边百雁过，金粉江山破。莫污女郎名，江南冯玉瑛。"又有《抚马瑶草山水扇因题》诗云："艺苑人人说贵阳，功名文采两郎当。只今淡墨残山里，不及桃花压扇香。"分明讥其不如女妓李香君矣。近人黄协埙《鹤窠村人诗稿》诗云："烟云苍古笔纵横，秽史流传世其轻。徼幸江南冯玉瑛，千秋红粉著才名。"既赏其才，复惜其人焉。

清末俞樾亦有诗讥其云："君子虽争没世名，流芳贻臭要分明。曹蜍李志皆千古，莫使人更冯玉瑛。"

宁王知琴音

唐郑綮《开天传信记》载："西凉州俗好音乐，制新曲曰《凉州》，开元中列上献。上召诸王便殿同观。曲终，诸王贺，舞蹈称善，独宁王不拜。上顾问之，宁王进曰：'此曲虽嘉，臣有闻焉：夫音者，始于宫，散于商，成于角、徵、羽，莫不根柢橐櫜于宫、商也。斯曲也，宫离而少徵，商乱而加暴。臣闻宫，君也；商，臣也。宫不胜则君势卑，商有余则臣事僭，卑则逼下，僭则犯上。发于忽微，形于音声，播于歌咏，见之于人事。臣恐一日有播越之祸，悖逼之患，莫不兆于斯曲也。'上闻之默然。及安史作乱，华夏鼎沸，所以见宁王审音之妙也。"

夫凉州古雍州也。《晋书·地理志》"汉改雍州为凉州"。《乐苑》谓"凉州宫词曲，开元中，西凉都督郭知远所进"。宁王乃唐睿宗长子，以皇位让于玄宗，封宁王。史传其于西域龟兹乐章见解独到，能诗晓音律。宋时刘基《郁离子》言师旷论音，与宁王所论类也。其云："晋平公作琴，大弦与小弦同，使师旷调之，终日不能成声。公怪之。师旷曰：'夫琴，大弦为君，小弦为臣，大小异能，合而成声，无相夺伦，阴阳乃和。今君同之，失其统矣。夫岂瞽师所能调哉？'"

夫闻琴而知乱，宁王岂神人耶？窃谓安史之拥兵重镇，震主之势人多警之，惟明皇溺之不悟耳。宁王假凉州曲而欲警醒之也。惜上终不悟。

弄瓦诗

古时贺人生男谓"弄璋之喜"，生女谓之"弄瓦之喜"，皆谓可贺之事也。后或释"璋"为玉，释"瓦"为土瓦，则以女为贱，窃谓其误甚矣。《说文》谓"瓦，土器已烧之总名"。段玉裁注云："瓦，谓已烧者也。凡土器未烧之素皆谓之坏，已烧皆谓之瓦。"瓦者，古为纺车之件，凡生女之家，冀其长而善女红，故谓之弄瓦也。后人不辨其意，以为玉石贵而土瓦贱，弄瓦者，轻之也。

苏洵尝连得二女，其友刘骥赋《弄瓦诗》戏之云："去岁相邀因弄瓦，今年弄瓦又相邀。弄来弄去还弄瓦，令正莫非一瓦窑。"清人褚人获《坚瓠丙集》载："无锡邹光大连年生女，俱召翟永龄饮。翟作诗云：'去岁相招云弄瓦，今年弄瓦又相招。寄诗上覆邹光大，令正原来是瓦窑。'"是宋之后皆以瓦为土瓦也。窃谓既为贺人之辞，岂有以贱物作喻之理？《诗·小雅·斯干》云："乃生女子，载寝之地，载衣之裼，载弄之瓦。"周振甫先生释瓦为"纺线锤"，得本义也。后世之所以释瓦为土瓦者，男尊女卑之风使之然也，当非不明字义者也。

骈文名句

欧阳修《集古录跋尾》卷五《唐德州长寿寺舍利碑》云："右德州长寿寺舍利碑，不著书撰人名氏。碑武德中建，而所述乃隋事也。其事迹文辞皆无取，独录其书尔。余屡叹文章至陈隋，不胜其弊，而怪唐家能臻致治之盛，而不能遽革文弊，以为积习成俗，难以骤变。及睹斯碑，有云'浮云共岭松张盖，明月与岩桂分丛。'乃知王勃云'落霞与孤鹜齐飞，秋水共长天一色。'当时士无贤愚，以为警绝，岂非其余习乎？"

文忠公斯言善矣。北朝庾信有"落花与芝盖齐飞，杨柳共春旗一色"。陈隋遗风，唐初沿习难除，故唐初人为文，多喜骈俪也。余寻之初唐士子文赋，似王勃句者多矣。陈子昂云"残霞将落日交晖，远树与孤烟共色"。骆宾王《冒雨寻菊序》云："参差远岫，断云将野鹤俱飞；滴沥空庭，竹响共雨声相乱。"又《上瑕丘明府启》云："飙金将露玉共清，柳黛与荷绸渐歇。"云："缧衣将素履同归，廊庙与江湖齐致。"可知当时士人皆习此等语也。且勃如此语不独见于《滕王阁序》，其《山亭记》亦曰："长江与斜汉争流，白云将红尘并落。"

夫《文选》所收骈文，及晋、宋间集，似王勃此等句随处可见。如刘孝标、王仲宝、陆士衡、江文通之流，往往喜作此等语。至中唐时，李商隐尚有"青天与白水环流，红日共长安俱远"之句。然后世独崇王勃之句，未解以何，而勃亦以斯句垂世。是知人之有幸与不幸，文亦有幸与不幸矣。

琴棋书画并说起于唐初

今人言士人之雅则必谓"琴棋书画"，甚而以"诗酒花茶"为之续，誉之谓"八雅"，窃以为谬也。

夫琴棋书画四物，其源远矣，合而并说则源于唐初何延之《兰亭记》。其述太宗搜求王右军《兰亭序》真迹事，言及僧人辨才云："辨才博学工文，琴棋书画皆得其妙。"唐宣宗大中年间，张彦远著《历代名画记》，收何延之言，后世遂沿此说也。夫辨才之书得之于智永真传，而智永乃王羲之七世孙，故亦因于右军矣。

至若后世以"诗酒花茶"附之，续貂之言也。盖诗者，言志者也；酒者，助兴者也；花者，欣赏者也；茶者，品尝者也。"琴棋书画"四者，士人修身养性之佐也。吾国士人文化素以"六艺"为本，以修齐治平为志，它如琴棋书画者，养其浩然正气之佐物耳，不可以末为本焉。

琴人与诗人

七弦乃古雅之乐器，故文士骚客多喜之，古之擅诗者多喜与善琴者游。唐开元、天宝间，有琴人董庭兰者，陇西人，善七弦及西域龟兹古乐筚篥。时琴界皆行沈家声、祝家声，庭兰遂师从凤州参军陈远古，习沈、祝两家之声调，且以己技长之《胡笳》翻为琴谱。时西域胡声极盛，朝野间尽喜胡乐，是以抚七弦者鲜也。庭兰以胡笳乐翻而为琴曲，其声名一时代之沈、祝也。董庭兰清贫，高适谓其"丈夫贫贱应未足，今日相逢无酒钱"。薛易简谓其"庭兰不事王侯，散发林壑者六十载。"方其时，士大夫以诗名世者多有与之游。李颀有《听董大弹胡笳声兼寄语弄房给事》诗云：

蔡女昔造胡笳声，一弹一十有八拍。

胡人落泪沾边草，汉使断肠对归客。

古戍苍苍烽火寒，大荒沉沉飞雪白。

先拂商弦后角羽，四郊秋叶惊摵摵。

……

空山百鸟散还合，万里浮云阴且晴。

嘶酸雏雁失群夜，断肠胡儿恋母声。

此言胡笳声，谓《胡笳弄》也，乃按胡笳声调翻为琴曲者，故庭兰乃抚七弦琴而非吹胡笳也。

高适诗名重于一时，素与庭兰善，有《别董大二首》诗云：

千里黄云白日曛，北风吹雁雪纷纷。

莫愁前路无知己，天下谁人不识君。

六翮飘飖私自怜，一离京洛十余年。

丈夫贫贱应未足，今日相逢无酒钱。

相交之深，显于语辞。崔珏有《席间咏琴客》诗云：

七条弦上五音寒，此艺知音自古难。

唯有河南房次律，始终怜得董庭兰。

庭兰为曲唯求新，每谱一曲必"费尽构思"，以为必如此方能使曲"音律句读，弗类他声"。其喜西湖之山水，"暇则屏居萧寺，卧起禅榻。弄弦作响，木叶纷坠；冷风而来，薄寒中衣，蝶庵俯而思，仰而啸"。至若于琴理见解尤胜于常人。以为《高山》《流水》音出自然，妙目入神，倘配以辞，则音滞带。他如《赤壁》《滕王》原为琴歌，可取文谐音，故抚曲不能"舍文而就音"也。

董庭兰，世俗间一琴师耳，而其名既盛，则谤亦随矣。唐史谓其为房琯所昵，数通贿谢，为有司劾治，而房公由此罢去。杜子美亦尝云："庭兰游琯门下有日，有曰贫病之老，依倚为非，琯之爱惜人情，一至于玷污。"而薛易简称庭兰不事王侯，散发林壑者六十载，貌古心远，意闲体和，抚弦韵声，可以感鬼神矣。

天宝中，给事中房琯，好古君子也。庭兰闻义而与之游，当房公为给事中也，庭兰已出其门。至若赂谢之事，吾疑谮琯者为之，而庭兰朽耄，岂能辨释？遂被恶名焉。

清人改太白诗

唐诗宋词虽脍炙人口之篇章，校之前朝文本则多有差异，故读前人诗文当校勘异同，方得窥其真面目也。

李太白《静夜思》人皆耳熟能详，即幼稚小儿亦能朗朗上口，似为定本。余偶读《李太白集》卷六，"乐府三十八首"，其文为：

"床前看月光，疑是地上霜。举头望山月，低头思故乡。"查之《全唐诗》，宋人郭茂倩，《乐府诗集》亦复如是。而《唐诗三百首》、沈德潜编《唐诗别裁集》、《唐宋诗醇》文本则为：

"床上明月光，疑是地上霜。举头望明月，低头思故乡。"

可知今人所见文本实自清始。余揣度清人之改太白诗，因其与五言绝格律难合故也。殊不知太白原作即为乐府诗，乐府诗者，入乐演唱之诗也，"看"与"望"，"月光"与"山月"，同义重复又有何妨？《诗》三百皆可入乐，乐府诗为唱辞，观之汉乐府、白香山之新乐府，其辞回环往复，辞章重沓，不可以律诗视之也。清人改太白诗，意以其诗归之五言绝也。

却金诗

余邑处州城东念里有"却金馆"，宋时驿也。传明宣德间何文渊知温州，离温经此，有永嘉县丞遣子率众遗以金，何坚拒之，弃金于驿而别。后人题驿名曰"却金馆"。文渊知温政声甚佳，离温赋诗云："作郡焦劳短鬓蓬，承恩又待大明宫。行囊不载温州物，唯有民情满腹中。"

明王錡《寓圃杂记》卷二载吴讷事与吴文渊事类，云：吴文肃公讷为御史时，巡按贵州回，三司遣人赍黄金百两，追送至夔府，公不起封，就题其上还之。诗云："萧萧行李向东还，要过前途最险滩。若有赃私并十物，任他沉在碧波间。"廉而不激如此。讷字敏德，号思庵，江苏常熟人。英宗四年致仕，居室简陋，巡抚周忱欲缮之，讷谢拒之。日布衣蔬食，殉，谥"文恪"。

沈约诗犯声病

窃谓为文之道，言之易而行之难也。沈休文创四声之说，声律入于诗文，永明之体既行，至唐方成近体规矩，功德不可没矣。其论诗愈有"八病"之说，谓"平头、上尾、蜂腰、鹤膝、大韵、小韵、旁钮、正钮"者，其说玄妙，今人多不识何物也。其创四声八病之诗学，然时人甄琛讥其诗亦多有犯。

夫沈休文之四声说，乃源于转读佛经，非古而有之。日僧遍照金刚《文镜秘府论·四声论》云：

魏定州刺史甄思伯（琛字），一代伟人，以为沈氏《四声谱》，不依古典，妄自穿凿，乃取沈君少时文咏犯声处以诘难之。又云："计四声为纽，则天下众声无不入纽，万声万纽，不可止为四也。"

甄思伯之诘难沈约，乃"取沈君少时文咏"，岂不知沈休文少时亦未谙四声，焉能以后来之说征之于其少时耶？至于谓其"不依古典，妄自穿凿"，沈休文作《答甄公论》辩之曰：

昔神农重八卦，无不纯立四象，象无不象，但能作诗。无四声之患，则同诸四象。四象既立，万象生焉；四声既周，群声类焉。经典史籍，唯有五声，而无四声。然则四声之用，何伤五声也？五声者，宫商角徵羽，上下相应，则为乐声四矣；君臣民事物，五者相得，则国家治矣。作五言诗者，善用四声，则讽咏而流靡；能达八体，则陆离而华洁。明各有所施，不相妨废。昔周孔所以不论四声者，正以春为阳中，德泽不偏，即平声之象；夏草木茂盛，炎炽如火，即上声之象；秋霜凝木落，去根离本，即去声之象；冬天地闭藏，万物尽收，即入声之象。以其四时之中合有其义，故不标出之耳。是以《中庸》云："圣人亦有所不知，匹夫匹妇犹有所知焉。"斯之谓也。

噫，沈氏既自以为"独得胸衿，穷其妙旨"，"骚人以来，此秘未睹"，复何需与甄氏作无谓辩焉？其辩以古之四时五声强作附会，自相矛盾，不亦谬乎？

六朝时之文学繁密缘情，而北朝苏绰则倡行古文，魏收已则倡有用之文，颜之推则倡宗经载道之文也。隋文帝于"开皇四年，普诏天下公私文翰，并宜实录。其年九月，泗州刺史司马幼之，文表华艳，付有司治罪"。（李谔《上书文》）李谔尝作《上文帝论文体轻薄书》，以为"文笔日繁，其政日乱"，"捐本逐末，流遍华壤，递相师祖，久而愈扇"。然其既诟"竞骋文华""寻虚逐微"，而其《上文帝论文体轻薄书》正属"竞骋文华""寻虚逐微"之文体，是亦为后人笑者。

呜呼，天下事言之易而行之难，文艺之说亦复如是。近人胡适之百年前倡白话写作，其《改良文体刍议》，纯为旧日文言，为时人讥焉。

师涓造新曲以代古乐

今人鼓琴，皆喜古之传谱，以古乐为正声，殊不知今之古乐亦古之新声也。所谓古乐，岂有传之于三代者耶？然琴人好古之习自古相沿，非今而有之也。

春秋时，卫之师涓以善琴名于世，每有新作则必献于宫内，卫灵公甚喜之。《韩非子·十过》载：

昔者卫灵公将之晋，至濮水之上，税车而放马，设舍以宿。夜分，而闻鼓新声者而说之。使人问左右，尽报弗闻。乃召师涓而告之，曰："有鼓新声者，使人问左右，尽报弗闻。其状似鬼神，子为我听而写之。"师涓曰："诺。"因静坐抚琴而写之。师涓明日报曰："臣得之矣，而未习也，请复一宿习之。"灵公曰："诺。"因复留宿。明日，已习之，遂去之晋。晋平公觞之于施夷之台。酒酣，灵公起。曰："有新声，愿请以示。"平公曰："善。"乃召师涓，令坐师旷之旁，援琴鼓之。未终，师旷抚止之，曰："此亡国之声，不可遂也。"平公曰："此道奚出？"师旷曰："此师延之所作，与纣为靡靡之乐也。及武王伐纣，师延东走，至于濮水而自投。故闻此声者，必于濮水之上。先闻此声者，其国必削，不可遂。"

盖师涓之鼓者，采之于民间之风，固异于中原所谓雅声也。师旷以卫乐为亡国之声，且谓乃靡靡之乐，实乃古之雅乐与淫声之争也。《礼记·乐记》载魏文侯与子夏论乐，曰："吾端冕而听古乐，则惟恐卧；听郑卫之音，则不知倦。"是知郑卫之音实为世人所悦，惟不及庙堂耳。

晋王嘉《拾遗记》云："师涓出于卫灵公之世，造新曲以代古乐。蘧伯玉谏曰：'此虽以发扬气律，终为沉湎淫漫之音，无合于风雅，非下臣宜荐于君也。'灵公乃去其声而亲政务。师涓退而隐迹，蘧伯玉焚其乐器于九达之衢。"蘧伯玉卫之大夫也，与孔子游，为挚友也。孔子谓"郑声淫"，"恶郑声之乱雅乐也"。蘧伯玉以师涓之新曲无合于风雅，故斥之且焚其乐器矣。

然郑卫之乐，何以为淫声耶？《汉书·地理志》言"卫地有桑间濮上之阻，男女亦亟聚会，声色生焉，故俗称郑卫之音。"朱熹《诗集注》以诗考之，后世尽为之一也。其考云：

"郑、卫之乐，皆为淫声。然以诗考之，卫诗三十有九，而淫奔之诗才四之一，郑诗二十有一，而淫奔之诗已不翅七之五。卫犹为男悦女之辞，而郑皆为女惑男之语。卫人犹多刺讥惩创之意，而郑人几于荡然无复羞愧悔悟之萌。是则郑声之淫，有甚于卫矣。故夫子论为邦，独以郑声为戒而不及卫，盖举重而言，固自有次第也。"

呜呼，今之鼓琴者，每有以古谱以为雅乐，殊知宋之后制曲者亦多采之于民间之风，岂孔子所谓雅乐者焉？

诗　板

唐人尚诗，李杜元白之作每风行海内，吟诵不绝，然其时手抄笔录实属不易，况一诗出何以见于世哉？是诗板之功也。

唐人喜游，每于寺庙楼观之处留其诗，即于驿站旅途亦多喜赋诗寄兴。其作初则书于壁，然壁间几何？总为不便，是故有诗板焉。诗板者，专为题诗之木板也。五代王定保《唐摭言》卷十三"惜名"条载："李建州，尝游明州磁溪县西湖，题诗。后黎卿为明州牧，李时为都官员外，托与打诗板，附行纲军将入京。蜀路有飞泉亭，亭中诗板百余，然非作者所为。后薛能佐李福于蜀，道过此，题云：'贾掾曾空去，题诗岂易哉。'悉打去诸板，唯留李端《巫山高》一篇而已。"是知诗板乃士人自制，于出游时则携之备用。

诗板之风后世沿习，至清未绝。宋周辉《清波杂志》卷十载："辉顷随侍赵官上饶，舟行至钓台敬谒祠下，诗板留存，莫知其数。"唐张祜《题灵彻上人旧房》云："寂寞空门支道林，满堂诗板旧知音。"唐郑谷《送进士吴延保及第后南游》云："胜地昔年诗板在，清歌几处郡筵开。"《唐才子传·章八元》载："初，长安慈恩寺浮图，前后名流诗板甚多，八元亦题，有云：'却怪鸟飞平地上，自惊人语半天中'。"清马曰璐《哭并江太守》云："忍看闲房诗板在，暮帆驰影落平田。"盖自唐始，诗之题壁或诗板俱存，然以诗板为多，惜今不见其形矣。

诗　婢

郑康成诗婢事儒林中之佳话，人尽皆知也。《世说新语》载："郑玄家奴婢皆读书。尝使一婢，不称旨，将挞之，方自陈说，玄怒，使人曳泥中。须臾，复有一婢来，问曰：'胡为乎泥中？'答曰：'薄言往愬，逢彼之怒。'"清梁绍壬《两般秋雨庵随笔》卷三载查伊璜事，与之类也。其云："查伊璜孝廉家僮侍婢，解音律者十人，悉以'些'呼之，时称'十些'。有云些、月些二僮，尤聪俊，能记孝廉诗。乞书者命二些诵而书之，名曰'活锦囊'。"

查伊璜，字继佐，《明史纪事本末》云："湖州庄廷鑨作《明史》，以查伊璜刻入校阅姓氏。伊璜知，即检举学道，发查存案。"《清鉴》云："惟海宁查继佐，仁和陆圻，当狱初起先首告，谓廷鑨慕其名，列之参校中，得脱罪。"近人查良镛即其后，然人惟知其笔名金庸矣。

诗词与物候

诗词所赋多有涉物候者，物候者，以物而测时候也。《玉壶清话》卷五载："邢尚书昺，曹州农家子，深晓播殖。真宗每雨雪不时，忧形于色，责日官所定雨泽丰凶之兆，多或不中。昺因进《耒耜岁占》三卷，大有稽验，皆牧童村老岁月于畎亩间揣占所得。"盖农人据日悉物候而知雨雪之兆也。

诗人熟谙书卷，而鲜知物候，故于诗词间或有讹误者。近人竺可桢现代文明之科学家，然旧学深厚，乃吾国物候学之奠基者也。余阅其述物候之籍，多有指古人诗词之违于物候处，令人耳目一新。

白居易《潮》诗云："早潮才落晚潮来，一月周流六十回。"藕舫先生责其未求潮汐之精，盖潮汐一月非六十回也。顾炎武《日知录》亦记其事，谓"月大有潮五十八回，月小有潮五十六回。白居易北方人，不知潮候。"宋僧参寥子《咏荷花》诗"五月临屏山下路，藕花无数满汀洲"。藕舫先生以为杭州荷花五月尚未盛开，言"满汀洲"者，误也。

王之涣《凉州词》云："黄河远上白云间，一片孤城万仞山。羌笛何须怨杨柳，春风不度玉门关。"竺氏以为"黄河"当为"黄沙"，引王昌龄《从军行》"青海长云暗雪山，孤城遥望玉门关。黄沙百战穿金甲，不破楼兰终不还"。王维《送刘司隶赴安西》"绝域阳光道，胡尘与塞尘"。为证。

窃谓藕舫先生既入于科学之门，则凡事皆欲以科学之道而究之，然文学与科学，岂可类之矣。科学重实证，文学言形象，若以其道而究之，则自《诗》而李杜，其误俱存也。

诗人之言非有实

文士赋诗每喜夸张其辞，欲张其势耳。岂皆如米颠每书札书再拜则必亲身拜之耶。《唐诗纪事》述李远"宣宗朝，令狐绹荐远为杭州。宣宗曰：'我闻远有诗云：长日唯销一局棋，岂可临郡哉。'对曰：诗人之言，非有实也。仍荐远廉察可任，乃俞之"。温庭筠有《寄岳州李外郎远》诗云：

"含嚬不语坐待颐，天近楼高宋玉悲。湖上残棋人散后，岳阳微雨鸟来迟。早梅犹得回歌扇，春水还应理钓丝。独有袁宏正憔悴，一樽惆怅落花时。"此诗叙李远喜棋、爱酒，中二联叙其湖上弈棋，春江垂钓之闲情逸致。

《唐语林》亦载其事云："令狐绹进李远为杭州，上曰：'我闻李远诗云：长日惟消一局棋，何以临郡？'对曰：'诗人言，不足有实也。'仍荐廉察可任，乃许之。"

余查《全唐诗》李远有残句云："青山不厌三杯酒，长日惟消一局棋。"二说之句当本于此联。咏远之他诗亦无甚佳处，惟此一联佳耳，想当时即已传于人也，宣宗因人而言其句，想亦甚赏之矣。所谓"长日唯销一局棋，岂可临郡哉"。戏谑之言也。及其赴杭，上《谢上表》，左右曰："不足烦圣虑。"宣宗曰："远郡更无非时章奏，只有此《谢上表》，安知其不有情恳乎？吾不敢忽。"是知上实重远也。

宋时陆放翁亦尝假其句，则知其句传之于后世也。放翁《晨起》诗云："晨起梳头拂面丝，行年七十岂前期。此生犹著几两屐，长日惟消一局棋。空釜生鱼忍贫惯，闲门罗雀与秋宜。区区名义真当勉，正是先师戒得时。"诗人之赋辞，可知不足为实矣。

诗写怀抱

自古皆称诗言志，志者，修齐治平者耳，然诗岂尽言志者哉？《新世说》载，清初有王与敕者，字匡庐，"不恒为诗，每遇林皋清旷，襟抱悠然，辄复有作。诸子或请编录，王谕之曰：'吾写怀送抱，如弦之有音。所怀既往，则弦停音寂，何庸留此枝赘为耶？'"善哉斯言，诗为心声，抒胸中块垒耳，块垒既化，诗亦消矣，犹弦上之音，弦停而音止，无复存也。

匡庐亦清初学者，毛奇龄有五言排律《寄祝王匡庐先生七十初度》诗赠之。余见今人有喜诗者，日数首，年或千计，窃谓其何有如许怀抱焉，盖其直以文字堆砌耳，而如此之文字岂可谓之诗哉？或曰：吾之格律尽善也。而格律尽善岂必可谓之诗焉？诗无怀抱，则无兴发，既无己意，亦无感人，匡庐所谓枝赘者也。故观夫古之诗人，凡书数千近万之诗者，其可诵者数十或百余耳，唯此可诵者为其怀抱之言矣。放翁《剑南诗稿》可证之也。

诗言志亦言情

凡论诗者，一以"言志"说，盖舜帝之时即已谓"诗言志"也。（《尚书·虞书·舜典第二》）是故儒家诗论千载以来莫不沿此说，然何者为"志"，解说纷纭，后世训者多有异者也。

或训"诗言志"之"志"为"修齐治平"，此说论诗者多采之。近阅叶嘉莹先生论女性诗，其言及男子之诗，谓诗旧时乃男子之专利，女子鲜有涉及者，而男子之诗言志，修齐治平也。女子治于内，无关外事，故自古鲜有学诗者也。

夫志者，人生之抱负理想也。孔子以为"自天子以至于庶人，一是皆以修身为本"，（《礼记·大学四十二》）身修而后家齐，家齐而后国治，国治而后天下平，此即"诗言志"所言之志，故孔子谓《诗》之教化也。韩退之倡"文以载道"，亦如是说。然以此论，《诗》之三百篇岂皆言志者哉？清人袁子才云："'诗言志'……不可太拘，诗人有终身之志，有一日之志，有诗外之志，有事外之志，有偶然兴到、流连光景、即事成诗之志，志字不可看杀也。"（《再答李少鹤书》）袁子才诚不以诗言志为修齐治平，然如此泛言，则何者为志耶？兴之所至焉可为之志耶？孔子尝嘱学子"盍各言尔志"，虽各言己志，岂有"一日之志""偶然兴到""流连光景"之志焉？

《毛诗诂训传》谓"情动于中而形于言"；晋陆机《文赋》以为"诗缘情而绮靡"；汉何休则言之愈明，其曰："男女有所怨恨，相从而歌，饥者歌其食，劳者歌其事。"（《春秋公羊传疏》）

窃谓诗既言志亦言情也，欲发其志者，以诗而发其志；欲发其情者，以诗而发其情，并行不悖，相得益彰。况言志者何须一如修齐治平者耶？琴棋诗画，诗词歌赋，凡痴于其一而孜孜不息者，即其志之所在也，若其以诗而言之，岂非言其志乎？况言志而缘情于其中，言情而缘志于其中，不可分而言之也。

食粥诗

陆放翁有《食粥》诗云："世人个个学长年，不信长年在目前。我得宛丘年易法，只将食粥致神仙。"放翁以为食粥为长生之道也。明张方贤亦作《煮粥》诗云："煮饭何如煮粥强，好同儿女熟商量。一升可作二升用，两日堪为六日粮。有客只须添水火，无钱不必问羹汤。莫言淡泊少滋味，淡泊之中滋味长。"明张谊《宦游记闻》亦有《白粥》诗云："水旱年来稻不收，至今煮粥未成稠。人言箸插东西倒，我道匙挑两岸流。捧出堂前风起浪，将来庭下月沉钩。早间不用青铜照，眉目分明在里头。"

噫，放翁食粥为养生，两张食粥因贫困，虽作解颐之语，读来令人心酸。若非身历之人焉知其中之味矣。

水车诗

江南灌田之法，俱用水车，其来已久，余幼时尚见之，今人不知何物也。夫水车，又名桔槔。《庄子·天运篇》："桔槔者，引之则俯，舍之则仰。"故水车为桔槔也。《太平御览》引《魏略》曰："马钧居京都，有地可为园，患无水以灌之，乃作翻车，令儿童转之，而灌水自覆，更出更入，其巧百倍。"水车之制始于此也。

古之词客多有赋水车者，东坡《无锡道中赋水车》诗云："翻翻联联衔尾鸦，荦荦确确脱骨蛇。分畦翠浪走云阵，刺水绿针抽稻芽。"宋人多有赋此者。梅尧臣《水车》云："既如车轮转，又若川虹饮。能移霖雨功，自致禾苗稔。上倾成下流，损少以益甚。汉阴抱瓮人，此理未可念。"陈与义《水车》云："江边终日水车鸣，我自平生爱此声。风月一时都成客，杖藜聊复寄诗情。"王安石《元丰行示德逢》云："湖阴先生坐草室，看踏沟车望秋实。"范成大《石湖路中书事》云："白葛乌纱称老农，溪南溪北水车风。稻头的皪粘朝露，步入明珠翠纲中。"卫径《晚晴》云："桑野枝空蚕杼歇，溪泉溜急水车鸣。鸟啼花笑浑如喜，此去山斋只一程。"苏洞《闻莺》云："车村水车声未已，西村阿童唤牛起。麦晴欲稔天更寒，雾雨萧萧熟梅子。"童冀《水车行》云："零陵水车风作轮，缘江夜响盘空云。轮盘团团径三丈，水声却在风轮上。"

明代张羽为名列明初十才子，为"吴中四杰"之一，其《踏水车谣》道尽农人苦辛，异于前人所咏。其诗云：

田舍生涯在田里，家家种苗始云已。俄惊五月雨沉淫，一夜前溪半篱水。苗头出水青幽幽，只恐飘零随水流。不辞踏车朝复暮，但愿皇天雨即休。前来秋麦重漂没，禾黍纷纭满阡陌。倾家负债偿王租，卒岁无衣更无食。共君努力莫下车，雨声若止车声息。君不见东家妻，前年换米向湖西。至今破屋风兼雨，夜夜孤儿床下啼。

宋太宗学书王著

宋太宗甚喜书，尝学于王著。《宋史·王著传》曰："王著字知微，……太宗听政之暇，尝以观书及笔法为意，诸家字体，洞臻精妙。尝令中使王仁睿持御札示著，著曰：'未尽善也。'太宗临学益勤，又以示著，著答如前。仁睿诘其故，著曰：'帝王始攻书，或骤称善，则不复留心矣。'久之，复以示著。著曰：'功已至矣，非臣所能及。'其后真宗尝对宰相语其事，且嘉著之善于规益于侍书待诏中亦无其比。"

嗟乎，知微直言太宗之书"未尽善"，岂仅善教者焉？且亦直臣也。其事记之者甚多。《渑水燕谈录》卷七"书画"载："太宗朝，有王著学右军书，深得其法，侍书翰林。帝听政之余，留心笔札，数遣内侍持书示著。著每以为未善。太宗益刻意临学，又以问著，对如初。或询其意，著曰：'书固佳矣，若遽称善，恐帝不复用意。'其后帝笔法精绝，超越前古，世以为由著之规益也。"《玉壶清话》卷五亦载："王著为伪蜀明经，善正书行草，深得家法。为翰林侍书与侍读更直，太宗令中使持御札示著，著曰：'未尽善也。'上临学益勤，后再示之，著曰：'止如前尔。'中人诘其故，著曰：'帝王始工书，吾或褒称，则不复留意矣。'后岁余，复示之，奏曰：'功已至矣非臣所能及。'后真宗闻之，谓宰臣曰：'善规益者也，宜居台宪。'后终于殿中侍御史。"

王著之书固佳，世传《淳化阁帖》即其依内府所藏历代墨迹摹勒而成。

黄庭坚评其书曰："极善用笔，若使胸中有书数千卷。"明陶宗仪《书史会要》称"王著笔法圆劲，不减徐浩，少令韵胜，其所书《乐毅论》学虞永兴（世南），可抗行也。"

窃谓王著诚善书，然其不阿谀于帝王，且善诱之，历代书家鲜有比者也。且太宗亦不以著之直言而忤，亦明理之君也。倘著所逢非明理之君，吾未知其如何矣。

诵月第一诗

明人张大复《梅花草堂笔谈》云：邵茂齐有言"天上月色，能移世界。"古今文士吟诵明月之诗赋一以贯之，然其风源于《诗经·陈风·月出》。诗云：

月出皎兮，佼人僚兮。舒窈纠兮，劳心悄兮。

月出皓兮，佼人懰兮。舒慢受兮，劳心慅兮。

月出照兮，佼人燎兮。舒夭绍兮，劳心惨兮。

此实为吾国诵月之第一诗也。《毛诗序》谓："《月出》，刺好色也。在位不好德，而说美色焉。"朱熹《诗集传》则谓："此亦男女相悦而相念之辞。言月出则皎然矣，佼人则僚然矣，安得见之而舒窈纠之情乎？是以为之而悄然也。"《毛诗》以政见解之，朱熹以辞章解之，余则以为皆非也。晶莹月光之下，佳人楚楚，身影窈窕，飘逸出尘，人睹之则生发千般怜爱，月兮，佳人兮，焉可别哉。

东坡诗云"新月如佳人，出海初弄色"（《宿望湖楼再和》），韦庄词云"垆边人似月，皓腕凝霜雪"（《菩萨蛮》），佳人似月，月似佳人。是故《月出》之诗乃可谓之中华诗词天空首轮文化之月也。

太后赋情歌

　　北魏胡太后，宣武帝元恪嫔妃，姓胡，名充华，安定临泾人，孝明帝元诩生母也。孝明帝立，尊为皇太后。太后孀居，朝中名将杨大眼有子杨白花，甚伟岸，太后甚喜之，欲为男宠。白花不就，举家避之南梁。太后遂赋《杨白花》诗云：

　　"阳春三月，杨柳齐作花。春风一夜入闺闼，杨花飘荡落南家。含情出户脚无力，拾得杨花泪沾臆。秋去春还双燕子，愿衔杨花入窠里。"

　　《野客丛书》云："时有杨华者，本名白花，容貌环伟，胡太后逼幸之，华惧祸及，改名华，遁去。胡后追思不已，为作《杨白花诗》，使宫人昼夜连臂蹋歌之，声甚凄恻。"余见柳宗元有《杨白花》诗云："杨白花，风吹渡江水。坐令宫树无颜色，摇荡春光千万里。茫茫晓日下长秋，哀歌未断城鸦起。"所言亦胡太后事也。

　　夫情之所至，男女皆然，惟身为太后，则人以为异也。若其事安之乡里野人，人不以为奇也。况五胡乱华之时，儒教不行，胡俗于此未以为异也。余谓其辞，全然发自中心，而不著痕迹，可知亦善辞者矣。钟惺《名媛诗归》谓其"妙在音容声口全然不露，只似闻闲说耳"。王夫之《船山古诗评选》评其云："胡妇媟词，乃贤于南朝天子远甚。"沈德潜《古诗源》亦以为其"音韵缠绵，令读者忘其秽亵"。胡人太后，以一词而留名诗史，不亦幸乎？

炭斫作琴样

北宋徽宗善书画，亦情钟于琴，邓椿《画继》载：政和间，宫中置琴院，诏天下善斫琴匠至琴院，上亲与之切磋技法，斫制精琴。且设"万琴堂"，搜天下名琴藏之。其嗜琴几近于痴。陆游《老学庵笔记》卷五载："故都时，御炉炭率斫作琴样，胡桃纹，鹁鸽青。高宗绍兴初，巡幸临安，诏严州进炭，止令用土产，勿拘旧制。"取暖之炭而亦斫作琴样，不亦谬乎？

《清波杂志》卷六载："南渡后，有司降样下外郡，置御炉炭胡桃纹、鹁鸽色者若干斤。知婺州王居正论奏，高宗曰：'朕平居，衣服饮食且不择美恶，隆冬附火，止取温暖，岂问炭之纹色也。'诏罢之。宣和间，宗室围炉次索炭，既致，诃斥左右云：'炭色红，今黑，非是。'盖常供熟火也。以此类推之，岂识世事艰难。"北宋之时，尚奢华，盖上既好之不疲，世风焉不效之邪？王居正，字刚中，号竹西，扬州人。高宗时官起居郎。忤秦桧，出知婺州。《宋史》本传载其事云："漕司市御炭，须胡桃纹、鹁鸽色者，居正曰：'民以炭自业者，率居山谷，安知所谓胡桃纹、鹁鸽色耶？'入朝以闻，诏止之。"《食货志》亦载"（绍兴）四年，两浙转运司檄婺州市御炉炭，须胡桃纹、鹁鸽色，守臣王居正以为言，上曰：'隆冬附火，取温暖而已，岂问炭之纹色乎？'命罢之。"至清代，宫中用炭犹有讲究。高士奇《金鳌退食笔记》云："宫中所用红箩炭，皆易州山中硬木烧成，运至红箩厂，按尺寸锯截，编小圆荆筐，用红土刷筐，故曰红箩炭。每根长尺许，圆径二三寸不等。又用炭末塑造将军或仙童，钟馗，各成对，高三尺，金装采画如门神，黑面黑手以存炭制，名曰采妆。十二月二十四日，安于宫殿各门两旁。"盖是日为灶神上天之日也。

据上所记，可知北宋时禁中用炭而尚纹色，陋规始自东都，至王居正而后始革之也。取暖之炭而需胡桃纹、鹁鸪色，固极其奢耳，炭之纹色岂能增其暖耶？徽宗之斫作琴样则致其极矣。炭作琴样，取以焚之，可谓焚琴，其靖康之谶乎？呜呼，溺于玩物而丧志，北宋之亡固矣。

又，《开元天宝遗事》载："杨国忠家，以炭屑用蜜捏塑成双凤，至冬月则燃于炉中，及先以白檀木铺于炉底，余灰不可参杂也。"徽宗之炭琴抑本于其乎？

唐人诗喜以鸟对僧

自唐贾岛书"鸟宿池边树，僧敲月下门"句，唐人皆喜以鸟对僧，几成风矣。或谓其句虽佳，然以鸟对僧，未免唐突也。其诗复有"声齐雏鸟语，画卷老僧真"。曰"寄宿山中鸟，相寻海畔僧"。

余寻之《全唐证》，自贾岛后，以鸟对僧之句多也。录于右：

白居易《在家出家》"夜眠身是投林鸟，朝饭心同乞食僧"。《旅次景空寺宿幽上人院》"暮钟鸣鸟聚，秋雨病僧闲"。

姚合《酬李廓精舍南台望月见寄》"露寒僧梵出，林静鸟巢疏"。《送王危处士》"古寺随僧饭，空林共鸟归"。《和厉玄侍御题户部李相公庐山西林草堂》"幽药禅僧护，高窗宿鸟窥"。《喜马戴冬夜见过期无可上人不到》"夜钟催鸟绝，积雪阻僧期"。

刘沧《与僧话旧》"南朝古寺几僧在，西岭空林惟鸟归"。《游上方石窟寺》"雪下石龛僧在定，日西山木鸟成群"。

刘得仁《秋夜宿僧院》"树摇幽鸟梦，莹入定僧衣"。

陆龟蒙《次韵日休见寄》"湮径水涯多好鸟，竹床蒲椅但高僧"。

刘长卿《题虎丘寺》"仰见山僧来，遥从飞鸟度"。

司空曙《赠衡岳隐禅师》"讲席旧逢山鸟至，梵经初向竺僧求"。

马戴《宿翠微寺》"鸟归露磬尽，僧语石楼空"。

颜真卿《题杼山癸亭得暮字》"山僧狎猿狖，巢鸟来枳棋"。

韦应物《同越琅琊山》"馀食施庭寒鸟下，破衣挂树老僧亡"。

薛能《许州题德星亭》"槎松配石堪僧坐，蕊杏含春欲鸟啼"。

齐已《西墅新居》"野鸟啼幽树，名僧笑此情"。

尚颜《寄方干处士》"海鸟和涛望，山僧带雪期"。

贯休《春游灵泉寺》"嘴红涧鸟啼芳草，头白山僧自扦茶"。

李洞《感知上刑部郑侍郎》"邻僧照寒竹，宿鸟动秋池"。《送鄯先辈归觐华阴》"僧向瀑泉声里贺，鸟穿仙掌指间飞"。

杜荀鹤《题江山寺》"沙鸟多翘足，岩僧半露肩"。

韩偓《小隐》"炉为窗明僧偶坐，松因雪折鸟惊啼"。

薛蓬《送庆上人归湖州因寄道儒座主》"闲听别鸟啼红树，醉看归僧棹碧流"。

欧阳衮《南涧寺》"春寺无人乱鸟啼，藤萝阴磴野僧迷"。

喻凫《早秋寺居酬张侍御六韵见寄》"湿叶起寒鸟，深林惊古僧"。

雍陶《山行》"野花幽鸟几千般，头白山僧遍识谁"。

噫，以鸟而对僧，得非嘲戏之乎？东坡《佛印语录》又云"时闻啄木鸟，疑是叩门僧"。余度唐时禅宗盛行，其不以此为渎乎？

唐人选诗不选李杜

士人言诗必言李杜，谓之诗圣诗仙也，然唐人所选唐诗，多不重李杜，亦一异事焉。宋姚宽《西溪丛语》云："殷璠为《河岳英灵集》，不载杜甫诗；高仲武为《中兴间气集》不取李白诗。姚合作《极玄集》，亦不收杜甫、李白，彼必有意也。"夫《河岳英灵集》专收唐人诗，崇王维、王昌龄、储光羲等二十四人，谓皆河岳英灵，故以之名其集。《中兴间气集》，选肃宗至德初至代宗大历末间二十六人诗。《极玄集》选中唐大历间诗，盛唐惟选王维、祖咏二人。窃谓诗文取舍人各有己意，诸集未收李杜之诗，而千年之下人皆知李杜，岂区区一集可掩之哉。然依此亦可窥李杜之于生时，诗名亦非复后世之盛也。

题壁诗

古人多喜题诗于壁，盖欲人见而传之者也。题壁之习始于两汉，盛于唐宋。《晋书》卷三十六转引卫恒《四体书势》云："至（汉）灵帝好书，时多能者，而师宜官为最，大则一字径丈，小则方寸千言，甚矜其能。或时不持钱，诣酒家饮，因书其壁，顾观者以酬钱，讨钱足而灭之。"此为首见之史籍者。

汉之后，题壁者代不乏人。至唐时，题壁之习骤盛，蔚为时风也。元稹《骆口驿二首》其一云："邮亭壁上数行字，崔李题名王白诗。尽日无人共言语，不离墙下至行时。"其《白氏长庆集序》云："二十年间，禁省、观寺、邮候墙屋之上无不书，王公妾妇、牛童马走之口无不道。"可知是时题壁之盛也。

有宋一代，题壁之风仍盛。举凡邮亭、驿墙、寺壁处莫不可题咏。宋周辉《清波杂志》载："邮亭客舍，当午炊暮宿，驰担小留次，观壁间题字，或得亲朋姓字，写途路艰辛之状，篇什有可采者。其笔画柔弱，语言哀怨，皆好事者戏为妇人女子之作。"

余观夫宋人诗词，今之脍炙人口之作多有原为题壁者，兹举数例以证之。李商隐《题僧壁》"若信贝多真实语，三生同听一楼钟。"苏舜钦《题花山寺壁》"寺里山因花得名，繁英不见草纵横。栽培剪伐须勤力，花易凋零草易生"。王安石《书湖阴先生壁》"茅檐长扫净无苔，花木成畦手自栽。一水护田将绿绕，两山排闼送青来"。杨万里《题龙归寺壁》"题字才前岁，冲寒又此行。竹能知雨至，窗不隔江清。走檄还曾了，禁人未肯晴。息肩更须喜，问路可怜生"。苏轼《题西林壁》"横看成岭侧成峰，远近高低各不同。不识庐山真面目，只缘身在此山中"。岳飞《题青泥市寺壁》"雄气堂堂贯斗牛，誓将直节报君仇。斩除顽恶还车驾，不问登坛万户侯"。林升《题临安邸》"山外青山楼外楼，西湖歌舞几时休。暖风熏得游人醉，直把杭州作汴州"。辛弃疾《丑奴儿·书博山道中壁》"少年不识愁滋味，爱上层楼。爱上层楼，为赋新词强说愁。 而今识尽愁滋味，欲说还休。欲说还休，却道天凉好个秋"。晚至清末，尚有谭嗣同《狱中题壁诗》"望门投止思张俭，忍死须臾待杜根。我自横刀向天笑，去留肝胆两昆仑"。

今尚有于胜景处涂鸦者，抑欲效古之题壁乎？一笑。

听琴烂柯

烂柯一词皆与棋事相附，盖南朝梁任昉《述异记》云："信安郡石室山，晋时王质伐木，至，见童子数人，棋而歌，质因听之。童子以一物与质，如枣核，质含之，不觉饥。俄顷，童子谓曰：'何不去？'质起，视斧柯烂尽。既归，无复时人。"所谓"山中方一日，世上已百年"也。然宋朱翌《猗觉寮杂记》云："烂柯多用为棋事，听琴亦然。《水经》：晋民王质伐木入信安县室坂，见童子四人鼓琴，质倚柯听之，既去柯烂，去家已数十年。"

东晋虞喜永和间作《志林》云："信安山在石室，王质入其室，见二童子能弈，看之。局未终，视其所执伐薪柯已烂朽，遂归，乡里已非矣。"郦道元《水经注》卷四十《浙江水》引《东阳记》云："信安县有悬室坂，晋中朝时，有民王质，伐木至石室中，见童子四人弹琴而歌，质因留，倚柯听之。童子以一物如枣核与质，质含之便不复饥。俄顷，童子曰：'其归'，承声而去，斧柯崔然烂尽。既归，质去家已数十年，亲情凋落，无复向时比矣。"

烂柯之说当本于民间，书家据之而衍生之尔。观棋、听琴皆士大夫雅事，以为神仙中人，是以有烂柯之说也。陆放翁《东轩花时将过感怀》诗云："还家常恐难全璧，阅世深疑已烂柯。"不知此翁观棋乎？听琴乎？

雅乃古乐器

《周礼·春官·笙师》云："笙师掌教吹竽、笙、埙、籥、箫、篪、篷、管，舂牍、应、雅，以教《祴》乐。"雅亦古乐器也。郑司农注曰："应，长六尺五寸，其中有椎。雅，状如漆筒而弁口，大二围，长五尺六寸，以羊韦鞔之，有两纽，疏画。"是知雅乃撞击以为节奏之乐器也。其状"如漆筒而弁口""以羊韦鞔之"，则似今之鼓也。周时歌唱雅诗，以"雅"为伴奏，故以其名为乐歌之名。案：雅大二围，围者，两手拇指与食指相合为一围。长五尺六寸，盖为周代之计也，周制约二十厘米合今一尺，则其长约三尺馀，故能以羊皮蒙之也。

雅为正乐，盖古雅字与夏字相通，乃"中国之人"，故行于中原而为王朝所崇尚之正声谓之雅乐也。《诗》有大小雅之别，朱熹《诗集传》云："正《小雅》，宴飨之乐也；正《大雅》，会朝之乐，受厘陈戒之辞也。……词气不同，音节亦异。"是《小雅》七十四篇，多为士大夫宴飨之乐诗；《大雅》三十一篇，多为士大夫朝会之乐诗也。

一德格天阁与一得阁

今人临池学书，鲜有研墨静心者，盖图墨汁之便也。其用者多取之"一得阁"。所谓"一得阁"者，乃同治间落第士子谢崧岱所创，其铺有藏头楹联云："一艺足供天下用，得法多自古人书。"或谓一得者，本于《晏子春秋》"圣人千虑，必有一失；愚人千虑，必有一得"。

南宋秦桧善文翰，喜收藏，在相位时，建"一德格天阁"，有朝士贺以启云："我闻在昔，惟伊尹格于皇天；民到于今，微管仲吾其左衽。"桧大喜，超擢之。又有选人投诗云："多少儒生新及第，高烧银烛照蛾眉。格天阁中三更雨，犹诵《车攻》复古诗。"桧益喜，即与改秩。此宋罗大经所记也，且评之曰："盖其胸中有慊，故特喜此谀语，以为掩覆之计，真猾夏之贼也。"绍兴十五年高宗亲书"一德格天"匾，故"一德格天阁"名闻天下。赵翼《廿二史札记》云："桧尝书铨、鼎、光、浚等姓名于一德格天阁，必欲杀之。"窃疑谢崧岱名"一得阁"乃本于"一德格天阁"也。

秦桧之擅楷书，亦擅篆书。元陶宗仪《书史会要》卷六称其："能篆书。见金陵文庙井栏上刻其所书'玉兔泉'三字，亦有可观。"然既入奸贼之列，其书亦为世人所恶矣。欧阳修《笔说》云："古之人皆能书，独其人之贤者传遂远。然后世不推此，但务于书，不知前日工书随与纸墨泯弃者，不可胜数也。使颜公书虽不佳，后世见者必宝也。"东坡亦尝云："古之论书者，兼论其平生，苟非其人，虽工不贵也。"（《书唐氏六家书后》）

于戏，秦桧之大奸大恶之人，何德之有，所谓"一德格天"惟遗笑后世耳。

因词归京

宋时，边塞守官多文士任之，既守边则归期未卜也，故范仲淹辈亦多有思乡之作。北宋时惟蔡挺因一词而归京，是亦奇数也。

《挥麈馀话》卷一载：熙宁中，蔡敏肃挺以枢密直学士帅平凉，初冬置酒郡斋，偶成《喜迁莺》一阕。词成闲步后园，以示其子朦。朦置之袖中，偶遗坠，为应门老卒得之。老卒不识字，持令笔吏辩之。适郡之娼魁，素与笔吏沦，因授之。会赐衣袄中使至，敏肃开燕，娟尊前执板歌此。敏肃怒，送狱根治。娟之侪类，祈哀于中使，为援于毓肃。敏肃舍之，复令讴焉。中使得其本以归，达于禁中，宫女辈但见"太平也"三字，争相传授。歌声遍掖庭，遂彻于宸听，诘其从来，乃知敏肃所制。裕陵即索纸批出云："玉关人老，朕甚念之，枢管有阙，留以待汝。"以赐敏肃。未几，遂拜枢密副使。

蔡挺字子政，仁宗景祐间进士。《宋史》本传谓："渭久，郁郁不自聊，寓意词曲，有'玉关人老'之叹。"其《喜迁莺》词云："霜天清晓。望紫塞古垒，寒云衰草。汗马嘶风，边鸿翻月，垄上铁衣寒早。剑歌骑曲悲壮，尽道君恩难报。塞垣乐，尽双鞭锦带，山西年少。 谈笑。刁斗静，烽火一把，常送平安耗。圣主忧边，威灵遐布，骄虏且宽天讨。岁华向晚愁思，谁念玉关人老？太平也，且欢娱，不惜金尊频倒。"

印章隐语

文人雅士多喜闲章，或寓意或寄兴，有以隐语制印者，后人多不省其义也。宋辛弃疾有印，印文曰"六十一上人"，乃"辛"字之离合为"六十一"也，上人者，佛门之敬称也，《维摩诘经》文殊师利菩萨称长者维摩诘为上人。

宋白石老人姜夔，字尧章，为诗初学黄庭坚，而自拔于宋人之外，尤以词著称，其有闲章印文为"鹰扬周室，凤仪虞廷"，乃运典格也。"鹰扬周室"本于西周吕尚佐文王之故事。《诗·大雅》颂云："维师尚父，时维鹰扬"，鹰扬谓其威武状也。吕尚姓姜，白石以隐其姓也。"凤仪虞廷"，谓虞舜时以乐化民，有名夔者为乐正，值韶乐制十九时，有凤凰临廷听乐，《书·益稷》云："箫韶九成，凤凰来仪"，隐"夔"字也。

明代有青藤老人徐渭亦有印文云"秦田水月"。清褚人获《坚瓠补集》云："山阴徐文长名渭，尝隐括徐渭二字为'秦田水月'。"盖"水田月"为"渭"字之分解；"秦"隐"徐"字，盖二字均可析为"三人禾"，止为拆字格也。青藤所著亦喜以其名之，有《田水月评西厢记》二卷及《田水月红梨记》传世。

虞世南谏唐太宗作宫体诗

自南朝梁简文帝始，宫体之诗风行，浮靡轻艳，至唐初尚不能绝。宋计有功《唐诗纪事》卷一载："帝尝作宫体诗，使虞世南赓和。世南曰：圣作诚工，然体非雅正，上有所好，下必有甚；臣恐此诗一传，天下风靡，不敢奉诏。帝曰：朕试卿尔。后帝为诗一篇，述古兴亡，既而叹曰：钟子期死，伯牙不复鼓琴，朕此诗何所示耶。敕褚遂良即虞世南灵坐焚之。"

虞世南诚唐初名臣也，其性刚烈，直言敢谏，太宗时与房玄龄共掌文翰，位列"十八学士"，时称其"德行、忠直、博学、文词、书翰"五绝。夫太宗效隋炀，喜为宫体之诗，实亦唐初流风，子昂未出之世之俗矣。然伯施以为上作宫体非雅正，不欲天下效之，此正忠直之臣之为也。人皆谓太宗时魏徵直谏第一，而太宗虚怀，臣工犯颜直谏者非魏徵一人，而太宗之视伯施可谓推心矣。世南八十一病逝，太宗闻而手诏魏王李泰曰："虞世南对朕忠心一体，拾遗补阙，无日暂忘，实为当代名臣，人伦准的。朕有小失必犯颜直谏，而今亡故，朝廷上下，无复人矣。"

窃谓唐初虽宫体之诗仍盛，及陈子昂辈出，诗风为之逆转，然若太宗以之行，而世之士子必皆效之，既成世风则逆转难矣。是以虞世南之谏太宗实亦有助诗风之正焉。

张仲景斫琴

医圣张仲景，世人皆知，而其善琴人鲜知者。明李日华《六砚斋二笔》云："张仲景入桐柏山采药，遇一病者求治，仲景诊之，云：'子腕有兽脉，何也？'其人曰：'我峰山穴中老猿也。'仲景出囊中药畀之，辄愈。明日，其人肩一巨木至，曰：'此万年古桐也，聊以为报。'仲景斫为二琴，一曰'古猿'，一曰'万年'。"

明时琴家虞汝明《古琴疏》亦载其事，云："张机字仲景，南阳人，受业于张伯祖，精于治疗。一日入桐柏觅药草，遇一病人求诊。仲景曰：'子之腕有兽脉，何也？'其人以实具对，乃峰山穴中老猿也。仲景出囊中丸药畀之，一服辄愈。明日，其人肩一巨木至，曰：'此万年桐也，聊以相报。'仲景斫为二琴，一曰古猿，一曰万年。"

二则所记之事类，未知何为本也。李日华字实甫，正德、嘉靖间人，以剧作《南西厢记》名于世。虞汝明生平无考，惟以善琴名于世。

窃思老猿何以万年古桐予仲景哉？则其必知仲景亦善琴者也。仲景世家子，灵帝时州郡举孝廉，建安间为长沙太守。为郡守时每月朔、望日，于公堂之上为民坐医，后世所谓"坐堂医"之谓始于斯矣。古时斫琴，以桐为佳。杜光庭《咏琴》云："峰阳有孤桐，秀枝何轮囷。""斫之为良琴，特赠重华君。"唐人即以桐斫琴为佳也。万年古桐者，其必若嵇中散《琴赋》所云"参辰极而高骧，含天地之醇和兮，吸日月之休光"也。惜二琴不传。

中国画称谓嬗变

国画之称始于民国初，盖斯时中外文化交织，知识阶层欲别之西方文化，宣称"国学"，整理"国故"，是以"国语""国术""国剧"尽出也。然吾国之绘画数千年，向无"国画"之称。东晋顾恺之《论画》、南朝齐谢赫《古画品录》、南朝陈姚最《续画品》、唐朱景玄《唐朝名画录》、唐张彦远《历代名画记》皆称之为"画"，画者，今之所谓中国画也。

究之史籍，亦有以"丹青"指向者。《晋书·文苑传·顾恺之》谓：恺之"尤善丹青，图写特妙，谢安深重之，以为有苍生以来未之有也。"夫丹者，丹砂，朱砂也，青者，石青也，乃作画常用之物，故以之指代。清季，画学有所谓"中国画"之说，其义乃谓"中国之画"，括之卷轴、壁画、年画、版画、画像石、画像砖也。其说实乃欲别之于西洋之画耳。故民国初，尚有"国粹画""中画"之说也。

窃谓中国画，数千年传承，其与西画迥异，盖吾国之画非仅为一画种，其实为一体系也。无论巨幅小品，诗、书、画、印浑然一体，缺一而不可谓之佳作，岂西画可比肩者焉？惜今之作画者，鲜有知诗、书者，叹叹。

朱棣作九弦琴

琴之制，向有五弦七弦，明太宗朱棣则尝作九弦琴。《续湘山野录》载："太宗作九弦琴、七弦阮。尝闻其琴，盖以宫弦加廿丝，号为大武；宫弦减廿丝，号为小武；其大弦下宫徽之一徽定其声，小弦上宫徽之一徽定其声。……京师遍寻琴、阮，待诏皆云七弦阮、九弦琴藏秘府，不得见。"

《宋史·志乐十七》云："太宗因大乐雅琴加为九弦，按曲转入大乐十二律，清浊互相合应。大晟乐府尝罢一、三、七、九，惟存五弦，谓其得五音之正，最优于诸琴也。今复俱用。"《乐一》云：太宗谓曰"雅乐与郑、卫不同，郑声淫，非中和之道。朕常思雅正之音可以治心，原古圣之旨，尚存遗美。琴七弦，朕今增之为九，其名曰君、臣、文、武、礼、乐、正、民、心，则九奏克谐而不乱矣。""太宗尝谓舜作五弦之琴以歌南风，后王因之，复加文武二弦。至道元年，乃增作九弦琴、五弦阮。"

噫，朱棣非乐人而擅易琴制，不亦谬乎？琴之为乐器，自有其损益之道，所谓舜作五弦，文武二王增二弦者，后人附会以神其器耳，焉可信之耶？朱棣所谓"雅正之音可以治心"，然其假"靖难"而逼侄，废建文而己代，其心岂谓雅正耶？心之正在修，圣人所谓修身者也。朱棣之制九弦之琴，欲假其名而正其治道耳。

朱淑贞元夕词

朱淑贞《生查子·元夕》词："去年元年时，花市灯如昼。月上柳梢头，人约黄昏后。 今年元夜时，月与灯依旧。不见去年人，泪湿春衫袖。"旧传为朱淑贞作，升庵《词品》，《古今词统》卷三皆收其名下。然周必大编《欧阳文忠集》谓此词为欧阳修作，《续草堂诗余》卷上又以为秦少游作，方回《瀛奎律髓》卷十六又引"月上柳梢头"句，谓李清照作。

噫，余不复知孰人所作焉。王渔洋《池北偶谈》卷十四云："今世所传女郎朱淑贞'去年元年时，花市灯如昼'生查子词，见《欧阳文忠集》一百三十一卷，不知何以讹为朱氏之作？世遂因此词疑淑贞失妇德，纪载不可不慎也。"窃谓淑贞虽嫁非其人，辞多怨语，然必不以此等言语示人也。

朱元璋善诗赋

自汉高祖刘邦赋《大风歌》，后之帝王几皆能诗赋，其御制诗余未之信也。明太祖幼穷，佃于人牧，入皇觉寺，其祖辈皆耕者，《明史·太祖本纪》载："至正四年，旱蝗，大饥疫。太祖时年十七，父母兄相继殁，贫不克葬。里人刘继祖与之地，乃克葬，即凤阳陵也。太祖孤无所依，乃入皇觉寺为僧。逾月，游食合肥。凡历光、固、汝、颍诸州三年，复还寺。"是知其未尝一日读也。然其诗赋传于世矣。

明黄瑜《双槐岁钞》云："太祖高皇帝在军中喜阅经史，操笔成文，雄浑如玄化自然。尝谓侍臣曰：'我起草野，未尝师授，然读书成文，涣然理顺，岂非天生耶。'今得逸诗二首，《赐都督杨文》云：大将南征胆气豪，腰悬秋水吕虔刀。马鸣甲胄乾坤肃，风动旌旗日月高。世上麒麟终有种，穴中蝼蚁更何逃。大标铜柱归来日，庭院春深庆百劳。《赐善世法师文彬风阳行》云：老禅此去正秋时，临淮水碧见苍眉。月明淮海镜清影，广寒处处影常随。水帘洞口溪云白，知是山人爱游客。淮海月高天气凉，西风凋叶衬长陌。清霜将降雁鸣天，淮之南北尽平川。荆山神禹凿，役使多幽玄。禅心若欲与对越，切莫将心恋丹阙。野人本与红尘隔，且去溪边弄明月。"黄瑜谓"声律醇正，音响清越，真所谓昭回之光，下饰万物，虽工于唐者，万不逮也。"

又云：洪武八年秋八月甲午，上览川流之不息，陋尹程秋水赋言不契道，乃亲更为之。赋成，召禁中群臣观之，且曰："卿等亦各撰赋以进。"宋濂率同列研精覃思，铺述成章，诣东黄阁次第投献，上皆亲览焉，复置品评于其间。已而赐坐，敕太官进天厨奇珍，内臣行觞。……二奉御捧黄绫案进，上挥翰如飞，须臾成《楚辞》一章，曰："西风飒飒兮金张，特会儒臣兮举觞，目苍柳兮袅娜，阅澄江兮水洋洋。为斯悦而再酌，弄清波兮永光。玉海盈而馨透，泛琼斝兮银浆。宋生微饮兮早醉，忽周旋兮步骤跄跄。美秋景兮共乐，但有益于彼兮何伤。"夫言宋生者，濂也，盖其不善饮，已醉矣。

于戏，宋太祖向未入学，吾不知其才情何以具也。汉高祖赋《大风歌》，直以所见抒己所思，绝无雕琢，亦不失为佳诗，若朱洪武之诗赋，与儒生所赋何异？不知禁中何人捉笔者矣。余谓其有《骂文士》诗，当为己作，云："叽叽喳喳几只鸦，满嘴喷粪叫呱呱。今日暂别寻开心，明早个个烂嘴丫。"黄瑜入仕之人，所言固不可信矣。

卷　二

蔡卞褒贬迥异

蔡卞，字元度，与胞兄蔡京同科举登进士第。绍圣四年擢尚书右丞，徽宗时，加观文殿学士，检校少保。卞为官廉，勤政爱民，凡所治，政声卓著。《宋史》本传谓其："广州宝具丛凑，一无所取。及徙越，夷人清其去，以蔷薇洒衣送之。"政和七年病逝，谥"文正"。

王安石当政，赏卞之才识，以幼女妻之。卞亦感其恩，每佐荆公之新法。然新旧两党相争，直如水火，故卞亦为之蒙诟甚多也。《清波杂志》卷三"七夫人"条曰：

"蔡卞之妻七夫人，颇知书，能诗词。蔡每有国事，先谋之于床笫，然后宣之于庙堂。时执政相语曰：'吾辈每日奉行者，皆其咳唾之馀也。'蔡拜右相，家宴张乐，伶人扬言曰：'右丞今日大拜，都是夫人裙带。'讥其官职自妻而致，中外传以为笑。"然荆公尝谓："元度为千载人物，卓有宰辅之器，不因某归以女凭藉而然。"后世谓卞唯知报妇翁之知，不知掩妇翁之失，致使得罪天下后世。以至《宋史》本传亦曰："卞居心倾邪，一意以妇公王氏所行为至当。"

嗟乎，蔡元度固一时之才俊也，著作颇丰，著《毛诗名物解》，为士人所重。其书受蒙于堂兄蔡襄，受教于东坡，由此登堂入室，而以二王为归宿。褒其者谓其廉，贬其者谓其邪，全以两党之私而论人，岂能持之公允哉？至若讽其蒙裙带之恩，则坠入里巷野人之语矣。故品评古人之事非，当寻其本来事迹，弃却讹传，如伶人之语，岂可以实事论之焉？

蔡京积阴德

《清波杂志》言蔡京贬死潭州，葬于东明寺，比之六贼，独免诛戮。"或谓以其当轴时，建居养、安济、漏泽，贫有养，病有医，死有葬，阴德及物所致。"

《宋史·食货志》"赈恤"云："崇宁初，蔡京当国，置居养院、安济坊。三年，又置漏泽园。"同书《徽宗纪》一云："崇宁元年八月辛未，置安济坊养民之贫病者，仍令诸郡县并置。九月戊子，京师置居养院以处鳏寡孤独，仍以户绝财产给养。三年二月丁未，置漏泽园。"宋施宿《嘉泰会稽志》卷一三《漏泽园》云："崇宁三年二月，有诏收葬枯骨，凡寺观旅榇二十年无亲属，及死人之不知姓名，及乞丐或遗骸暴露者，令州县命僧主之，择高原不毛之土收葬，名漏泽园。同时又有居养院以惠养鳏寡孤独，安济坊以济疾病。"

顾炎武《日知录》卷一五《火葬》云："漏泽园之设起于蔡京，不可以其人而废其法。"《宋史·食货志》明言"蔡京推广为园，置籍，瘗入并深尺，毋令暴露。监司巡历检察。"

夫大奸之人斯亦有为善之举，至善之辈斯亦有为恶之过，故后世评说前朝人，不可一以概之也。善则善，恶则恶，以事而论方臻中正。

又，宋徐度《却扫编》云："漏泽园之法，起于元丰间。予外祖以朝官为开封府界使者，常行部宿陈留佛祠，夜半闻垣外汹汹若有人声，起烛之，四望积骸蔽野，皆贫无以葬者。恻然哀之，具以所见闻，请斥官地数顷以葬之，即日报可。神宗仍命外祖总其事，凡得遗骸八万馀，每三十为坎，皆沟洫什伍为曹，序有表，总有图，规其地之一隅以为佛寺，岁轮僧守之，徒一人使掌其籍。外祖陈氏名向，字适中，睦州人。"宋朱弁《曲洧旧闻》亦载其事云："天禧诏收瘗骸，并给左藏库钱，厥后无人举行。元丰二年三月，因陈向为提举常平官，诏命主其事。向又乞命僧守护葬，及三千人以上，度僧一人，三年与紫衣，有紫衣师号。"按此则漏泽园之法实始于陈向，非始于蔡京也。

噫，今人但知宋时之奢华，焉知沟壑复有瘗骸万千矣。

蔡京之死

北宋时，蔡京四度为相，人称"六贼之首"，至钦宗即位，贬岭南，途中死于潭州。宋王明清《挥麈后录》卷八载其贬途事云：

"蔡元长既南迁，中路有旨，取所宠姬慕容、邢、武者三人，以金人指名来索也。元长作诗以别云：'为爱桃花三树红，年年岁岁惹东风。如今去逐它人手，谁复尊前念老翁？'"

京之于贬途，凡道中市食，问知蔡氏，皆不得售。至于诟骂，无所不道。故蔡于轿中独叹曰："京失人心，一至于此。"至潭州，作词曰："八十一年住世，四千里外无家。如今流落向天涯，梦到瑶池阙下。玉殿五回命相，彤庭几度宣麻。止因贪此恋荣华，便有如今事也。"后数日卒。门人吕川卞老醵钱葬之，为作墓志，乃曰"天宝之末，姚宋何罪。"呜呼，姚崇、宋璟为相，辅唐玄宗成开元之治，蔡元长焉可与之论哉？

《朱子语类》"自熙宁至靖康用人"云："蔡京靖康方贬死于潭州。八十余岁，自病死，初不曾有行遣。后张国安守潭，治叠此等，为埋之。然有人见其无头，后来朝廷取看也。"《遗史》又云："京之爱妾二：曰慕容夫人，曰小李夫人。京死潭州，李氏殡之于一僧寺。"

《清波杂志》又云："京之死，适潭守乃其仇，数日不得殓，随行使臣辈藁葬于漏泽园，人谓得其报。"所谓"漏泽园"者，宋元丰间创，乃官设之丛葬地也。凡无主尸骨及家贫无葬地者，由官家丛葬之，其名盖取泽及枯骨，无有遗漏之义，后世所谓"义冢"者即一义也。《梁溪漫志》卷十《蜀僧东明寺题诗》云："蔡元长南迁，道出长沙，卒于南城五里东明寺，遂草殡于寺之观音殿后。"京之葬说之者纷纭，或言草殡于东明寺者，或言殡于崇教寺者，莫可考也。更有神乎其说者，《清波杂志》"蔡京东明谶"条云："徽宗召天下道术之士，海陵徐神翁亦至。神翁好写字与人，多验。蔡京得'东明'二字，皆谓东明乃向日之方，可卜富贵未艾。后京贬死潭州城南五里外东明寺，比之六贼，独免诛戮。"

《宋史》云："京天资凶谲，舞智御人，在人主前，颛狙伺为固位计，始终一说，谓当越拘挛之俗，竭四海九州之力以自奉。帝亦知其奸，屡罢屡起，且择与京不合者执政以桤之。京每闻将退免，辄入见祈哀，蒲伏叩头，无复廉耻。燕山之役，京送攸以诗，阳寓不可之意，冀事不成得以自解。见利忘义，至于兄弟为参、商，父子如秦、越。暮年即家为府，营进之徒，举集其门，输货僮隶得美官，弃纪纲法度为虚器。患失之心无所不至，根株结盘，牢不可脱。卒致宗社之祸，虽谴死道路，天下犹以不正典刑为恨。"

康熙帝亦评其云："蔡京以庸劣之流，依附小人，以图登进，即当烛其奸回，决意屏黜，迨其误国而始逐之，已无及矣。用人之道，诚不可不慎之于始也。"

蔡襄上元制花灯

上元张灯之俗久也。吕原明《岁时杂记》曰："道家以正月十五为上元。"洪迈《容斋五笔》云："上元张灯。《太平御览》所载《史记乐书》曰：'汉家祀太一，以昏时祠到明。今人正月望日夜游观灯，是其遗事。'而今文《史记》无此文。"考梁武帝有《列灯赋》，陈后主有《光壁殿遥咏山灯》诗。《西京杂记》"元夜，燃九华灯于南山上，照见百里"。《天宝遗事》"韩国夫人置百枝灯树，高八十尺，竖之高山。上元点之，百里皆见，光明夺月色也"。又云"杨国忠子弟，每至上元夜，各有千炬烛围绕于左右"。

宋时蔡襄素有美名，善书，所谓"苏黄米蔡"者，是其谓也。襄尝知泉州，令民间元宵户皆悬花灯七盏，且定灯之规制，务求奇丽，以示升平气象也。而七灯之费实为农家一月之粮，故贫者多苦之。州有私塾先生陈烈者，于上元制白纸灯，题诗于灯云："官家一盏灯，太仓一粒粟。贫家一盏灯，父子相对哭。风流太守知不知，犹恨笙歌无妙曲。"君谟见之，遂罢民间制灯。

呜呼，蔡君谟亦不知民间疾苦也，然过而能改，君子之举矣。

曾子寸铁杀人

宋禅师宗杲《大悲普觉禅师语录》云："譬如人载一车兵器，弄了一件，又取出一件来弄，便不是杀人手段。我则只有寸铁，便可杀人。"禅宗不立文字，直指人心，一发中的，片言使人顿悟自悟，故有此喻也。明沈德符《野获编·释道》云："盖近日丛林议论，崇尚宗门，主于单刀入阵，寸铁杀人。"

朱熹甚喜宗杲语，其训门人曰："如项羽救赵，既渡，'沉船破釜持三日粮，示士卒必死，无还心'，故能破秦。若更瞻前顾后，便不可也。"因举禅师语云："寸铁可杀人。"

夫寸铁杀人者，犹《论语·里仁》云："参乎，吾道一以贯之。曾子曰：唯。"《孟子·公孙丑上》云："孟施舍之守气，又不如曾子之守约也。"曾子守乎约，知其关键处也。若子贡多闻，便如弄一车兵器者，曾子守约，便是寸铁杀人者。观夫今之大言闲闲者，喜为人师，诸子言论无不发挥，然究其所行则无一践之矣。余以为前贤圣哲之言语，岂可尽而行之邪，但能持其"寸铁"，砺而行之，足矣。

程颐贬杜甫

程伊川为道学祖师，余幼时未读书，即闻程门立雪之故事，及长，始觉其伪也。道学家空谈性理，欲自高身价而欺世，是以白日假寐耳。道学之名既成，其自视也亦伟。《二程文集·祭刘质夫文》载，程颐自谓"圣学不传久矣，吾生百世之后，志将明斯道，兴斯文于既绝。"其自封圣哲，面目尤为可憎。《宋史纪事本末·道家崇黜》载其自谓"尧舜文武之道，传之仲尼，仲尼传之孟轲，孟轲传之颐。"其既以周孔之传人居，则宋之前儒士概不入法眼矣。

唐诗宋词，国学之畴，程正叔则皆贬抑之，其唯义理之学为从也。杜甫，诗之圣者也，正叔谓"某素不作诗，亦非是禁此不作，但不欲为此闲言语。且如今言能诗无如杜甫，如云：'穿花蛱蝶深深见，点水蜻蜓款款飞。'如此闲言语道出做甚？某所以不作诗。"（《二程遗书》）秦少游有《水龙吟》词，宋陈鹄《西塘集·耆旧续闻》载：程颐"尝见秦少游词'天还知道，和天也瘦'之句，乃曰：'高高在上，岂可以此渎上帝？……盖少游乃本李长吉'天若有情天亦老'之意，过于媟渎。少游竟死于贬所，……虽曰有数，亦口舌劝淫之过'"。

呜呼，程伊川之言不亦过乎？一部诗史抑之为"闲言语"，少游之死讽其"口舌劝淫之过"，道学家之慈悲何存？况程伊川其真不作诗乎？兹录二首：其一《秋》"洗涤炎埃宿雨晴，井梧一叶报秋声。气从缇室葭莩起，风向白苹洲渚生"。其二《夏》"百叶盆榴照眼明，桐阴初密暑犹青。深深重幕度香缕，寂寂高堂闻燕声"此般诗不亦闲言语哉。

程颐贬佛

程颐元祐间授崇政殿说书，为哲宗讲筵，闻上召僧则欲罢讲，《道山清话》载其事云：

程颐一日在讲筵，曰："闻有旨召江西僧元某，不知为何？"泰陵曰："闻其有禅学，故召来，欲一见之。"颐曰："臣所讲者，君臣父子仁义道德性命之说，尽在此矣。不省陛下以何为禅也？"上不语。颐又曰："陛下深居九重之中，元某之名，如何得达？"上复不语。既罢讲，颐即移书两省谏垣，谓："岂可坐视而不救？不惟负两宫之委任，抑且负先帝之厚恩。"于是颐称病在假。太皇夜遣使至颐家，密传旨云："皇帝既服不是，说书且看先朝面。"明日早参，既朝参。又明日当讲，既讲毕，欲退，一中官附耳密奏数语。上曰："风露早寒，可共饮苏合酒一杯。"酒未至，上曰："前日召江西僧，何益于治道，已令更不施行。"颐曰："人主好佛，未有不为国家之害。陛下知之，社稷幸甚。"越数日，又因讲次，颐复奏陈曰："梁武帝英伟之姿，化家为国，史称其生知淳孝，笃学勤政，诚有之。缘其身无他过，止缘好佛一事，家破国亡，身自馁死，子孙皆为侯景杀戮俱尽。可不深戒。"上曰："前日江西召禅僧，已曾说与卿更不施行。"颐曰："愿陛下取《梁武帝纪》一看。不然，臣当撮其要而上之。"上曰："想是如此，卿必不妄言。"

程伊川之说主"穷理"，以为"天下之物皆通穷，只是一理"。"一物之理即万物之理。"其贬佛亦如是。《河南程氏遗书》卷一云："佛学只是以生死恐动人。可怪二千年来，无一人觉此，是被他恐动也。圣贤以生死为本分事，无可惧，故不论死生。佛之学为怕死生，故只管说不休。下俗之人固多惧，易以利动。至如禅学者，虽自曰异此，然要之只是此个意见，皆利心也。"卷二又云："若使天下尽为佛，可乎？"程颐云："若尽为佛，则是无伦类，天下却都没人去理，然自亦以天下国家为不足治，要逃世网；其说至于不可穷处，它又有一个鬼神为说。"以为"家本不可出，却为他不父其父，不母其母，自逃去固可也。至于世则怎生出得？即道出世，除是不戴皇天，不履后土始得，然又却渴饮而饥食，戴天而履地。"

二程理学固风行一时，自以为新儒也。而孔子之学非排他，"有朋自远方来，不亦乐乎？"远方所来者岂尽齐鲁之儒邪。博学而后求知，若未学，其为何物尚不知，孰知其善恶焉？哲宗闻禅学而欲知之，程伊川视之如虎狼，实属可笑也。窃以为伊川必亦阅佛经多矣，若非怎知其谬矣。梁武溺佛固可为惕，然召一禅僧岂必溺之哉？程伊川刚愎，同僚鲜有合之者，余见东坡奏状谓其曰："臣素疾程某之奸，未尝假以辞色。"而时人诘之为"鏖糟陂里孙叔通"。可知其性情矣。

党争反复

夫自有国始，党争随之，向未有绝。先秦之时，有三家分晋，田氏代齐。东汉有党锢之祸，李唐有牛李之争，至北宋则有元丰、元祐党争矣。《尚书·洪范》云："无偏无党，王道荡荡；无党无偏，王道平平。"然则何朝无党，何代无偏焉？故欧阳修《朋党论》云："臣闻朋党之说，自古有之。大凡君子与君子以同道为朋，小人与小人以同利为朋，此自然之理也。"

北宋元丰八年，神宗崩，哲宗即位，以司马光为相。废荆公新法，仍复旧制，时人称变法者为"元丰党人"，而称遵旧制者为"元祐党人"。时苏轼、苏辙、黄庭坚辈皆流贬。凡哲宗崩，徽宗继位，向太后垂帘听政，复起元祐党人而废新法。崇宁元年，徽宗以蔡京为相，复崇熙宁新政。诏中书省呈元祐反新法之大臣姓名，蔡京以文臣执政官文彦博、吕公著、司马光、范纯仁、韩维、苏辙、范纯礼、陆佃等二十三人，待制以上官苏轼、范祖禹、晁补之、黄庭坚、程颐等四十八人，余官秦观等三十八人，内臣张士良等八人，武臣王献可等四人，计一百二十人，定其罪状，称为奸党。徽宗亲书其名，刻石竖于端礼门外，曰"元祐党人碑"。令禁党人子孙留京，并禁其予科举。蔡京复手书党人姓名，发各州县，仿京师立碑以"扬恶"也。

至高宗南渡，绍兴初复褒录元祐党人，此亦人所不可预者也。《建炎以来朝野杂记》载：

绍兴初，朝廷褒录元祐党人，且擢用其子弟。六年正月，枢密院检详文字范直方曰："自蔡京用事，凡妒贤嫉能，助成党论之人，偶乖迎合，遂致睚眦。京、卞欲终废之，故借党以报怨。如李清臣首唱异议，邢恕诬证太母，杨畏反复变诈，皆隶名石刻之人。今又推恩子孙，伤教败俗，莫此为甚，请命近臣审订而甄别之。"上纳其言，遂命给、舍甄别元祐党籍。它日，上谓赵忠简曰："一时甚有滥居党人之数者，范冲、任申先皆能辩之。"先是，渡江以来，党碑无复存者，凡自陈者，悉以胥吏私传之本为据。绍兴四年，陈去非在吏部以为言，始加搜访。后两年，乃命甄别焉。

夫党争之祸，灾及子孙，人皆知其非正道，然终不可绝矣。至若滥居党人之辈，其尤可憎者也。然元丰、元祐党人之争，岂若辈之争耶？政见之争尔。

东坡不收润笔

文士为人作文，收人钱财，谓之润笔，自晋宋以来即行，唐人所谓义取者也。余见宋龚明之《中吴纪闻》云："阊门之西有姚氏，素以孝称，所居有三瑞堂，东坡尝为赋诗，姚致香为惠。东坡于虎丘通老简尾云：'姚君笃善好事，其意极可嘉，然不须以物见遗，惠香八十罐却托还之，已领其厚意，与收留无异。实为他相识所惠，皆不留故也。切为多致，此恳。'"呜呼，坡公清德常人难及也。

俞荫甫《茶香室四钞》云："唐伯虎有一巨册，录所作文字，簿面题'利市'二字。"利市者谓买卖所获之利也。《左传·昭公十六年》载："尔有利市宝贿，我勿与知。"其录是为润笔之资也。又云："有人求文于桑思元，托以亲昵无润笔，桑曰：'吾生平未尝白作文字，可暂将白银一锭，置吾案间，鼓吾兴致，待文作完，并银送还可也'。有人求文于祝枝山，枝山问：'是见精神否？'俗以银钱为精神也。应曰然，则欣然捉笔。诸说并见明人说部中。"曲园老人晚岁亦收润笔，定章程为：不满千字者银五十两，千字以上者银百两。且有一诗云："公鼎侯碑价不訾，如余谫陋岂相宜。只缘窃据名山席，遂使争求下里词。敢以再三心厌倦，奈因七十力衰羸。訡痴虽为高人笑，此意区区或谅之。"曲园定润金乃以之谢人之请尔，自非图阿堵者也。

东坡讥讽程颐

李焘《续资治通鉴长编》元祐元年载："明堂降赦，臣僚称贺讫，两省官欲往奠司马光。是时，程颐言曰：'子于是日哭则不歌'，岂可贺赦才了，却往吊丧？坐客在难之曰：'孔子言哭则不歌，即不言歌则不哭。今已贺赦了却往吊丧，于礼无害。'苏轼遂戏程颐云：'此乃枉死市叔孙通所制礼也。'众皆大笑。其结怨之端盖自此始。"

梁绍壬《两般秋雨庵随笔》亦载其事云："司马温公薨，当明堂大享朝臣，以致斋不及奠。肆赦毕，苏子瞻率同辈往，程颐固争，引'子于是日哭则不歌'为证。子瞻曰：'明堂乃吉礼，非歌之谓也。'颐谕司马诸孤，不得受吊。子瞻戏曰：'颐可谓鏖糟鄙俚叔孙通。'"

夫程颐所引夫子之言，朱子注云："一日之内，余哀未忘，自不敢歌也。"东坡之讥讽程颐，盖亦洛党蜀党交恶故也。至若司马温公，两党皆与之无隙，然何以口角如此，殊不可解矣。窃谓程颐之说，迂儒拘墟，徒引古礼而不化，为人所憎也。东坡谓叔孙通鏖糟鄙俚，实亦讥程伊川泥古不化也。司马温公尝亦评叔孙通云："叔孙通之为器小也，徒窃礼之糠秕，以依世、谐俗、取宠而已，遂使先王之礼沦没而不振，以迄于今，岂不痛矣哉。"温公斯言复可评程伊川矣。

道学拘泥偏僻，往往不可理喻。程伊川尝以《资治通鉴》为玩物丧志，禁人勿习，可知其何以止苏子瞻辈吊温公也。

东坡忌日

　　东坡生日为十二月十九，人皆知之，忌日乃七月二十八，知者鲜也。宋赵与时《宾退录》云："开禧丙寅，眉州重修图经，号《江乡志》，末卷杂记门云：佛日大师宗杲每住名山，七月遇苏文忠忌日，必集其徒修供以荐。"盖其忌日为七月二十八日，是乃徽宗建中靖国元年也。

　　余观坡公凡值七月二十八每有厄运。距其亡前十七年七月二十八日，公与朝云所生第四子苏遁夭折。再距前二十二年七月二十八日，公于湖州任为御史台吏卒皇甫遵所拘，解往京师，"乌台诗案"自此始。宋孔平仲《孔氏谈苑》状其情景云："顷刻之间拉一太守，如驱犬鸡。"嗟乎，莫非冥冥之中其有定数邪？

贺知章登墙决事

　　贺知章为武则天证圣元年乙未科状元，入仕来几无风波之事，人谓富贵宰相。惟《旧唐书·贺知章传》载一事，为人嗤鼻也。传云："俄属惠文太子薨，有诏礼部选挽郎，知章取舍非允，为门荫子弟喧诉盈庭。知章于是以梯登墙，首出决事，时人咸嗤之。"

　　袁枚《随园诗话》卷四亦云："贺知章在礼部选挽郎，取舍不公，门荫子弟喧闹盈门。知章不敢出，乃于后园昇一梯，出头墙外以决事。"此亦为季真平生恨事矣。清梁绍壬《两般秋雨庵随笔》云："大父《冬夜读诸史提要》诗云：醒里神仙有几人，镜湖未赐敢抽身。墙头喧诉声如海，急杀风流贺季真。"所云即其事也。

夫挽郎者，出殡之时任牵引灵柩且唱挽歌者也。《晋书·礼志中》"成帝咸康七年，皇后杜氏崩，有司又奏，依旧选公卿以下六品子弟六十人为挽郎。"《世说》"武帝崩，选百二十挽郎，一时之秀彦，育长亦在其中。"呜呼，太子既薨，士子皆欲为其挽郎而以荣，窃谓可嗤者非贺季真，乃士子丧其节也。谀非其鬼，孔子不为也，何为以引柩挽歌而为之荣哉？

康熙辛丑科，李绂用通榜法，所取皆一时名士，下第者纠众于琐闱外作闹，新进士徘徊门外，无由入谒。时有人赋诗嘲之云："门生未必敢升堂，道路纷纷正未央。我献一梯兼一策，墙头高立贺知章。"是知贺季真此事已为后世典也。李穆堂所行之通榜法，乃隋唐之制也。科举之卷不糊名，考官以举子之声望及才德取士，考前举子多以己文行卷于公卿贤达。

李后主之死存疑

南唐后主李煜之死于宋太祖之牵机药，世人向无疑者，然向无疑者之事岂必无疑者哉？《宋史》记其事云："三年七月，（煜）卒，年四十二。废朝三日，赠太师，追封吴王。"宋李焘《续资治通鉴长编》卷十九载："壬辰，赠太师、吴王李煜卒，上为辍朝三日。"余以正史所载而观，宋太祖之杀李煜事不无可疑处也。

夫宋之制度，凡大臣之丧，以其官职而辍朝。辍朝者，以谓废朝、罢朝也。《宋会要辑稿》载："元丰八年三月五日以前辍朝例：见任或曾任宰相、使相以上、王及特进各二日，东宫三师，曾任宰相亦二日，门下侍郎、中书侍郎、左右丞、知同知枢密院事、开封府牧、观文殿大学士、曾任执政官，太子三师三少，节度使……辍一日。"《宋史·礼》《礼院例册》：

"文武官一品、二品丧，辍视朝二日，于便殿举哀挂服。文武官三品丧，辍视朝一日，不举哀挂服。"是知后主之死太祖为之辍朝三日，王公之礼也。既恶之而毒杀之，岂复以王公之礼遇之焉？况所谓以牵机药者，宋王铚《默记》谓："牵机药者，服之前却数十回，头足相就，如牵机状也。"如此之状见者皆知其死非常也，焉能掩世人之耳目耶？窃谓太宗必不为也。

欧阳修撰《新五代史》卷六十二载："八年十二月，王师克金陵。九年，煜俘至京师，太祖赦之，封煜违命侯，拜左千牛卫将军。"清吴任臣《十国春秋》卷十七载："太宗即位，始去违命侯，加特进，封陇西郡公。太平兴国二年，后主自言其贫。宋太宗命增给月奉，仍予钱三百万。"是太宗之遇后主尚胜于太祖矣。宋之立国之始即优待诸亡国之君臣，周之后裔终宋一代未绝其恤。况太祖亦讥其乃"翰林学士"耳，亡国之君尚不杀之，岂复杀一"翰林学士"耶？后世野史所谓后主以"小楼昨夜又东风"及"一江春水向东流"之句遂被祸云，无稽之语也。窃谓后世欲罪太宗亦有其因，自太宗即位初即有"烛影斧声"之说，《宋史纪事本末》载："冬十月，帝有疾。壬午夜，大雪，帝王召晋王光义，嘱以后事。左右皆不得闻，但遥烛影下晋王时或离席，若有逊避之状。既而上引柱斧戳地大声谓晋王曰：好为之，俄尔帝崩时漏下四鼓矣，宋皇后见晋王愕然。连呼曰："吾母子之命，皆托于官家。"晋王泣曰："共保富贵，无忧也。"甲寅，晋王光义既皇帝位，改名炅。"其既有篡夺之疑于世，则复见疑于牵机药杀后主，自然之理矣。然三人成虎，奈何？

李阳冰谀李白

抑扬人物，当持公允，或褒或贬，据以史实，倘欲褒则溢美其辞，欲贬则隐其善迹，治史者固不可为，品评人物亦不可为也。余读李阳冰《草堂集序》，感李少温之为太白诗序，谀其文也。

夫少温为太白族叔，初为缙云令，工篆书，书家誉为"唐三百年以篆称者，唯公独步。"然其序《李白集》谓：白"不读非圣之书，耻为郑、卫之作，故其言多似天仙之辞。凡所著称，言多讽兴。自三代以来，风骚之后，驱驰屈、宋；鞭挞扬、马，千载独步，唯公一人。""王公趋风，列岳结轨；群贤翕习，如鸟归凤。"呜呼，斯言不亦过乎？

《唐史》赞韩愈则曰："自视司马迁、扬雄、班固以下不论也。"退之论柳子厚则曰："其文雄深雅健，似司马子长，崔、蔡不足多也。"如是而已。而李少温欲褒太白，则"驱驰屈宋，鞭挞扬马"，夫扬雄、司马相如何罪，而至于鞭挞哉？抑前贤而崇斯人，岂品藻人物之为焉。窃谓其不善为序者也。

李煜性仁

或曰自古为帝王者不可具妇人之仁，盖性仁则不可专断，小事仁则不可及大仁，故自来帝王鲜小仁也。南唐后主李煜，以辞赋闻于世，然亡国身死，为后世恨矣。

《新五代史》卷六十二载："煜为人仁孝，善属文，工书画，而丰额骈齿,一目重瞳子。"欧阳文忠公但言其"仁孝,善属文,工书画",此岂帝王之才哉?宋文莹《湘山野录 续录》载后主事,谓其性仁也。其云:"江南李后主煜性宽恕,威令不素著,神骨秀异,骈齿,一目有重瞳,笃信佛法。殆国势危削,自叹曰:'天下无周公、仲尼,君道不可行。'但著《杂说》百篇以见志。十一月,猎于青龙山,一牝狙触网于谷,见主两泪,稽颡搏膺,屡指其腹。主大怪,戒虞人保以守之。是夕,果诞二子。因感之,还幸大理寺,亲录囚系,多所原贷。一大辟妇,以孕在狱,产期满则伏诛,未几亦诞二子。煜感牝狙之事,止流于远,吏议短之。"后主感牝狙而推恩及人,仁之至也,此亦佛家之慈悲矣。余阅欧阳文忠公为之传,讥评为甚,谓其"煜性骄侈,好声色,又喜浮图,为高谈,不恤政事"。于后主恤民之举只字未及,窃以为文忠公素排佛,于史论但喜佛者皆诟之,即唐太宗一代英主,亦以其喜佛而斥之,不亦谬乎?

嗟乎,余以为李煜之不幸在生于帝王之家而诸兄皆亡,为帝岂其愿哉?宅心仁厚者焉能为帝耶?叹叹。

李煜与虞舜

夫李煜为亡国之君,虞舜乃上古圣王,岂有可与之相较者焉?余谓其亦有相类者也。《史记·五帝本纪》载:"虞舜者,名曰重华。"《正义》云:舜"目重瞳子,故曰重华。"陆游《南唐书》卷三载:煜"广颡丰颊,骈齿,一目重瞳子。"胡应麟《诗薮》杂编卷四亦云:"后主一目重瞳子。"重瞳异相,自上古至今,唯虞舜、项羽、李煜三人耳。

又,《史记·五帝本纪》载:"舜年二十以孝闻。于是尧以二女妻舜以观其内。"是娥皇、女英也。李煜亦于南唐保大十二年纳大司徒周宗长女娥皇为妻，即为昭惠皇后，史称"大周后"者也。及昭惠皇后病逝，煜于北宋开宝元年复娶娥皇之妹为妻，即为"小周后"，亦似舜娶两姊妹为妻。小周后史籍未载其名，时人或以"女英"称之。"大周后"精音律，善歌舞，通书史，至于采戏弈棋，亦无不绝妙，尝"创为高髻纤裳及首翘鬓"之妆，"人皆效之"。北宋乾德二年卒，煜亲撰《昭惠周后诔》。

似此相类者史之绝无，故记之。

陆游与秦桧孙游

陆放翁《入蜀记》卷二载："六日晚，见秦伯和侍郎。伯和名埙，故相益公桧之孙，延丛画堂，栋宇闳丽，前临大池，池外即御书阁，盖赐第也。"又"左迪功郎新湖州武康尉刘炜、右迪功郎监比较务李膺来。炜，秦伯和馆客也，言秦氏衰落可念，至屡典质，生产亦薄。问其岁入几何，曰米七万斛耳。"

以是观之，放翁与秦氏世谊乎？放翁之父及叔父朝中主战者，皆被分宜所制而贬，绍兴二十三年"锁厅试"，主考陈之茂，放翁及埙皆试，分宜嘱之茂取埙首，不听，取放翁第一，分宜为之怒焉。以旧事论，放翁与秦氏仇家矣。然何以述之谊邪？放翁《夜读范至能言中原父老见使者多挥涕，感其事作绝句》诗云："公卿有党排宗泽，帷幄无人用岳飞。遗老不应知此恨，亦逢阳节解沾衣。"又《追感往事》诗云："诸公可叹善谋身，误国当时岂一秦。不望夷吾出江左，新亭对泣并无人。"是放翁亦明言秦桧误国也。窃思后日韩侂胄为权相时，建南园，嘱杨万里作记，拒之，曰："官可弃，记不可作。"复嘱放翁，为之作《南园记》，虽无阿谀之辞，亦为世所訾。是放翁之举，殊不可解矣。

路人焉知司马昭之心

今人皆熟谙"司马昭之心，路人皆知"之语，然司马昭之心，岂路人皆知焉？司马氏之代曹魏，正统之士诟之久也。赵翼《廿二史札记·魏晋禅代不同》谓："司马氏当魏室未衰，乘机窃权，废一帝、弑一帝而夺其位，比之于操，其功罪不可同日语矣。"是故视司马昭为奸臣贼子者，似为盖棺之论也。

然《晋书·帝纪第二》谓司马师："世宗以睿略创基，太祖以雄才成务。事殷之迹空存，翦商之志弥远，三分天下，功业在焉。"时人羊祜《请伐吴疏》云："先帝顺天应时，西平巴、蜀，南和吴会，海内得以休息，兆庶有乐安之心。而吴复背信，使边事更兴。夫期运虽天所授，而功业必由人而成，不一大举扫灭，则众役无时得安。亦所以隆先帝之勋，成无为之化也。"窃谓羊叔子乃蔡文姬之甥，其姊为司马师之妻，执论未必中正，然《晋书》乃唐房玄龄领衔而编，其论亦无罪于司马氏也。

易代之际，正统、忠君之说尤为士人所重。正统之说，汉代始定，《汉书·郊祀志下》云："宣帝即位，由武帝正统兴，故立三年，尊孝武庙为世宗，行所巡狩郡国皆立庙。"宋欧阳修尝著《正统论》，云："正者，所以正天下之不正也；统者，所以合天下之不一也；由不正与不一，然后正统之论作。"呜呼，以是而论，则司马氏之西晋亦属正统之列也。欧阳永叔复论之云："夫居天下之正，合天下于一，斯正统矣，尧、舜、夏、商、周、秦、汉、唐是也。始虽不得其正，卒能合天下于一，夫一天下而居正，则是天下之君矣，斯谓之正统可矣，晋、隋是也。"司马昭承父、兄之力，以晋代魏，"合天下于一"，不亦正统乎？

夫自秦汉以降，二千余载，王朝更迭何其繁复。而觊觎帝位，争夺皇权者复不知凡几。斯值改姓易代之际，或篡弑，或禅代，彼视为忠者吾视为逆，彼视为逆者吾视为忠。或为改姓之际率先奉迎之冯道，或为知其不可而为之之文天祥。嗟夫，有若司马昭之心，余不知何以论矣。

吕蒙正拒雅贿

居高位者纳贿，各朝皆有，或以文玩书画贿，则美其名曰雅贿。真雅士岂纳人之贿哉。宋初吕蒙正为相，有以古鉴献者，云："能照二百里。"公曰："吾面不过碟子大，安用照二百里为？"又有以古砚求售者，云："一呵即润，无烦注水也。"公曰："就使一日能呵一担水，亦止直十文钱而已。"

夫圣功岂不识古物者邪？所谓一担水十文钱，谑之耳。古之为官留名青史者，多有因廉获之。于谦素有廉名，家无余财，为监察御史，其《入京诗》云："绢帕麻菇与线香，本资民用反为殃。清风两袖朝天去，免得闾阎话短长。"况钟知苏州，任满返京，赋诗云："检点行囊一担轻，京华望去几多经。停鞭静忆为官日，事事堪持天日盟。"又有吴讷以监察御史巡贵，土司赠金百两，讷拒之，题诗云："萧萧行李向东还，要过前途最险滩。若有赃私并土物，任教沉在碧波间。"

或有以风雅而纳人贿者，当为之鉴矣。

马融失节

东汉马融为《老子》作注第一人。融字季长，精经学，早岁以数拒朝廷辟命而名重关西。其学识渊博，尤长于古文经学，遍注群经，设帐授徒，不拘儒者礼节，门人有千人之众，卢植、郑玄皆为其门徒。唐太宗贞观二十一年诏其配享孔子，其享誉可谓盛也。

然盛名之下，其实难副。《后汉书·马融传》载："永初二年，大将军邓骘闻融名，召为舍人，非其好也，遂不应命，客于凉州武都汉阳界中。会羌虏飙起，边方扰乱，米谷踊贵，自关以西，道殣相望。融既饥困，乃悔而叹息，谓其友人曰：'古人有言，左手据天下之图，右手刎其喉，愚夫不为。所以然者，生贵于天下也。今以曲俗咫尺之羞，灭无赀之躯，殆非老庄所谓也。'故往应骘召。"嗟乎，一代大儒，屈节偷生，尚以"生贵于天下"解脱，岂不知孟子所言"生亦我所欲，所欲者有甚于生者，故不为苟得也"乎？儒者亦如女子，一旦失身，其名节岂可得全焉。马季长既屈节于权势，后来为外戚大将军梁冀草奏诬害李固，并书《大将军西第颂》，亦在必然中也。

窃谓马融之坠落，盖其虽为名儒，乃止于书卷耳，终不能砥砺名教，名节既毁，其身亦必毁之。《汉书·马融传》谓其"居宇器服，多存侈饰。尝坐高堂，施绛纱帐，前授生徒，后列女乐"。则属无耻也。呜呼，三代以下，世衰道微，弃礼义，捐廉耻，马季长可谓其一也。宋末人徐钧尝有诗讽之云："士迫饥寒已变初，权门宁免曳长裾。帐纱所学明何事？却陷忠良草奏书。"佳人作贼，叹叹。

米芾巧索端砚

米元章善书，尤痴石，于名砚则愈心仪也。《清波杂志》卷十一载："徽宗尝命米芾以两韵诗草书御屏，次韵乃押'中'字，行笔自上至下，其直如线。上称赏曰：'名下无虚士。'芾即取所用砚入怀，墨汁淋漓，奏曰：'砚经臣下用，不敢复进御，臣敢拜赐。'"《春渚纪闻》卷七"米元章遭遇"条云："米元章为书学博士。一日，上幸后苑，春物韶美，仪卫严整。遽召芾至，出乌丝栏一轴，宣语曰：'知卿能大书，为朕竟此轴。'芾拜舞讫，即缩袖，舐笔伸卷，神韵可观，大书二十言以进，曰：'目眩九光开，云蒸步起雷。不知天近远，亲见玉皇来。'上大喜，赐赍甚渥。又一日，上与蔡京论书艮岳，复召芾至，令书一大屏。顾左右宣取笔砚，而上指御案间端砚，使就用之。芾书成，即捧砚跪请曰：'此砚经臣濡染，不堪复以进御，取进止。'上大笑，因以赐之。芾蹈舞以谢，即抱负趋出，余墨霑渍袍袖，而喜见颜色。上顾蔡京曰：'颠名不虚得也。'京曰：'芾人品诚高，所谓不可无一，不可有二者也。'"

窃谓芾之痴砚出于自然，虽御用之物亦直欲归之，而召之即来，命之即书，岂芾之性哉？徽宗喜其书，是以未罪而以砚赐之，此岂他人可为者焉？故蔡京谓"不可有二者也"。

汤思退磨勘徇私

宋时京外官之选调升迁行磨勘之制，分"选人"与"京朝官"。范仲淹尝戏谓"常调官好做，家常饭好吃"。喻己甘于平淡之意也。常调官谓选人逐阶升迁之途，须历三任六考之磨勘。每任三年，岁一考，谓之循资。自选人至京官，磨勘期满尚需举荐，呈中书省，经宰相审之，谓之"改官"。

京朝官则由吏部审官院主考核，三年一磨勘，评定优劣，拟其可任之职。呈中书省、枢密院审之，如无异议，即以所拟升迁贬黜。

《清波杂志》卷三载："族叔初试宏博，以所业投汤岐公。时季元衡南寿待制，亦投文字，汤尝师之，初许其夺魁。一日谓季曰：'近有一周某至，先生当处其下。'既奏名，季果次焉。"

汤岐公者，汤思退也，字进之，处州人。绍兴十五年，以右从政郎建州政和县令试博学宏词科，赐进士出身。绍兴中，以附秦桧累官参知政事。桧死，拜尚书右仆射。寻罢官。隆兴初，复相。金人索四郡，思退许之，为言官所论，遂罢相，封岐国公。

季元衡，处州龙泉人。登绍兴五年进士。十八年，中博学宏词科。二十六年，除校书郎。二十八年，为考功员外郎。历知简州、眉阳。后进直显谟阁致仕。季南寿绍兴五年进士，而汤思退乃绍兴十五年始中宏博赐进士出身，故季之年辈显在汤上，故汤尝师之也。惟季之试宏博乃在汤后，故投文字于汤耳。

《宋会要辑稿·选举》载："绍兴十八年三月，礼部贡院言：试博学宏词科左迪功郎新常州武进县尉周麟之，左从政郎婺州州学教授季南寿，并考入下等，各减二年磨勘。"宋制，现任官予公试，得上等，赐上舍出身，原官升两级；优异者奏闻于帝，可破格任之。得中等者，可予殿试。下等者，补入太学内舍。然南宋考场舞弊之风盛行，科举陋习根深难易，舞弊之风亦不可绝。权势者钻营窃官，科举邪气不可转矣。故汤思退于旧口之师可诸其名次也。及其于贬途，忧悸而死，孝宗赐以岐国公葬于青田陈山埠荒野之地，是亦悲夫。

唐宋七大家

明初朱右以唐之韩愈、柳宗元，宋之欧阳修、曾巩、王安石及三苏之文编为《八先生文集》，八大家之名始于此也。后唐顺之纂《文选》，仅取唐宋八人之散文，八大家之名遂定矣。后复有茅坤据朱、唐之法选八家之文，辑为《唐宋八大家文钞》，行于世也。然余见清钱大昕《十驾斋养新录》云："李绍序《苏文忠公集》云：古今文章，作者非一人，其以之名天下者，惟唐昌黎韩氏、河东柳氏、宋庐陵欧阳氏、眉山二苏氏，及南丰曾氏、临川王氏，七大家。"自注云："明成化四年，江西吉安府重刊大苏七集，绍为之序。"李绍字克述，安福人，宣德八年进士，累迁翰林学士，擢礼部侍郎。以此知明时人亦有不重老苏者也。

唐太宗不信风水堪舆

风水堪舆之说，古今皆存，近世虽科学昌明，惑于其说者尚众也。《资治通鉴·唐纪十二》载：

"上以近世阴阳杂书，讹伪尤多，命太常博士吕才与诸术士刊定可行者，凡四十七卷。才皆为之叙，质以经史。叙《禄命》以为'禄命之书，多言或中，人乃信之。然长平坑卒，未闻共犯三刑；南阳贵士，何必俱当六合。'禄而贵贱悬殊，共命共胎而寿夭更异。按鲁庄公法应贫贱，又尪弱短陋，惟得长寿；秦始皇法无官爵，纵得禄，少奴婢，为人无始有终；汉武帝、后魏孝文帝皆法无官爵，宋武帝禄与命并当空亡，唯宜长子，虽有次子，法当早夭；此皆禄命不验之著明者也。"

其叙《葬》以为"《孝经》云：'卜其宅兆而安厝之。'盖以窀穸既终，永安体魄而朝市迁变，泉石交侵，不可前知，故谋之龟巫。近岁或选年月，或相墓田，以为一事失所，祸及死生。按《礼》：天子、诸侯、大夫葬皆有月数，是古人不择年月也。《春秋》：'九月丁巳，葬定公，雨，不克葬，戊午，日下昃，乃克葬。'是不择日也。郑葬简公，司墓之室当路，毁之则朝而窆，不毁则日中而窆，子产不毁，是不择时也。古之葬者皆于国都之北，兆域有常处，是不择地也。"以为"野俗无识，妖巫妄言，遂于擗捅之际，择葬地以希官爵。"术士皆恶其言，而识者皆以为确论。

《五杂俎》云："李虚中以人生年月日所直支干，推人祸福死生，百无一失，初不用时也。自宋而后，乃并其时参合之，谓之'八字'。然虚中末年炼黄金，求不死，而卒发疽以死，可谓不知命之尤者，其术又何能灵？而今之瞽师村究，概能推生克衰旺之数，但不验身。使天之生人，可以八字定其终身，何名造物？"

呜呼，风水堪舆之说，其初当属自然之理，而后之堪舆家神其术，以惑愚民也。

唐太宗褫夺周公先圣号

吾国文化重道统，两周、两汉之时皆行周孔之道。隋唐之前，儒家周孔连称。西汉武帝崇儒家，尊周公为"元圣"，孔子为"先师"。盖以周公创制礼乐，乃华夏文明之人文始祖也。汉时，亦有称"孔颜之道"者，尊颜回为孔门七十二贤之首，凡祭孔，回则配享，俨然"亚圣"之礼遇。东汉末名士祢衡撰颜子碑，谓颜回"亚圣德踵高踪"。《唐会要》载：唐玄宗谓"颜子既云亚圣，须优其秩"。至宋儒周敦颐亦有"颜子亚圣"之说。

唐初，《论语》未列经书之列，遑论《孟子》。贞观时，奉周公为先圣，孔子为先师，配享先师者仅颜渊、左丘明二人耳。宋初，国子监承唐制，仍祭孔颜。中唐时，韩退之抗佛，倡道统之说，崇孟轲之位，至南宋朱熹则谓"真可谓命世亚圣之才"。元文宗尊孔，定配祀者四：复圣公颜回、宗圣公曾参、述圣公子思、亚圣公孟轲。至此，孟子代颜回为"亚圣"，"孔孟之道"相沿至今未易。

然弃周公而独尊孔子，始于唐太宗也。唐吴兢《贞观政要·崇儒学》载：

贞观二年，诏停周公为先圣，始立孔子庙堂于国学，稽式旧典，以仲尼为先圣，颜子为先师，两边俎豆干戚之容，始备于兹矣。……儒学之兴，古昔未有也。

唐太宋既崇儒学，何以褫夺周公先圣之号而独尊仲尼？史家众说纷纭，莫衷一是，窃以太宗之举抑其私重氏族谱系乎？太宗即位初即诏令撰《氏族志》，以图抑山东旧家望族而重李氏。盖魏晋以降极重氏族谱系，太宗尝以己族上附至凉武昭王李暠，以北魏清望陇西李冲为本家，甚而攀先秦老子李耳为祖。尝谓："朕之本系，起自柱下。鼎祚克昌，既凭上德之庆；天下大定，亦赖无为之功。"柱下者，李耳也。盖传老子尝为周柱下史也。史传孔子尝问礼于老子，既尊孔子为"先圣"，则老子乃先圣之师，尊于孔子矣。若以周公为先圣，则周公早于老子，无以越也。初，汉魏之世，道家并称黄老，东晋后，不言黄帝，而以老庄为祖；至唐，黄老之称绝矣。李耳既尊，李唐之氏族亦复崇焉。

呜呼，黄老既可弃黄，周孔亦可弃周也。唐高祖武德二年始立国子学时，尚"以周公为先圣，孔子配。"（《新唐书·礼乐五》）太宗则褫夺周公，欲欺天下士子也。其子高宗永徽二年"复以周公为先圣，孔子为先师"，长孙无忌深暗太宗之心，进言高宗，方于显庆二年乃旧制。武后称帝改周，于天授三年复崇周公，停士子攻习《老子》之先例。中宗复辟之神龙元年，方"复习《老子》"，重尊孔子。诸事皆载于两《唐书》，几为后世笑料焉。玄宗后，废周公而尊孔子为儒家先圣放钦定未易也。然孔子谥为文宣王，而老子号玄元皇帝，噫，帝终尊于王矣。

唐太宗服方士丹药

古来帝王，既有天下而欲长生不老，故多有溺于方士之惑，求长生之药，虽天纵英睿之人亦不能免也。秦皇既灭六国，四海归一，而遣徐福东瀛求不死之药。汉武亦尝"令言海中神仙者数千人求蓬莱神人"。两晋间，服食五石散风于士大夫间，以为时尚。余观夫唐史，自太宗而后诸帝亦多有惑于方士而服丹药者，以为后世讥矣。

《旧唐书·太宗本纪下》载："五月庚子，使方士那罗迩娑婆于金飚门造延年之药。"本传虽未言其服食，而《高士廉传》所书事可证太宗实服丹药也。传云："二十年，（高士廉）遇疾，太宗幸其第问之，因叙说生平，流涕歔欷而诀。二十一年正月壬辰，薨于京师崇仁里私第，时年七十二。太宗又命驾将临之，司空玄龄以上饵药石，不宜临丧，抗表切谏，上曰：'朕之此行，岂独为君臣之礼，兼以故旧情深，姻戚义重，卿勿复言也。'太宗从数百骑出兴安门，至延喜门，长孙无忌驰至马前谏曰：'饵石临丧，经方明忌。陛下含育黎元，须为宗社珍爱。'其言甚切，太宗犹不许。无忌乃伏于马前流涕，帝乃还宫。"

《旧唐书·郝处俊传》载高宗亦欲食丹药事。传云："又有胡僧虞伽阿逸多受诏合长年药，高宗将饵之。处俊谏曰：'修短有命，未闻万乘之主，轻服蕃夷之药。昔贞观末年，先帝令婆罗门僧那罗迩娑寐依其本国旧方合长生药。胡人有异术，征求灵草秘石，历年而成。先帝服之，竟无异效，大渐之际，名医莫知所为。时议者归罪于胡人，将申显戮，又恐取笑夷狄，法遂不行。龟镜若是，惟陛下深察。'高宗纳之，但加虞伽为怀化大将军，不服其药。"

又宪宗亦惑长生之说，《旧唐书·宪宗本纪》载："上顾谓宰臣曰：'神仙之事信乎？'李藩对曰：'神仙之说，出于道家；所宗《老子》五千文为本。《老子》指归，与经无异。后代好怪之流，假托老子神仙之说。故秦始皇遣方士载男女入海求仙，汉武帝嫁女与方士求不死药，二主受惑，卒无所得。文皇帝服胡僧长生药，遂致暴疾不救。古诗云：服食求神仙，多为药所误。诚哉是言也。君人者，但务求理，四海乐推，社稷延永，自然长年也。'上深然之。"

又穆宗即位，固知金石之不可服，而未几听僧惟贤、道士赵归真之说，亦饵金石。《旧唐书·穆宗本纪》载："上饵金石之药，处士张皋上疏切谏，上悦，召之，求皋不获。"寻而上崩也。至敬宗亦信金石，《本纪》载："戊午，遣中使往湖南、江南等道及天台山采药。时有道士刘从政者，说以长生久视之道，请于天下求访异人，冀获灵药。仍以从政为光禄少卿，号升玄先生。"《武宗本纪》亦载:"帝重方士,颇服食修摄,亲受法箓。至是药躁,喜怒失常,疾既笃,旬日不能言。宰相李德裕等请见,不许。中外莫知安否,人情危惧。"盖武宗在藩邸时即好道术修摄之事。及即位,又召赵归真等八十一人,于禁中修符箓,练丹药。其所幸王贤妃尝私谓左右曰:"陛下日服丹,言可不死,然肤泽日消槁,吾甚忧之。"(《王贤妃传》)是武宗亦为丹石所误也。

嗟乎,尤不可解者,后之帝目睹耳闻丹石之误,而乃欲效之。宣宗尝亲见武宗之误,然即位后即遣中使至魏州谕韦澳曰:"知卿奉道,得何药术,可令来使口奏。"澳附奏曰:"方士不可听,金石有毒不宜服。"(《韦澳传》)后帝竟饵太医李玄伯所治长年药,病渴且中燥,疽发背而崩。以致懿宗立杖杀玄伯。

夫唐之诸帝,亦非皆昏庸之辈,而以太、宪、武、宣实为英主,何以身殉方士之丹药,后世评者多不可解,窃谓其实由贪念而致也。为帝王者,既有天下,而尤恐不可拥之久,一旦身亡,岂能携一草一木而去?是故惧身之亡也。上之所好则下必效之,据唐史所载,其臣下亦多有饵金石而亡者。杜伏威为太子太保,兼行台尚书令,位在齐王元吉之上。而好神仙术,饵云母,被毒暴卒。李抱真为检校司空,《本传》谓其:"晚节又好方士,以冀长生。有孙季长者,为抱真炼金丹,绐抱真曰:'服之当升仙。'遂署来宾僚,凡服丹二万丸,腹坚不食,将死,不知人者数日矣。"而其初谓人曰:"秦汉君不遇此,我乃遇之,后升天不复见公等矣。"斯愚且可悯之矣。即如韩退之,晚岁亦嗜于丹药,其诗文中可窥也。

唐太宗赋宫体诗

宫体诗始于南朝梁简文帝，帝常喜与文士东宫唱和，所赋皆宫廷琐事及男女私情者也。其体词藻靡丽而格调低下，时人谓之"宫体"。

《唐诗纪事》卷一记唐太宗尝赋宫体诗事，云："帝尝作宫体诗，使虞世南赓和。世南曰：圣作诚工，然体非雅正，上有所好，下必有甚；臣恐此诗一传，天下风靡，不敢奉诏。帝曰：朕试卿尔。后帝为诗一篇，述古兴亡，既而叹曰：钟子期死，伯牙不复鼓琴，朕此诗何所示耶。敕褚遂良即世南灵坐焚之。"

呜呼，虞伯施乃古之臧僖伯也。《春秋左氏传·隐公五年》言鲁隐公将如棠观鱼者。臧僖伯谏曰："凡物不足以讲大事，其材不足以备器用，则君不举焉。""若夫山林川泽之实，器用之资，皂隶之事，官司之守，非君所及也。"盖僖伯谏隐公慎玩物而丧其志，所谓君君者也。虞伯施性刚烈，敢谏，太宗深敬之，是故拒其赓和而不怒，亦明君之举也。余谓太宗诚一代圣君，岂隐公辈焉。夫为君者，溺于声乐，固亡国之道也。

古之华元尝献佳琴于楚庄王，名"绕梁"。王甚喜，终日鼓之不辍，以至七日不朝。有王妃名樊姬者，见而谏之曰："昔之夏桀酷爱'妹喜'之瑟，至招身死；商纣误闻靡靡之音，而亡社稷，王今喜'绕梁'之琴，七日不朝，岂欲国亡而身死耶？王悟，遂命以铁如意捶琴，琴碎而'绕梁'绝响焉。"是知凡物皆有其道，君臣父子，皆有其守，逾其守则丧其道。虞伯施深谙其理也。

唐太宗失终始之义

贞观之治,治史者莫不称之,究其所以,皆以太宗善纳谏而魏徵敢进谏也。据《贞观政要》载,魏郑公面陈谏议于太宗五十次,终其生谏诤多达"数十万言"。《新唐书·魏徵列传》载:"徵状貌不逾中人,有志胆,每犯颜进谏,虽逢帝甚怒,神色不徙,而天子亦为霁威。议者贲、育不能过。"及徵病危之际,帝"命中郎将宿其第,动静辄以闻,药膳赐遗无算,中使者缀道。帝亲问疾,屏左右,语终日乃还。""帝将以衡山公主降其子叔玉"。及徵亡,"帝临哭,为之恸,罢朝五日。"呜呼,恩宠可谓至矣。

然徵尸未寒,太宗即"停叔玉昏,而仆所为碑,顾其家衰矣"。《旧唐书》亦记停叔玉昏事。盖徵尝录前后谏诤语示于史官褚遂良,帝闻之而不悦,疑其籍此博清正之名也。《资治通鉴》卷一九七载:"又有言徵自录前后谏辞以示起居郎褚遂良者,上愈不悦,乃罢叔玉尚主,而踣所撰碑。"噫,太宗与徵君臣失终始之义也。

窃谓徵之以谏诤语示史官者,盖欲后人记之而复效之也。徵尝谓帝曰:"昔舜戒群臣:'尔无面从,退有后言。'"盖谏诤之臣鲜而谀谀之徒众,官修之史,尤无所记,其欲史官记之而思后人效之矣。苦心所在,即太宗亦不可窥也。若谓其籍而博清正之名者,尤为谬也,徵生之时,其名已隆,岂复求之亡后之名哉。太宗以"贞观"为年号,意大公至正之道也,《易·系辞下》云"天地之道,贞观者也"。既以大公至正之道行于世,岂讳史官掩君吾谏诤之语焉。子贡曰:"君子之过也,如日月之食焉。过也,人皆见之;更也,人皆仰之。"(《论语·子张》)太宗既明谏诤利于国,而复忌之载于史,其不欲后世知其过也。

唐太宗修《氏族志》

唐太宗虽一代英主，然其于氏族郡望亦未可免俗。其强附追先祖为凉武昭王李暠，以北魏清望陇西李冲为本家，为世人所讥也。陈寅恪先生谓其"边荒杂类，必非华夏世家"，稽考翔实，可为定论。其复修《氏族志》贬北魏以降之山东高门，以图高李唐集团之门第，而强中央之集权。

贞观六年，太宗与房玄龄论及士族卖婚之弊，谓"既轻重失宜，理须改革"。诏吏部尚书高士廉等"刊正姓氏"，撰《氏族志》。其意盖欲借此而抑山东世族而固皇权也。夫唐初望门士族有四，各有所尚：山东尚婚娅；江左尚人物；关中尚冠冕；代北尚贵戚。至太宗时，崔、卢、郑、李、王之山东大族其势尤甚，俨然凌驾于关陇士族也。是故太宗诏刊正姓氏，修《氏族志》。贞观十二年《氏族志》成，仍列山东士族崔民平为一等。太宗不悦，谓山东士族"世代衰微，全无冠盖"而以婚姻得财，"不解人间何为重之？"遂命重修，诏"不须论数世以前，止取今日官爵高下作等级"，是《氏族志》"凡二百九十三姓，千六百五十一家"，皇族为首，外戚次之，崔民干降为三等矣。陈寅恪先生《李唐氏族之推测》评曰："魏晋以来门第之政治社会制度风气，以是而渐次颓坏毁灭，实古今世局转移升降枢机之所在，其事之影响于当时及后世者至深且久。"

夫唐太宗贬抑华北清望卢、崔、郑、王、李等大族，其隐秘心思于《新唐书·高俭传》之文字可窥一二也。传曰：

"初，太宗尝以山东士人尚阀阅，后虽衰，子孙犹负世望，嫁娶必多取赀，故人谓之卖婚。由是诏士廉……责天下谱牒，参考史传，检正真伪，进忠贤，退悖恶，先宗室，后外戚，退新门，进旧望，右膏粱，左寒畯，合二百九十三姓，千六百五十一家为九等，号曰《氏族志》，而崔斡仍居第一。帝曰：‘我于崔、卢、李、郑无嫌，顾其世衰，不复冠冕，犹持旧地以取赀，不肖子偃然自高，贩鬻松槚，不解人间何为贵之？……今谋臣劳士以忠孝学艺从我定天下者，何容纳贷旧门，向声背实，买婚为荣耶？……朕以今日冠冕为等级高下。’遂以崔斡为第三姓，班其书天下。”

夫太宗所谓“卖婚”“买婚”者，乃其时士大夫多以娶五姓女为荣也，即宗室之女亦未能及；而女家亦攀五姓为亲，故太宗怒之焉。何为而怒哉？盖李唐王室，自李虎、李昺、李渊而至太宗，皆以鲜卑姓为后，是故士大夫贵重五姓，太宗焉能忍之矣。

唐王室乱伦

《朱子语类》卷一三六《历代》云："唐源流出于夷狄，故闺门失礼之事，不以为异。"陈寅恪《隋唐制度渊源略论稿》引朱子此语，且云："若以女系母统言之，唐代创业及初期君主，如高祖之母为独孤氏，太宗之母为窦氏，即纥豆陵氏，高宗之母为长孙氏，皆是胡种，而非汉族。"是故唐王室乱伦之事不以为怪矣。

《清波杂志》载："唐太宗立皇子明为曹王，母杨氏，巢剌王妃也，有宠于上。文德皇后崩，欲立为后。魏郑公谏曰：'陛下方比德唐、虞，奈何以辰嬴为累？'虽从谏而止，迹可掩乎？不能正之于始，其后高宗之于武后，明皇之于杨妃，顾得家法，不以为恶。"

夫巢剌王者，李元吉也，乃唐高祖第四子，与兄建成图秦王世民，为世民所杀者也。及太宗践祚，追封海陵郡王，谥曰剌。以追封巢王，谥如故。杨氏为太宗弟媳，而太宗欲纳之为后，乱其伦也，故魏徵谏之，以辰嬴为喻也。辰嬴事见《左传·僖公二十二年》，"晋大子圉为质于秦，将逃归，谓嬴氏曰：'与子归乎？'对曰：'子，晋大子，而辱于秦。子之欲归，不亦宜乎？寡君之使婢子侍执巾栉，以固子也。从子而归，弃君命也。不敢从，亦不敢言。'遂逃归。"及晋公子重耳入秦，秦穆公纳女五人，怀嬴与焉，谓之辰嬴。辰嬴妻晋二君，而重耳乃纳侄妻也。

太宗既欲纳弟媳为后，其才人武则天则为其子高宗李治所纳。《旧唐书·本纪六·则天皇后》载："初，则天年十四时，太宗闻其美容止，召入宫，立为才人。及太宗崩，遂为尼，居感业寺。大帝于寺见之，复召入宫，拜昭仪。时皇后王氏、良娣萧氏频与武昭仪争宠，互谗毁之，帝皆不纳。进号宸妃。永徽六年，废王王皇后而立武宸妃为皇后。高宗称天皇，武后亦称天后。"是乃纳父之妻也。

至玄宗时，复有纳子寿王杨妃事，愈为后世所诟。《新唐书·后妃上》载："玄宗贵妃杨氏，隋梁郡通守汪四世孙。徙籍蒲州，遂为永乐人。幼孤，养叔父家。始为寿王妃。开元二十四年，武惠妃薨，后廷无当帝意者。或言妃姿质天挺，宜充掖廷，遂召内禁中，异之，即为自出妃意者，丐籍女官，号'太真'，更为寿王聘韦诏训女，而太真得幸。"

呜呼，太宗欲纳弟媳，高宗纳父才人，玄宗纳子之妃，人伦之述岂复存焉？史官书此，但记其事耳。

唐文宗置诗学士

唐文宗好五言诗，品格与肃、代、宪宗同，而古调尤清峻。《全唐诗》收其诗六，联句二。开成间，尝欲置诗学士七十二员。《唐语林》载："文宗皇帝曾制诗以示郑覃，覃奏曰：'且乞留圣虑于万几，天下仰望。'文宗不悦。覃出，复示李宗闵，叹伏不已，一句一拜，受而出之。上笑谓之曰：'勿令适来阿父子见之。'"值其欲置诗学士时，李珏奏曰：

"当今起置诗学士，名稍不嘉。况诗人多穷薄之士，昧于识理。今翰林学士皆有文词，陛下得以览古今作者，可怡悦其间，有疑，顾问学士可也。陛下昔者命王起、许康佐为侍讲，天下谓陛下好古宗儒，敦扬朴厚。臣闻宪宗为诗，格合前古，当时轻薄之徒，摘章绘句，聱牙崛奇，讥讽时事，尔后鼓扇名声，谓之'元和体'，实非圣意好尚如此。今陛下更置诗学士，臣深虑轻薄小人，竟为嘲咏之词，属意于云山草木，亦不谓之'开成体'乎？玷黷皇化，实非小事。"

夫唐之世兴于诗，帝王自太宗始亦多能诗，然治国之道终非辞赋能行之者也。郑覃、李宗闵皆为相，且为牛李党争之魁首，以其待上之诗，可窥其人品高下矣。若非李珏所争，恐后世亦有"开成体"之说矣。

唐宣宗严教公主

夫自儒家宣修齐治平之理，无论士大夫或庶民皆以家教为重，以是多有家训传世。余尝见乡间大宅之中堂，多有悬《朱柏庐治家格言》者，即朱氏之家训也。然帝王之家，天生贵胄，子女自多骄纵，为世人所诟者众也。余读《资治通鉴》，见唐宣宗李忱则家训甚严，教公主如士大夫家，是亦罕有者焉。

《资治通鉴·唐纪六十五》载：上"以校书郎于琮为左拾遗内供奉。初，上欲以琮尚永福公主，既而中寝；宰相请其故，上曰：'朕近与此女子会食，对朕辄折匕箸。性情如是，岂可为士大夫妻。'乃更命琮尚广德公主。"永福公主上之二女，广德公主上之四女也。《唐语林》亦载其事，大略类。

宣宗恭谨节俭，亦以之教公主。《唐语林》载："万寿公主，宣宗之女。上在藩时，主尤钟爱。及下嫁，武德禁中旧仪，车舆有白金为饰者，及呈进，上曰：'我方以俭化天下，宜从近戚始。'乃命以铜制。每进见，上常诲曰：'无轻待夫，无干预时事。'又降御札勖励，其末曰：'苟违吾戒，当有太平、安乐之祸。汝其勉之。'故十五年间戚属缩然，如山东衣冠之法。"

观夫大中十四年间，宣宗勤于政事，孜孜求治，限宗室宦官；其为人也，明察沉断，从谏如流，且恭谨节俭，故史家谓之"大中之治"，誉之"小太宗"。观其训女之一二事，知其誉非虚矣。今之有称"官二代""富二代"者，其为官为富者，官未若宣宗，富亦不敌宣宗，可不戒之乎？

唐玄宗之《生日歌》

今人逢生日，于庆诞之时多歌《生日歌》，然为西人所制曲辞也。据《唐会要·节日》载，唐玄宗诞辰千秋节，乐府制《千秋乐》《天长地久辞》《圣明乐》三曲，乃为玄宗降诞而制，此当为吾国首制之《生日歌》也。

《唐会要》载："开元十七年八月五日，左丞相源乾曜、右丞相张说等，上表请以是日为千秋节……至天宝二年八月一日刑部尚书兼京兆尹萧炅及百寮，请改千秋节为天长节。"生日为节，李隆基第一人也。是日，宫廷内外歌儿舞女、献技仪仗，盛况空前。王昌龄有《殿前曲二首》云：

贵人妆梳殿前催，香风吹入殿后来。仗引笙歌大宛马，白莲花发照池台。

胡部笙歌西殿头，梨园弟子和凉州。新声一段高楼月，圣主千秋乐未休。

斯时诗人多有以其曲而填辞者。张祜《千秋乐》载《全唐诗》卷二十七，其辞曰："八月平时花萼楼，万方同乐奏千秋。倾城人看长竿出，一伎初成赵解愁。"赵解愁，擅长竿技者，类公孙大娘。张仲素有《圣明乐三首》，其一云："玉帛殊方至，歌钟比屋闻。华夷今一贯，同贺圣明君。"状四方华夷同贺大唐天子圣诞也。卢纶名列大历十才子，其赋《天长地久词五首》，前三首云：

玉砌红花树，香风不敢吹。春光解天意，偏发殿南枝。

虹桥千步廊，半在水中央。天子方清暑，宫人重暮妆。

辞辇复当熊，倾心奉上宫。君王若看貌，甘在众妃中。

此曲每终，万人和唱"天长久，万年昌"。其声势之伟岂内府乐伎可比耶？

晚唐杜牧有《华清宫三十韵》写千秋节云："歌吹千秋节，楼台八月凉。"

自明皇开圣诞之风，列代帝王或置或不置，亦无循列。唯其于千秋节时敕令"天下诸州咸令宴乐，休暇三日"，可谓与民同乐者也，然若非开元之世，焉得有此乐耶？

王安石日录

宋熙宁间行新法，王荆公主其事，千载以来，褒贬纷争未绝，以至介甫盖棺而论未定矣。世传有《王荆公日录》八十卷，乃公于熙宁间奏对之语录也。史官据以修撰《神宗实录》，致是书为北宋党争之端，后世亦以是书之是非而讼也。

南宋陈振孙《直斋书录介题》卷七云："本朝祸乱萌于此书。"陈瓘《四明尊尧集》云："盖安石舍众自用，造法于得君之初，事过追悔，著书于十年之后，归过宗庙，图盖己愆。"乃"诋讪君父"之"矫诬之书"。

夫北宋大臣撰写政记，非安石一人，神宗时参知执事吕惠卿著《日录》三卷，司马光亦著《日记》一书，岂可独诬荆公焉。况其《日录》云："上言开陈事，退辄录以备自省，他时去位，当缮录以进。"故及荆公退居金陵后方撰其书也。《清波杂志》谓："《王荆公日录》八十卷，毗陵张氏有全帙，顷曾借观。凡旧德大臣不附己者，皆遭诋毁；论法度有不便于民者，皆归于上；可以垂耀后世者，悉己有之。尽出其婿蔡卞诬罔。"周氏所言，源于陈振孙之说，然所谓"尽出其婿蔡卞诬罔"则无所据也。《日录》乃日记朝中君臣之奏对语，蔡卞既不得闻亦难日日闻于荆公。荆公既卒，其婿焉能书之？况涉神宗语卞岂能杜撰其辞哉？

清人蔡上翔《王荆公年谱考略》卷二云："以予考之，谓《日录》安石自作则然，谓安石美则归己，过则归君则不然，安石之得君至矣。熙宁所创新法，皆出于安石，当时在朝所攻者新法，而安石自以为美，则犹是新法也，安得于新法之外，别有过则归君之事？如使过归君若犹新法，则安石不几于自毁其法乎？我有以知其必不然。"

于戏，熙宁党争余以为尚属君子之争。如荆公与温公虽政见迥异，而互敬之礼未失，盖其争不及身也。而后世互讼者则诬其言毁其身，非君子之争也。叹叹。

王羲之兰亭序不入官法帖

今之学书者，莫不崇王逸少，其《兰亭集序帖》誉之为天下第一帖。然其身后文不得入《文选》，书不得入官帖，殊非后世之尊崇之也。宋周密《齐东野语》卷十三云："逸少《禊序》，高妙千古，而不入《选》。""若以笔墨之妙言之，固当居诸帖之首，乃不得列官法帖中，又何哉？"

夫官帖者，官府刻印拓就之名家字帖也。宋曹士冕《法帖谱系·杂说下》云："欧阳公《集古跋尾》谓近时有尚书郎潘师旦，以官帖私自模刻于家。"又云："豫章士友董良史家有法帖石本数卷，与淳化官帖规模相似，而笔墨差弱，似不逮所见诸本，且不知所出。"王逸少之墨迹，生时即为时人所重，其《禊序》帖唐太宗亦甚崇之，其原书固不可寻，然临摹之本传世亦久也。周密笃学才俊，家富藏书，性乐钞录，所见颇广，其说当可信。而官法帖不收逸少之墨迹，殊为难解矣。余尝见唐末及宋明时人选唐诗，绝无李、杜之迹，岂以李、杜不入眼耶？窃谓选唐诗拒李、杜，畏其光焰太盛也，官法帖拒逸少无乃亦惧其表表耶？

王羲之无慎终之好

世人言及王右军，每以"书圣"称之，殊不知其性乖僻，为时人诟也。曹丕《典论·论文》曰："文人相轻，自古而然。"右军亦不能免也。

《世说新语·规箴》载：王右军与王敬仁、许玄度并善。二人亡后，右军为论议更克。孔岩诚之曰："明府昔与王、许周旋有情，及逝没之后，无慎终之好，民所不取。"右军甚愧。

王敬仁擅书，尤善隶、行书，右军与之善，尝赠之《东方朔画赞》。许玄度善属文，与右军并孙绰、支遁以文义冠世，兰亭之会亦予之。及二人亡，右军则言语毁损之，不亦过乎？窃谓此实右军之性乖戾所致，而其喜服五石散亦使之失态也。文士相轻固为世态，然右军交恶于王蓝田则为人所轻也。

王蓝田，名述，出身太原王氏，与右军非同宗，然亦同为王氏传人也。《世说新语·忿狷》载：王蓝田性急。尝食鸡子，以箸刺之不得，便大怒，举以掷地。鸡子于地圆转未止，仍下地以屐齿碾之，又不得。瞋甚，复于地取内口中，啮破，即吐之。王右军闻而大笑曰："使安期有此性，犹当无一豪可论，况蓝田耶？"安斯，蓝田父也，清虚寡欲，为政宽恕，时人誉之。右军之言，讥嘲蓝田复及乃父，诚非君子之为，两人交恶终未能释也。《世说新语·仇隙》载：

"王右军素轻蓝田。蓝田晚节论誉转重，右军尤不平。蓝田于会稽丁艰，停山阴治丧。右军代为郡，屡言出吊，连日不果。后诣门自通，主人既哭，不前而去，以陵辱之。于是彼此嫌隙大构。后蓝田临扬州，右军尚在郡。初得消息，遣一参军诣朝廷，求分会稽为越州。使人受意失旨，大为时贤所笑。蓝田密令从事数其郡诸不法，以先有隙，令自为其宜。右军遂称疾去郡，以愤慨至终。"

《晋书·王羲之传》载："述每闻角声，谓羲之当候己，辄洒扫而待之。如此者累年，而羲之竟不顾，述深以为恨。"嗟乎，右军既代为郡，吊唁蓝田之丁艰，礼也；其"诣门自通"而"不前而去"，辱之甚也，焉为士人所可为耶？魏晋之时，文人相轻之风尤甚，然如右军之行事亦为异数哉。

魏徵墓碑踣而复立

唐太宗以魏徵为镜，从谏如流，成贞观之盛世，太宗成明君之名，徵亦获名臣之誉，可谓君臣相得也。然及徵死，太宗失镜，以致徵之墓碑立而踣，踣而复立，令人叹息焉。

《资治通鉴》载：贞观十七年"郑文贞公魏徵寝疾，上遣使者问讯，赐以药饵，相望于道。又遣中郎将李安俨宿其第，动静以闻。上复与太子同至其第，指衡山公主欲以妻其子叔玉。戊辰，徵薨，命百官九品以上皆赴丧，给羽葆鼓吹，陪葬昭陵。其妻裴氏曰：'徵平生俭素，今葬以一品羽仪，非亡者之志。'悉辞不受，以布车载柩而葬。上登苑西楼，望哭尽哀。上自制碑文，并为书石。"

然因太子承乾失德，怒杜正伦，正伦初为徵所荐也。及正伦以罪黜，上始疑徵阿党。复有言徵自录前后谏辞以示起居郎褚遂良者，"上愈不悦，乃罢叔玉尚主，而踣所撰碑。"

《通鉴》载：贞观十九年，太宗征辽，"战士死者几二千人，战马死者什七八。上以不能成功，深悔之，叹曰：'魏徵若在，不使我有是行也。'命驰驿祀徵以少牢，复立所制碑，召其妻子诣行在，劳赐之。"

夫为人臣者，魏徵死后哀荣可谓至也，然佞人所伤，亦致中而踣之，及太宗悟而复之，后世为之议矣。徵之薨时，裴氏不欲受哀荣，抑或有所预乎？

西晋名教沦落

夫东汉清议之兴，乃因党锢之祸后，儒士不振，儒学浸微，士大夫屈节于阉宦而苟存。至司马氏以世族儒家之势力篡魏建晋，然儒学儒风之颓败已不可复振，周孔名教，徒为空言矣。西晋之肇基者司马仲达及二子，皆士族名士，言行亦以名教自诩，然西晋宫廷之丑秽，史所未闻也。余阅《晋书·后妃传》，帝王家谱竟亦不为尊者讳，正史所罕见者也。

《晋书·后妃传·惠贾皇后》载："惠贾皇后讳南风，平阳人也，……妃性酷虐，尝手杀数人。或以戟掷孕妾，子随刃坠地。"此女乃惠帝司马衷之皇后。惠帝弱智，史所罕见，天下大荒，而有"何不食肉糜"之论。南风既为后，本应母仪天下，而其荒淫之举，可谓惊世骇俗也。《晋书·后妃传》纪其事曰：

后遂荒淫放恣，与太医令程据等乱彰内外。洛阳有盗尉部小吏，端丽美容止，既给厮役，忽有非常衣服，众咸疑其窃盗，尉嫌而辩之。贾后疏亲欲求盗物，往听对辞。小吏云："先行逢一老妪，说家有疾病，师卜云宜得城南少年厌之，欲暂相烦，必有重报。于是随去，上车下帷，内簏箱中，行可十余里，过六七门限，开簏箱，忽见楼阙好屋。问此是何处，云是天上，即以香汤见浴，好衣美食将入。见一妇人，年可三十五六，短形青黑色，眉后有疵。见留数夕，共寝欢宴，临出赠此众物。"听者闻其形状，知是贾后，惭笑而去，尉亦解意。时他人入者多死，惟此小吏，以后爱之，得全而出。

余尝见明清艳书亦多有类此情事者，当源于南风事也。南风暴戾，亦见于其虐太后。武元杨皇后，惠帝之生母也，惠帝立，为太后。贾后欲杀太后之母庞氏，致太后乞之称"妾"，贾后竟不顾。呜呼，司马氏称"以孝治天下"，贾后之丧心病狂行事，礼教何存，礼义何在？及赵王司马伦诛南风，而"八王之乱"起矣，南风乱之罪魁也。唐房玄龄修《晋书》，亦谓贾后"妒忌多权诈"。清人蔡东藩评贾后云："贾后凶暴未足，继以淫黩，中冓丑声，播闻中外，古今有如是之浊秽，而不致乱且亡者，未之闻也。"

太安元年惠帝立羊献容为后，竟亦无名教之分。永嘉五年，匈奴人刘曜会石勒、王弥陷洛阳，俘怀帝及羊献容。后刘曜为前赵帝，羊献容竟再醮刘曜。《晋书》谓其"羊氏有殊宠"，《后妃传》则未为之隐，传曰：

（羊献容）洛阳败，没于刘曜。曜僭位，以为皇后，因问曰："吾何如司马家儿？"后曰："胡可并言。陛下开基之圣主；彼亡国之暗夫，有一妇一子及身三耳，不能庇之。贵为帝王，而妻子辱于凡庶之手。遣妾尔时实不欲再生，何图复有今日。妾生于高门，常谓世间男子皆然；自奉巾栉以来，始知天下有丈夫耳。"

羊献容贵为皇后，再醮异族之敌，民族气节丧尽，况以床笫间语，辱及惠帝，名教颓败如斯，为后世指矣。南风淫秽无行，献容委身强虏，西晋之名教可知矣。

项羽心中存天理

《汉书·项籍传》云："羽亦军广武相守，乃为高俎，置太公其上，告汉王曰：'今不急下，吾亨太公。'汉王曰：'吾与若俱北面受命怀王，约为兄弟，吾翁即汝翁。必欲亨乃翁，幸分我一杯羹。'"项籍终不杀太公，窃以有感于斯言也。太史公书此，实有所本也。

《左传·成公二年》："宾媚人致赂，晋人不可，曰：'必以萧同叔子为质，而使齐之封内尽东其亩。'对曰：'萧同叔子非他，寡君之母也。若以匹敌，则亦晋君之母也。'"《孟子·尽心上》："杀人之父者，人亦杀其父。然则非自杀之，一间耳。"汉高祖之语与宾媚人之言，孟子之说一也。

嗟乎，刘季无赖，素轻儒者，而值危急复能以儒家之说应之，不修文学者其性自明矣。项籍躁猛之人也，而心中亦存天理。是知天理存乎人之心，未可断然判之也。

徐懋功悌姊

余少读《说唐》，熟知徐懋功之名，然以为一武将耳。近读《隋唐嘉话》，则知其亦儒家之悌者也。《嘉话》曰："英公虽贵为仆射，其姊病，必亲为粥。釜燃辄焚其须，姊曰：'仆妾多矣，何为自苦如此？'勣曰：'岂为无人耶。顾今姊年老，勣亦年老，虽欲久为姊粥，复可得乎？'"《唐语林》亦载此事，惟釜易为火，盖釜当误也。

李勣，原名徐世绩，字懋功，唐高祖李渊赐姓李，后避太宗讳改名绩，封英国公。其语"虽欲久为姊粥，复可得乎？"直是"子欲养而亲不待"之意矣。《孔子家语·致思》云:丘吾子曰："吾少时好学，周遍天下，后还，丧吾亲，是一失也；长事齐君，君骄奢失士，臣节不遂，是二失也；吾平生厚交，而今皆离绝，是三失也。夫树欲静而风不停，子欲养而亲不待，往而不来者年也，不可再见者亲也，请从此辞。"夫孝悌者，仁之本也，懋功之侍姊，是亦见仁矣。

106

严嵩厚德于乡

《万历野获编》卷八云："严分宜作相，受世大诟，而为德于乡甚厚，其夫人欧阳氏尤好施予，至今袁人犹诵说之。"严嵩十九中举，二十五进士及第，六十五拜相入阁，主朝政凡二十年。《明史》本传谓其"嵩窃政二十年，溺信恶子，流毒天下，人咸指目为奸臣。"近时颇有言严分宜为官善，或谓其乃权臣而非奸臣，于《明史》列其于《奸臣传》尤有异议，盖其皆袁州分宜嵩之后裔也。观夫明之正史乃至野史笔记，皆无言其善者，岂举世皆惑者焉。

嵩于世宗一朝，固权擅政，献媚于上，入阁之初，即为御史劾，其尝辩之曰："臣之心事，有皇上知之而臣下不及知，有在廷臣僚知之而远方不及知者。"（《明世宗实录》）《本传》谓其："嵩无他才略，惟一意媚上，窃权罔利。"史笔如椽，撼之何易哉。

然嵩之诗文亦颇有可圈点处，其诗虽未及于七子、茶陵，然亦非平庸之作。《四库全书总目》云："嵩虽怙宠擅权，其诗在流辈之中，乃独为迥出。王世贞《乐府变》云：'孔雀虽有毒，不能掩文章。'亦公论也。然迹其所为，究非他文士有才无行、可以节取者比。故吟诵虽工，仅存其目，以明彰瘅之义焉。"四库馆臣之评善矣。余适购得《严嵩诗集笺注》，乃分宜之后裔后著，因人废言固非智者，吾乃惜分宜，卿本佳人，奈何作贱也。

颜真卿审杜甫

唐肃宗至德二载，杜甫方于肃宗凤翔行在"涕泪授拾遗"，拜从八品朝官左拾遗，然仅数日，子美因疏救房琯，犯颜直谏，触怒肃宗而至"诏三司推问"。三司者，《通典·职官典·御史台》"侍御史"条谓："其事大者，则诏下尚书刑部、御史台、大理寺同按之，亦止为三司推事。"此案主审为御史大夫韦陟、礼部尚书崔光远及刑部尚书颜真卿。子美之狱，《旧唐书·杜甫传》曰：

（天宝）十五载，禄山陷京师，肃宗征兵灵武，甫自京师宵遁赴河西，谒肃宗于彭原郡，拜右拾遗。房琯布衣时与甫善，时琯为宰相，请自帅师讨贼，帝许之。其年十月，琯兵败于陈涛斜。明年春，琯罢相。甫上疏言琯有才，不宜罢免。肃宗怒，贬琯为刺史，出甫为华州司功参军。

欧阳修撰《新唐书》，于杜甫本传则曰：

（甫）会禄山乱，天子入蜀，甫避走三川。肃宗立，自鄜州羸服欲奔行在，为贼所得。至德二年，亡走凤翔上谒，拜右拾遗。与房琯为布衣交，琯时败陈涛斜，又以客董廷兰，罢宰相。甫上疏言："罪细，不宜免大臣。"帝怒，诏三司杂问。宰相张镐曰："甫若抵罪，绝言者路。"帝乃解。甫谢，且称："琯宰相子，少自树立为醇儒，有大臣体，时论许琯才堪公辅，陛下果委而相之。观其深念主忧，义形于色，然性失于简。酷嗜鼓琴，廷兰托琯门下，贫疾昏老，依倚为非，琯爱惜人情，一至玷污。……违忤圣心。陛下赦臣百死，再赐骸骨，天下之幸，非臣独蒙。"

杜甫之狱始末略为房琯"高谈有余，而不切事"（《新唐书·房琯传》）。其讨贼于咸阳东陈涛斜，食古而不化，一战再战，先败于陈陶，再败于青坂，以至触帝怒。方其时也，甫为言官左拾遗，奋而为琯辩，以至"诏三司推问"也。审其狱者三司之官，御史大夫韦陟奏曰："甫言虽狂，不失谏臣体。"宰相张镐亦言于肃宗曰："甫若抵罪，绝言者路。"甫方得免罪。然颜真卿既为三司之官，于子美之案，迥无一言可寻，其情殊不可度矣。

窃谓文忠公孤胆忠勇名满朝野，岂不识子美之人焉？子美之犯颜直谏，岂以一己私利耶？甫既贬黜，其《北征》诗尤云："虽乏谏净姿，恐君有遗失。"文忠公之于子美案，何以无一言可测其情哉？千年以来，众口纷纭，莫衷一是，似成疑案焉。夫子美之于房琯，君子之交也，岂以私而犯义者哉。及房琯卒，子美自蜀之阆，吊其墓，作《祭故相国清河房公文》，并赋《别房太尉墓》诗，云："他乡复行役，驻马别孤坟。近泪无干土，低空有断云。对棋陪谢傅，把剑觅徐君。唯见林花落，莺啼送客闻。"其情可窥相交于义也。

清人黄本骥尝释《新唐书·杜甫传》云："'会宰相张镐救解，甫得免死。'然则鲁公讯斯狱，与甫无恩。甫称'诗史'，于禄山事言之甚详，独平原煊赫之功无一语及之。"似亦可度子美之于文忠公不愿置一言也。

呜呼，房琯陈陶兵败而罢相，子美疏救而获罪，岂肃宗一时之怒焉？禄山之乱，玄宗出奔，肃宗即位，假平叛而立威，抑玄宗旧臣势所必行者也。子美谦谦君子也，其入仕乃"致君尧舜上，再使风俗淳""穷年忧黎元，叹息肠内热"。帝王之争，权臣之讦，岂子美辈可知者焉？余度文忠公之于子美案，何以未置一辞，盖其亦知肃宗之心也，然子美之为房琯辩，忤肃宗之欲也。文忠公置身其中，夫复何可置言哉？是故其既无罪子美之辞，亦无为之辩之言，此亦无奈何之情事，不可责之周也。

朱熹尝论古之君子云：予尝窃推易说以观天下之人。凡其光明正大，疏畅洞达如青天白日，如高山大川，如雷霆之为威而雨露之为泽，如龙虎之为猛而麟凤之为祥，磊磊落落，无纤芥可疑者，必君子也。……于是又尝求之古人以验其说，则于汉得丞相诸葛忠武侯，于唐得工部杜先生、尚书颜文忠公、侍郎韩文公，于本朝得故参知政事范文正公。此五君子，其所遭不同，所立亦异，然其心则皆所谓光明正大，疏畅洞达，磊磊落落，而不可掩者也。其见于功业文章，下至字画之微，盖可以望之而得其为人。（《朱文公文集》卷七五）嗟乎，杜甫、颜真卿皆磊落君子也，惜置身帝王之争，以致相交无缘，终至相与无一言遗于后世，叹叹。

颜之推佞佛

北齐颜之推著《颜氏家训》，历代为人所重，之推聪颖机悟，博识而有才辩，虽以儒学为本，然好释学，以为"神仙之事，未可全诬"，盖其侍梁元帝十余载，萧梁王朝佞佛，之推亦受感之矣。《家训》"归心"篇，崇释佞佛，深信"三世说"及因果说，以为佛、儒一体，极赞释教之义远超儒学。是书虽辞旨明切，足资劝戒，然佞佛之谬，殊不可信矣。

《家训》以为"万行归空，千门入善，辩才智惠，岂徒《七经》、百氏之博哉？明非尧、舜、周、孔所及也"。"归周、孔而背释宗，何其迷也。"以为"若能偕化黔首，悉入道场，如妙乐之世，儴佉之国，则有自然稻米，无尽宝藏，安求田蚕之利乎？"呜呼，智者亦有昏谬之时，此亦人之所思殊难超脱世风之囿也。《家训》所以资后人者诚多，然《归心》一篇实玷污之作矣。

扬雄反离骚

朱熹谦谦君子，褒贬前人事迹每显通达，然于扬子云则甚苛，谓其"扬雄最无用，真是一腐儒"，"见识全低，语言极呆，甚好笑"，（《朱子语类》）究其因，盖恶其所作《反离骚》也。

《汉书·扬雄传》云："先是时，蜀有司马相如，作赋甚弘丽温雅，雄心壮之。每作赋，常拟之以为式。又怪屈原文过相如，至不容，作《离骚》，自投江而死，悲其文，读之未尝不流涕也。以为君子得时则大行，不得时则龙蛇，遇不遇命也。何必湛身哉。乃作书，往往摭离骚文而反之，自岷山投诸江流以吊屈原，名曰《反离家》。"其于原之遭际既寄同情，然又以老、庄之说责其"弃由、聃之所珍兮，摭彭咸之所遗。"呜呼，漆园之学多阐生死之理，扬子云籍而叙己之意耳，岂独言屈原一人邪？士人之遇与不遇，命也，故其主"君子得时则大行，不得时则龙蛇。"此亦汉末士人之思也。故《反离骚》云："夫圣哲之不遭兮，固时命之所有。""昔仲尼之去鲁兮，斐裴迟迟而周迈。终回复于旧都兮，何必湘渊与涛濑。"夫扬子云身处汉末乱世，季身于王莽伪朝，其心岂无怨乎？《反离骚》质云："懿神龙之渊潜，俟庆云而将举。亡春风之被离兮，孰焉知龙之所处？"既处无庆云、春风之悖逆之时，神龙焉为世所重邪？

朱熹责子云"雄固为屈原之罪人，而此文乃《离骚》之谗贼矣，它尚何说哉。"又谓"屈原之忠，忠而过者也；屈原之过，过而忠者也。故论原者，论其大节，则其他可以一切置之而不问。"（《楚辞后语·反离骚后序》）扬子云着眼于生死之义，朱文忠着眼于忠过之节；扬子云发老庄之玄妙，朱文忠承孔孟之遗教。朱文忠谓原"虽其不知学于北方，以求周公、仲

111

尼之道，而独驰骋于变风、变雅之末流，以故醇儒庄士或羞称之。"扬子云则云："或问：圣人有诎乎？曰：有。""诎身，将以信道。"（《法言》）

嗟乎，朱扬所持之道异，是以所见殊，理学之士岂能窥漆园之玄理邪？魏晋之玄学盖以子云之说为本矣。

叶梦得助蔡京立元祐党籍

叶梦得为北宋词人，其《石林燕语》《石林诗话》为人所重，而其附逆大奸蔡京，为京立元祐党籍，分三等定罪，则为后世所诟也。

夫北宋元丰八年，神宗崩，哲宗继位，宣仁太后同处分军国事。司马光为相，废王荆公新法，乃复旧制。时称主变法者为"元丰党人"，反之者为"元祐党人"。元祐八年，哲宗亲政，用章惇为相，元丰党人复起，苏轼兄弟，黄庭坚辈皆遭流贬。及徽宗执政，用蔡京为相，复崇奉熙宁新政，崇宁元年九月，徽宗令中书省进呈元祐中反新法之大臣姓名，蔡京以文臣执政言文彦博、吕公著、司马光、范纯仁、韩维、苏辙等二十二人；待制以上苏轼、范祖禹、晁补之、黄庭坚、程颐等四十八人；武臣王献可等四人，计百二十人，分别定其罪状，称作奸党。徽宗亲书姓名，刻石碑竖于端礼门外，人谓"元祐党人碑"。凡碑上党人"永不录用"，其之子孙概不许居京师，且不得与科举。可谓酷也。呜呼，功过是非岂一石可定之矣？天下人心当有公道存焉。《挥麈录》载有碑工不忍刻碑事，可知人心公道矣。其云：

"九江有碑工李仲宁，刻字甚工，黄太史题其居曰'琢玉坊'。崇宁初，诏郡国刊元祐党籍姓名，太守呼仲宁使劚之。仲宁曰：'小人家旧贫窭，止因开苏内翰、黄学士词翰，遂至饱暖。今日以奸人为名，诚不忍下手。'守义之曰：'贤哉，士大夫之所不及也。'馈以酒而从其请"。

《宋史·强渊明传》载：强渊明"与兄浚明及仆卜梦得缔蔡京为死交，立元祐籍，分三等定罪，皆三人所建，遂济成党祸。"盖梦得崇宁二年被召入京，为检点试卷官，京荐之乃得徽宗召对，尔后"骤显贵"，故梦得为蔡京之门生也。《廿二史札记》卷二十三载："梦得初为蔡京客，京倚为腹心，尝为京立元祐党籍，分三等定罪。后知应天府，以京党落职。"然今叶梦得本传不载其事。

夫元修宋史，多本于宋之国史，大奸大恶如章惇、吕惠卿、蔡京、秦桧等固不能讳饰，其余则多有深讳之也。是故野史之记实可补正史之阙也。盖野史所记多无需讳，而国史之记多所讳。名显者讳其小亏处，以欲善其名，此正史之例，而野史闻之于野老所言，证之于家传札记，无所避忌，故多有可补正史者焉。人无完人，毕生所行岂能无一瑕疵矣，大节不亏，则为君子矣。

赵匡胤禁夯市

司马光《涑水记闻》云："太祖谓诸将曰：'近世帝王，初举兵入京城，皆纵兵大掠，谓之夯市。汝曹毋得夯市及犯府库。'"《续资治通鉴长编》卷一建隆元年载："太祖度不得免，乃揽辔誓诸将曰：'汝等自贪富贵，立我为天子，能从我命则可，不然，我不能为若主矣。'众皆下马，曰：'惟命是听。'太祖曰：'少帝及太后，我皆北面事之，公卿大臣，皆我比肩之人也，汝等毋得辄加凌暴。近世帝王，初入京城，皆纵兵大掠，擅劫府库，汝等毋得复然，事定，当厚赏汝。不然，当族诛汝。'众皆拜。乃整军自仁和门入，秋毫无所犯。"

夫自古易代之时，兵大掠害民乃常事，太祖此举功德无量也。金萧贡《雒阳》诗云："西来洛水绕崧高，野店荒村换市朝。董卓搜牢连数月，郭威夯市又三朝。劫灰深掘终难尽，鬼火争然忽自消。千古兴亡几春梦，只将闲话付渔樵。"后周太祖郭威初亦夯市三朝，为世人诟，故宋太祖禁之矣。

赵匡胤易五更为六更

旧时自昏至晓有甲、乙、丙、丁、戊五节点，谓之"五更"，或"五鼓"，俗有"一更人、二更锣、三更鬼、四更贼、五更鸡"之说。夜漏五五相递为二十五点，故唐李郢《宿杭州虚白堂》诗云："秋月斜明虚白堂，寒蛩唧唧树苍苍。江风彻晚不得睡，二十五声秋点长。"

《颜氏家训·书证》云：或问："一夜何故五更？更何所训？"答曰："汉、魏以来，谓为甲夜、乙夜、丙夜、丁夜、戊夜；又云鼓，一鼓、二鼓、三鼓、四鼓、五鼓；亦云一更、二更、三更、四更、五更。皆以五为节。"夜分五更，更分五点，自汉魏以来至明清皆然。然宋艺祖赵匡胤独易五更为六更，宋以来所记颇多也。宋蔡绦《铁围山丛谈》卷一云："汉、魏以来，警夜之制不过五鼓，盖冬夏自酉戌至寅卯，斗杓之建盈缩终不过五辰，故言甲夜至戊夜，或言五更而已。然日入之后，未至甲夜，则又谓之昏刻；至五更已满，将晓之时，则又有谓之旦至，夜漏不尽刻。国朝文德殿钟鼓院于夜漏不尽刻，既天未晓，则但挝六通而无更点也，故不知者乃谓禁中有六更。"然五更既满复鼓之，虽无点不亦可谓六更乎？清褚人获《坚瓠乙集》卷二云："艺祖以建隆庚申受禅，问国祚修短于陈希夷，有'只怕五更头'之言。盖庚更同音也。艺祖命宫掖及州县更漏皆去五更二点，并初更去其二以配之，首尾止二十一点即转六更，谓之虾蟆更。严鼓鸣钟，禁门方开，百官随入。终宋之世皆然。杨诚斋有'天上归来有六更'，汪水云有'乱点传筹杀六更'之句。"明黄溥《闲中古今录摘抄》卷一亦云："宋太祖建隆庚申受禅后，闻陈希夷'只怕五更头'之言，命宫中转六更方鼓，严鸣钟。太祖之意恐有不轨之徒，窃发于五更之时，故终宋之世，六更转于宫中，然后鸣钟殊不省。"

宋太祖陈桥兵变而黄袍加身，其意固不安也，复闻陈抟之言，焉为不惧。然六更钟鼓则遗笑后世矣。

朱熹诋毁东坡

党争之弊代皆有之，即使朱熹谦谦君子亦不可免。自北宋洛蜀之争始，东坡与程伊川交恶，至南宋朱熹因理学之承继，亦多有诋毁东坡之语。南宋罗大经《鹤林玉露》卷二载："朱文公云：二苏以精深敏妙之文，煽倾危变化之习。又云：早拾苏张之绪余，晚醉佛老之糟粕。"自程苏相攻，其徒各右其师焉。朱熹每于其徒言："苏氏之学，坏人心术，学校尤宜禁绝。"其与汪尚书云："苏氏之学，害天理，乱人心，妨道术，败风教，不在王氏之下。其徒秦观、李荐皆浮诞轻佻，士类不齿。"呜呼，党争之偏，抑何忍如此丑诋耶？

王夫之《读通鉴论》卷十九亦云："古之教士也以乐，今之教士也以文。文有咏叹淫泆以宣道蕴而动物者，乐之类也。苏洵氏始为虔矫桎梏之文，其子淫荡以和之，而中国遂于夷。"又云："苏轼兄弟之恶，恶于向魋久矣。"卷二十六又云："居易以文章小技，而为嬉游放荡，征声逐色之倡，当时则裴中立悦其浮华而乐与之嬉。至宋，则苏氏之徒喜其纵逸于闲捡之外而报尚之。"

嗟乎，坡公之于儒释道三教取之而为我所用，独弃心性理学，其学究天人，岂为理学所能拘之者焉？故程朱诋毁之，程朱之后人亦诋毁之，然坡公之学，历千载而不息，学术之道，当持公允，恶语相诋则遗笑大方矣。

朱元璋逐孟子于孔庙

《明史》载：洪武五年，太祖读《孟子》，至"君之视臣如手足，则臣视君如腹之；君之视臣如犬马，则臣视君如国人；君之视臣如土芥，则臣视君如寇仇"。"民为重，社稷次之，君为轻"诸语，怒甚，谓"非臣子所宜言"。令逐孟子于孔庙之配享，并令儒臣删《孟子》十之三，且谓"有谏者以不敬论，且命金吾射之"。

嗟乎，朱洪武起于草莽间，终不得悟亚圣之言也。《论语·颜渊》载齐景公问政于孔子，孔子对曰："君君，臣臣，父父，子子。"公曰："善哉，信如君不君，臣不臣，父不父，子不子，虽有粟，吾得而食诸？"然景公知之而未行，不立太子，继嗣不定，致陈氏弑君之祸。故夫子以为"君使臣以礼，臣事君以忠。"盖孔子睹世之礼崩乐坏，欲复周礼，而言君君臣臣，孟子之言实亦孔子之不忍言者，而孟子尽言之，以致朱洪武之怒矣。朱氏大明初创，闻孟子轻君之言语，焉能不怒哉？齐宣王尝问孟子"武王伐纣"事，以为亦弑君，孟子谓"闻诛一夫纣矣，未闻弑君也"。是知孟子以不君之君为非君也。自王荆公尊孟，宋人未尝非之，朱洪武不读书，以有斥孟之举也。

做官做好人不可兼得

做官当为循吏，故《史记》设循吏专篇，以警后世也。《两般秋雨庵随笔》载蔡京言语谓"做官做好人不可兼得"，奸贼面目可憎也。《随笔》曰："宋吴伯举守姑苏，蔡京一见大喜，入相首荐其才，三迁中书舍人。后以忤京落职，知扬州。客或有以为言者，京曰：'既做官，又要做好人，两者可得兼乎？'此真丧心病狂之语。"

宋朱弁《曲洧旧闻》亦载其事云："吴伯举守姑苏，蔡京自杭被召，一见大喜之。京入相，首荐其才，三迁为中书舍人。时新除四郎官，皆知县资序。伯举援旧例，言不应格。京怒，落其职，知扬州。未几，京客有称伯举之才者，且言此人相公素所喜，不当久弃外。京曰：'既做官，又要做好人，两者岂可兼得也。'"

嗟乎，王阳明尝言："仕途如烂泥坛，勿入其中。"然守仁亦久耽其中而不可拔。夫入于仕，清者自清，浊者自浊，以蔡京所论则尽洪洞县中人也。荒谬如此，可谓丧心病狂之人矣。

卷 三

白乐天侍姬

白居易有宠姬小蛮、樊素，人所皆知也，然其尚有未言之者。《容斋随笔》云："世言乐天侍儿惟小蛮、樊素二人，予读集中有诗云：'菱角执笙簧，谷儿抹琵琶。红绡信手舞，紫绡随意歌。'自注云：'菱、谷、紫、红，皆臧获名。'若然，红，紫二绡亦妓也。"

刘禹锡有《赚小樊》诗云："花面丫头十三四，春来绰约向人时。终须买取名春草，处处将行步步随。"又《同州与乐天诗》注曰："春草，白君之舞妓也。"是知乐天之姬侍尚有本集中之未言及者。白诗有"小奴捶我足，小婢捶我背。"不知小奴、小婢为侍姬者何？

唐代士人尚文好狎，蔚然成风，几无能免者。清时有咏乐天事云："风流太守爱魂销，到处春翘有旧游。想见当时疏禁纲，尚无官吏宿娼条。"盖清时朝廷严禁官吏游怡风月之场也。

北魏女侍中

袁枚《随园随笔·古官尊卑不一》条云："秦汉侍中本丞相史，不过掌虎子，捧唾壶等事。而晋以后之侍中，乃宰相也。"北魏之时，鲜卑拓跋珪朝有女官亦名侍中。《魏书·京兆王黎传》云："又妻封新平郡君，后迁冯翊郡君，拜女侍中。"宋赵明诚、李清照撰《金石录》载："赵彦深母傅太妃碑，额题'齐故女侍中宜阳国贞穆太妃傅氏碑'。案《北史》，后魏女侍中，视二品。然本后宫嫔御之职，今以宰相母为之，惟见于此。"

盖北魏之时，女侍中之号，非必专处后宫嫔御，凡宗室近支大臣之妻母皆可号之，以示殊宠耳。清吴伟业《山塘重赠楚云》诗云："五茸城外新移到，傲杀机云女侍中。"北魏之时多易俗，此以女为侍中，抑亦移风之举乎？

伯夷叔齐之死

《史记·伯夷列传》太史公曰："武王已平殷乱，天下宗周，而伯夷、叔齐耻之，义不食周粟，隐于首阳山，采薇而食之。及饿且死，作歌。其辞曰：'登彼西山兮，采其薇矣。以暴易暴兮，不知其非矣。神农、虞、夏忽焉没兮，我安适归矣？于嗟徂兮，命之衰矣。'遂饿死于首阳山。"其说当采自《论语》、《庄子》、《吕氏春秋》，自太史公云云，后世皆以其说也。

梁元帝萧绎《金楼子》卷一"兴王篇"则云："夷雍之子名伯夷、叔齐，不食周粟，饿于首阳，依麋鹿以为群。叔齐起害鹿，鹿死，伯夷恚之而死。"《文选》注引《古史考》又云："伯夷、叔齐隐于首阳山，采薇而食，野有妇人谓之曰：'子义不食周粟，此亦周之草木也。'于是饿死。"又有西汉刘向撰《列士传》亦载其事云："夷、齐隐于首阳山，王摩子入山，难之曰：'君不食周粟，而隐周山，食周薇，奈何？'二人遂不食薇。经七日，天遣白鹿乳之，得数日，夷、齐私念此鹿肉食之必美。鹿知其意，不复来，二子遂饿而死。"

夫萧绎之谓叔齐害鹿，妇人之讥薇亦周之草木，刘向谓夷、齐私念鹿肉，虽小说家言，鄙俚可笑，然亦可窥后世之于夷、齐之不食周粟亦存非之之念也。

121

不取食味于四方

宋时旧制，自朝廷而地方官吏均不得取食味于四方，旨在防官吏巧夺扰民也。《邵氏闻见录》卷八载："文靖夫人因内朝，皇后曰：'上好食糟淮白鱼，祖宗旧制，不得取食味于四方，无从可致。相公家寿州，当有之。'夫人归，欲以十奁为献。公见，问之，夫人告以故。公曰：'两奁可耳。'夫人曰：'以备玉食，何惜也？'公怅然曰：'玉食无之物，人臣之家安得有十奁？'"

盖宋初太祖尚知民之疾苦，故所行之令多有顾及民生者，不取食味于四方，旨在防官吏敛之于民也。若宋初明令官吏不得出入酒肆，此般旧制，子孙鲜有循之者矣。古之帝王尚且有此思虑，当下如何？

不知米从何出

夫纨绔子弟不辨菽麦，故俗谓富不过三代也。《两般秋雨庵随笔》载："宋蔡京诸孙，生长膏粱，不知稼穑。一日，京戏问之曰：'汝曹日啖米，试问米从何出？'一人曰：'从臼子里出。'京大笑。又一人曰：'不然，我见从席子里出。'盖京师运米，以席囊盛之故也。"梁绍壬此说不知本于何书。权臣之子弟如此，帝王之子孙逾于其谬也。

《金史·世宗纪》云："辽主闻民间乏食，谓何不食乾腊。盖幼失师保之训，及其即位，故不知民间疾苦也。"《晋书·惠帝纪》云："天下荒乱，百姓饿死，帝曰：'何不食肉糜？'"二帝皆生长于深宫之中，不知民间之事，非其生而愚昧，未谙世情矣。清逊帝溥仪为虏时，亦不知起居常事，类也。观夫今之富二代，纨绔之习，争逞富饶，岂知米从何出耶？是可惕惕也。

残疾诗人

唐时卢照邻、皮日休皆罹残疾，而以诗名于世，余尤钦敬于斯也。照邻字升之，《唐才子传》曰："后迁新都尉，婴病去官。"《旧传》云："后拜新都尉，因染风疾去官。"其亦尝问医道于长安名医孙思邈，以期疗其风疾。《旧唐书·孙思邈传》载："上元元年，辞疾请归，特赐良马，及鄱阳公主邑司以居焉。当时知名之士宋令文、孟诜、卢照邻等，执师资之礼以事焉。"可资佐证也。《新传》云："居太白山，得方士玄明膏饵之，会父丧，号恸，因呕，丹辄出，疾愈甚。"照邻《与洛阳名流朝士乞药直书》云："昔在关西太白山下，一隐士多玄明膏，中有丹砂八两，予时居贫，不得好上砂，但取马牙颜色微光净者充用。自尔丁府君忧，每一号哭，涕泗中皆药气流出，三四年羸卧苦嗽，几至于不免。"既贫且病，故贵宦时供衣药矣。后疾转笃，徙居阳翟之具茨山。斯时乃"足挛，一手又废，乃去具茨山下，贾园数十亩，疏颍水周舍，复预为墓，偃卧其中"。其《五悲·悲今日》云：

"自高枕箕颍，长揖交亲，以蕙兰为九族，以风烟为四邻。"其情实可悯之也。《才子传》谓其"手足挛缓，不起行已十年，每春归秋至，云壑烟郊，辄舆出户庭，悠然一望。遂自伤，作《释疾文》，有云：'覆焘虽广，嗟不容乎此生；亭育虽繁，恩已绝乎斯代。'"病既及，照邻与亲属执别，遂自投颍水而死，时年四十。

又有皮日休，少隐鹿门山，号醉吟先生。榜末及第，礼部侍郎郑愚以其貌不扬，戏之曰："子之才学甚富，如一目何？"皮对曰："侍郎不可一目废二目。"谓不以人废言也。叹叹。

曹彬有城府

北宋初，曹彬累有军功，乾德二年灭后蜀，开宝七年灭南唐，太祖深信之。彬素谦恭，且于事思虑甚远，非他人可及也。《涑水记闻》卷一载："太祖事世宗于澶州，曹彬为世宗亲吏，掌茶酒，太祖尝从之求酒，彬曰：'此官酒，不敢相与。'自沽酒以饮太祖。及即位，常语及世宗旧吏，曰：'不欺其主者，独曹彬耳。'由是委以腹心，使监征蜀之军。"彬之临事，所虑深远，《随手杂录》载："曹彬、潘美伐太原，将下，曹麾兵稍却，潘力争进兵，曹终不许。既归到京，潘询曹何故退兵不进，曹徐语曰：'上尝亲征不能下，下之则我辈速死。'既入对，太祖诘之，曹曰：'陛下神武圣智，尚不能下，臣等安能必取？'帝颔之而已。"

史家多谓彬仁厚有礼，观其事迹，诚是矣。《国老谈苑》卷一载："曹彬初克成都，有获妇女者，彬悉闭于一第，窃度食，且戒左右：'是将进御，当密卫之。'洎事宁，咸访其亲以还之，无亲者备礼以嫁之。彬平蜀回，辎重甚多，或言悉奇货也。太祖令伺之，皆古图书，无铢金寸锦之附。"其用兵既多，杀伤固亦众，然无滥杀之行。其待下尤为仁慈。《厚德录》载一事尤为人所称。云："曹侍中彬为人仁爱多恕，平数国，未尝妄斩人。尝知徐州，有吏犯罪，既立案，逾年然后杖之，人皆不晓其旨，彬曰：'吾闻此人新娶妇，若杖之，彼其舅姑必以妇为不利而恶之，朝夕笞骂，使不能自存。吾故缓其事，而法亦不赦也。'其用志如此。"呜呼，将兵之人而能心存慈悲，古今鲜有者矣。

曹魏封王如囚徒

分封之制始于商，曰侯曰伯也。周灭商，诸子弟及功臣皆有所封，至秦行郡县方废分封之制。夫分封则中央之权弱，集权则分封之国弱，后世虽仍存分封之制，名实各异也。然东汉末曹魏之分封则又异于各代。

魏武之时，功臣之封立，多虚号而无实封。实封者其封地、封户未有满千户者。魏文帝则效汉武推恩之法，于封户之中复封其子为列侯。据《三国志》载，魏之同姓封国，其况愈惨。名为封王而无实权，甚者无行动之自由，形同囚徒无异。所封之侯王，令皆须就国，不得停留京师，诸侯王不得辅政，亦不得结交朝臣。故陈寿评述魏之封国曰："魏氏王公既徒有国土之名，而无社稷之实，又禁防壅隔，同于图圄。"（《三国志·魏志·武文世王公传》）世人谓之"虽有王侯之号，而乃侪于匹夫，县隔千里之外，无朝聘之仪，邻国无会同之制，诸侯游猎不得过三十里。又为设防辅国之官以伺察之。王侯皆思为布衣而不能得。"（《三国志·魏志·武文世王公传》）

噫，阿瞒岂人情浇薄之辈哉？盖自东汉以降，地方豪强日兴。孟德之祖乃桓帝时中常侍，大长秋，是故其虽亦为地方豪强然于之有所别也。自迎献帝都许，孟德乃汉室掌权者，自为皇权之人，其抑制世家豪族亦在情理之中矣。王侯封国之严酷，于平常人所度，未免悖谬，然世人岂知阿瞒心思耶？至后来司马氏之代曹氏，亦地方豪强之与皇室集权之争耳。

秦废周之分封，行郡县之制。待秦亡，汉于分封复加郡县。魏文帝行郡县之制，诸兄虽封形同囚徒。司马炎代曹魏，大封家族王爵，以致八王之乱。至隋，废分封复郡县，唐欲复分封而无果。宋废分封，宗室子弟尽居京都。元行行省之制，明太祖则大封诸子于边地。呜呼，两千载封建之史，分封之制占其半，若是者，分封之制利乎？弊乎？周创分封而国诈八百年，汉行分封而至四百载，焉可以分封而论之哉？

曾国藩观微知人

旧传曾文正公任人必先相其貌，余以为讹，文正公实观人之微而知人之心性也。《花随人圣庵摭忆》云："文正在安庆时，有乡人某来投，朴讷谨厚，将试以事矣，一日共饭，饭有秕，某除之而后食，文正熟视之。饭后，弈既，令支应备数十金为赆。某大骇，浼文正表弟叩其故。文正曰：'某家赤贫，且初作客，去秕而食，宁其素耶。吾恐其见异思迁，故遣之。'"

曾文正此举抑效之于唐太宗乎？《隋唐嘉话》载："太宗使宇文士及割肉，以饼拭手。帝屡目焉，士及佯为不悟，更徐拭而便啖之。"类此事旧传甚多，《唐阙史》亦载：荥阳公尚书郑浣，以清规素履，嗣续门风。"召甥侄与之会食。有蒸而为饼者，郑孙搴去其皮，然后食之。公大嗟，怒曰：'皮之与中，何以异耶？仆常病浇态讹俗，骄侈自奉，思得以还淳返朴，敦厚风俗，是独怜子力用弊衣，必能知艰难于稼穑，奈何嚣浮有甚于五侯家绮纨乳臭儿耶？'因引手请所弃饼表，郑孙错愕失据，器而承之，公则尽食所弃。遂揖归宾闼，赠以束帛，斥归乡里。"

呜呼，俭，德之恭也；侈，恶之大也。一秕一饼固微，而可知其人之心性也。曾文正之所谓知人者，实善观乎人之细微之行耳。盖人之言行，虽微而能显其性，惟其微而体其真矣。

126

曾国藩深沉有心术

今之读书人多有誉曾文正者，盛名之下，几成完人，余谓曾涤生乃一极深沉有心术之人也。察其行事，性毗阴柔，为师黄老辈。曾文正以侍郎归湘时，睹清政大坏，吏贪民困，宫闱昏暗，初诚不意能救其亡也。及湘军奉旨剿匪，文正书《讨粤匪檄》，观其全文，绝无忠君之言语，开篇即云："粤匪自处于安富尊荣，而视我两湖三江被胁之人，曾犬豕牛马之不若。"又云："举中国数千年礼义人伦诗书典则，一旦扫地荡尽。此岂独我大清之变，乃开辟以来名教之奇变，我孔子、孟子之所痛苦于九原。"又云："无庙不焚，无像不灭。"行文之处纯着笔于"孔孟人伦之隐痛，上下神祇被辱之憾"耳。

呜呼，此正文正极狡狯处。故湘军之兴，乃集儒生农夫，为自卫而战也。及其功成名就，恐功高震主之祸，是以行事又极谨慎，以求自免而已。观其刊行《家书》一事，可知其欲明心迹焉。

曾子不食生鱼

曾参至孝，《孝子传》云："曾参食生鱼甚美，因吐之。人问其故，参曰：'母在之日，不知生鱼味，今我食美，故吐之。'遂终身不食生鱼。"生鱼者，乌鳢也，俗称黑鱼，味甚美。曾子孝母而不食生鱼，孝父则不食羊枣。《孟子·尽心下》云："曾晳嗜羊枣，而曾子不忍食羊枣。公孙丑问曰；'脍炙与羊枣孰美？'孟子曰：'脍炙哉。'公孙丑曰：'然则曾子何为食脍炙而不食羊枣？'曰：'脍炙所同也，羊枣所独也。讳名不讳姓。姓所同也，名所独也'。"羊枣，何焯《义门读书记》云："羊枣非枣也，乃柿之小者。初生色黄，熟则黑，似羊矢。"

噫，曾子至孝也，食生鱼而思及母，食羊枣而念及父，父母虽亡，而其心中犹生也。此不亦所谓心丧者乎？至孝者，心丧也。余每见今之丧者之家，无悲戚之色而朵颐酒肴，心丧既失，徒设丧仪耳，不亦悲夫。

陈叔达作伪

《大唐新语》记陈叔达事云：高祖尝宴侍臣，果有蒲萄，叔达为侍中，执而不食。问其故，对曰："臣母患口干，求之不得。"高祖曰："卿有母遗乎？"遂鸣咽流涕。后赐帛百疋，以市甘珍。

陈叔达，字子聪，浙江长兴人。乃陈宣帝十七子，陈后主异母弟，母为袁昭容。叔达陈亡入隋，拜内史舍人，绛郡通守。晋阳变后，归降李渊，拜丞相主簿，封汉乐郡公。唐时葡萄虽属罕有，然西域与长安交通已久，况唐时已以葡萄酿酒，可知葡萄亦非皇家独享之物也。陈子聪位于公，岂无力享母以葡萄哉？

窃谓子聪之为，乃欲效颍考叔之"小人有母，皆尝小人之食矣；未尝君子羹，请以遗之"。以博纯孝之名耳。后世有以其事训人以孝者，谬也。

东坡拒修《三国志》

宋徐度《却扫编》卷中载："刘羲仲字壮舆，道原之子也。道原以史学自名，羲仲世其家学。尝摘欧阳公《五代史》之讹误为纠缪，以示东坡。东坡曰：'往岁欧阳公著此书初成，王荆公谓余曰：'欧阳公修《五代史》而不修《三国志》，非也。子盍为之乎？'余固辞不敢当。夫为史者，网罗数十百年之事以成一书，其间岂能无小得失邪？余所以不敢当荆公之托者，正畏如公之徒掇其后耳。'"

夫刘羲仲以史学世家而指摘永叔之缪，是非史家之品行也。初，欧阳永叔撰《五代史》，与尹师鲁书云："史者国家之典法也。"撰史在于"垂劝戒，示后世"。其感于薛居正修《五代史》"繁猥失实"，故秉"褒贬义例"效孔子撰《春秋》而书也。欧公谓"于此之时，天下大乱，中国之祸，篡弑相寻。""五十三年之间，易五姓十三君，而亡国被弑者八，长者不过十余岁，甚者三四岁而亡。"（《新五代史》卷一七《晋家人传论》）以致"置君犹易吏，变国若传舍"。以为其时"天理几乎其灭"，"五代礼乐文章，吾无取焉，其后世有必欲知之者，不可以遗也。"故其书惟《司天考》《职方考》外，典章制度概无书者。余尝以两《五代史》作比，其优劣显矣。及北宋亡，金章宗泰和七年明令"新定学令内，削去薛居正《五代史》，止用欧阳修所撰"。（《金史·章宗纪》）至若南宋，理学盛行，尤为独尊欧阳公《五代史》也。

窃谓东坡拒荆公之托书《三国志》，坡公明智也。《三国志》之修，时魏、吴已先有史，王沈修《魏书》、韦昭修《吴书》，惟蜀国无史耳。陈承祚之修《三国志》，虽无志表，乃所据史料欠缺故，然其书实为良史，褒贬中正，虽其父为孔明所罪，亦禀史家之正气，褒诸葛孔明尤甚。及裴松之补其注，斯书已足所阙矣。如此良史，试想坡公如何重撰焉？窃谓欧阳永叔当亦明其理也。余见宋释惠洪《冷斋夜话》云："舒王言欧公今代诗人未有出其右者，但恨其不修《三国志》而修《五代史》耳。"此皆非知欧公、坡公者矣。

东坡填词为妓脱籍

坡公豪迈然亦性情中人也。其于贬谪黄州，自黄州移至汝州，经润州时，州守许遵为之宴，官妓郑容、高莹侍之，公竟以一词而为二妓脱籍，亦为词坛之嘉话也。

《扪虱新话》卷九载："东坡集中有《减字木兰花》词云：'郑庄好客，容我尊前时坠帻。落笔生风。籍甚声名独我公。高山白早，莹雪肌肤那解老。从此南徐。良夜清风月满湖。'人多不晓其意。或云：坡昔过京口，官妓郑容、高莹二人尝侍宴，坡喜之。二妓间请于坡，欲为脱籍，坡许之而终不为言。及临别，二妓复之船所恳之，坡曰：'尔当持我之词以往，太守一见，便知其意。'盖是'郑容落籍，高莹从良'八字也。此老真尔狡狯耶。"

《汉书·郑当时传》载："郑常时字庄，为汉太子舍人。每五日洗沐，常置驿马长安诸郊，请谢宾客，夜以继日，至明旦，常恐不遍。"后世以为好客之典。所谓尊前坠帻乃本于《世说》庾子嵩事；"落笔生风"乃化杜工部"笔落惊风雨，诗成泣鬼神"句；"籍甚声名"则化李太白"高名动京师，天下皆籍籍"句；"高山白早"乃出于刘禹锡"雪里高山头白早"诗；"莹雪肌肤"则本《庄子·逍遥游》"藐姑射之山，有神人居焉，肌肤若冰雪，绰约若处子。"南徐者，润州也。末句"良夜清风"则见鬼仙诗"明月清风，良宵会同"也。小令而每句均化前人典，前阙寓"郑容落籍"，后阙寓"高莹从良"，如此藏头诗亦只坡公能填矣。坡公以一词而为二妓脱籍，实功德无量事，余不敢以笑谈视之也。

杜牧父子风流

杜牧诗名盛，然不拘细行，故诗云"十年一觉扬州梦，赢得青楼薄幸名"，其祖为太师杜佑少登第，恃才而喜酒色。《芝田录》载：牧"初辟淮南牛僧孺幕，夜即游妓舍，厢虞候不敢禁，常以榜子申僧孺，僧孺不怪。逾年，因朔望起居，公留诸从事从容，谓牧曰：'风声妇人若有顾盼者，可取置之所居，不可夜中独游。或昏夜不虞，奈何？'牧初拒讳，僧孺顾左右取一箧至，其间榜子百余，皆厢司所申。牧乃愧谢。"及其为御史，性情无易。《唐诗纪事》卷五十六载："牧为御史，分务洛阳。时李司徒愿罢镇闲居，声妓豪侈，洛中名士咸谒之。李高会朝客，以杜持宪，不敢邀致。杜遣座客达意，愿预斯会，李不得已邀之。杜独坐南行，瞪目注视，引满三卮，问李云：闻有紫云者，孰是？李指示之。杜凝睇良久曰：名不虚得，宜以见惠。李俯而笑，诸妓亦回首破颜。杜又自饮三爵，朗吟而起曰：华堂今日绮筵开，谁唤分司御史来。忽发狂言惊满座，二行红粉一时迥。气意闲逸，旁若无人。"

《丽情集》记其湖州鬌髻女事则尤显其性情也。曰："杜舍人牧，恃才名，颇纵声色。尝自言有鉴别之能。闻吴兴郡有佳色，罢宛陵幕，往观焉。使君闻其言，迎待颇厚。至郡旬日，继以酺饮，睨官妓曰：'未称所传也。'将离郡去。使君敬请所欲，曰：'愿泛彩舟，许人纵观，得以寓目。'使君甚悦。择日大具戏舟，讴棹较捷之乐，以鲜华相尚。牧循泛肆目，意一无所得。及幕将散，忽于曲岸见里妇携幼女，年方十余岁。牧悦之，召至与语。牧曰：'今未带去，第存晚期耳。'遂赠罗缬一箧为质。妇辞曰：'他日无状，或恐为所累。'牧曰：'不然。余今西行，求典此郡。汝待我十年，不来而后嫁。'遂书于纸而别。后十四年始出刺湖州。临郡三日，即命访之，女嫁已三载，有子二人矣。牧召母女诘问，即出留书示之，乃曰：'其辞也直。'因赠诗曰：'自是寻春去较迟，不须惆怅怨芳时。狂风落尽深红色，绿叶成阴子满枝。'"

牧之之子曹师，字晦辞，亦禀父性情也。据《金华子》载：杜晦辞自吏部员外郎入浙西赵隐幕。王郢叛，赵相以抚御失宜致仕，晦辞罢。时北门李相蔚在淮南，辟为判官，晦辞辞不就，隐居于阳羡别墅，时论称之。永宁刘相邺在淮西，辟为判官，方应召。晦辞亦好色，赴淮南，路过常州，李赡给事为郡守，晦辞于坐间与官妓朱良别，因掩袂大哭。赡曰："此风声贱人，员外何必如此？"乃以步辇随而遗之。晦辞饮散，不及易服，步归舟中，以告其妻。妻不妒忌，亦许之。

樊川父子俱有诗名，皆性情中人也。刘熙载尝谓牧之"雄姿英发"，姜白石亦称"杜郎俊赏，豆蔻词工"。乃所谓是真名士自风流矣。然唐宋之时，文士游怡于声乐之场，世风所行，不可以今日而论之也。陆放翁晚岁赋诗尚羡樊川之游怡，诗云："勋业文章意已阑，暮年不足是看山。江南寺寺楼可倚，安得身如杜牧闲。"

妒　痴

　　世间性妒者，无论男女皆非罕有，而诗人之妒者，唯李益也。益素有诗名，其《江南曲》"嫁得瞿塘贾，朝朝误妾期。早知潮有信，嫁与弄潮儿。"后世传咏者也。《唐语林》载："李益诗名早著，有《征人歌》一篇，好事者画为图障。又有云：'回乐峰前沙似雪受降城外月如霜。不知何处吹芦管，一夜征人尽望乡。'天下亦唱为歌曲。"然唐人蒋防所著传奇《霍小玉传》则记其始乱终弃事，为士人所不齿矣。而其性妒甚于常人，尤为人所诟也。

　　《旧唐书·李益传》曰："李益，肃宗朝宰相揆之族子。登进士第，长为歌诗。贞元末，与宗人李贺齐名。每作一篇，为教坊乐人以赂求取，唱为供奉歌词。其《征人歌》《早行篇》好事者画为屏障。"又曰："然少有痴病，而多猜忌，防闲妻妾，过为苛酷，而有散灰扃户之谭闻于时，故时谓妒痴为'李益痴'；以是久而不调，而流辈皆居显位。"

　　呜呼，散灰扃户之举即市井之辈亦耻为之也，进士而为此不亦过乎？其既负于霍小玉而疑诸妻妾，是小人之心而度人矣。后世赏其诗而羞其人，是诗名人名何异之如此焉？

妒女易寒食禁火俗

　　寒食禁火，其俗久也。清林春溥《开卷偶得》云："唐李諲《妒神颂序》曰：河东之美者有妒水之祠焉，其神周代之女，介推之妹。初文公出国，介推从行，有割股之恩，无寸禄之惠。誓将皆命，肯顾微躯，仪形飘殒于烟，名迹庶几于不朽。后纵深悔，前路难追，因为灭焰之辰，更号清明之节。妹以兄涉要主，身非令终，遂于冬至之后，日积一薪，烈火焚之，为其易俗。"

夫介之推事见于《左传·僖公二十四年》："晋侯赏从亡者，介之推不言禄，禄亦勿及。之推曰：'身将隐，焉用文？'母曰：'与汝偕隐。'遂隐而死。晋侯求之不获，以绵上为之田，曰：'以志吾过，且旌善人。'"未书焚山身死事也。刘向《新序》则云："晋文公反国，召舅犯而将之，召艾陵而相之，介子推无爵。推曰：'有龙矫矫，将失其所。有蛇从之，周流天下。龙入深渊，得安其所。有蛇从之，独不得甘雨。'遂去而之介山之上。文公求之不获，乃焚山求之，子推烧死。因禁火以报之。"清明禁火之俗久矣，汉时禁日达百有五日，民皆苦之。《后汉书·周举传》载："举稍迁并州刺史。太原一郡，旧俗以介子推焚骸，有龙忌之禁。至其亡月，咸言神灵不乐举火，由是士民每冬中辄一月寒食，莫敢烟爨，老小不堪，岁多死者。举既到州，乃作吊书以置子推之庙，言盛冬去火，残损民命，非贤者之意，以宣示愚民，使还温食。于是众惑稍解，风俗颇革。"

据《三国志·魏书》，魏武帝《明罚令》："闻太原、上党、西河、雁门冬至后百五日，皆绝火食寒，云为介子推。且北方沍寒之地，老少羸弱，将有不堪之患。令人不得寒食，犯者，家长半岁刑，主吏百日刑，令长一月俸。"

窃谓妒女之说本无所据，而魏武、周举之事则载之史籍，疑既有曹魏间禁寒食之令，而后民间传介推之妹焚身易俗焉。

范仲淹进退忧国

范仲淹自书《岳阳楼记》，其名亦赖以不朽，千载以来，虽不知其人者亦必知"先天下之忧而忧，后天下之乐而乐"句。然世有言之激昂而行之卑鄙者，岂如范文正公之言出于肺腑而毕生行之者哉？

《渑水燕谈录》卷二载："景祐中，范文正公以言事触宰相，黜守饶州，到任，谢表云：'此而为郡，陈优优布政之方；必也立朝，增謇謇匪躬之节。'天下叹公至诚，许国始终不渝，不以进退易其守也。"方其黜守饶州时，池州建德知县梅尧臣作《灵乌赋》以寄，云："乌兮，事将兆而献忠，人反谓尔多凶。凶不本于尔，尔又安能凶？凶人自凶，尔告之凶，是以为凶。尔之不告兮，凶岂能吉？告能先知兮，谓凶从尔出。胡不若凤之时鸣，人不怪兮不惊。"且劝其"乌兮尔灵，吾今语汝，庶或汝听：结尔舌兮铃尔喙，尔饮喙兮尔自遂。同翱翔兮八九子，勿噪啼兮勿睥睨，往来城头无尔累。"仲淹感其情切，作同题《灵乌赋》和之，云："灵乌灵乌，尔之为禽兮，何不高翔而远翥？何为号呼于人兮？告吉凶而逢怒，方将折尔翅而烹尔躯，徒悔焉而亡路。……知我者谓吉之先，不知我者谓凶之类。故告之则反灾于身，不告之者则稔祸于人。主恩或忘，我怀靡臧。虽死而告，为凶之防。"且凛然而号云："宁鸣而死，不默而生。"呜呼，此方为文正公之言也。后世敬之岂无因哉？仲淹尝以龙图阁直学士帅邠、延、泾、庆四郡，威德著闻，夷夏耸服，属户蕃部率称曰"龙图老子"，即西夏王赵元昊亦以是呼之。

嗟乎，以范文正公之贤，士君子自慕之矣。《渑水燕谈录》又记一事，谓范文正公贬饶州时，朝廷方治朋党，士大夫莫敢往别。"王待制质独扶病饯于国门，大臣责之曰：'君长者，何自陷朋党？'王曰：'范公天下贤者，顾质何敢望之；若得为范公党人，公之赐质厚矣。'闻者为之缩颈。"范仲淹之名望当时已如是，岂全凭《岳阳楼记》一文哉？

范仲淹劝世词

范文正公尝与欧阳文忠公饮，席上分题作《剔银灯》词，词云："昨夜因看蜀志。笑曹操孙权刘备。用尽机关，徒劳心力，只得三分天地。屈指细寻思，争如共、刘伶一醉。　人世都无百岁。少痴騃老成尪悴。只有中间，些子少年，忍把浮名牵系。一品与千金，问白发、如何回避。"夫文正公素与文忠公善，"景祐党争"之时，即声气相通，考其赋词之时乃值庆历新政败，贬斥外官之时，辞虽多沮丧之情，然亦言政治理想之破灭也。文正公固儒门之士，而出入佛老，求其会通以经世致用焉。

佛道侮圣

自东汉佛道兴，儒学昌盛，每有伪书侮儒家圣人者。《佛说清净法行经》乃中土所撰，讲说菩萨应现事，谓月光菩萨乃颜回，光净菩萨乃仲尼，迦叶菩萨乃老子。《造天地经》以孔子为儒童菩萨。《真灵位业图》为南朝梁陶弘景所撰，分神仙为七等级，每级设中、左、右三位，一仙主之。凡古之帝王将相，圣人先贤无不入之。孔子为第三左位太极上真公，颜回为明是晨侍郎。朱子谓其窃佛家至鄙至陋者也，杜撰凿空，殊属可笑。

夫其书之行，盖汉末值黄巾败，张鲁降曹，操令天师部众北迁，天师道众遂散布天下也。魏晋之时，五斗米教式微，各地新派纷起，陶弘景所撰意在抑老子以压天师道，欲以自立耳。至若以孔子等入佛经，其意亦欲抑儒而扬释尔。呜呼，三教既行，各行其道，焉需行此卑鄙之为耶？余终未见儒家有此等行径也。大道之行，与天地合，侮圣之行徒为后世笑耳。

佛家护女子

儒家道德谓女子当三从四德。《仪礼·丧服》云："妇人有三从之义，无专用之道，故未嫁从父，既嫁从夫，夫死从子。"汉班固《白虎通·爵》云："妇人无爵何？阴卑无外事，是以有三从之义。"《礼记·郊特牲》云："妇人，从人者也：幼从父兄，嫁从夫，夫死从子。夫也者，夫也。夫也者，以知帅人者也。"余见释家之说迥异，虽亦以为女子卑弱，然其主护持之。唐释慧苑《华严经音义》卷四云："女人志弱，故藉三护：幼小父母护，适人夫婿护，老迈儿子护。"佛家慈悲，专言护，释家言礼，专言从。是以女子信佛者众也。

佛教斋日禁行刑

今民间受戒之居士，多以初一、十五日为斋日，然《优婆塞戒经》云六斋日，即初八、十四、十五、二十三、二十九、三十日，为六斋日。《大智度经》云："逢六斋日时，有众多恶鬼神出，伺以害人，或致人疾病，乃至凶恶衰败之事，使人不得安稳吉祥。"所谓斋者，谓过午不食也。

《地藏菩萨本愿经》卷上《如来赞叹品》云："复次普广，若未来世众生，于月一日、八日、十四日、十五日、十八日、二十三、二十四、二十八、二十九乃至三十日，是诸日等诸界结集定其轻重。"是谓十斋日也。

唐武德间，逢斋日不行刑，是效佛教之典也。据《唐会要》，武德二年正月二十四日诏："自今已后，每年正月、九月及每月十斋日并不得行刑，所在公私宜断屠钓，永为常式。"唐肃宗乾元元年四月二十二日敕："每月十斋日，不得采捕屠宰。"是知斋日屠之禁久矣。

佛字非释家专用语

或曰：佛字乃释家语，今字典中唯一音，尊之也。此说谬也，佛字见诸先秦典籍者多矣。

《说文·人部》："佛，见不审也。从人，弗声。"《诗·颂·敬之》"佛时仔肩，示我显德行"。注谓佛本音弼，又音拂。《礼纪·曲礼上》"献鸟者佛其首，畜鸟者则弗佛也"。注云佛通拂，扭转也。《礼纪·学纪》"其求之也佛。"陆德明释"佛，本又作拂"。《文选》载潘岳《寡妇赋》"目仿佛乎平素。"自汉末释教入于中国，始以佛称之也。《资治通鉴·汉纪三十七》"帝闻西域有神，其名曰佛"。胡三省注云："佛者，汉言觉也，将以觉悟群生也。"《水经注·穀水注》"西方有神名佛"。是知佛字上古之时即存，而释教既入，传教者当以梵语而假汉字音近者附之耳。焉有以尊佛而独创一字者耶。

父子兄弟异趣

夫人之志趣，因禀性学识而异，虽父子兄弟亦多有异，余读书多见此况也。曹丕著《典论》，首提建安七子之名，以孔融为榜首，以为"斯七子者，于学无所遗，于辞无所假，咸自以骋骥于千里，仰齐足而并驰。以此相服，亦良难矣"。然孔北海为操所杀者也。丕不以为忌，独赏之矣。且令天下有上北海文章者，辄赏以金帛。而丕既篡汉，其弟陈思王植变服而哭。此父子兄弟皆异趣者也。

北宋蔡京为"六贼"之首，尝将司马光以下三百有九人刻碑为记，苏轼、黄庭坚亦名列之，是谓党碑，又禁苏、黄文字，尽毁之。然其季子绦尤喜苏黄文字，为文专以苏黄为本。此亦父子异趣者也。

又南宋末，赵挺之亦恶元祐党人，而其子明诚撰《金石录》，每遇苏、黄文字，必尽为收藏，其妻易安居士亦同好之。

《两般秋雨庵随笔》载：王安石行新法，其弟平甫意与之殊，时荆公与吕惠卿善。一日荆公见吕惠卿，平甫于内吹笛。公使人谓曰："请学士放郑声。"平甫使人答曰："请相公远佞人。"又，宋郊为相，俭约自奉。弟祁为学士，游宴奢豪，以十重锦幛覆屋，为长夜之饮。郊使人谓曰："寄语学士，记当日读书某山，夜半啜冷粥时否？"祁答之曰："传语相公，试问当日夜半啜冷粥，是为甚的？"

呜呼，权奸之势可倾朝野，而不能得之于家庭，同胞兄弟而志趣相异如斯，可知人各有志者矣。

讣告当称哀子孙

余见今人家有丧，讣告皆称孝子孙，旧时则称不肖也。《庄子·天地》云："孝子不谀其亲，忠臣不谀其君，臣、子之盛也。亲之所言而然，所行而善，则世俗谓之不肖子；君之所言而然，所行而善，则世俗谓之不肖臣。"清代人多有家丧中用帖称不肖子者。清王应奎《柳南续笔》云："吾邑严观察韦川云，近世士大夫，凡中科甲及仕宦中人，皆改称不孝，非俨然自谓胜其亲乎？家礼，丧称哀子哀孙，祭称孝子孝孙，从未有称不孝者。五刑之属三千，而罪莫大于不孝，岂可以此自居。先辈文文肃，钱某两公，鼎甲后仍称不肖，可以为法。"

以是知旧时家礼称哀子哀孙，祭祀则称孝子孝孙也。

附会东坡词

夫前辈诗词，多有难解处，故有诗无达诂之说也。至若牵强附会，将以风言解之，则既诬前人亦误来者也。余读东坡《卜算子》词，复见诸家将解之说，是以叹之焉。其词云：

"缺月挂疏桐，漏断人初静。时见幽人独往来，缥缈孤鸿影。 惊起却回头，有恨无人省。拣尽寒枝不肯栖，寂寞沙洲冷。"

《能改斋漫录》卷十六云："东坡先生谪居黄州，作《卜算子》词云，其属意盖为王氏女子也，读者不能解。张右史文潜继贬黄州，访潘邠老，尝得其详，题诗以志之云：'空江月明鱼龙眠，月中孤鸿影翩翩。有人清吟立江边，葛巾藜杖眼窥天。夜冷月坠幽虫泣，鸿影翘沙衣露湿。仙人采诗作步虚，玉皇饮之碧琳腴。'"

《女红馀志》又云："惠州温氏女超超，年及笄，不肯字人。闻东坡至，喜曰：'我婿也。'日徘徊窗外，听公吟咏，觉则亟去。东坡知之，乃曰：'吾将呼王郎与子为姻。'东坡渡海归，超超已卒，葬于沙际。公因作《卜算子》，有'拣尽寒枝不肯栖'之句。"

《野客丛书》卷二十四则云："吴曾亦曰：'东坡谪居黄州，作《卜算子》云云，其属意王氏女也，读者不能解。'"

于戏，诸说几近小说家言也，解东坡词焉能以之话本事哉？黄鲁直谓其词云："语意高妙，似非吃烟火食人语，非胸中有万卷书，笔下无一点尘俗气，孰能至此。"窃谓坡公假月夜孤鸿而托物寓怀，抒己孤高之志而蔑流俗之心境，正如鲁直公所谓也。夫其词以性灵咏物，取神题外而意中设境，空灵飞动，词之精神所在焉。若能解坡公"人似秋鸿来有信，去如春梦了无痕"者，方可解此词矣。

覆水难收

余幼时闻先祖言朱买臣事，或以豫戏唱马前覆水，今尤忆之。白居易《醉后走笔》诗亦云："君不见买臣衣锦还故乡，五十身荣未为晚。"《汉书·朱买臣传》载：

"朱买臣字翁子，吴人也。家贫，好读书，不治产业，常艾薪樵，卖以给食；担束薪，行且诵书。其妻亦负戴相随，数止买臣毋歌呕道中。买臣愈益疾歌，妻羞之，求去，买臣笑曰：'我年五十当富贵，今已四十余矣。女苦日久，待我富贵报女功。'妻恚怒曰：'如公等，终饿死沟中耳，何能富贵？'买臣不能留，即听去。"

及买臣为会稽守，《本传》云：

"会稽闻太守且至，发民除道，县吏并送迎，车百馀乘。入吴界，见其故妻、妻夫治道。买臣驻车，呼令后车载其夫妻，到太守舍，置园中，给食之。居一月，妻自经死，买臣乞其夫钱，令葬。"

是知买臣既贵，尚念前妻之情，绝无羞辱之事。然至明清，说唱之人则以之衍义也。《三言二拍》述其事曰："买臣老来犹贫，仍读书不辍，人笑其迂，妻不能堪，乃弃而改嫁。买臣愤而题壁云：'嫁鸡随鸡，嫁鹅而鹅；我不弃妻，妻自弃我。'"传奇戏剧愈有"马前泼水"云云。《野客丛书》则以买臣事附之姜太公，云："姜太公妻马氏不堪其贫而去，及太公既贵而来，太公取一壶水倾于地，令妻收之，乃语之曰：'若言离更合，覆水定难收。'"后世马前泼水事当本于此也。

呜呼，买臣之事《汉书》记之甚详，而后世之有马前泼水之故事，亦里俗愤世道之情，激世态炎凉耳。

改姓妻女

姓氏乃血脉相承者，虽千万年而不易，古有帝王赐臣子国姓者，虽为恩宠，实乃辱祖也。唐时有妻人女而欲其改姓者，为人所诟也。

《唐才子传·戎昱传》云："昱，荆南人。美风度，能谈。少举进士，不上，乃放游名都。虽贫士而轩昂，气不消沮。爱湖湘山水，来客。时李夔廉察桂林，寓官舍，月夜闻邻居行吟之音清丽，迟明访之，乃昱也，即延为幕宾，待之甚厚。崔中丞亦在湖南，爱之。有女国色，欲以妻昱，而不喜其姓戎，能改则订议。昱闻之，以诗谢云：'千金未必能移姓'。"又云："宪宗时，边烽累急，大臣议和亲。上曰：'比闻一诗人姓名稍僻者为谁？'宰相对以冷朝阳、包子胥，皆非。帝举其诗，对曰：'戎昱也。'上曰：'尝记其《咏史》云：汉家青史上，拙计是和亲。社稷依明主，安危托妇人。岂能将玉貌，便拟净沙尘。地下千年骨，谁为辅佐臣？'因笑曰：'魏绛何其懦也。此人如在，可与武陵桃花源足称其清咏。'士林荣之。"然改姓之情节，说者不一。《云溪友议》云："京兆尹李銮，拟以女嫁昱，令改其姓，昱固辞焉。"

案，戎姓乃以国名为姓也。西周初有古戎国，当为东夷之一支，姜太公立国，附庸于齐，后为齐所并。初，戎国并于齐，其王族后裔有以国名为姓者，后世相沿之焉。汉宣帝时有戎婕好为嫔嫱，是汉时不以戎姓为贱也。

干支纪年始于东汉

干支纪年始于东汉，其前盖以太岁纪年也。或曰，观之先秦及西汉典籍，均以干支纪年，其所纪干支乃后人逆推而加之者也。今所可推者至西周共和元年止，为庚申之年，即公元前841年，干支纪年自东汉始而至清亡止。

宋司马光著《资治通鉴》，虽为宋人而意在好古，其卷首纪年仍以太岁纪之。卷一周纪一，注"起著雍摄提格，尽玄黓困敦，凡三十五年"。今本所见有注干支为"戊寅""壬子"，乃校点者加之也。清时学人多好古，其作多有以太岁纪年而弃干支。如朱彝尊撰《谒孔林赋》云："粤以屠维作噩之年，我来自东，至于仙源。"朱氏自编诗文集《曝书亭集》所收诗之系年，亦以岁阳岁阴相配而成之六十年名。又俞樾撰《诸子平议·序目》云："是书也成，与《群经平议》同置匣中，未出也。及《群经平议》刻成，而此书亦遂不自秘，稍稍闻于人。诸君子闻有此书，乃谋醵钱而刻之。经

143

始于强圉单阏之岁，至上章敦牂而始观厥成，盖非一日之功，亦非一人之力也。"强圉者，岁阳年名也；单阏者，岁阴年名也。实即干支纪年之丁卯也。

顾炎武《日知录》初刻自序云："炎武所著《日知录》，因友人多欲钞写，患不能给，遂于上章阉茂之岁刻此八卷。"其所谓"上章阉茂"实即干支纪年之庚戌年，即嘉靖二十九年，公元1550年也。

干支纪日

殷人制月份，初以三十日为一月，其日数以十干纪之，十日一周，所谓旬也。一月三旬，旬首为甲日，末日为癸日。至商周，月分大小，大月三十，小月二十九，若仍以旬制三分之，则每旬首尾非尽甲日与癸日也。于是方以十干与十二支相配而纪日，以甲子始而至癸亥，即所谓"六十甲子"也。甲骨文所记占卜日期，皆以干支纪日。

今人阅先秦典籍，每可见某年月日之记，即以干支纪日逆推而知。《春秋》载，鲁隐公三年二月己巳日食："三年春王二月己巳，日有食之。"今人以干支纪日逆推，可知事在鲁隐公三年殷历二月己巳日，以公元计，则为公元前720年2月22日。

干支纪日虽可周而复始，然其于月中所示日期不可知，故西周末始以朔日为月首。《诗经·十月之交》："十月之交，朔月辛卯。日有食之，亦孔之丑。"朔月即月朔，月之朔日也。凡遇朔日，干支后加"朔"字。若《春秋》鲁桓公三年："秋七月壬辰朔，日有食之，既。"知一月之朔日干支，则余日之干支可知也。干支纪日自殷周始至清亡方废，而以数字纪日代之。

干支纪日虽废，然今之历法尚存其迹。今人有"热在三伏"之说，伏天之始即由纪日干支所定。即夏至后第三庚日入伏，谓之初伏。一伏十日，故第四庚日入中伏。立秋后第一庚日入末伏，即所谓"秋后一伏"，民间所言"秋老虎"者也。如夏至后第五庚日属立秋之前，则中伏非十日而为廿日。是故常年三伏为卅日，偶尔亦有三伏为四十日。

今人谓农历十二月为腊月。腊乃古之祭祀之名。《说文》："腊，冬至后三戌腊祭百神。"岁末祭百神谓之腊祭也。腊祭于冬至后第三戌日行，谓之腊日，故有腊日之月称之腊月也。冬至所在月份多为十一月下旬，则腊日必在十二月，故今人以十二月为腊月也。至若以腊日定于十二月初八，所谓"腊八"者，民俗耳。

高丽人入宋朝仕

古高丽，或称高丽王朝，今朝鲜民族也。北宋间，海外诸夷唯高丽最好儒学，宋太祖、太宗间数有宾客贡士登第者。盖如陈寅恪先生所言"华夏民族之文化，历数千载之演进，而造极于赵宋之世。"（《金明馆丛稿二编》）《朱子语类》卷一三三《夷狄》云："或问高丽风俗好。曰：'终带蛮夷之风。后来遣子弟入辟雍，及第而归者甚多。尝见先人同年小录中有宾客者，即其所贡之士也。'"高丽欲学汉文化，故遣人赴宋求学，所谓"宾贡"者，原为古州郡地方举荐于朝廷之人才，以宾礼待而贡于京师也。

《宋史·高丽传》载，开宝中，高丽康戬随宾贡肄业国学。宋太宗即位，高丽王伷遣金行成就学于国子监，太平兴国二年，行成擢进士第。又淳化三年，太宗诏赐高丽宾贡进士王彬、崔罕等及第，即授以官，遣还本国。宋蔡绦《铁围山丛谈》卷二曰："大观、政和之间，天下大治，四夷向风，广州泉南请建番学，高丽亦遣士就上庠，及其课养有成，于是天子召而廷试焉。上因策之以《洪范》之义，用武王访箕子故事。高丽，盖箕子国也。"

高丽既与宋交好，文化交流频繁，高丽遣士子就学于宋国学，而宋之士子亦有任高丽官职者，可谓空前绝后也。据《朝鲜史略》载：温州人氏周伫尝任高丽礼部尚书。"穆宗朝随商舶来。蔡忠顺知其才，奏留之，遂掌制诰。两朝交聘，辞命多出其手。"又有福州人氏胡宗旦，高丽睿宗时权知直翰林院。"尝为太学生，聪敏博学，游两浙，仍寄商船而来。王宠顾优厚，骤登清要。"

高士奇散金豆

康熙时，高士奇圣眷甚隆，入直南书房。时尚未有军机处，凡撰述谕旨，多属南书房，诸臣非特供奉书画赓和诗句而已。帝尝谓："得士奇，始知学问门径。初见士奇得古人诗文，一览即知其时代，心以为异，未几，朕亦能之。士奇无战阵功，而朕待之厚，以其裨朕学问者大也。"

赵翼《檐曝杂记》卷二载："相传江村初入都，自肩襆被进彰义门，后为明相国家司阍者课子。一日相国急欲作书数函，仓卒无人，司阍以江村对。即呼入，援笔立就，相国大喜，遂属掌书记。后入翰林、直南书房，皆明公力也。江村才本绝人，既居势要，家日富，则结近侍探上起居，报一事酬以金豆一颗。每入直，金豆满荷囊，日暮率倾囊而出，以是宫廷事皆得闻。或觇知上方阅某书，即抽某书翻阅。偶天语垂问，辄能对大意，以是圣祖益爱赏之。"

窃谓高江村固奇士，平生著作甚富，今传其《左传纪事本末》《春秋讲义》《毛诗讲义》《江村消夏录》，皆传世之作也。而尚需以金豆遗人，不亦悲乎？后有谮之者，谓士奇肩襆被入都，今但问其家资若干，即可得其招权纳贿状。圣祖一日问之，江村以实对，谓："督抚诸臣以臣蒙主眷，故有馈遗，丝毫皆恩遇中来也。"圣祖笑颔之。后以忌者众，令致仕归，以全始终。

《清史稿》载："南书房诗文书画供御，地分清切，参与密勿。乾学、士奇先后入直，鸿绪亦以文学进。乃凭借权势，互结党援，纳贿营私，致屡遭弹劾，圣祖曲予保全。乾学、鸿绪犹得以书局自随，竟编纂之业，士奇亦以恩礼终，不其幸欤？"

赵瓯北此言不知所本，然窥测上之起居，测其喜怒好恶，历朝大臣皆为之，不可以此诟之江村一人也。瓯北昔予殿试，自言诚为状元，而上以本朝陕西无状元故，以王杰卷与翼互易，是为探花。如此事若非探测内廷，侦知圣意，岂可知之哉？瓯北自述己事亦属士奇之行事也。

告　身

唐颜真卿传世有《自书告身帖》，盖颜鲁公前为刑部尚书，因不合于权相杨炎，改任太子少师。太子少师为从二品，尚书为正三品，然属闲职，明升暗降之意甚明。今人习鲁公帖，多喜临其《自书告身帖》，然不明所谓告身为何。

告身者，唐时朝廷授官之凭信，汉时谓之"鹤板"，即后世之任命状也。吾国官制，秦汉之后为察举，魏晋以后行九品中正，唐高宗后，科举入仕方为世重，故多有门荫之人弃之而科举入仕，盖视科举入仕为正途也。是故，科举入仕而获告身，尤为所重。告身者，为等级身份之标志，享蠲免劳役，《唐六典·食货六》载："诸任官应免课役者，皆待蠲符至，然后注免。符虽未至，验告身灼然实者，亦免。"唐时复有"官当"之说，若某职

147

官获罪，可降其官品以免司法之罚，追毁其原告身，故人多重告身也。唐宋之墓葬多有以镌石告身以殉，而珍其原书以传家者。

告身亦谓官告，唐吏部置官造院，掌告身文书所需之绫纸、轴、朱胶等物。白居易《与高固诏》云："表朕念功之心，仍赐卿官告，卿宜即赴阙庭。"《唐语林》四载：江左之乱，江阴尉邹待徵妻薄氏为盗所掠，密以其夫官告托于村媪，而后死之。

告身之制，至宋依然，与唐异者，官告院属尚书省。又宋时告身视所授官职高低，以各色绫约书写，盛以锦囊，由官告院授给。明王士贞《委宛余编》云："唐时将相告身用金花五色绫纸，至宋则用织成花绫，以品次有差。"

告身之制后世虽沿用，然据《资治通鉴》卷二一七载："唐以后，官爵冗滥，有空白告身，随时可填人名。"唐元稹《为萧相谢告身状》云："右，中使某公至，奉宣进止，赐臣某官告身一通。"可证司马君实所言不谬也。宋钦宗时，金虏围汴京，太常少卿李纲劝阻，并主抗金事，《朱子语类》卷一二七记其事云："方围闭时，（钦宗）降空名告身千余道，令其便宜补授，其官上至节度使。纲只书填了数名小使臣，余者悉缴回；而钦宗已有'近日人臣擅作威福，渐不可长'之语。"至清告身之制尚存，清阮葵生《茶馀客话》卷二云："康熙年间命翰林按官职所掌，撰拟告身文字，无须临事猝办。"

告身之制清亡方绝，民国后即代之于委任状也。窃谓告身之制亦有其可取处，古无照相之术，官员身份若无告身，殊难辨别。近岁时有冒大员而行骗之案，盖无告身也。

148

公矢鱼于棠

《春秋·隐公五年》云："五年春，公矢鱼于棠。"矢，《穀梁》作观，《公羊》作矢。孔疏云："陈鱼者，兽猎之类，谓使捕鱼之人，陈设取鱼之备，观其取鱼以为戏乐。"而《朱子语类》《困学纪闻》又据他书射鱼之事，因为矢鱼为射鱼。赵翼《陔馀丛考》则云："矢鱼于棠，诸家皆以为陈鱼而观之。宋人萤雪杂说独引周礼矢其鱼鳖而食之之义，以为矢者射也。按秦始皇以连弩候鱼出射之，汉武亦有巡海射蛟之事。以矢取鱼，本是古法，援以说经，最为典切。"

窃谓此矢字，以古义解则训为射义，而春秋之际，亦有观人捕鱼而谓矢者，经文之义，众口不一，实难确之也。隐公既至棠，观人渔可，己射之亦可，于经文及传皆无碍大义也。

公主驸马不协

唐时帝家多择新科进士尚公主，而被选进士则多不欲，盖以公主为妻则殊无夫妻之乐也。德宗时，因驸马与公主失和，几至废进士科。

《新唐书》卷八十三载："魏国宪穆公主，始封义阳。下嫁王士平。主恣横不法，帝幽之禁中；锢士平于第，久之，拜安州刺史，坐交中人贬贺州司户参军。门下客蔡南史、独孤申叔为主作《团雪散雪辞》，状离旷意。帝闻，怒，捕南史等逐之，几废进士科。"《唐语林》亦记其事曰："贞元十二年，驸马王士平与义阳公主不协，蔡南史、独孤申叔播为乐曲，号《义阳子》，有《团雪》《散雪》之歌。德宗怒，欲废进士科，后独流南史而止。"

百姓人家，夫妇口角平常事也，置之帝王之家则几成大祸。传奇杂剧多以尚公主为驸马为人生幸事，与史失副也。

贡士不知欧阳修

王荆公熙宁间变法，改科举定新制，"进士罢诗赋。帖经、愚义、各古治《诗》、《书》、《易》、周礼、《礼记》一经，兼以《论语》《孟子》，每试四场，初本经，次兼经，并大义十道，务涵义理，不须尽用注疏。"故读书人专以读经为务，他书则不以为要也。

宋释惠洪《冷斋夜话》云："谢逸字无逸。一日，有一贡士来谒，坐定，曰：'每欲问无逸一事，辄忘之。尝闻人言欧阳修，果何如人？'无逸熟视久之，曰：'旧亦一书生，后甚显达，尝参大政。'又问能文章否，无逸曰：'也得。'无逸之子宗野，方七岁，立于旁闻之，匿笑而去。"呜呼，国子监之生员，竟至不知欧阳公，不知其读何书也。又宋朱弁《曲洧旧闻》云："科举自罢诗赋，士专以三经为捷径，于古今人物，亦漫不省。元祐初韩察院尝言：'臣于元丰初差对读书人试卷，其程文有云：古有董仲舒，不知何代人。'当时莫不以为笑。"

夫读书自当广博，非广博不能专精。经学，义理之学也，诗赋，辞章之学也，诸如《尔雅》类，考据之学也。求学者当三者皆涉，岂可专以经学为务焉？介甫初衷虽在倡儒学之理，然失之偏颇，以至学子不知欧阳修、董仲舒，是知革旧易新，实非匆促可行者矣。

孤帆远映碧山尽

李太白《黄鹤楼送孟浩然之广陵》诗，"故人西辞黄鹤楼，烟花三月下扬州。孤帆远影碧空尽，唯见长江天际流"。其"孤帆远影碧空尽"句，唐人写本作"孤帆远映碧山尽"。康熙四十四年三月敕命校定刊刻之《全唐诗》，亦作"孤帆远映碧山尽"。窃谓《全唐诗》乃曹寅主其事，是书以清初季振宜《唐诗》七一七卷，又以明胡震亨《唐音统签》为底本，并参取内府所藏明吴琯《唐诗纪》等唐人总集、别集而纂，则知康熙时，太白此诗尚与唐人刊刻类。

陆放翁《入蜀记》卷五云："黄鹤楼，旧传费祎飞升于此，后忽乘黄鹤来归，故以名楼，号为天下绝景。崔灏诗最传，而太白奇句，得于此者尤多。今楼已废，故址亦不复存。……太白登此楼，《送孟浩然》诗云：'孤帆远映碧山尽，惟见长江天际流。'盖帆樯映远山，尤可观，非江行久，不能知也。"是知南宋时亦作"孤帆远映碧山尽"。今之"孤帆远影碧空尽"句，当为康熙后人所改。校之唐宋人诗集，清人擅改者尤多，为学者不可不慎也。

古代补牙术

今之医术，牙为专科，有种牙者，颗以万钱计，非富裕者不可为也。闲读俞荫甫《茶香室丛钞》卷十一有"种牙"条云："宋楼钥《玫瑰集》有《赠种牙陈安上》曰：陈生术妙天下，凡齿之有疾者易之以新，才一举手，

151

使人终身保编贝之美。"荫甫先生据此以为宋时始有补牙之术。

《史记·扁鹊仓公列传》载："齐中大夫病龋齿，臣意灸其左大阳明脉，即为苦参汤，日漱三升，出入五六日，病已。得之风，凡卧开口，食而不漱。"是知汉时已有治齿病之术也。《三国演义》第七十二回"诸葛亮智取汉中，曹阿瞒兵退斜谷"载："忽一彪军撞至面前，大叫：'魏延在此。'拈弓搭箭，射中曹操。""操带伤归寨：原来被魏延射中人中，拆却门牙两个，急令医士调治。"可知军中亦有医牙之人也。

陆放翁《岁晚幽兴》诗云："残年欲遂迫期颐，追数朋俦死已迟。卜冢治棺输我快，染须种牙笑人痴。"自注云："近闻有医，以补坠齿为业者。"放翁此说可证宋人补牙已行于世也，惟不知其价几何尔。

古代分餐制

今岁新冠瘟疫肆虐，有司倡分餐制以避染疫，考之文献，上古之时即行分餐之制矣。《礼记》载："天子之豆二十有六，诸公十有六，诸侯十有二，上大夫八，下大夫六。"其分餐囿于礼制，尊卑异而所享之食亦异也。贫似颜回固箪食壶饮，豪富之家宴客亦席地而坐，凭案而食。

《史记·孟尝君列传》载："孟尝君在薛，招致诸侯宾客及亡人有罪者……食客数千人……孟尝君曾待客夜食，有一人蔽火光。客怒，以饭不等，辍食辞去。孟尝君起，自持其饭比之。客惭，自刭。士以此多归孟尝君。"田文意在礼贤下士，而与门客共餐，其餐亦分而食之，倘非分餐则客必知他人之食，其误不存也。

《后汉书·梁鸿传》载：鸿"为人赁舂，每归，妻为具食，不敢于鸿前仰视，举案齐眉"。可知汉时即夫妻亦分餐也。南唐顾闳中有《韩熙载夜宴图》，图中绘几、案分食之场景。宋之后，科举士大夫代之门阀士大夫，饮食礼制渐衰，合餐方式方代之于分餐。宋徽宗赵佶尝绘《十八学士图》，所绘乃众人于一方桌之上合餐。

古之分餐出于礼制，今之分餐出于防疫，不可类之也。

古代官员履历

今之履历制表，古谓之脚色也。《北史·卢恺传》"吏部预选者甚多，恺不即授官，皆注色而遣。"注色者，注其入仕所历之色也。《通鉴》："隋虞世基掌选曹，受纳贿赂，多者超越等伦，无者注色而已。"有宋一代，官员参选，皆具脚色状，与今之履历类也。

又宋官员注状，徽宗时有并非元祐党人亲戚字样，及蔡京、童贯败，又有并非蔡、童亲戚字样，亦可窥党争之烈矣。夫考究典章制度，每于细微之处可见古之痕迹，此即所谓文化之传承乎？

古代假发

古时妇人重发美。《陈书·高祖纪》："张贵妃发长七尺，鬒黑如漆，其光可鉴。"如己发陋则以他人之发饰之。假发之俗当始于春秋之际也。《左传·哀公十七年》："初，公自城上见己氏之妻发美，使髡，以为吕姜髢。"《诗经·鄘风·君子偕老》："玼兮玼兮，其之翟也。鬒发如云，不屑髢也。"是知斯时已有假他人之美发而饰己之俗也。

既需饰发则有卖发者，《世说新语·贤媛》载陶侃母卖美发事云："陶公少有大志，家酷贫，与母湛氏同居。同郡范逵素知名，举孝廉，投侃宿。

于时冰雪积日，侃室如悬磬，而逵仆甚多。侃母湛氏语侃曰：'汝但出外留客，吾自为计。'湛头发委地，下为二发，卖得数斛米，斫诸屋柱，悉割半为薪，锉诸荐以为马草。日夕，遂设精食，从者皆无所乏。"《晋阳秋》亦载其事云："侃少为寻阳吏，鄱阳孝廉范逵过侃宿，时大雪，侃家无草，湛撤所卧荐锉给。阴截发，卖以供调。"

侃母以卖发之赀而足以待客，可知髢之贵也。

古代美姬酒托

宋人《野客丛书》卷十五载："今用女倡卖酒，名曰'设法'，或者谓汉晋未闻。仆谓此即卓文君当垆之意，晋人阮氏醉卧酒垆妇人侧，司马道子于园内为酒垆列肆，使姬人酤鬻酒肴是矣。"

窃谓以美姬佐酒，魏晋之时即风行矣。曹魏时，雒阳令郭珍居财巨亿，每宴，以美姬数十佐客酒。魏文帝曹丕《典论》述其曰："盛装饰，被罗縠，破之，袒裸其中，使进酒。"《晋书·王导传》载：晋武帝母舅王恺"使美人行酒，以客饮不尽，辄杀之"。

唐时酒肆以美姬当垆亦为常事。李白《前有樽酒行》云："胡姬貌如花，当垆笑春风。笑春风，舞罗衣，君今不醉将安归？"元稹《西凉伎》云："楼下当垆称卓女，楼头伴客名莫愁。"

余偶闻今之酒肆间有以美姬诱人饮，所费动辄数千，待客悟，悔不及，或以"酒托"名之。此其宋人"设法"之遗风乎？吾不得知焉。

古代润笔

文士作文以获其值，今人称稿费，古则谓之润笔。《容斋续笔》曰："作文受谢，自晋、宋以来有之，至唐始盛。李邕尤长碑碣，天下多赍金帛求其文。"《旧唐书·李邕传》亦载："邕长于碑颂，朝中衣冠及天下闻人多赍持金帛，以求之尔。前后所制，凡数百篇，受纳馈遗亦至百万。时议自古鬻文获利，未有始邕者。"杜甫《八哀诗》谓其："干谒走其门，碑板照四裔。"

西汉武帝时，陈皇后既失宠于武帝，别在长门，闻司马相如文名，奉百金以为文君取酒，相如因为文以悟主上，皇后复得幸，窃谓此当为润笔之始矣。而作文受谢之风盛于唐也。考韩愈文，碑颂之作十之一二，其为宪宗作《平淮西碑》，"受绢五百匹"。以至刘禹锡赞退之作文乃"一字之价，辇金如山"。《唐语林》载："长安中争为碑志，若市贾然。大官薨，其门如市，至有喧竞构致。裴均之子求铭于韦相，许缣万匹，贯之曰：'宁饿不苟。'"裴均，字君齐，贞元十九年为荆南节度使，加检校吏部尚书。均奉侍权贵，为宦官窦文场养子。韦纯，字贯之，元和九年迁中书侍郎，同平章事。贯之之不予为裴撰碑，卑其人也。

北宋时，朝中、民间亦盛行作文受谢。沈括《梦溪笔谈》云："内外制凡草制除官，自给谏、待制以上，皆有润笔物。太宗时，立润笔钱数，降诏刻石于舍人院。每除官，则移文督之。在院官下至院驺皆分沾。元丰中，改立官制，内外制皆有添给，罢润笔之物。"其述所谓内制乃言为翰林学士知制诰，若他官为知制诰者则为外制也。所谓给谏者，谓五品以上给事中、谏官也。舍人院元丰前为中书省属。

《陔馀丛考》载：杨大年为寇准作拜相之词，甚合冠意，遂例外赠金百两。《归田录》载："王禹偁任翰林时，尝为夏州牧继迁制文，继迁送润笔之物数倍于常。"是知宋时润笔之资皆有定格也。

明清时，润笔之资亦有其格。叶盛《水东日记》云："三五年前，翰林作文，行文一首，银二三钱可求。今文价颇高，非五钱，一两不敢请。"

夫三代之时至汉，凡后世所见之经、传、文，焉有润笔之说哉？盖其所作，欲利于天下也，后世润笔之作，为获己利之作也。此焉非古今文人之别乎？

古代字舞

周密《齐东野语》载："州郡遇圣节锡宴，率命猥妓数十群舞于庭，作'天下太平'字，殊为不经。"然其事由来久矣。

《旧唐书》载：武后尝亲予排演"舞之行列必成字"之"圣寿乐"。玄宗时复对《圣寿乐》增饰，加"回身换衣，作字如画"。唐段安节《乐府杂录·舞工》云："舞者，乐之容也，古之能者不可胜记，即有健舞、软舞、字舞、马舞。"杜佑《通典》卷一百四十六云："舞之所列必字，十六变而毕，为圣超千古，道泰百王，皇帝万岁，宝祚弥昌十六字。"

宋时亦兴字舞。顾类荐《负暄杂录·傀儡子》云："字舞者，以身亚地布成字也。今庆寿锡燕，排场作'天下太平'字者是也。"此习列代沿袭，至清尚兴。余幼时尝见有称团体操者，亦以人之行列而布字，时舞时字，变化多端，然动辄万人，非复古时可比者矣。

古人不忌白帽

今人以白帽为丧服，故世之帽色虽多而绝无着白帽者也。而古时于白帽并无所忌，亦未以之为丧服。

李白尝作《白纻辞三首》，《乐府古题要解》云："质如轻云色如银，制以为袍余作巾。"杜甫《别董颋》诗"当念著白帽，采薇青云端"。又《严中丞枉驾见过》诗"扁舟不独如张翰，白帽还应似管宁。寂寞江天云雾里，何人道有少微星"。宋、齐间，人或多有著白帽者，今有梁武帝像即著白纱帽也。《宋书·明帝纪》"坐定，休仁呼主衣白帽代之，令备羽仪。"是知五代时帝王之服有白帽，帝王尚著，民间当亦著之也。《唐六典》载，天子服有白纱帽，故少陵诗亦多有言及。白居易《上香炉峰》诗云："倚云攀萝歇病身，青筇竹杖白纱巾。他时画出庐山障，便是香炉峰上人。"宋梅尧臣《次韵和吴正伸以予往南陵见寄兼惠新酝早蟹》诗云："入门得寄诗，欲览整白帽。"则知宋时官员亦着白帽。

夫古人所以不忌白帽者，盖白色未尝用以为丧服之色也。据《仪礼》，古之丧服皆用麻，五服之丧者，斩衰、齐衰、大功、小功、缌麻也。重而斩齐，轻而功缌，其服皆麻，惟以升数多寡精粗为异耳。是知古之丧服，缯缟之属固不待言，即苧葛之类虽属布，亦为吉服。故衣白衣白帽何忌之有哉？后世以白色为丧服，则麻之为丧失之矣。然古制之遗风未能尽失，余见今之乡人主丧，多有于白帽上系麻，或腰系麻绳，此亦上古之风也。

古人贵长贱短

今俗贵人长而贱人短，自古犹然也。然人之形貌，禀之于天，何贵贱之别焉。《初学记》卷十九"短人"云："《国语》曰：僬侥国人长三尺，短之至也。《方言》曰：侏儒，短人也。汉武故事，东郡送一短人，长七寸，名巨灵。《汉书》曰：严延年为人短小精悍，敏捷于事。《魏书》曰：王粲，乐进并为人短小。占梦书曰：凡梦侏儒事不成，举事中止后无名，百姓所笑人所轻。《拾遗记》曰：员峤山有陀移国，人长三尺，寿万岁。广延之国，人长二尺。"

东汉蔡邕作《短人赋》云："侏儒短人，僬侥之后。出自外域，戎狄别种。去俗归义，慕化企踵。遂在中国，形貌有部。名之侏儒，生则象父。唯有晏子，在齐辩勇。"考之《诗》，亦云"颀而长兮"，"硕人颀颀"，以修长为美也。故邹忌八尺而人皆以为美。《孟子》"曹交问曰：人皆可以为尧舜，有诸？孟子曰：然。交闻文王十尺，汤九尺，今交九尺四寸以长，食粟而已，如何则可？"曹交以己身长而负也。至于臧武仲则鲁人有侏儒之诮。《左传·襄公四年》云：臧武仲败，鲁人讥之："臧之狐裘，败我于狐骀。我君小子，侏儒是使。侏儒，侏儒，使我败于邾。"

夫人之身短，为人姗笑如此，实为谬矣。

古人染髭

今人发须白者多有染之乌,以避老态耳,余阅唐宋人诗词亦多有言染髭者,盖此风古已存矣。

唐刘驾《白髭》诗云:"到处逢人求至药,几回染了又成丝。素丝易染髭难染,墨翟当年合泣髭。"刘禹锡《与歌者米嘉荣》诗云:"唱得凉州意外声,旧人唯数米嘉荣。近来时世轻先辈,好染髭须事后生。"宋欧阳修《圣无忧》词云:"世路风波险,十年一别须臾。人生聚散长如此,相见且欢娱。好酒能消光景,春风不染髭。为公一醉花前倒,红袖莫来扶。"刘克庄《水龙吟》词云:"肯学痴人,据鞍求用,染髭藏老。待眉毛覆面,看千桃谢,阅三松倒。"姜特立《赠染髭宋道人》诗云:"道人染髭须,返老作年少。虽得陆公怜,却被吕公笑。道人尔休痴,百年终漏逗。"苏轼《渔家傲·赠曹光州》词云:"些少白须何用染,几人得见星星点。"楼钥《王作齐染髭》诗云:"垂髫相见舜江滨,荏苒俄惊过五旬。顾我颓龄真似叶,讶君长鬣亦如银。万金安得神仙药,一笑重回旧日春。纵使星星还复出,不妨时作少年人。"

元陶宗仪《南村辍耕录》卷二"染髭"条云:中书丞相史忠武王天泽,髭髯已白,一朝忽尽黑。世皇见之,惊问曰:"史拔都,汝之髯何乃更黑邪?"对曰:"臣用药染之故也。"上曰:"染之欲何如?"曰:"臣览镜见髭髯白,窃伤年且暮,尽忠于陛下之日短矣,因染之使玄,而报效之心不异畴昔耳。"上大喜。人皆以王捷于奏对,推此一事,则余可知矣。

噫,人之畏老乃常情也,然染髭须岂能使之少焉?但持赤子之心,何老之有耶?

古书一词多义

古人著说多有一词而多义者，自当据其文义而解之，不可一也。《左传·宣公四年》"子公之食指动，以示子家曰：'他日我如此，必尝异味。'"此"他日"谓以往之时也。《孟子·滕文公上》："吾他日未尝学问，好驰马试剑。今也父兄百官不我足也，恐其不能尽于大事，子为我问孟子。"东坡诗云："平生文字为吾累，此去声名不厌低。塞上纵归他日马，城东不斗少年鸡。"亦谓往时也。然亦有作日后解者。《论语·季氏》："他日，又独立，鲤趋而过庭。"《孟子·滕文公上》："他日，又求见孟子。孟子曰：'吾今则可以见矣。'"此他日皆谓日后也。宋林逋《自作寿堂书一绝以志之》诗云："湖上青山对结庐，坟头秋色亦萧疏。茂陵他日求遗稿，犹喜曾无封禅书。"此亦与前人类。又若"异时"之义亦如是。《史记·秦始皇本纪》"异时诸侯并争，厚招游学"。谓前之时也。《史记·平准书》"异时算轺车，贾人缗钱皆有差"。司马贞索隐："异时，犹昔时也。"或作不同时解者，《史记·仲尼弟子列传》"路者，颜回父。父子尝各异时事孔子。"晋孙绰《支遁方向子期》"支遁、向秀雅尚庄老，二子异时，风好玄同矣。"唐石贯《和主司王起》诗云"绛帐青衿同日贵，春兰秋菊异时荣"。或有作后之时者。《史记·苏秦列传》赞"异时事有类之者，皆附之苏秦"。

经史中辞同而义殊者多矣，自当据文而析，不可类推比之也。

古稀中进士

科举之途，固多厄运，终生青衫而不得进者，十之八九也。《宋诗纪事》卷五十八记詹义事云：詹义有《登科后解嘲》诗云"读尽诗书五六担，老来方得一青衫。佳人问我年多少，五十年前二十三"。事载《清夜录》。宋俞文豹《唾玉集》亦载其事。

《清波杂志》卷七"恩科议姻"条云："闽人韩南老就恩科，有来议亲者，韩以一绝示之：'读尽文书一百担，老来方得一青衫。媒人却问余年纪，四十年前三十三。'"

《鹤林玉露》卷一二云："绍兴间，黄公度榜第三人陈修，福州人。解试《四海想中兴之美赋》，第五韵隔对云：'葱岭金堤，不日复广轮之土，泰山玉牒，何时清封禅之尘？'时诸郡试卷多经御览，高宗亲书此联于幅纸，粘之殿壁。及唱名，玉音云：'卿便是陈修？'吟诵此联，凄然出涕。问：'卿年几何？'对曰：'臣年七十三。'问：'卿有几子？'对曰：'臣尚未娶。'乃诏出内人施氏嫁之，年三十，赍奁甚厚。时人戏为之语曰：'新人若问郎年几，五十年前二十三。'"

右数则余平日读书所见也，虽为谑语，然可窥古之科举之艰难矣。

古之从嫁谓媵

古之诸侯娶妻，从嫁者谓之"媵"。《仪礼·士昏礼》注："古者嫁女，必娣侄从之，谓之媵。"所谓媵者，多为近身之婢或所亲者也。媵，送也，妾送嫡而行，故谓妾为媵。如舜取娥皇女英，则女英随娥皇嫁，则女英为媵也。《公羊传》曰："媵者何？诸侯娶一国，则二国往媵之，以侄娣从。侄者兄之子，娣者女弟也。"《毛诗正义》谓"凡送女适人者，男女皆谓之媵。"

《左传·隐公三年》："又娶于陈，曰厉妫，生孝伯，蚤死。其娣戴妫，生恒公，庄姜以为己子。"据《左传》，鲁惠公与继室声子生隐公。惠公为其娶于宋。宋女至鲁，惠公见宋女美，自纳之，是为仲子。生公子允，即鲁桓公也。而公子息与允之母皆为媵，允之母仲子为右媵，故其位高于声子也。

然古之所谓媵者，非专称女子，凡送女适人者，男女皆谓之媵也。《左传·僖公五年》载："晋人袭虞，执其大夫井伯，以媵秦穆姬。"后世之妾虽非随嫁之女，然其位类于媵也。

鼓角楼

宋人赋词，多喜言鼓角，角者，初为西域胡人之吹奏乐器，《晋书》云："胡角者，本以应胡笳之声，后渐用之横吹，有双角，即胡乐也。张博望入西域，传其法于西京。"角既入汉，与鼓相配，凡京城、州府、军旅之中皆用之。

鼓角之用以报时者，置于城门之谯楼上，故谓之鼓角楼。宋高承《事物纪原·鼓角楼》云："今州郡有楼以安鼓角，俗谓之鼓角楼，盖自唐始也。"世之筑城，必建谯楼，止乃汉之遗风也。谯楼内每悬巨钟，昏晓撞击；击鼓与钟声相配，意使臣民闻之而生儆惕之心，谓之钟鼓楼，以角吹奏与配鼓者，谓之鼓角楼。

鼓角报时，以其音律而别之。梁克家《淳熙三山志》载："昏时，吹角八人，各二十六声为三叠。挝鼓八人，角声止，乃各挝鼓千，为三通。凡三角、三鼓而毕。四更三点及申刻，各吹角三叠为小引。"

钟鼓楼之击钟，尤有其制，数皆一百零八，而声之缓急、节奏，随方各殊。杭州歌曰："前发三十六，后发三十六，中发三十六，声急通共一百八声息。"蓟州歌曰："紧十八，慢十八，六遍凑成一百八。"益州歌曰："前击七，后击八，中间十八徐徐发，更兼临击三声，三通，凑成一百八。"天下谯楼钟鼓击奏大约如此。

击钟之数，何以为一百零八，此乃暗合一岁之气候节律也。盖岁有十二月，二十四节气，七十二候，三者相加，正得其数也。释氏念珠亦一百零八，转借此义也。

旧时士人赋诗填词多有言及鼓角者，为其日常之闻，其声悲壮，易生情思矣。杜甫《阁夜》"五更鼓角悲壮，三峡星河影动摇"。辛稼轩《破阵子》"醉里挑灯看剑，梦回吹角连营"。陆放翁《水调歌头》"鼓角临风悲壮，烽火连空明灭，往事忆刘孙"。秦少游《桃源忆故人》"无端画角严城动，惊破一番新梦"。苏轼《蝶恋花》"梦破五更心欲折，角声吹落梅花月"。余观夫宋人贬谪、行役之词，多有言鼓角者，盖贬谪之人，羁旅行役，闻鼓角之声益添哀怨之情矣。

鼓掌考

今人凡遇称许之人事，多鼓掌之，以为习也。或曰此习乃传之于西方，谬也，余寻之史籍，战国时即有两手相拍为鼓掌习。《韩非子·功名》曰："人主之患在莫之应，故曰'一手独拍，虽疾无声'。"鼓掌者，古亦称

"拊掌"，正反谓"情动于中而形于言；言之不足，故咏歌之；咏歌之不足，故嗟叹之；嗟叹之不足，不知手之舞之足之蹈之也"。

《后汉书·左慈传》曰："左慈字元放，庐江人也。少有神道。尝在司空曹操坐，操从容顾众宾曰：'今日高会，珍羞略备，所少吴松江鲈鱼耳。'放于下坐应曰：'此可得也。'因求铜盘贮水，以竹竿饵钓于盘中，须臾引一鲈鱼出。操大拊掌笑，会者皆惊。"事属无稽，拊掌之说则知汉时已行也。明罗贯中《三国演义》第二十一回《曹操煮酒论英雄》云："操鼓掌大笑曰：'此等碌碌小人，何足挂齿'。"古诗《为焦仲卿妻作》"阿母大拊掌，不图子自归"。柳宗元《答贡士沓起书》云："覩足下《咏怀》五篇，仆乃拊掌惬心，吟玩为娱。"苏轼《石恪画维摩颂》云"有大医王拊掌笑，谢遣众王病随愈"。元关汉卿《状元堂陈母教子》云："等我明日得了官，你就从贡院里鼓着掌，捆着手叫到我家里来。"《明史·于孔兼传》"自陛下有近日之举，而善类寒心，邪臣鼓掌"。《东周列国志》第七十五回曰："阖闾鼓掌而笑曰：'先生之言，何迂阔也，天下岂有妇人女子，可使其操戈习战者？'"

观夫史籍，知鼓掌之习自战国始而至今，传之有绪矣。

顾亭林纳谷寄学

清代童子试又谓小试，俗所谓考秀才，入选者则称生员，俗谓秀才也。清沿明制，凡未进学而尚在应考生员者，无论年齿皆称之童子。然儒童未入学，纳钱谷亦可寄学。清夫之《识小录》云："儒童未入学者，自度文已优通，报名于督学道考试，拔其尤者准应乡试，谓之儒士观场。万历间犹行之。"清张穆修《顾亭林年谱》云："天启五年乙丑，年十三岁，时有纳谷

164

寄学之例。蠡源公以先生天资颖异，合早取科名，遂为先生应例。"

又，清章有谟《景船斋杂记》云："康熙十七年，以四方多事，令童生每名织银四两，得入院试，秀才每名纳银一百二十两，名曰饷生，经御史奏止。"案康熙十七年，吴三桂之乱未平，国库乏军饷，故有科举纳银之举，然此亦偶一为之，不复为例也。

顾亭林谢鼠啮书

陆放翁有《鼠啮书》诗云："云归雨亦止，鸦起窗既白。秋宵未为永，不寐如岁隔。平明亟不榻，亦未暇冠帻。检校案上书，狼藉鼠啮迹。食箪与果笾，攘取初不责。侈然敢四出，乃至暴方册。坐令汉箧亡，不减秦火厄。向能畜一猫，狡穴讵弗获？缄縢又荡然，追咎亦何益。惰偷当自戒，鼠辈安足磔。"放翁达人，鼠啮其书则亦不免愤愤然也。黄秋岳谓记旧阅某笔记云："亭林先生居家，喜布衣，寸丝不上身。著《音学五书》时，《诗本音》卷二稿再为鼠啮，先生再为誊录，毫无愠意。有劝先生翻瓦倒壁，一尽其类者，则可免如许憎厌。先生曰：'鼠啮我稿，实勉我也。不然好好搁置，我岂肯五易其稿哉？'"

亭林先生之学近三百年无逾之者也，人谓继其学者唯王静安耳。先生诚通达之人，放翁一书为鼠啮而不可释，先生之稿为之啮而谓勉之，虽为解嘲之言，然亦可见其量恢然，勤于笔耕也。

顾炎武孝母不仕

　　康熙十八年朝廷开明史馆，亭林昆山同乡叶讱庵荐之。讱庵名方蔼，字子吉，顺治进士，官刑部右侍郎。亭林寄书拒之，唯言母事，其辞甚厉，曰："先妣未嫁过门，养姑抱嗣，为吴中第一奇节，蒙朝廷旌表。国亡绝粒，以女子而蹈首阳之烈。临终遗命，有无仕异代之言，载于表状。故人人可出而炎武必不可出矣。"又曰："《记》曰：将贻父母令名，必果；将贻父母羞辱，必不果。七十老翁何所求，正欠一死，若必相逼，则以身殉之矣。一死而先妣之大节愈彰于天下，使不类之子得附以成名，此亦人生难得之遭逢也。"

　　亭林先生所言先妣，非其生母也。盖其生父同应，有堂弟同吉，同吉年十八早卒，前尝聘王氏。王氏未婚而至顾家，炎武过继为其子子。所言"蒙朝廷旌表"事，见于《明史·烈女传》，《传》云："王贞女，昆山人，太仆卿宇之孙，诸生述之女，字侍郎顾章志孙同吉。未几，同吉卒。女即去饰，白衣至父母前，不言亦不泣，若促驾行者。父母有难色，使妪告其舅姑，舅姑扫庭内待之。女既至，拜枢而不哭，敛容见舅姑，有终焉之意。姑含泪曰：'儿不幸早亡，奈何累新妇。'女闻姑称新妇，泪簌簌下，遂留执妇道不去。早晚跪奠枢前，视姑眠食外，辄自屏一室，虽至戚遣女奴候视，皆谢绝，曰：'吾义不见门以外人。'"

　　窃谓亭林先生一代大儒，其《日知录》尽明其志也，其所言母事，假以托辞耳。若无母之遗训，其岂便入于清焉？然以母之遗训为辞，人无以责之也。

怪异饮酒法

世有怪异之人复有怪异饮酒之法。唐冯贽《云仙杂记·酒中玄》云："虢国夫人就屋梁悬鹿肠于半空，筵宴则使人从屋上注酒于肠中，结其端，欲饮则解开，注于杯中。号'洞天圣酒将军'，又曰'洞天瓶'。"梁绍壬《随笔》卷二云："金章宗有软金杯，乃劈鲜黄橙为之。"刘祁《归潜志》有《生查子》词以软金杯为题云："风流紫府郎，痛饮乌沙岸。柔软九回肠，冷却玻璃盏。纤纤白玉葱，分破黄金弹。借取洞庭春，飞上桃花面。"然梁氏《随笔》卷八又云："金章宗以软金叶，薄如冬瓜片，制为酒器，令饮者愈吸愈不尽，名'醉如泥'，但究不知其制若何。"二说未知孰是。

夫鹿肠注酒，黄橙为杯，或以为奇耳，至若出妻以手饮人，则诶之甚也。宋魏泰《东轩笔录》卷七载：有王永年者诶窦卞、杨绘，"永年常置酒延卞、绘于私室，出其妻间坐。妻以左右手掬酒以饮卞、绘，谓之曰'白玉莲花杯'"，其褒狎至是，又甚于鹿肠黄橙也。闻近世有所谓花酒者，亦以美女佐之，其效王永年之妻乎？

关羽好色

自罗氏《三国演义》行世，至清帝尊崇，关羽之忠义，义薄云天为世人所称。余览陈寿《三国志》则明载羽之好色也。

《三国志·魏书·明帝纪》裴注引孙盛《魏氏春秋》曰："朗父名宜禄，为吕布使诣袁术，术妻以汉宗室女。其前妻杜氏留下邳。布之被围，关羽屡请于太祖，求以杜氏为妻，太祖疑其有色，及城陷，太祖见之，乃自纳之。"《三国志·蜀书·关羽传》裴注引《蜀记》亦曰："曹公与刘备围吕布于下邳，关羽启公，布使秦宜禄行求救，乞娶其妻，公许之。临破，又屡启于公。公疑其有异色，先遣迎看，因自留之，羽心不自安。"

嗟夫，阿瞒好色，数夺人之妻，为人诟病，而关羽乘人之危，亦欲夺人之妻，岂复有别乎？秦宜禄之妻杜氏，世之绝色也，既归操，生女金乡公主，妻何晏。晏之母尹氏亦绝色，晏父早逝，母为操所纳。好色非病，夫子云"吾未见好德如好色者也"，然羽乘秦宜禄之难，而先欲夺其妻，岂忠义之行哉。余度羽之请于操者，必先已知杜氏之色，然其不知阿瞒亦此中人也。后羽之势去，不得杜氏岂非因焉。

关云长刮骨疗毒本事

罗氏《三国演义》之关云长刮骨疗毒事，本源于陈寿《三国志》，《关羽传》曰："羽尝为流矢所中，贯其左臂，后创虽愈，每至阴雨，骨常疼痛，医曰：'矢镞有毒，毒入于骨，当破臂作创，刮骨去毒，然后此患乃除耳。'羽便伸臂令医辟之。时羽适请诸将饮食相对，臂血流离，盈于盘器，而羽割炙引酒，言笑自如。"

欧阳修《新五代史·苌从简传》所记从简事迹亦颇类似。传云："从简尝中流矢，镞入髀骨，命工取之。工无良药，欲凿其骨，人皆以为不可。从简遽使凿之，工迟疑不忍下，从简叱其亟凿，左右视者，皆若不胜其苦，而从简言笑自若。"此非云长再世乎？然醉翁所记抑非亦本于陈寿耶？

关云长之封爵辩

陆容《菽园杂记》卷二云："关云长封汉寿亭侯，汉寿本亭名，今人以'汉'为国号，止称寿亭侯，误矣。汉法：十里一亭，十亭一乡。万户以上，或不满万户，为县。凡封侯视功大小，初亭侯，次乡县郡侯。云长汉寿亭侯，盖初封也。今印谱有'寿亭侯印'，盖亦不知此而伪为之耳。"今人读《三国演义》亦多以云长所封为汉之"寿享侯"，余是以正史野史校而考之。

《三国志·关羽传》云："羽望见良麾盖，策马刺良于万众之中，斩其首还。绍诸将莫能当者，遂解白马围。曹公即表封羽为汉寿亭侯。"罗氏《三国志通俗演义》述其事谓："却道曹操为云长斩了颜良，倍加钦敬，表奏朝廷封云长为寿亭侯，铸印送与关公。印文曰'寿亭侯印'，使张辽赍去。关公看了，推辞不受。辽曰：'据兄之功，封印何多？'公曰：'功微不堪领取名爵。'再三推却。辽赍印回见曹公，说云长推辞不受。操曰：'曾看印否？'辽曰：'云长见印来。'操曰：'吾失计较也。'遂教销印匠销去字，别铸印文六字'汉寿亭侯之印'，再使张辽送去。公视之，笑曰：'丞相知吾意也，遂拜受之。'"余复以茂陵毛宗岗序始氏评本校之，其第二十六回《袁本初败兵折将，关云长挂印封金》卷首评云："今人见关公为汉寿亭侯，遂以汉为国号，而直称之曰'寿亭侯'，即博雅家亦时有此。此起于俗本演义之误也。俗本云：曹瞒铸寿亭侯印贻公而不受。加以汉字而后受。是齐东野人之语。读者不察，遂为所误。夫汉寿地名也，亭侯爵名也。汉有亭侯、乡侯、通侯之名。……鸡笼山关庙内题主曰：'汉前将军汉寿亭侯之神，本自了然。'"《容斋四笔》卷八"寿亭侯印"条载："荆门玉泉关将军庙中，有寿亭侯印一钮，其上大环，径四寸，下连四环，皆系于印上。相传云：绍兴中，洞庭渔者得之，入于潭府，以为关云长封汉寿亭，此其故物也，故以归之庙中。南雄守黄兑见临川兴圣院僧惠通印图形，为作记。而复州宝相院又以建炎二年，因伐木，于三门大树下土中深四尺馀，得此印，其环并背俱有文云：'汉建安二十年寿亭侯印。'今留于左藏库。邵州守黄沃叔启庆元二年复买一钮于郡人张氏，其文正同，只欠五系环耳。予以谓皆非真汉物，且汉寿乃亭名，既以封云长，不应去汉字，又其大比它汉印几倍之。……云长以四年受封，当即刻印，不应在二十年，尤非也。是特后人为之以奉庙祭，其数必多。"

余尝游诸关圣庙，今木主犹多为汉之寿亭侯，是亦为罗氏演义误者也。

儒学叛逆

《史记·李斯列传》载："二世二年七月，具斯五刑，论腰斩咸阳市。斯出狱，与其中子俱执，顾谓其中子曰：'吾欲与若复牵黄犬俱出上蔡东门逐狡兔，岂可得乎？'遂父子相哭，而夷三族。"呜呼，斯之末日哀叹固可悲之，然其东门逐兔而不得，固其自致之也。《本传》谓：斯"从荀卿学帝王之术。学已成，度楚王不足事，而六国皆弱，无可为建功者，欲西入秦。辞于荀卿曰：'斯闻得时无怠，今万乘方争时，游者主事。今秦王欲吞天下，称帝而治，此布衣驰骛之时而游说者之秋也。处卑贱之位而计不为者，此禽鹿视肉，人面而能疆行者耳。故诟莫大于卑贱，而悲莫甚于穷困。'"斯既学于荀卿而出此言，所学者非仲尼之学也，其以卑贱为诟，以穷困为悲，则颜子居陋巷亦为其所诟者也。故马迁书其"年少时，为郡小吏，见吏舍厕中鼠食不絜，近人犬，数惊恐之。斯入仓，观仓中鼠，食积粟，居大庑之下，不见人犬之恢。于是李斯乃叹曰：'人之贤不肖譬如鼠矣，在所自处耳。'"是知其虽师于荀卿，所学者帝王之术也，岂孔门之学哉。

夫斯入于儒门而学之法家之术，复以法家之术鬻于秦王，实非儒学之徒也。及秦王拜其为长史，听其计，"阴遣谋士赍持金玉以游说诸侯。诸侯名士可下以财者，厚遗结之；不肯者，利剑刺之。离其君臣之计，秦王乃使其良将随其后"。其所言行，实为纵横游说者矣。东坡《荀卿论》尝言及斯云："荀卿明王道，述礼乐，而李斯以其学乱天下，其高谈异论有以激之也。"

清人姚鼐有《李斯论》则以为"秦之乱天下之法，无待于李斯，斯亦未尝以其学事秦"。"始皇之时，一用商鞅成法而已。虽李斯助之，言其便利。益成秦乱。然使李斯不言其便，始皇固自为之而不厌。"（《惜抱轩全集》）鼐之言善矣，盖李斯固逐利之小人也，迎合君主之意，助其而施暴政，故其所行趋时而已，所欲者权势荣宠耳。观夫其值始皇崩，而结于赵高，违始皇之遗诏，所图者一己之利也，然致其东门逐兔而不得者，亦自致之矣。

卷　四

榜眼有两人

清钱大昕《十驾斋养新录》云：《宋史·陈若拙传》，当时以第二人及第者为榜眼。然王元之《小畜集》有《送第三人朱严先辈从事和州》诗云："榜眼科名释褐初。"是第三人亦称榜眼也。

清洪亮吉《北江诗话》云："宋朱严第三人及第，王禹偁赠诗曰：'榜眼科名释褐初'。"

世称进士廷试第一甲三人为状元、榜眼、探花。余见高则诚《琵琶记》亦有榜眼、探花之称，则宋以后至元明固有是称也。据赵翼言，《宋史·陈思让传》载，思让之孙若拙，素无文，中第二名，当时以第二名为榜眼，遂以若拙为瞎榜，则榜眼之名起于北宋也。赵瓯北以为"盖眼必有二，故第二第三人皆谓之榜眼。其后以第三人为探花，遂专以第二人为榜眼耳"。曲园老人则又考之曰："愚谓古人第一第二第三皆谓之状元，第二第三又皆谓之榜眼，至探花则以年少者为之，不论名第，今制皆非古矣。"

包公捉黄巢

陕西华阴有西岳庙，乃全真教圣地。唐玄宗先天元年七月即位，八月癸巳封华岳神为金天王。开元十二年，玄宗至华阴，亲制西岳庙碑文。庙有御书碑，高数十丈，其字八分，几尺余，直上薄云霄。旧有碑楼，黄巢入关，人避于碑楼上，巢怒，并楼焚之。楼既焚尽，而碑字缺剥焚损，十存二三也。

北宋时，包希仁初为陕西都转运使，因不明故事，为京兆姚嗣宗所戏也。宋王铚《默记》载："京兆姚嗣宗知华阴县，时包希仁初为陕西都转运使，才入境，至华阴谒庙，而县官皆从行。希仁初不知焚碑之由，礼神毕，循行庙内，见损碑，顾谓嗣宗曰：'可惜好碑，为何人烧了？'嗣宗作秦音对曰：'被贼烧了。'希仁曰：'县官何用？'嗣宗曰：'县中只有弓手三四十人，奈何贼不得。'希仁大怒曰：'安有此理，若奈何不得，要县官何用？且贼何人，至于不可捉也？'嗣宗曰：'却道贼姓黄名巢。'希仁知其戏己，默然而去。"

入乡问俗，随其俗而事易成也。包孝肃皖人，初入陕故不知故事，然询之则可，未询而怒，且斥之县官，是以为嗣宗所戏也。

官署立公生明石

余尝见西安碑林有官箴碑，镌"公生明，廉生威"，为明年富所书，立于官署者也。《明史·年富传》载：年富"廉正强直，始终不渝"；执政能"纠正违失，务存大体"；裁决则"果敢有为，权势莫能挠"。富历事成祖、仁宗、宣宗、英宇、代宗、宪宗六帝，尝任河南左、右布政司，山东巡抚，户部尚书。其以铭为诚，为一代名臣也。

清朱象贤《闻见偶录》云："今凡府州县衙署，于大堂之前正中俱立一石，南向刻'公生明'三字，北向刻'尔俸尔禄，民膏民脂。下民易虐，上天难欺'十六字。官每升堂，即对此石也。或恶其中立，出入必然旁行，意欲去之而不敢擅动，欲驾言禀于上台，又难措词。曾见易以牌坊者，南北两向照依石刻字样书写以代立石。按此知'公生明坊'旧时本是立石，犹有古人中庭立碑之遗制，今则无不易以牌坊，无复有立石者矣。"

窃谓官衙立石无非示之以诫耳，然为官之道，圣人之训，焉有不明者耶？刻石无益，天理人心当镌之于心矣。若中心无天理人心，刻石立坊，皆为虚设也。

国学典籍之分类

吾国学术，涵盖古今，举凡一切中国之学问，皆可谓之"国学"也。国学之体大而思精，湛深而博大，为解学人迷津，前人多予分而类之。就其所括，余独以清人姚鼐之分类为宜。惜抱轩以中国之学问分之为义理之学、考据之学、词章之学。同治间，曾国藩复主增经世之学，是国学典籍之类备矣。

然学术之分类非清姚鼐始，《汉书·艺文志》载，成帝时，图书散佚，陈农奏请寻求天下遗书，成帝诏刘向校订经传、诸子、诗赋等，会向卒，哀帝再令刘歆承父业，成《七略》，为经籍七分之法分类也。其类为辑略、六艺略、诸子略、诗赋略、兵书略、术数略、方技略。

至三国魏郑默编《中经》，至西晋荀勖整理，是为《中经新簿》，以甲部：六艺及小学之籍；乙部：古今诸子、兵家、术数之籍；丙部：史记、旧事、皇览簿、杂事等籍；丁部：诗赋、图赞、汲冢之籍。

南朝宋王俭沿刘歆《七略》而有增减成《七志》，是为经典志、诸子志、文翰志、军书志、阴阳志、图谱志。

《隋书·经籍志》依荀勖《中经新簿》，而易为经、史、子集四部分法。清乾隆三十七年设馆编修《四库全书》，分经、史、子、集四部，故名《四库全书》也。

右之述，乃吾国学术经籍之分类概要，是以知所谓国学者，浩如烟海，吾国之典籍，珍如珠玑，不可以偏概全也。

洪武年间多酷刑

朱元璋立国之初，废宰相，三司分权，君主独裁，并施以重典，朝野皆惧。余阅野史多有记洪武年间之酷刑者，多前代既无，后世亦未见者，故录之。

顾起元《客座赘语》载："洪武二十二年三月二十五日奉圣旨：'在京但有军官军人学唱的，割了舌头；下棋打双陆的，断手；蹴圆的，卸脚；作买卖的，发边远充军。'""府军卫千户虞让男虞端故违吹箫唱曲，将上唇连鼻也割了。又龙江卫指挥伏顒与本卫小旗姚晏保蹴圆，卸了右脚，全家发赴云南。"双陆者，棋也，用以博具。蹴圆者，犹今之足球也。至于吹箫唱曲而至割唇及鼻，史之绝无者也。

清季，满人入关，尝行薙发令，洪武二十五年九月十九日，礼部颁榜文谓：内使剃一搭头，官民之家儿童剃留一搭头者，阉割，全家发边远充军。剃头之人，不分老幼罪同。夫所谓"搭头"者，头顶剃光，惟留额前之发，古之童稚之发式耳，因其类蒙古人之髡发，故禁之。所谓内使者，内廷宦官也。盖明初宫中宦官多系前元所留，多色目、女真、高丽人也，太祖使其留"搭头"，以显其贱虏也。

有禁贱民着靴之令，洪武二十六年八月榜文曰："先为官民一概穿靴，不分贵贱，所以朝廷命礼部出榜晓谕，军民、商贾、技艺、官下、家人、火者，并不许穿靴，止许穿皮札𪸩，违者处以极刑。"有甚者，养禽鸟及饮酒而歌者亦强其饿死。周晖《金陵琐事》载："太祖造逍遥楼，见人博弈者、养禽鸟者、游手游食者，拘于楼上，使其逍遥尽，尽饿死。楼在淮清桥东北，临河对洞神宫之后，今关王庙是其地基。"清李光地《榕村语录》载：

"元时，人多恒舞酗歌，不事生产。明太祖于中街立高楼，令卒侦望其上，闻有弦管饮博者，即缚至，倒悬楼上，饮水三日而死。虽立法太严，然所以激厉颓靡处，志气规模果不寻常，竟有'一人横行，武王耻之'之意。"

若夫小偷情爱之事，本属平常，然洪武间亦触极刑。《洪武永乐榜文》载：洪武二十七年十月三十日，为禁约事，奉圣旨：京都人烟辐辏，有等奸顽无籍之徒，不务本等生理，往往犯奸做贼。若不律外处治，难以禁止。所以在京犯奸之奸夫奸妇，具各处斩。做贼的、掏摸的，骗诈人的，不问所得赃物多少，具各枭令。

民国间，尝见酒肆间贴"莫谈国事"纸，而洪武间则已行之也。谈迁《国榷》载："闻国初严驭，夜无群饮，村无宵行。凡饮会口语细故，辄流戍，即吾邑充任四方，至六千馀人，诚使人凛凛，言之至今心悸也。"

为防民乱，禁足于乡土，《皇明典故纪闻》载："太祖谓户部曰：'尔户部即榜谕天下，其令四民，务在各守本业。医卜者、土著不得远游，凡出入作息，乡邻必互知之。其有不事生业而游惰者及舍匿他境游民者，皆迁之远方。'"

《明朝小史》载有铲头事，尤为可怖。其云："帝既得天下，恶胜国顽民，窜入淄流，乃聚数十人，掘一泥坑，特露其顶，而用大斧削之。一削去头数颗，名曰铲头会。"

朱洪武幼尝为僧，得天下后尤憎道士。《万历野获编》载："洪武中有诏，凡火居道士，许人兵诈银三十两，钞五十锭；如无，打死勿论。"夫火居道士，乃道士而成家者，亦称"火宅僧"者也。

洪武间，酷刑之行，不可数计，至若治贪而剥人之皮，以草充之等等，是犯天谴者也。

后周太祖四娶寡妇

据《新五代史》载，周太祖一后三妃，余阅《周太祖家人传》，其一后三妃皆再醮之妇，亦为奇事也。

《家人传·皇后柴氏》载：圣穆皇后柴氏，邢州尧山人也，与太祖同里，遂以归焉。太祖微时，喜饮博任侠，不拘细行，后常谏止之。太祖状貌奇伟，后心知其贵人也，事之甚谨。及太祖即位，后已先卒，乃下诏："故夫人柴氏，追册为皇后，谥曰圣穆。"

南宋王称《东都事略》载："周太祖初为军校，会唐庄宗崩，明宗出其宫人，各归家。有柴氏者，庄宗嫔也。住逆旅，有一丈夫过，氏问逆旅此何人，曰郭雀儿也。氏识其非常人，遂以所携赍半与父母，留其半嫁周祖，资其进身。"此为一后也。

《家人传·淑妃杨氏》载：淑妃杨氏，镇江真定人也。父弘裕，真定少尹。妃幼以色选入赵王宫，事王镕。镕为张文礼所杀，镇江乱，妃亦流寓民间，后嫁里人石光辅，居数年，光辅死。太祖柴夫人卒，闻妃有色而贤，遂娶之为继室。太祖方事汉高祖于太原，天福中妃卒，遂葬太原之近郊。太祖退位，广顺元年九月，追封为淑妃。《廿二史札记》谓："有杨氏者，已嫁石光辅，光辅卒，周祖之柴夫人适弃世，遂聘之。氏初不肯，使其弟廷璋见周祖。廷璋归，为言周祖姿貌异常，不可拒，乃嫁之。"

《家人传·贵妃张氏》载：贵妃张氏，镇江真定人也。祖记，成德军节度判官、检校兵部尚书。父同芝，事赵王王镕为谘呈官，官至检校工部尚书。镕死，镇江乱，庄宗遣幽州符存审以兵讨张文礼，裨将武从谏馆于妃家，见妃尚幼，怜之，而从谏家在太原，遂以妃归，为其子妇。

久之，太祖事汉高祖于太原，杨夫人卒，而武氏子亦卒，乃纳为继室。太祖贵，累封吴国夫人。太祖以兵入京师，汉遣刘铢戮其家，妃与诸子皆死，太祖退位，追册为贵妃。

《家人传·德妃董氏》载：德妃董氏，镇江灵寿人也。妃幼颖悟，始能言，闻乐声知其律吕。

年七岁，镇江乱，其家失之，为潞州牙将所得，置诸褚中以归。潞将妻尝生女，辄不育，得妃怜之，养以为子，过于所生。居五六年，妃家悲思，其兄瑀求之人间，莫知所在。潞将仕于京师，遇瑀，欣然归之，年十三。

瑀以嫁里人刘进超，进超亦仕晋为内职。契丹犯阙，进超殁于虏中，妃嫠居洛阳。汉高祖由太原入京师，太祖从，过洛阳，闻妃有贤行，聘之。太祖建国，中宫虚位，遂册为德妃。此为三妃也。

夫郭威固汉人，而所娶四女皆为嫠妇，实不可解者也。

花比美丈夫

古今诗赋皆以花喻美女，王山谷诗独以花比美丈夫，特若出类也。其《观王主簿家酴醾》诗云："肌肤冰雪薰沈水，百草千花莫比芳。露湿何郎试汤饼，日烘荀令炷炉香。风流彻骨成春酒，梦寐宜人入枕囊。输与能诗王主簿，瑶台影里据胡床。"何郎者谓何晏也，《世说新语·容止》载："何平叔美姿仪，面至白。魏明帝疑其傅粉，正夏月，与热汤饼。既啖，大汗出，以朱衣自拭，色转皎然。"荀令者谓三国荀彧也。荀为尚书令，姿容美，嗜香，至人家去，所坐处有余香。王维《春日直门下省早朝》诗云："遥闻侍中佩，暗识令君香。"南朝张正见《艳歌行》亦云："满酌胡姬酒，多烧荀令香。"

白乐天女道士诗云："姑山半峰雪，瑶水一枝莲。"以花喻美妇人。东坡海棠诗云："朱唇得酒晕生脸，翠袖卷纱红映肉。"以美妇人喻花也。山谷辟蹊径，以花喻美丈夫，读之令人耳目一新矣。

酴醾，《群芳谱》谓其"色黄如酒，固加酉字"。《千家诗》录王淇《春暮游小园》诗"一从梅粉褪残妆，涂抹新红上海棠。开到酴醾花事了，丝丝天棘出莓墙。"清厉鹗诗云："漫脱春衣浣酒红，江南二月最多风。梨花雪后酴醾雪，人在重帘残梦中。"皆不及山谷以之喻美丈夫新颖也。

化　蝶

自《庄子》言庄周梦而化蝶，后世多有效之者。近世尤以上虞梁山泊与祝英台死后化蝶故事最盛。余阅宋周密《癸辛杂识》亦载有化蝶事，云："杨昊字明之，娶江氏少艾，连岁得子。明之客死之明日，有蝴蝶大如掌，徊翔于江氏傍，竟日乃去。及闻讣，聚族而哭，其蝶复来绕江氏，饮食起居不置也。盖明之未能割恋于少妻稚子，故化蝶以归尔。李商尝作诗记之曰：'碧梧翠竹名家儿，今作栩栩蝴蝶飞。山川阻深网罗密，君从何处化飞归。'"又云："李铎谏议知凤翔，既卒，有蝴蝶万数自殡所以至府宇，蔽映无下足处。官府吊奠，接武不相辩，挥之不开，践踏成泥。其大者如扇，逾月方散。"又云："杨大芳娶谢氏，谢亡未殓，有蝶大如扇，其色紫褐，翩翩自帐中徘徊，飞集窗户间，终日乃去。"

周密所言诸事，虽非杜撰，或亦本以传闻，至若人死而化蝶，其亦本于《庄子》也。梁祝故事乃小说家言，前代化蝶之说既有所传，当为编剧者取之矣。

皇帝登基戴白纱帽

民俗凡丧子孙戴白帽，而五代时人君即位例着白纱帽，亦为奇特。《宋书·明帝纪》载："建安王休仁便称臣奉引升西堂，登御坐，召见诸大臣。于时事起仓卒，上失履，跣至西堂，犹着乌帽。坐定，休仁呼主衣以白帽代之，令备羽仪。虽未即位，凡众事悉称令书施行。"赵翼《廿二史札记》卷十二曰："宋前废帝子业将杀湘东王彧，彧结左右寿寂之等弑帝于后堂，建安王休仁便称臣，引彧升西堂登御坐。事出仓猝，犹着乌纱帽，休仁呼主以白纱帽代之，乃即位，是为明帝。"

《齐高帝纪》载："后废帝昱无道，萧道成使王敬则结帝左右陈奉伯等弑之。明旦召大臣会议，敬则遽呼虎贲钑戟羽仪，手自取白纱帽加道成首，令道成即位，曰：'事须及热'，道成呵之乃止。"

《邵氏闻见后录》卷八载其事云："萧道成既诛苍梧王，王敬则手取白纱帽加道成首，令即位。沈攸之召军主曰：'我被太后令建义下都，大事若克，白纱帽共着耳。'盖晋、宋、齐、梁以来，惟人君得着白纱帽。家有范琼画梁武帝本，亦着白纱帽也。"

帝王即位何以着白纱帽，或曰，太子由丧次即位故着白纱帽，似可成理，然继大统者非皆父丧而承之，以五代论，篡位弑君者多也，而亦着白纱帽，似以为例矣。

皇帝演戏

夫帝王好俳优者，颇不乏人，陈后主、后唐庄宗皆是也。然前朝帝王惟以俳优为乐耳，惟清道光、同治二帝则喜亲身扮角演戏，可谓空前而绝后也。

《清代野记》载："当道光时，宣宗之生母尚存，帝于母后生日，则演剧以娱之，然只演斑衣戏彩一阕耳。帝挂白须衣斑连衣，手持鼗鼓作孺子戏舞状，面太后而唱，惟不设老莱父母耳。此犹足称大孝孺慕之忱，千载下不能责之。至同治间，穆宗所演则卑劣矣。穆宗好演戏，而又不能合关目，每演必扮戏中无足重要之人。一日演打灶，载澂扮小叔，载澂者恭王奕訢之长子也。某妃扮李三嫂，而帝则扮灶君，身黑袍，手木板，为李三嫂一詈一击以为乐。等一演剧也，祖孙之人格相去天渊矣。"

清季，世风日衰，同治帝既粉墨登场，民间之风俗可知也。光绪间，上海之坊曲中，有妓女名林黛玉者，松江人氏，为坊间推为祭酒。所与往还者，多硕腹贾一流人物。然其人风流放诞，颇有名妓风概。名妓既为祭酒，嫖客则皆为太学生也。呜呼，国之将亡，必有乱象矣。

黄庭坚手书本东坡《赤壁怀古》词

唐宋诗人诗词究之前朝版本，多有与今流传不合者。余阅清朱彝尊《词综》，东坡《念奴娇·赤壁怀古》词为"大江东去，浪声沉千古风流人物。故垒西边，人道是三国孙吴赤壁。乱石崩云，惊涛掠岸，卷起千堆雪。江山如画，一时多少豪杰。遥想公瑾当年，小乔初嫁了，雄姿英发。羽扇纶巾，谈笑间樯橹灰飞烟灭。故国神游，多情应是，笑我生华发。人间如寄，一尊还酹江月。”

竹垞先生注云：“按他本‘浪声沉’作‘浪淘尽’，与调未协。‘孙吴’作‘周郎’，犯下‘公瑾’字。‘崩云’作‘穿空’，‘掠岸’作‘拍岸’。又‘多情应是，笑我生华发’，作‘多情应笑我，早生华发’，益非。今从《容斋随笔》所载黄鲁直手书本更正。至于‘小乔初嫁’宜句绝，‘了’字属下句，乃合。”

《清波杂志》卷二“表章用字”条云：“客有言表章所用字，有合回互处。若‘危’‘乱’‘倾’‘覆’之类，通朝士书，如‘罪出’‘忧去’，甚至以‘申谢’为‘叙谢’。”盖宋时此类避忌甚多。宋项安世《项氏家说》卷八云：“歌者多因讳避，辄改古词本文。后来者不知其由，因以疵议前作者多矣。如苏词‘乱石崩空’，因讳‘崩’字，改为‘穿空’。”

避讳之俗，历朝因之，殃及后世，其祸大矣。至若竹垞所言当有所据，坡公词既传于世，歌者避当世讳，易以他字亦属平常也。

灰　酒

唐寅《和石田先生落花诗》云：“春梦三更雁影边，香泥一尺马蹄前。难将灰酒灌新爱，只有香囊报可怜。”何谓灰酒邪？解者殊异焉。

古之酒性温，烈性之酒始于南宋。酒初酿成时汁渣混为一，滤之方清，故有浊酒、清酒之别也。嵇康《与山巨源绝交书》：“今但愿守陋巷、教养子孙，时与亲旧叙离阔，陈说平生，浊酒一杯，弹琴一曲，志愿毕矣。”杜甫《登高》：“艰难苦恨繁霜鬓，潦倒新停浊酒杯。”是知浊酒乃酒中卑者也。据典籍，清酒则有两义，一谓滤渣之酒。《后汉书·南蛮传》："（秦昭襄王刻石）盟曰：'秦犯夷，输黄龙一双；夷犯秦，输清酒一钟。'夷人安之。"二谓祭祀之专用者。《礼记·曲礼下》："凡祭宗庙之礼……酒曰清酌。"韩愈《祭柳子厚文》："维年月日，韩愈谨以清酌庶羞之奠，祭于亡友柳子厚之灵。"

至唐时，酒之类多矣。陆放翁《老学庵笔记》卷五云："唐人喜赤酒、甜酒、灰酒，皆不可解。""陆鲁望云：酒滴灰香似去年。"放翁引陆龟蒙《初冬绝句》诗，其诗云："小炉低幌还遮掩，酒滴灰香似去年。"谓杯中余酒洒落炉灰散发之香也。

罗大经《鹤林玉露》丙编卷四"酒有和劲"条云："太守王元邃以白酒之和者，红酒之劲者，手自剂量，合而为一，杀以白灰一刀圭，风韵颇奇。"据此则调酒果以灰，且以石灰调之，两酒相混其味必异，加以石灰之烈，焉可饮哉？

清郝懿行，字恂九，嘉庆间进士，精经学，长于名物训诂，其《晒书堂笔录》有《讥河》篇云："凡酒重酘，自然甘甜，瓶罂近底少入炭灰，为避溽湿，防其味败，但不可多耳。范石湖云：'旗亭官酒更多灰'，盖宋朝南渡，人在水乡，市酤灰多，利在久贮，故范、陆皆以灰酒为言，今之绍兴亦复不免耳。"郝之说甚中的也，盖南地低湿，以"炭灰"隔潮，使酒澄清，可久存之矣，鹤林先生谓以以石灰圭之，其岂饮之者焉？灰酒之说，至此方明也。

会试考前中进士

会试大比，举子中式者百仅一二，故人皆以之为荣也。清咸丰十年值帝三十寿辰，依例增恩科，有云南举子倪恩龄，未进场则已为进士矣。盖适值庚申太平天国之乱，各省士子至京者不及往年之半，皆以遭乱流离，无力成行也。有云南人倪恩龄，字覃园，乃早年留京者。旧制，各省士子会试，均预定取名额，边鄙之地尤有优抚。是岁，云省仅倪一人入闱耳，故未考则其进士已可取也。《清代野记》云："故场前亲友皆向之称贺。"倪既中式，得馆选，改编修，后简授南昌知府。

嗟乎，庚申之岁，内忧外患，内逢太平军乱，外值英法寇我京师，焚我圆明园，吾中华危矣，故是岁会试亦生异数也。是科登科者仅百有八十七人，倪恩龄则入闱即为进士者焉。

昏时娶妻

上古之时，娶妻必于昏时。《礼记·昏义》郑玄云："娶妻之礼以昏为期，必以昏者，取其阳往阴来之义。日入后二刻半为昏，以定称之。婿曰昏，妻曰姻，谓婿以昏时而来，妻则因之而去也。"

《说文》曰："婚，妇家也，礼，娶妇以昏时。"是知商周之时，婚礼当于日昏之时而行。方其时，礼服为玄色，非后世之崇大红，所谓"凤冠霞帔"者也。古之谓婚姻者，男于昏时迎于女家，女则因之而别，此当为婚姻之本义矣。

活字邸报

邸报或称邸钞，自汉唐始，地方大员于京师设邸，专司传钞朝廷诏令、奏章等，以信使驿站传递。所谓邸者，尤今之各省驻京办事处也。然明之前，凡邸报皆以手书抄之，需分派则抄多份。余读清张穆《亭林先生年谱》，引先生《与公肃甥书》云："忆昔时邸报，至崇祯十一年方有活版，自此以前并是写本。"是知邸报之活字版始于崇祯十一年也。

《全唐诗话·韩翃》载："一日，夜将半，客叩门急，贺曰：'员外除驾部郎中知制诰。'翃愕然曰：'误矣。'客曰：'邸报，制诰阙人，中书两进名，不从，又请之'。"东坡《小饮公瑾舟中》诗云："坐观邸报谈迂叟，闲说滁山忆醉翁。"其说邸报皆写本也。

嵇康之死

嵇康之死后人多以钟会之谗，窃为非，中散之死固有其必死之因也。

《康集叙》曰："康字叔夜，谯国銍人。"王隐《晋书》曰："嵇本姓溪，其先避怨徙上虞，移谯国銍县。以出自会稽，取国一支，音同本奚焉。"既言避怨而徙，当非世家望族也。《嵇氏谱》载："嵇康父昭，字子远，督军粮治书侍御史。兄喜，字公穆，晋扬州刺史、宗正。"裴注索隐嵇康家世，可溯及者仅其父兄，是其族仕宦甚浅，殊非世代簪缨之家，当属庶族寒门明也。

《三国志·魏书·武文世王公传》裴注引《嵇氏谱》云："嵇康妻，林子之女也。"康乃因婚入仕。《晋书·嵇康传》载：（康）"与魏氏宗室昏，拜中散大夫。"《世说新语·德行》注引《文章序录》曰："康以魏长乐亭主婿迁郎中，拜中散大夫。"长乐亭主，曹操杜夫人子沛王林子之女，是为魏武之曾孙女也。正始时，名教入仕之途乃为孝廉、秀才、察举，故康之仕非正途焉。中散以魏武姻亲，司马氏焉能不忌之哉？此其必死一也。

《三国志·王卫二刘传》注引《魏氏春秋》云：

钟会为大将军所昵，闻康名而造之。会，名公子，以才能贵幸，乘肥衣轻，宾从如云。康方箕踞而锻，会至，不为之礼。康问会曰："何所闻而来？何所见而去？"会曰："有所闻而来，有所见而去。"会深衔之。大将军尝欲辟康。康既有绝世之言，又从子不善，避之河东，或云避世。及山涛为选曹郎，举康自代，康答书拒绝，因自说不堪流俗，而非薄汤、武。大将军闻而怒焉。……钟会劝大将军因此除之，遂杀安（吕安）及康。

后世言康之死，皆本于此说，则钟会之谗乃康死之因也。窃谓康之死，实乃其"非汤武而薄周孔"者也。同为竹林之畴之山巨源，以选曹郎高位而招之，康竟以一绝交书而竣拒。其所为明其绝司马氏而为曹魏之遗臣也，司马昭焉能不起杀机哉？此其必死二也。

夫司马氏以儒家名教面世，效曹丕之逼汉献帝禅让而欲曹魏禅让与司马氏。康则非汤武而薄周孔，孔子祖述尧、舜，而尧、舜禅让。其尤甚者，著《管蔡论》而为之辩，曰："夫管、蔡皆服教殉义，忠诚自然，是以文父列而显之，发、旦二圣举而任之。"谓管、蔡乃见周公不利成王，"遂乃抗言率众，欲除国患"。呜呼，司马氏以周公自命，正为谋篡曹魏之"国患"，康之讥贬周公，伤之甚厉焉。况以康之名节，其言既出，当即广传之于世，司马氏焉能不怒？此其必死之三也。

嵇康乃曹氏之婿，政见既异，罪于司马氏及钟会之流，焉能不诛之而绝其患哉？杀康乃司马氏之必然，钟会之谗非其主因也。史家多以康之死诿过于会之谗，谬也。司马昭岂轻信谗言者焉？《世说新语·任诞》载：

阮籍遭母丧，在晋文王坐进酒肉。司隶何曾亦在座，曰："明公方以孝治天下，而阮籍以重丧，显于公坐饮酒食肉，宜流之海外，以正风教。"文王曰："嗣宗毁顿如此，君不能共忧之，何谓？且有疾而饮酒食肉，固丧礼也。"同则引《魏氏春秋》曰："籍性至孝，居丧虽不率常礼，而毁几灭性。然为文俗之士何曾等深所雠疾。大将军司马昭爱其通伟，而不加害也。"

何曾何许人也？《晋书何曾传》言："曹爽专权，宣帝称疾，曾亦谢病。爽诛，乃起视事。魏帝之废也，曾预其谋焉。"是知何曾乃文王之死党也。然文王不为其谗而罪阮籍，盖籍斯时已应仕，虽非党附，亦无碍矣，既为清流名士，亦需安抚而获士子之心也。是知司马文王非谗信之人，杀康乃既定之事矣。

正史为尊者讳，《晋书·嵇康传》载：

"康将刑东市，太学生三千人请以为师，弗许。康顾视日影，索琴弹之，曰：'昔袁孝尼尝从吾学《广陵散》，吾每靳固之，《广陵散》于今绝矣。'时年四十。海内之士，莫不痛之。帝寻悟而恨焉。"

此谓司马昭"寻悟而恨"，实史家掩饰之语。司马昭篡曹魏而代之，弑幼帝曹髦而未悔，焉为诛一嵇叔夜而悔哉？

籍与贯

今人言籍贯谓己之父祖所居之地也，然考之前朝，籍为籍，贯为贯，其义各异，不可混淆。

《明史·食货志·户口》载："凡民三等：曰民，曰军，曰匠。民有儒，有医，有阴阳。军有校尉，有力士，弓，铺兵。匠有厨役，裁缝，马船之类。濒海有盐灶。寺有僧，观有道士。毕以其业著籍。"是以业而编籍也。以军籍例，明太祖初以军为卫所屯田，所谓屯田之制也。《食货志》载："边地，三分守城，七分屯种。内地，二分守城，八分屯种。"据《明史·兵志》载，"凡为军籍，世代而袭，不得交易，不得予科举。"嘉靖后，禁军籍科举令方弛，如张居正、海瑞皆军户出身也。据《明清进士题名碑录》，"永乐十三年乙未科，军籍中榜者四十七人，至弘治十五年壬戌科，军籍进士为八十八人。"是明中后期军籍皆可科举矣。

《义府·贯》谓"乡籍谓之贯"。《资治通鉴·齐纪二》"往年校比户贯"。胡三省注引毛晃曰；"《唐纪九》蕴古贯在相州。"李隆基《放还老病军士诏》"诸军行人皆远离乡贯，扞彼疆场"。白居易《新丰折臂翁》诗云："翁云贯属新丰县，生逢圣代无征战。"是知贯乃所居之乡籍也。今人所谓籍贯者，实为贯也。

妓诗入戏

明万历四十四年朱元亮辑注《青楼韵语》，张梦征为之摹绘，是书虽以青楼名之，实为历代名媛之诗词集也。其辑自晋、南齐、梁、隋、唐宋元明，约百有八十余名妓之诗词韵语五百余首。余尝阅民国三年扫叶山房印行本，其有诗云："来者都是客，全凭钱一囊；相逢开口笑，过后不思量；人一走，茶就凉。"昔高邮汪曾祺君尝执笔京戏《沙家浜》，其"智斗"唱词假于是诗也。窃以为汪君初易妓诗入戏，必不为有司所知，然其于斯时而此举，可谓包天之胆也。

既　望

东坡《赤壁赋》云："壬戌之秋，七月既望。"今人训"既望"皆以望为十五，既望为十六，所训《赤壁赋》固无误，然既望岂皆十六耶？

上古之时，每月分而为三，曰朔、曰望、曰念。初一至初十为"朔"；十一至二十为"望"；二十一至三十（小月二十九）为"念"。是以初七谓"朔七"，十六谓"望六"，二十四谓"念四"。周初，尝以朔望月分而为四，即初二至初八谓"初吉"；初九至十五谓"既生霸"；十六至二十二谓"既望"；二十三至初一谓"既死霸"。盖斯时以月之圆、缺、晦、明而记日也。

《书·武成》载："既生魄，庶邦冢君暨百工，受命于周。"孔传曰："既生明死，十五日之后。"此"既生魄"谓十五日之后也。言十五日之后，各诸侯及百官皆需至镐京受王命。

王观堂《观堂集林·生霸死霸考》云："余览古器物铭而得古之所以名日者凡四：曰既无霸、曰既望、曰既死霸……既生霸，谓自八九日以降至十四五日也。"汉刘熙《释名·释天》云："望，月满之名也。月大十六日，小十五日。日在东，月在西，遥相望也。"孔颖达训为："月之望亏，望是月半。望在十六日多，通率在十六日者，四分居三，其一在十五日耳。"故民间俗语谓"十五之月十六圆"也。

右之所引典籍，既望之训明矣。训既望为十六者，当为小月，若是月为大月，则既望为十七也。倘以既望一以为十六则谬矣。

祭孔神主华夷之争

西汉武帝独尊儒术，而后孔子有祭也。其时祭祀或绘像于壁，或雕塑其形，或以木主神牌。及释教入中土，其教之佛菩萨等均雕塑其形以供人礼拜，魏晋时孔庙亦兴塑像，几至天下，此习循至宗元未易，盖孔庙塑夫子像本于释教也。

明初，战乱甫定，天下州府县孔庙尚未通祀，洪武四年礼部更定释奠礼规制，仍为塑像。"初，孔子之祀，像设于高座，而笾豆垒爵皆陈于座下，弗称于礼，其来已久，至是，定拟祭物陈设各为高案。"（《明太祖实录》）洪武十五年，孔庙祭祀方易塑像为木主。太学有碑文云："夫子而下，像不土绘，祀以神主，数百年旧制乃革。"钦定大成至圣文宣王木主规制为：长三尺三寸五分，连上云下座共五尺二寸，阔七寸，连左右云共二尺一寸五分。

成化时，大学士丘浚以为"太祖高皇帝建国之初，秩祀百神，咸惟其旧，独于先师孔子之祀，以木主以易塑像，不敢以百神例视之也"。"夫先师之祭，则主于明道之立教，报本以复古，故不容于不异耶。"《万历野获编》亦载："张永嘉（张璁）当国，议易先圣孔子塑像为木主，时徐文贞为编修，抗言其非，坐是外贬，天下翕然称贤。盖高皇帝谓塑像为故元夷俗，一切城隍岳渎尽易木主，废王侯之号，独孔庙存塑像，仍王爵。至永嘉承世庙圣意，易王为师，并弃像设，时论不以为然。然广东广州府城隍神木主，至景泰中巡抚都御史王翱仍易以塑者，则高皇制作，当时已不能尽奉行矣。又宣府儒学圣像亦系土偶，有镇守大帅永宁伯谭广者，范金为五脏实其中，未几被盗穴其背而取之，此亦天顺间事，见叶文庄日记中者，然则木主亦未可尽非也。"

夫孔子之祭祀，意在崇其德教，垂其文脉，至若木主、塑像，一时有一时之风俗，固不可褒贬也。木主诚为古风，塑像亦为时俗，惟心存至诚，何物不可祭焉。况孔子之像古无以传，后世皆以吴道子之绘而例之，若夫夫子之貌，马迁《史记》谓其"生而首上圩顶"。史传其"眼露白，耳露轮，口露齿，鼻露孔"。《孔丛子》载子思告齐君曰："先君生无须眉。"后世塑其像岂依其述而为之耶？

祭扫祀土地神

今之年长者清明、冬至祭扫先人，必于墓旁以香烛祀土地神，以乞其佑，其俗本于春秋之时也。《礼记·檀弓下》"有司以几筵舍奠于墓左。"虞翻注云："舍奠墓左，为父母形体在此，礼其神也。"《正义》云："置于墓左，礼地神也。"

《公羊传》曰："社者，土地之主也。"汉方劭《风俗通义·祀典》引《孝经纬》曰："社者，土地之主。土地广博，不可遍敬，故封土为社而祀之，报功也。"清翟灏《通惜篇·神鬼》曰："今之社神，俱呼土地。"祭扫而祀土地之俗，事虽微然可窥吾中华文化之不衰也。

佳句相袭

辞赋之佳句，往往历代相袭，此赋诗词者之习也。余幼时读《西厢》，喜其"待月西厢下，迎风户半开。拂墙花影动，疑是玉人来。"诗，及所阅多，方知其实源自南北朝之佚名词，而代代相袭不绝，至王实甫《西厢》出，世人皆以其诗为德信之手笔矣。

南北朝佚名词"华山畿"云："夜相思，风吹窗帘动，言是所欢来。"五代时赵令畤有《蝶恋花·五夜》云："庭院黄昏春雨霁。一缕深心，百种成牵系。青翼蓦然来报喜。鱼笺微谕相思意。待月西厢人不寐。帘影摇光，朱户犹慵闭。花动拂墙红萼坠，分明疑是情人至。"

唐元稹撰传奇《莺莺传》云："待月西厢下，迎风户半开。隔墙花影动，疑是玉人来。"微之《莺莺传》既传于世，以至附和者亦众也。唐李益《竹窗闻风早发寄司空曙》诗云："微风惊暮坐，临牖思悠哉。开门复动竹，疑是故人来。时滴枝上露，稍沾阶下苔。幸当一入幌，为拂绿琴埃。"

至宋，王安石《花下》诗云："花下一壶酒，定将谁举杯。雪莫飞落近，疑是故人来。"秦观《满庭芳》词云："西窗下，风摇翠竹，疑是故人来。"

凡有佳句，则后人相沿而化之，此亦砚田耕耘者之习，惟读者当寻其所沿，不可率尔为论耳。

嘉靖帝迷信

自古人主多有避忌，明世宗尤甚，《万历野获编》载二事可证。其云："当辛巳登极，御袍偶长，上屡俯而视之，意殊不惬，首揆杨新都进曰：'此陛下垂衣裳而天下治。'天颜顿怡。"《易·系辞》云："黄帝尧舜垂衣裳而天下治，盖取诸乾坤。"汉王充《论衡·自然》云："垂衣裳者，垂拱无为也。"唐太宗亦有《重幸武功》诗云："垂衣天下治，端拱车书同。"唐高适《古歌行》云："天子垂衣方晏如，庙堂拱手无馀议。"夫古训垂衣乃谓定衣服之制，示天下以礼也，岂谓衣之长耶？然逢其所喜，亦杨新都机警也。

又云：帝"晚年在西苑，召太医院使徐伟察脉，上坐小榻，衮衣曳地，伟避不前，上问故，伟答曰：'皇上龙袍在地上，臣不敢进。'上始引衣出腕。诊毕，手诏在直阁臣曰：'伟顷呼地上，具见忠爱。地上，人也；地下，鬼也。'伟至是始悟，喜惧若再生"。地上地下，俗之口语尔，嘉靖而以为吉，其崇道迷信如斯矣。

嘉靖晚岁，避忌愈多。每书"夷""狄"字必极小，凡诏旨及章疏皆然，盖欲尊中国卑外夷也。《野获编》又载："乙丑会试，第一题为'绥之斯来'二句，下文则'其死也哀'，上已恶之矣；第三题《孟子》又有两'夷'字，时上苦虏之扰，最厌见'夷''狄'字面，至是大怒，欲置重典。"

呜呼，宋南渡后，高宗书"金"字俱作"今"，盖与完颜世仇，不欲称其国号也。嘉靖之避忌与赵构类也。近时史家孟森评嘉靖曰：嘉靖惑于方术，用事之臣皆凭迎合邀宠得幸。天下正直之士压抑官僚士风盛长，习尚为之恶变，士风败衰，一代政治无望矣。

贾岛事迹

唐贾岛，字阆，自号"碣石山人"，人或以"诗奴"称之。其佚事诸书所载各异，不知其虚实也。

《新唐书》载："岛字浪仙，范阳人，初为浮屠，名无本。来东都，时洛阳令禁僧午后不得出，岛为诗自伤。愈怜之，因教其为文，遂去浮屠，举进士。当其苦吟，虽逢值公卿贵人，皆不之觉也。一日见京兆尹，跨驴不避，譙诘之，久乃得释。累举，不中第。文宗时，坐飞谤，贬长江主簿。会昌初，以普州司仓参军迁司户，未受命卒，年六十五。"

《唐遗史》载：贾岛初赴举在京，一日，在驴上得句云云，引手作推敲之势。时韩退之为京兆尹，车骑方出，岛不觉，行至第三节，左右拥至尹前，岛具道所得诗句，退之遂并辔归，为布衣交。后累举不第，乃为僧，号无本，居法乾寺。一日，宣宗微行至寺，闻钟楼上有吟诗声，遂登楼，于岛案上取诗卷览之。岛攘臂夺之，曰："郎君何会此邪。"宣宗既去，岛知，亟谢罪，乃除遂州长江簿。后迁晋州司仓卒。故程錡以诗悼之，有"骑驴冲大尹，夺卷忤宣宗"之句。

《唐摭言》又载：贾岛太和中尝跨驴张盖，横截天街。时秋风正厉，黄叶可扫，岛吟曰"落叶满长安"，求一联不可得，不知身之所从，因冲京兆尹刘栖楚节，被系一夕，释之。又尝遇武宗于定水精舍，岛尤肆慢，武宗讶之。初曰令与一官，授长江簿，至晋州司仓卒。

噫，三者所载皆异，其孰是孰非，诚不可考也。

嫁娶重郡望

郡望者，古之一郡中众所仰望之显贵之门族也。清钱大昕《十驾斋养新录·群望》曰："自魏晋以门第取士，单寒之家，屏弃不齿，而士大夫始以郡望自矜。"盖郡望之始于九品中正取士之制也。唐时，河南之丘氏，彭城之刘氏，弘农之杨氏，清河之张氏，太原之王氏，陇西之李氏，吴兴之姚氏，高阳之许氏皆为郡望之姓氏。

《隋唐嘉话》卷中载："高宗朝，以太原王、范阳卢、荥阳郑、清河博陵二崔、陇西赵郡二李等七姓，恃其族望，耻与他姓为婚，乃禁其自姻娶。

于是不敢复行婚礼，密装饰其女以送夫家。"《新唐书·高俭传》曰：太宗"诏后魏陇西李宝，太原王琼，荥阳郑温，范阳卢子迁，卢浑，卢辅，清河崔宗伯、崔元孙，前燕博陵崔懿，晋赵郡李楷，凡七姓十家，不得自为昏。"又云："先是，后魏太和中，定四海望族，以宝等为冠。其后矜尚门地，故《氏族志》一切降之。王妃、主婿皆取当世勋贵名臣家，未尝尚山东旧族。后房玄龄、魏徵、李勣复与昏，故望不减，然每姓第其房望，虽一姓中，高下县隔。李义府为子求昏不得，始奏禁焉。其后天下衰宗落谱，昭穆所不齿者，皆称'禁昏家'，益自贵，凡男女皆潜相聘娶，天子不能禁，世以为敝云。"

　　夫郡望之流弊后世不能绝。唐刘冲《民族论》云："郡姓者，以中国士大夫门第阀阅为之。制，凡四世有三公者曰膏粱，有令仆者为华腴，尚书、领护而上者为甲姓，九卿若方伯者为乙姓，散骑常侍、太中大夫者为丙姓，吏部正员郎为丁姓。凡得入者，谓之四姓。"门阀之制下，严别士庶，且姓氏亦分贵贱，即同一姓氏之士族，不同郡望，堂号之族，亦分贵贱尊卑也。《氏族论》又云：南北朝时"过江则为侨姓"，王、谢、袁、萧为大；东南则为"吴姓"，朱、张、顾、陆为大；山东则为"郡姓"，王、崔、卢、李、郑为大；关中亦为"郡姓"，韦、裴、柳、薛、杨、杜首之；代北则为"虏姓"，元、长孙、宇文、于、陆、源、窦首之。

　　唐时，陇西李氏，赵郡李氏，清河崔氏，博陵崔氏，范阳卢氏，荥阳郑氏，太原王氏，并称"五姓士族"，门第最为清高。婚嫁首重门第，故李义府以宰相之身求婚于山东崔氏遭拒，以其非"五姓士族"矣。余阅宋人编《百家姓》，每姓之下皆注明郡望，首起"赵钱孙李，周吴郑王"，赵为国姓，钱为吴越王之姓，余则皆帝后外戚之姓。清末民国间，凡大宅之门楣亦多有书郡望者，至于谱系虚实，人不可考矣。

简文帝避母讳禁用春字

晋简文帝乃晋元帝司马睿之幼子，生母为元帝宠妃郑阿春。《世说新语·方正》载："元皇帝既登阼，以郑后之宠，欲舍明帝而立简文。时议者咸谓：'舍长立少，既于理非伦，且明帝以聪亮英断，益宜为储副。'周、王诸公，并苦争恳切。"《中兴书》曰："郑太后字阿春，荥阳人。少孤，先嫁田氏，夫亡，依舅吴氏。时中宗敬后虞氏先崩，将纳吴氏，后与吴氏女游后园，有言之于中宗者，纳为夫人，甚宠。生简文。帝即位，尊之曰文宣太后"此说与《晋书·简文宣郑太后传》同。

简文帝既尊生母为太后，诏天下凡以"春"字名物者概易为"阳"。如"富春"县易为"富阳"县，其甚者竟改《春秋》经为《阳秋》，司马氏以儒家名教临天下，此尤亵渎六经也。

《三国志·吴主传二》云："（赤乌）五年春正月，立子和为太子，大赦，改'禾兴'为'嘉兴'。"司马炎建西晋，追其赠父司马昭为晋文帝。避昭讳，改湖南"昭阳"县为"劭阳"至今。汉时出塞和亲之王昭君亦易名为王明君。三国之时，南京时名"建邺"，晋愍帝司马邺即位，易名"建康"。

宋邵博《闻见后录》卷二六云："处州，旧为括州，唐德宗立，当避其名，适处土星见分野，故改为处州，音楮。今俗误为'处所'之'处'矣。"德宗名适，适，《广韵》：苦栝切。《说文》：适，读与括同。《论语·宪问》篇之南宫适，注为古活反。

《浙江通志》载：宁波明初前名"明州"府。有鄞人单仲友能诗，洪武中至南京献诗称旨，因奏本府名同国号，请改之。上喜曰："彼处有定海，海定则波平。"改"明州"为"宁波"，时洪武十四年间事。

《清波杂志》著者周煇，尝书其曾祖名曰："周禾旁立里。"人多不识。盖其曾祖讳穜，折字以表之耳。

避讳易名之事，历朝皆有，然皆不及圣人与六经。简文帝罪莫大矣。

简文帝不辨菽麦

东晋简文帝司马昱，《晋书·帝纪》谓其"清虚寡欲，尤善玄言"，懦弱之辈，唯余清谈耳。《世说新语·尤悔》记其轶事云："简文见田稻不识，问是何草。左右答是稻。简文还，三日不出，云；'宁有赖其末，而不识其本。'"噫，简文三日惶惶然，其知羞而迁焉。晋自司马昭后，继位者多有奇葩者。初，惠帝闻天下大饥，曰："何不食肉糜？"闻蛤蟆声而问"为公抑为私？"简文不识稻犹胜之也。

《左传·成公十八年》载："周子有兄而无慧，不能辨菽麦，故不能立。"杜注云："不慧，盖世所谓白痴。"春秋之时尚知无慧则不立，司马氏之后独少慧者，故立之而为后世讥焉。然为帝者，焉能秋毫皆知耶？《说苑·杂言》曰："太公田不足以偿种，渔不足以偿网，治天下有余智。文公种米，曾子驾羊。孙叔敖相楚三年，不知轭在衡后。务大者固忘小。"惜简文既不辨菽麦，亦非务大者耶。

司马氏创帝业之初，皆一世枭雄。刘勰《文心雕龙·时序》曰："晋宣（司马懿）始基，景、文（司马师、昭兄弟）克构，并迹沉儒雅，而务深方术。"务深方术者，擅机谋而专机心也。即其所御用者如傅嘏、钟会、贾充之流，亦皆阴鸷之辈。司马氏子孙以阴谋传家，故同室操戈相残，未旋踵而有八王之乱矣。王导尝为东晋明帝讲述先帝创业事，竟"以面覆床曰：'若如公言，晋祚复安得长远。'"其后则代代皆庸人，与曹阿瞒父子之后类，亦无可点赞者，叹叹。

建安文学亡于瘟疫

东汉建安间，三曹、七子，师承汉之乐府诗，"感于哀乐，缘事而发"，情词并茂，慷慨悲凉，一时文学繁荣，为后世所慕。然建安二十二年大疫，五子皆殁，先是太祖十三年诛孔融，阮瑀十七年病亡，至是，建安七子俱谢世，建安文学之盛况亦绝矣。

瘟疫之发，代皆有之，而以东汉为最。汉献帝在位三十一年，七年疫发，建安二十二年则尤烈。《三国志·魏书·司马朗传》载："建安二十二年，与夏侯惇、臧霸等征吴。到居巢，军士大疫，朗躬巡视，致医药。遇疾卒。"时建安七子之王粲随军，亦染疫亡。是岁，七子中司空军师祭酒陈琳、五官将文学徐干、丞相掾属之刘桢与应玚，皆殁于是疫。魏文帝丕每念及于此，感伤叹曰"昔年疾疫，亲故多离其灾，徐、陈、应、刘，一时俱逝，痛可言邪"。（《又与吴质书》）曹操《蒿里行》云："铠甲生虮虱，万姓以死亡。白骨露于野，千里无鸡鸣。生民百遗一，念之断人肠。"是疫致建安文坛俊才云蒸不再，文士才人多登鬼录，叹叹。陈思王曹子建作《说疫气》，谓："建安二十二年，疠气流行，家家有僵尸之痛，室室有号泣之哀。或阖门而殪，或覆族而丧，或以为疫者鬼神所作。人罹此者，悉被褐茹藿之子，荆室蓬户之人耳。若夫殿处鼎食之家，重貂累蓐之门，若是者鲜矣。此乃阴阳失位，寒暑错时，是故生疫。"

是时之疫，医家张仲景《伤寒杂病论序》云："余家族素多，向余二百，建安纪年以来，犹未十稔，其死亡者，三分有二，伤寒十居其七。"然东汉道教方术盛行，以为"守之积久，天医自下，百病悉除，因得老寿。"（《太平经·长存符图》）张仲景因斥之"降志屈节，钦望巫祝，告穷归天，束手受败。"嗟夫，陈思王尚知瘟疫之发，乃"阴阳失位，寒暑错时。"方术之徒误人深矣。

金朝禁茶

吾国人喜饮茶，唐开元以来，茶道大行，饮茶之风弥漫朝野，宋承唐风，此习尤盛。南宋吴自牧《梦粱录》云："人家每日不可缺者，柴米油盐酒酱茶。"可知饮茶乃百姓生活不可或缺之物也。

值宋金交战之时，经济衰落，物资匮乏，金人于所治之地颁行诸多禁令，《元史·脱欢传》载："羽毛齿革、珍禽奇兽，皆丧德丧志之具，今复回回诸色人等，不许资主人卖，以虚国用。""禁江西瓷器，窑场烧造宫样青花白地瓷器，于各地货卖，及馈送官员之家。"尤有甚者，泰和五年竟罢造茶之坊，禁民饮茶。金章宗完颜璟泰和五年，尚书省奏："茶，饮食之余，非必用之物。比岁上下竞啜，农民尤甚，市井茶肆相属。商旅多以丝绢易茶，岁费不下百万，是以有用之物而易无用之物也。若不禁，恐耗财弥甚。"遂命七品以上官，其家方许食茶，仍不得卖及馈献。不应留者，以斤两立罪赏。七年，更定食茶制。金宣宗元光二年，省臣以国蹙财竭，奏曰："金币钱谷，世不可一日阙者也。茶本出于宋地，非饮食之急，而自昔商贾以金帛易之，是徒耗也。……今河南、陕西凡五十余郡，郡日食茶率二十袋，袋值银二两，是一岁之中妄费民银三十余万也。奈何以吾有用之资而资敌乎？"乃制亲王、公主及见任五品以上官，素蓄者存之，禁不得卖、馈，余人并禁之。犯者徒五年，告者赏宝泉一万贯。

夫女真人居于白山黑水之间，素不善烹饪，据《大金国志·饮食》载："饮食甚陋，又嗜半生米饭，溃以生狗血及蒜之属，和而食之。"其固不知中华饮食也。女真人虽凭勇武之力占据北方，然不知中华文化之根源，仅以其禁茶一事可窥矣。同为女真一根，至满清入关，则知满汉一体，以有康雍乾盛世，是以知文化为一国之根本也。

金丹道教

道教之初乃集上古巫术而成，凡卜筮、阴阳、神仙、黄白、符水、占星、望气皆归之也。东汉末太平道起，及其亡，原始之道教分而为二，其一以符水治病之庶民宗教，其一以炼丹修仙为旨，所谓金丹道教者是也，葛洪为其祖。

葛洪，自号抱朴子，其家世为吴臣。及吴亡，东南豪族为北方门阀所轻，洪亦不免。洪本习儒，《抱朴子·自叙篇》云："竟不成纯儒，不中为传授之师"。故于不惑之年弃儒而归道。洪之道以为尊卑之位类天地阴阳，皆宇宙自然之道，君乃制暴之器。《晋书·葛洪传》云："太安中石冰作乱，吴兴太守顾秘为义军都督，与周玘等起兵讨之，冰平，洪不论功赏。"司马睿于江东建东晋，追叙旧功，赐葛洪爵关内侯，食邑二百户。至北人渡江，洪方赴粤，隐于罗浮山炼丹。

葛洪之道，以为神仙可学，丹既成，服之即可为仙。《抱朴子·金丹篇》云："夫丹之为物，烧之愈久，变化愈妙；黄金入火，百炼不消，埋之，毕天不朽。服此二药，炼人身体，故能令人不老不死。"又云："服神丹令人寿无穷已，与天地相毕，乘云驾龙，上下太清。"

窃谓葛洪之金丹道教岂黔首百姓可学者耶？炼丹需时且需财，洪亦自云"合此金液九丹，既当用钱，又宜入名山，绝人事，故能为之者少。"是故后世道教效其金丹者鲜，而信符水祈祷者众也。近人侯外庐谓洪之金丹道教乃豪门地主之道教，信然。

金刚经偈语

《金刚经》末有偈语云："一切有为法，如梦幻泡影，如露亦如电，应作如是观。"此乃后秦鸠摩罗什译本也。余尝见十六国元魏留支译本，其偈语作"一切有为法，如星翳灯幻露泡梦电云"。译本谓"元魏留支三藏奉诏译"。鸠摩罗什译本偈语谓"六如"，留支译本则作"九如"。

夫留支本以星为喻，谓暗时则显，明时则无，喻众生愚暗，故有此有为法，若明悟则无也。如翳者，谓众生自有光明于内，乃为有为法所蔽。如眵翳障日之光明也。如灯者，谓暗时则用，明时则弃，喻众生愚暗也。鸠摩罗什译本惟以六如为喻，行文简洁，语义明白，故后世皆行其本也。

明才子唐寅，字伯虎，号六如居士，取偈语义也，若其所见为元魏留支译本，恐其号当为九如居士矣。

金钱一文见西施

明吴震元《奇女子传》云："西施，越之美女，欲见者先输金钱一文。"其说本于《十三经疏》。《孟子·离娄章句下》"西子蒙不洁，则人皆掩鼻而过之。虽有恶人，斋戒沐浴，则可以祀上帝。"《正义》云："西施，越之美女，越王勾践以献之，吴王夫差大幸之。每入市，人愿见者，先输金钱一文。"呜呼，夫差既大幸西施，焉有以之入市而输钱则可见者耶？

夫先秦典籍多有述西施事迹者，独马迁《史记》不著一字，抑西施之事迹文辞不一，取舍之难乎？以西施后事言，所载多异，莫明其实也。《吴越春秋》云："吴亡，西子被杀。"《墨子》云："越破吴，沉西施于江。"则西施于吴亡时即死也。而《越绝书》云：吴亡后，西施复归范蠡，因泛五湖而去。唐宋之问《浣纱篇赠陆上人》诗云："一朝还旧都，靓妆寻若邪。鸟惊入松网，鱼畏沉荷花。"则西施复还旧都也。杜牧《杜秋娘》诗云："夏姬灭两国，逃作巫臣姬。西子下姑苏，一舸逐鸱夷。"则谓西子随蠡而去矣。是知前代事殊难明了矣。

金人取汉名

　　女真人崛起于白山黑水间，及建金朝，南下灭北宋。然自金太祖始，女真人皆慕汉文化，处处仿效，此亦吾汉文化固有之魄力也。以其取名可窥一斑。

　　宋未灭辽之前，其名皆本其国语，及灭北宋入主中原，通汉文义，遂复用汉字制名。如金太祖本名阿固达，而以取汉名旻；金太宗本名乌奇迈，而取汉名晟；金熙宗本名哈喇，而取汉名亶；海陵本名都古噜讷，而取汉名亮也。金太祖既取汉名，宗室贵族亦纷而效之。郓王完颜吾都补，取汉名为昂；邢王完颜窝里混，取汉名为宗敏；大臣唐括阿里，取汉名为德温。

　　至金章宗时，金人生子初以女真名为小名，类汉人俗，及子长则取汉名为大名，行于世。《金史》载：金世宗第二子金显宗小名为女真名胡土瓦，年十七，赐汉名允恭。金世宗嫡孙金章宗，女真名麻达葛山，年十九，赐汉名璟。金宣宗女真小名吾睹补，年十五封温国公，至年二十三，方赐汉名珣。章宗极崇汉之文化，而复忧女真之本失，尝亦禁女真人用汉名，然上既行之，焉能禁之下邪？故终金一代，女真人用汉名之风盛行。章宗之后，女真人姓氏依旧，而名几皆为汉名也。斯时，女真国语之名仅本族人相呼耳，但凡朝廷诏令章奏则以汉名，此亦汉化之行也。

清时，满人入关后，亦多有以汉名行世者，为金之流风乎？

金世宗诟海陵王

余阅《金史·世宗本纪》，世宗所言甚诟其堂兄海陵。夫海陵完颜亮为金太祖完颜阿骨打长子完颜宗干之子，而完颜雍为金太祖三子完颜宗辅之子，同为太祖之孙也。

据《本纪》载："辛未，降废帝亮为海陵郡王。""二十一年丙辰，追贬海陵炀王亮为庶人，诏中外。"世宗之于海陵传中所记言语甚多，兹录于左。

"丁巳，上谓宰臣曰：'海陵不辨人才优劣，惟徇己欲，多所升擢。朕即位以来，以此为戒，止取实才用之。'"

"上曰：'朕见宫中竹有枯瘁者，欲令更植，恐劳人而止。海陵横役无度，可尽为例耶。'"

"天下大器归于有德。海陵失道，朕乃得之。但务修德，余何足虑。"

"谕左丞相良弼曰：'海陵非理杀戮臣下，甚可哀悯。'"

"诏宰臣：'海陵时，大臣无辜被戮家属籍没者，并释为良。'"

史谓完颜亮自幼天才英发，向深沉有大略。风仪闲逸静和，极崇汉之文化，其才为熙宗所忌。皇统九年，亮年二十有七，弑君篡位而称帝，改元天德。亮在位十二年，残暴狂傲，杀人无数。正隆六年，亮发大军南征南宋，于瓜洲死于完颜元直之手。追废为海陵炀王。《金史》本传赞谓其："海陵智足以拒谏，言足以饰非。欲为君则弑其君，欲伐国则弑其母，欲夺人之妻则使之杀其夫。三纲绝矣，何暇他论。至于屠灭宗族，翦刈忠良，妇姑姊妹

205

尽入嫔御。方以三十二总管之兵图一天下，卒之戾气感召，身由恶终，使天下后世称无道主以海陵为首。可不戒哉，可不戒哉。"

赵翼评海陵云：荒淫，最为丑秽，身为帝王，采取美艳，何求不得?乃专于宗族亲戚中恣为奸乱，甚至杀其父、杀其夫而纳之，此千古所未有也。海陵在位，盖兼齐文宣、隋炀帝之恶而更过之。自古大兵大役，未有不民怨沸腾、丧国亡身者，海陵既竭天下之力，先筑燕京，次营汴京，工役甫毕，又兴此大众，以极无道之主，行此大肆虐之事，岂有不自速其毙者。

是知金世宗之所以憎恶海陵自有因矣。

金世宗善纳谏

金世宗完颜雍，太祖之孙。金凡传十帝，有国百余年，世宗之功不可没也。其在位二十八年，史谓"大定盛世"，人称其"小尧舜"，诚非虚得也。余阅《金史·世宗本纪》，感其虚己纳谏，颇有唐太宗之风，诚不可以其异族而轻之矣。

夫世宗即位初，即谕大臣曰："朕常慕古之帝王，虚心受谏。卿等有言即言，毋缄默以自便。"大定中，伊剌杰言每屏人奏事，虽史官亦不得与闻，无由纪录。世宗以问石琚，琚曰："古者天子置史官于左右，言动必书，所以儆人君有所畏也。"上曰："朕观《贞观政要》，太宗与臣下议论，始议如何，后竟如何，此正史臣在侧记而书之耳。"于是朝奏屏人议事者，记注官独不避，自此始。《金史·世宗本纪》载："上与宣徽使敬嗣晖、秘书监移剌子敬论古今事，因曰：'亡辽日屠食羊三百，亦岂能尽用，徒伤生耳。朕虽处至尊，每当食，常思贫民饥馁，犹在己也。彼身为恶而口祈福，何益之有。''朕与大臣议论一事，非正不言，卿等不以正对，岂人臣之道也。'"　"戊子，上屏侍臣，与宰臣议事，记注官亦退，上曰：'史官记人君善恶，朕之言动及与卿等所议，皆当与知，其于记录无或有隐。可以朕意谕之。'"　"上谕宰臣曰：'凡已经奏断事有未当，卿等勿谓已行，不为奏闻改正。朕以万几之繁，岂无一失，卿等但言之，朕当更改，必无吝也。'"　"六月己卯，谓宰臣曰：'朕年老矣。恐因一时喜怒，处置有所不当，卿等即当执奏，毋为面从，成朕之失。'"

《世宗本纪》所载完颜雍言训诸本纪中最为详，此记注官能得其职故也。

锦袍肩绣御手

世之喜阿谀奉承于上者，代有其人，盖人既喜人阿谀则必有阿谀之人也。北宋六贼有朱勔，其父谀事蔡京、童贯，父子均得官。徽宗垂意于奇花异石，勔即尽搜浙中而献。政和间，苏郡置应奉局，勔百计求索，勒取花石，从淮、汴输京，号"花石纲"。清梁绍壬《两般秋雨庵随笔》卷二载勔谀徽宗事云："宋朱勔所衣锦袍，徽宗尝以手抚之，遂绣御手于肩上，又尝与内宴，帝以手亲据其臂，因以黄帛缠之，与人揖，此臂竟不动。"呜呼，谀人者众也，似勔者鲜矣。

又有出家人谀上者，可作一比。清高宗尝南巡，至杭净慈寺，明中上人迎驾。上顾问间，偶以手拍其肩。因于紫衣肩上绣金龙一团。其当本于朱勔也。余闻近世有与贵人握手者，归则月余未净其手，乡里皆与其握，以为荣矣，惜其未闻绣手事，若非则当绘手于掌上也。

进士列衔

观夫今存明清旧宅，门楣及中堂多有悬匾额者，匾书则列官衔外且有进士及第或赐进士出身等，此尤今之名片列诸官衔类。明都穆《听雨纪谈》云："唐、宋人无有书进士于官衔之上者，逮元犹然。独杨维祯廉夫当元世之季，书李黼榜进士，至刻之印章，盖黼死节之士，廉夫欲自附于忠节之后，其意固有在也。后之人乃有效廉夫故事者，失之矣。"

夫进士之名，得之匪易，得之者亦皆腹有才华辈也。后辈书之以示其显，固情理之举矣。观今之二三子，每于名片之上书若许虚衔，诚无一显其才华，徒求虚名耳。

进士中式而亡曰报罗

世间之旦夕祸变，诚非人力之所可测者也，故凡值骤变，人多有所言辞，以为解释。五代王定保《唐摭言》卷三云："罗玠，贞元五年及第关宴，曲江泛舟，舟沉，玠以溺死。后有关试前卒者，谓之'报罗'。"《杂说》又谓"进士放榜，须有一人谢世，名曰'报罗使'，言报大罗天也"。

罗玠，唐德宗贞元五年己巳科及第，乐极生悲，溺于曲江，是诚可悲者。而人谓报罗则谬矣。大罗天者，道教谓三十六天之极处也。《元始经》云："大罗之境，无复真宰，惟大梵之气，包罗诸天太空之上。"德宗李括崇道教，斯时有是说，不为无由也。王维《送王尊师归蜀拜扫》诗云："大罗天上神仙客，濯锦江头花柳春。"李商隐《留赠畏之》诗云："空记大罗

208

天上事，众仙同日咏霓裳。"清赵翼《石庵相公挽诗》云："才放还朝数月前，俄惊仙驭大罗天。"人之亡而谓其赴大罗天，由唐始也。

晋代按官品占田

曹魏之时行屯田之制，至魏末有衰。魏元帝曹奂诏罢屯田官，典农官易为太守、令长。至晋武帝乃废屯田之制。民屯既废，权贵豪门争相侵田。及晋灭吴，罢州郡兵归农，颁占田制。然士族豪门占田、荫客、荫亲无数矣。

《野客丛书》卷十三载："晋平吴之后，制官品占田之法：第一品占五十顷，第二品四十五顷，第三品四十顷，第四品三十五顷，第五品三十顷，第六品二十五顷，第七品二十顷，第八品十五顷，第九品十顷。而又各以品之高卑荫其亲属，多者及九族，少者三世。"

夫其所谓品者，以中正所评定之品级也。顷即百亩，则一品占田五千亩也。

晋代易官重铸印

夫自秦行郡县制，自皇帝始，无论丞相、太尉乃至郡县官吏皆制玺印。汉时，丞相太尉为金印紫绶；御史大夫及二千石以上为银印青绶；六百石以上为铜印黑绶；二百石以上为铜印黄绶。晋时则易绶为囊，囊以革制，佩腰间，以绣缕别其官价耳。

方其时也，官吏皆以印为官员之印而非官府之印，故印绶皆自佩之。凡调职或致仕、病殁，皆持之去，而新授官则另铸新印，一官则有一印矣。

余阅《宋书·孔琳之传》，方悟后世之一官府即一印制，始于其建言也。孔琳之，字彦琳，会稽山阴人，晋名士，领本州大中正。《本传》载：

琳之于众议之外，别建言曰："夫玺印者，所以辩章官爵，立契符信。官莫大于皇帝，爵莫尊于公侯。而传国之玺，历代迭用，袭封之印，奕世相传，贵在仍旧，无取改作。今世唯尉一职，独用一印，至于内外群官，每迁悉改，讨寻其义，私所未达。若谓官各异姓，与传袭不同，则未若异代之为殊也。若论其名器，虽有公卿之贵，未若帝王之重。若以或有诛夷之臣，忌其凶秽，则汉用秦玺，延祚四百，未闻以子婴身戮国亡，而弃之不佩。帝王公侯之尊，不疑于传玺，人臣众僚之卑，何嫌于即印。载籍未闻其说，推例自乖其准。而终年刻铸，丧功消实，金银铜炭之费，不可称言，非所以因循旧贯易简之道。愚谓众官即用一印，无烦改作。若有新置官，又官多印少，文或零失，然后乃铸，则仰裨天府，非唯小益。"

彦琳之言，实为切中，宋武帝准其言，自是，一官一印废，官吏易人则移其印玺。故自晋宋武帝始，其制千载而未尝改易矣。

禁人名字用字

封建专制之世，每有后世不可理喻之事，史载北周宣帝及明代诸帝皆有禁人名字用字者，实为荒诞之举。

洪迈《容斋续笔》卷四载："周宣帝自称天元皇帝，不听人有天、高、上、大之称。官名有犯，皆改之。改姓高者为姜，九族称高祖者为长祖。政和中，禁中外不许以龙、天、君、玉、帝、上、圣、皇等为名字。"至宣和七年七月，徽宗方手诏"昨臣僚建请，士庶名字有犯天、玉、君、圣及主字者悉禁，既非上帝名讳，又无纪据，诏佞不根，贻讥后世，罢之。"所谓诏佞者，谓蔡京也，盖初行其禁乃出于其。

明太祖洪武三年亦有禁令云："禁革小民以'天、国、君、臣、圣、神、尧、舜、汤、武、周、汉、晋、唐等字为名字'。"明徐应秋《玉茗堂谈荟》卷三十一亦载："禁天、高、上、大诸字"为人名字。

古有避讳之俗，尚可以敬上尊祖而论，至若人名禁至神，乃至汤武，既极荒谬，复为后世讥矣。

禁屠牛

今人养牛多为屠杀而谋利，然自秦汉始，民间屠牛者罪也，其禁至清未易。

夫商周之时，祭天之礼用太牢，太牢者，牛、羊、豕也。《周易》《萃》卦："亨，王假有庙，利现大人，亨利贞；用大牲吉，利有攸往。"大牲，《说文》释"牛，大牲也"。《集解》引政玄曰："大牲，牛也。言大人有嘉会可干事，必杀牛而盟。"是屠牛乃天子及诸侯祭祀之牺牲，诸侯之下概不得屠。《庄子》载"庖丁解牛"，即为梁惠王所屠者也。

《三国志·陈矫传》记一事："曲周民父病，以牛祷，县结正，弃市。矫曰：'此孝子也。'表赦之。"《晋书·张茂传》载："官有老牛数十，将卖之。茂曰：'杀牛有禁，买卖不得辄屠，齿力疲劳，又不任耕驾，是以无用之物收百姓利也。'帝（晋元帝）乃此。"

《新唐书·韩滉传》："又以贼非牛酒不啸结，乃禁屠牛，以绝其谋。"此说尤谬，既为贼而啸结，其罪甚于屠牛，焉可禁之？

《元史》载：诸私宰牛马者，杖一百七，征钞二十五两，付告人之赏。两邻知而不首者，笞二十七。……若老病不任用者，从有司辨验，方许宰杀。已病死者，申验开剥其筋骨，即付官，皮肉若不自用，须投税货卖。

至清，天聪元年皇太极即诏禁屠牛。《大清律令》明令"凡私宰自己马牛者，杖一百"。

禁屠牛之举，实乃旧时农耕社会，牛之贵实非他物可类也。

荆公何曾贬《春秋》

王介甫自熙宁变法来，毁贬之声未绝。《宋史·王安石传》载："初，安石训释《诗》《书》《周礼》，既成，颁之学官，天下号曰'新义'。晚居金陵，又作《字说》，多穿凿附会。其流入于佛、老。一时学者，无敢不传习，主司纯用以取士，士莫得自名一说。先儒传注，一切废不用。黜《春秋》之书，不使列于学官，至戏目为'断烂朝报'。"

嗟夫，《春秋》列于六经，尊王攘夷，微言大义，褒贬人物，自汉以来，士人尊崇备至，介甫焉能嘲之如斯？惑矣。介甫斥《春秋》为"断烂朝报"，身后指责不绝，朱熹编《伊洛渊源录》，李幼武编《名臣言行录》均责之甚厉。至明沈德符《野获编补遗》亦谓"宋朝大儒如王荆公，以《春秋》为断烂朝报，不列六经"。然介甫何以斥《春秋》，终不能解也。然自宋始，存疑者亦虽微声稀音，亦时而有之。南宋林希逸《竹溪鬳斋十一稿》续集卷二八《学记》载：尹和靖曰："介甫未尝废《春秋》。废《春秋》，以为'断烂朝报'，皆后来无忌惮者托介甫之言也。韩玉汝之子宗文，字求仁，尝上介甫书，请六经之旨，介甫皆答之。独于《春秋》曰：'此经比他经尤难，盖三传皆不足信也'。"据此，林希逸谓"今人皆以'断烂朝报'之语为荆公之罪，亦冤甚矣"。是《学记》所言引入《宋元学案》。晚清梁启超尝著《王安石传》辩析此事曰："今案答韩求仁书，见存本集中，洵如和靖所言，公非特不答求仁之问《春秋》，即于其问《易》亦不答之。盖此二经之微言大义，视他经尤为奥衍，非受诸口说，未由索解，若用以意逆志之法解之，未有不谬以千里者。荆公不敢臆说，正孔子所谓君子于其所不知盖阙如也。吾侪方当以此贤荆公，而顾可诋之乎？"

此段公案，千载以来殊难明断。指为实者，以其事载于宋朝国史，介甫本传文字岂能存疑哉？清人蔡上翔著《王荆公年谱考略》，其参阅正史及百家杂说数千卷，缜密考证，祛疑辩妄，不阿流俗，不依众说，为介甫辩诬。其曰：

其高弟弟子陆佃师农、龚原深父并治《春秋》。陆著《春秋后传》，龚著《春秋解》，遇疑难者，辄目为阙文。荆公笑谓：阙文若如此之多，则《春秋》乃断烂朝报矣。盖病治经者不得经说，不当以阙文置之。意实尊经，非诋经也。

呜呼，介甫所言乃反讽之假设语，即如其本传所谓"戏目为断烂朝报"，既谓一"戏"字，焉可当实？夫《宋史》乃丞相脱脱主修，仅二岁余即成，匆匆急就，其于史料裁剪，史实考订皆有所失，故其书繁芜杂乱。荆公之传，读之多贬抑之语，盖修史者亦依宋人之偏见，于所记之事则人云亦云，未尝详考也。介甫时人谓之拗相公，故罪之者亦众，唯《宋史》本传，既列于正史，误人尤深。近代刘大杰著《中国文学发展史》亦谓"《春秋》的文句虽是简短，前人竟有讥之为'断烂朝报'者"。冤哉荆公。

净　贿

旧时善男信女捐赠寺庙之钱财谓之净财，清戴咸弼《东瓯金石志》载僧利卿《井阑石刻》云："开元寺僧利卿谨舍净贿十三贯文有余，重修义井一口。"余查诸南宋刘宰《漫塘集》卷四载：至和元年，温州永嘉县开元寺僧利卿"谨舍净贿十三贯文有余，重修义井一口，并置井阑甃砌等。"净财之说屡见，而净贿之说鲜矣。

镜　铭

唐太宗以魏徵为一鉴，值徵卒，曰："朕以铜为鉴，可正衣冠，以古为鉴，可知兴替，以人为鉴，可明得失。朕尝保此三鉴，内防己过，今魏徵逝，一鉴亡矣。"（《新唐书·魏徵传》）其说当本于周武王《镜铭》"以镜自照者见形容，以人自照者知吉凶"。

汉李尤《镜铭》曰："铸铜为镜，整饰容颜。修尔法服，正尔衣冠。"南北朝简文帝亦制《镜铭》曰："金精玉英，冰辉沼清。高堂悬影，仁寿摛声。云开月见，水清珠明。"是唐之前，已有制镜铭而警己者也。至清乾嘉学人钱大昕亦尝制《镜铭》曰："人苦不自知，嫫母自以为西施。贤哉镜机，子直谅，世无比。尔妍尔媸，明以示尔。问焉弗隐，舍焉弗愠。吾将就尔正之，庶几有征而信也。"

九儒十丐

清赵翼《陔馀丛考》卷四十二云："谢叠山集有送方伯，载序曰：今世俗人有十等，一官，二吏，先之者贵之也。七匠，八娼，九儒，十丐，后之者贱之也。郑所南集又谓：元制，一官，二吏，三僧，四道，五医，六工，七猎，八民，九儒，十丐，而无七匠八娼之说。盖元初定天下，其轻重大概如此，是以民间各就所见而次之，原非制为令甲也。"赵欧北所引盖出于郑恩肖《铁函心史·轶法》也。

宋末遗老谢枋得《叠山集》云："滑稽之雄。以儒为戏者曰：我大元朝制典，人有十等，一官二吏，先之者，贵之也。贵之者，谓其有益于国也。七匠八娼，九儒十丐，贱之也。贱之者，谓无益于国也。"然人分十等，以其所业而贵贱之，实本于春秋之季也。《左传·昭公七年》云："天有十日，人有十等，下所以事上，上所以共神也。故王臣公，公臣臣大夫，大夫臣士，士臣皂，皂臣舆，舆臣隶，隶臣僚，僚臣仆，仆臣台。"是人之分等，始于春秋也。元之十等人之分本于其蒙古、色目、南人、汉人之别，嗟乎，只识弯弓射大雕矣。

近世"文革"之乱，有"臭老九"之说，其亦本于上述也。

酒分圣贤

唐皇甫嵩，字子奇，号檀栾子，睦安新安人。开成、会昌间累试进士不第，终身未仕。其撰《醉乡日月》一书，"谋饮"篇云："凡酒以色清味重而甜者为圣，色浊如金而味醇且苦者为贤，色黑而酸醶者为愚，以家醪糯觞醉人者为君子，以家醪黍觞醉人者为中庸，以巷醪麦觞醉人者为小人。"

古时以"圣""贤""中圣人"语隐喻饮酒，醉酒。其典当源于《三国志·魏书·徐邈传》，传云："徐邈字景山，燕国蓟人也。太祖平河朔，召为丞相军谋掾，试守奉高令，入为东曹议令史。魏国初建，为尚书郎。时科禁酒，而邈私饮至于沉醉。校事赵达问以曹事，邈曰：'中圣人。'达白之太祖，太祖甚怒。度辽将军鲜于辅进曰：'平日醉客谓酒清者为圣人，浊者为贤人。邈性修慎，偶醉言耳。'竟坐得免刑。"唐宋后，士人于诗词中即多喜以此喻酒矣。

南宋何逊《赠族人秫陵兄弟》诗云："孰云秽明德，惟在中圣人。"李白《月下独酌》其二"已知清比圣，更道浊与贤。贤圣既已饮，何必求神仙。"陆龟蒙《添酒中六咏》云：尝作酒家语，自言中圣人。黄庭坚《答明略并寄无咎》云："可以忘忧惟有酒，清圣浊贤皆可口。"陆游《溯溪》云："闲携清圣浊贤酒，重试朝南暮北风。"宗汉《贤乐堂记》亦云："依翠荫，俯清浊，放浪沉吟，高吟大笑于清圣浊贤之间，脱然远迹于声利之场也。"

窃以为古之以五谷加酒曲而蒸煮发酵酿酒，而酒有糟，色浑浊，是为浊酒。浊酒而滤其渣重酿，方为清酒。郑康成谓"清酒祭祀之酒也"。以其清而用以祭也。《抱朴子》曰："君子以酒败德，小人以酒速罪，乃知始谋欢往往翻以为祸。夫合乐设酒者得不慎其选欤。"酒之为饮，岂有贤圣，君子小人，清者自清，浊者自浊，如斯而已。

酒为祸泉

宋陶谷《清异录》有"祸泉"条云："置之瓶中"。酒也。酌于杯，注于肠，善恶喜怒交矣，祸福得失岐矣。倘夫性昏志乱，胆胀身狂，平日不敢为者为之，平日不容为者为之，言腾烟焰，事坠阱机，是岂圣人贤人乎？一言蔽之曰："祸泉而已。"其"百悔经"条复记"闽士刘乙尝乘醉与人争妓女。既醒惭悔，集书籍凡因饮酒致失贾祸者，编以自警，题曰《百悔经》。自后不饮，至于终身"。

河阳释法常，性英爽，酷嗜酒，无寒暑风雨。常醉，醉即熟寝，觉即朗吟曰："优游曲世界，烂漫枕神仙。"尝谓同志云："酒天虚无，酒地绵邈，酒国安恬，无君臣贵贱之拘，无财利之图，无刑罚之避，陶陶焉，荡荡焉，其乐可得而量也。转而入于飞蝶都，则又蒙腾浩渺而不思觉也。"此为喜酒者语。

嗟乎，世之万物，皆有其性，顺其则昌，逆之则亡，岂物之性有善恶耶？刘伶著《酒德颂》，人不以为忤，伯伦亦未因酒贾祸也。若夫酒者，喜之者赞之，恶之者诟之，赞之诟之不能易酒之性也。凡事执之于中，恪于中庸之道，则万物焉有善恶者哉。

酒专卖始于西汉

榷酤之制创始于汉，历代皆赖以佐国用也。《汉书·武帝纪》"初榷酒酤。"颜师古注引应劭曰："县官酤榷卖酒，小民不复得酤也。"汉武帝天汉三年始榷酒酤，产售均专于官，后世各代皆沿之。榷酤或官设铺卖，或于酤户、酤肆征之酒税也。

宋时榷酤之制最盛。一为官酿官卖，州县乡皆置酒务，监酿、卖酒事，熙宁十年，计有酒务官千七百余。二为民酿民卖，官征其税。淳化五年，募民自酿而纳酒课税。仁宗天圣五年，京师有酒户三千人，各酒户自置标帜，以青白布制酒帘，是为酒帘之始也。又无论官、民酿，酒曲皆由官造，故三京有曲院，且年有定额，防其滥也。《清波杂志》记榷酤事云："群饮者唯恐其饮不多而课不羡也，为民之蠹，大戾于古。今祭祀、宴飨、馈遗，非酒不行。田亩种秫，三之一供酿财曲蘖，犹不充用。州县刑狱，与夫淫乱杀伤，皆因酒而致。甚至设法集妓女以诱其来，尤为害教。"可知其时酒亦为士大夫所诟也，非病其饮，病其无度而伤民也。

《野客丛书》卷十五云："今用女倡卖酒，名曰'设法'，或者谓汉晋未闻。仆谓此即卓文君当炉之意，晋人阮氏醉卧酒炉妇人侧，司马道子于园内为酒炉列肆，使姬人酤鬻酒肴是矣。"《燕翼诒谋录》卷三云："新法既行，（酒酤）悉归于公，上散青苗钱于设厅，而置酒肆于谯门，民持钱而出者，诱之使饮，十费其二三矣。又恐其不顾也，则命娼女坐肆作乐以蛊惑之。小民无知，争竞斗殴，官不能禁，则又差兵官列枷杖以弹压之，而'设法'之名不改，州县间无一肯厘正之者，何耶？"据此则宋榷酤之法源于王荆公新法也。

雎鸠挚而有别

《诗·关雎》毛注云："雎鸠，王雎也。鸟挚而有别。后妃说乐君子之德，无不和谐，又不淫其色，慎固幽深，若雎鸠之有别焉。"朱熹《诗集传》注云："关雎，雌雄相应之和声也。雎鸠，水鸟，一名王雎，状类凫鹥，今江淮间有之。生有定偶而不相乱，偶常并游而不相狎，故《毛传》以为'挚而有别'，《列女传》以为人未尝见其乘居而匹处者，盖其性然也。"

上说已为定论，而所谓"挚而有别"者，又有另说也。《默记》载：李公弼字仲修，登科初，任大名府同县尉。因检验村落，见所谓鱼鹰者飞翔水际，问小吏，曰："此关雎也。"因言："此禽有异：每栖宿，一窠中二室。"仲修令探取其窠观之，皆一窠二室，盖雄雌各异居也。因悟所谓"和而别"者，以此也。噫，一窠而二室，岂复可言恩爱哉？出则双双，归则异居，欲示恩爱于人前乎？

飓风之名

清王渔洋《香祖笔记》云："台湾风信与他海异，风大而烈者为飓，又甚者为台。飓倏发倏止，台连日夜不止。正、二、三、四月发者，为飓；五、六、七、八月发者，为台。"又其所列诸飓风皆有名，尤为奇特，然不知其所由也。其曰：正月十三、五月十三同为关帝飓；六月十二为彭祖飓，十八为彭婆飓。八月十五为魁星飓，九月十六为张良飓，皆不知其义也。今之气象凡台风生成，则以某名命之，其或本于此乎？

郡县始置

夫秦灭六国，分天下为三十六郡，史家所言盖本于班氏《汉书·地理志》，其言："秦并兼四海，以为周制微弱，终为诸侯所丧，故不立尺土之封，分天下为郡县，荡灭前圣之苗裔，靡有孑遗。"然顾炎武《日知录》非之。以为"后之文人祖述其说，以为废封建，立郡县，皆始皇之所为也。以余观之，殆不然"。亭林先生考之于先秦诸典籍以证郡县之制非秦所始置。其曰：

《左传·僖公三十三年》："晋襄公以再命命先茅之县赏胥臣。"《宣公十一年》："楚子县陈。"《十二年》："郑伯逆楚子之辞曰：'使改事君夷于九县。'"《十五年》："晋侯赏士伯以瓜衍之县。"

《晏子春秋》云："昔我先君桓公，予管仲狐与榖其县十七。"《说苑》："景公令吏致千家之县一于晏子。"《战国策》："智过言于智伯曰：'破赵则封二子者各万家之县一。'"《史记·秦本纪》："武公十

219

年，伐邽冀戎，初县之。十一年，初县杜、郑。"《吴世家》："王馀祭三年，予庆封朱方之县。"以为"当春秋之世，灭人之国者，固已为县矣"。又云："齐威王朝诸县令长七十二人。则六国之未入于秦，而固已先为守令长矣。故史言乐毅下齐七十余城，皆为郡县。"顾氏以为"春秋时见于经传者百四十余国，又并而为十二诸侯，又并而为七国，此固其势之所必至。秦虽欲复古之制，一一而封之，亦有所不能。而谓罢侯置守之始于秦，则儒生不通古今之见也。"

鸣呼，班孟坚岂不通古今之儒生邪？窃谓以班孟坚之才识，岂无睹亭林所述诸书焉？盖春秋之际所谓郡县，私立之也，大国有之而小国否。余见仁和梁绍壬云："春秋县大而郡小，上大夫受县，下大夫受郡是也。战国郡大而县小，魏惠王后七年，上郡十五县是也。"盖秦之前各国所谓郡县，徒具其名耳，非谓郡县之制度也。以此论，则郡县之名非始于秦，而废封建为郡县之制则实始于秦也。

科举试卷鬻钱

余见今之书贾每以各省高考首名学子之卷印鬻，其本于宋时也。宋释文莹《湘山野录》云："欧公撰《石曼卿墓表》，苏子美书，邵悚篆额，山东诗僧秘演力干。欧、苏嘱曰：'镌讫，且未行打。'竟以词翰之美，演不能却。欧公于定力院见之，问寺僧何得？曰：'半千买得。'欧公诉演曰：'吾之文，反与庸人半千鬻之，何无识之甚。'演曰：'学士已多他三百八十三矣。'欧愈怒，演曰：'公岂不记作省元时，庸人竞摹新赋叫于通衢，复更召呼曰两文来买欧阳省元赋。今一碑五百，价已多矣。'欧因解颐。"

《古文观止》载欧阳公《释秘演诗集序》谓："浮屠秘演者，与曼卿交最久，亦能遗外世俗，以气节相高。""秘演状貌雄杰，其胸中浩然，既习于佛，无所用，独其诗可行于世。"曼卿、秘演皆欧公之友也，曼卿既殁，公为之书墓表，演独以词翰之美而欲其行于世，岂图半千之资耶？欧公以其鬻贱而怒，故演讽其昔日两文卖赋也。方外之人见识胜于欧公。据此故事亦可窥宋时墨卷已有鬻卖者也。

科举试题割裂

明清科举以八股文试《四书》，然《四书》之文有限，至清季则时有试题偏怪割裂者，士子茫然不知所云。鲍觉生，名桂星，安徽歙人，师从姚鼐，嘉庆进士。其督学河南，出试题每割裂，士子多怨之。后有士子据其出题作诗而讽之。

某科题"顾鸿"，本于《孟子·梁惠王章句下》"孟子见梁惠王。王立于沼上，顾鸿雁麋鹿，曰：贤者亦乐此乎？"士子诗云："礼贤全不在胸中，纽转头来只看鸿。一目如何能四顾，本来孟子说难通。"

某科题"驱虎"，本于《孟子·滕文公下》"周公相武王诛纣，伐奄三年讨其君，驱飞廉于海隅而戮之，灭国者五十，驱虎、豹、犀、象而远之，天下大悦。"士子诗云："世间何物最为凶，第一伤人是大虫。能使当先驱得去，其余慢慢设牢笼。"

某科题"及其广大草"，本于《中庸》"今夫山，一卷石之多，及其广大，草木生之"。士子诗云："广大何容一物胶，满场文字乱蓬茅。生童拍手呵呵笑，渠是鱼包变草包。"

某科题"见牛"，本于《孟子·梁惠王章句》"无伤也，是乃仁术也，见牛未见羊也"。士子诗云："屠刀放下可齐休，只是当年但见牛。莫谓庞然成大物，看他觳觫觉生愁。"

某科题"礼玉云"，本于《论语》"礼云礼云，玉帛云乎哉"。士子诗云："礼云再说亦徒然，实在须将宝物先。匹帛有无何足道，算来不值几文钱。"

某科题"十尺汤"，本于《孟子·告子章句》"交闻文王十尺，汤九尺"。士子诗云："古来惨刻算殷商，炮烙非刑事可伤。不见周文身一丈，也教落去试油汤。"

某科题"七十里子"，本于《礼记·王制》"天子之田方千里，公侯田方百里，伯七十里，子男五十里"。士子诗云："没头没脚信难题，七十提封一望迷。阿伯不知何处去，剩将一子独孤恓。"

某科题"谷与鱼"，本于《孟子·梁惠王上》"谷与鱼鳖不可胜食，材木不可胜用"。士子诗云："秋成到处谷盈堆，又见渔人撒网回。不是池中无别物，恐防现出本身来。"

某科题"兽草"，本于《论语》"多识于鸟兽草木之名"。士子诗云："纸上筌蹄亦可求，葩经专纪草春秋。一生最怪莺求友，伐木都教影不留。"

某科题"下袭水"，本于《中庸》"上律天时，下袭水土"。士子诗云："真成一片白茫茫，无土水于何处藏。欺侮圣人何道理，要他跌落海中央。"

某科题"宝珠"，本于《孟子·尽心章句下》"宝珠玉者，殃必及身"。士子诗云："拣取明珠玉任沉，依然一半是贪心。旁人不晓题何处，多向红楼梦里寻。"

以有题"坚乎磨"者，本于《论语·阳货》"不曰坚乎，磨而不磷；不曰白乎，涅而不缁"。士子诗云："但凭本量自推摩，果是真刚肯怕磨。任你费将牛力气，姑来一试待如何。"

如斯之事不胜枚举，盖试题岁岁必出，然四书之文有限，日久天长势必枯竭，割裂文义亦无奈之举矣。

孔子称素王

儒家称誉孔子为"素王"，犹佛家称誉释迦牟尼为"空王"。考之文献，"素王"之辞始见于《庄子·天道》："以此处下，玄圣、素王之道也。"郭象注："有其道为天下所归，而无其爵者，所谓素王自贵也。"是知所谓"素王"者，乃谓具帝王之德而无帝王之位者也。

"素王"之称，汉时有谓上古帝王者。《史记·殷本纪》："伊尹处士，汤使人聘迎人，五反然后肯往从汤，言素王及九主之事。"司马贞索隐："素王者，太素上皇，其道质素，故称素王。"

以郭象之训而言素王者，如汉贾谊《过秦论下》："诸侯起于匹夫，以利会，非有素王之行也。"此说沿袭至清末民初尤如是。胡思敬《政变月记》云："方今圣人在上，奋发有为。康有为必欲以衰周之事行之今时，恐人人存改制之心，人人谓素王可作。"

以素王而称孔子，窃以为始于西汉。王充《论衡·定贤》："孔子不王，素王之业在《春秋》。"《淮南子·主术训》："孔子之道，智过于苌宏，勇服于孟贲……然而勇力不闻，伎巧不如，专行教道，以成素王。"至魏晋间王肃伪作《孔子家语》，其《本姓解》云："齐太史子舆适鲁，见孔子。孔子与之言道，子舆悦，……凡所教诲，束脩以上，三千余人。或者天将欲与素王之乎，夫何其盛也。"唐代刘沧，鲁人也，其《经曲阜城》诗云："行经阙里自堪伤，曾叹东流逝水长。萝蔓几凋荒陇树，莓苔多处古宫墙。三千弟子标青史，万代先生号素王。萧索风高洙泗上，秋山明月夜苍芬。"

清孔尚任《桃花扇·哄丁》"百尺翠云巅，仰见宸题金匾；素王端拱，颜曾四座冠冕。"是知以"素王"而称孔子，自西汉至清末皆如是也。

嗟乎，有德而无位称之素王，有位而无德可称之莘王乎？

孔子师项橐

《三字经》云："昔仲尼，师项橐。古圣贤，尚勤学。"项橐者，春秋时莒国之神童也，人尊为"圣公"，传为项羽之祖。考之其事当始于《战国策》。《秦策五》载："甘罗曰：'夫项橐生七岁而为孔子师。今臣生十二岁于兹矣，君其试臣，奚以遽言叱也？'"《淮南子·说林训》："项橐使婴儿矜。"注云："项橐年七岁，穷孔子而为之作师。"《汉书·董仲舒传》："此无异于达巷党人不学而知也。"孟康曰："人，项橐也。"《淮南子·修务训》云："夫项橐七岁为孔子师，孔子有以听其言也。"《汝南项氏宗谱》载："项橐字仲廉，鲁人，生周敬王丁未三月十八日，世居曲阜县奄宅里鲁城洙泗泽。"

项橐为孔子师事，后世民间辗转相传，几近里巷杂谈，不足为据也。窃谓孔子之师橐，表其好学也，犹今人之所谓一字之师者，岂以其为受业之师哉？韩退之《师说》谓："吾师道也，夫庸知其年之先后生于吾乎？是故无贵无贱，无长无少，道之所存，师之所存也。"其本于孔子师橐事乎？

孔子食姜

孔子喜食姜，《论语·乡党》载其言云："不撤姜食，不多食。"朱熹《四书章句》注云："姜，通神明，去秽恶，故不撤。适可而止，无贪心也。"钱宾四先生训为："食事既毕，诸食皆撤，而姜之在豆者独留，因姜有辛味而不熏，可以却倦，故不撤。今饭后进茶或咖啡，古昔无之，故独留姜。"宋邵博《邵氏闻见后录》卷三十载："王荆公会客食，遽问：'孔子不彻姜食，何也？'刘贡父曰：'《草木书》：姜多食损知，道非明之，将以愚之。孔子以道教人者，故云。'荆公喜以为异闻，久之，乃悟其戏也。荆公之学，尚穿凿类此。"

夫子不撤姜食，喜其味也，宾四先生以为其食如今人饭后饮茶，不亦可乎？周树人尝讥夫子为患"胃病"，意在言外也。民谚云："早吃三片姜，赛过喝参汤。"是知姜之益也，然夫子谓"不多食"，盖凡物，过犹不及，此亦夫子持中庸之道者也。

孔子无须眉

古时无照相术，后世之于前贤容貌，皆依丹青之绘，至若肖否，概莫能晓也。今世所传孔子像，浓眉长髯，伟男子也，盖依唐吴道子所绘孔子行教图耳。司马迁《孔子世家》谓孔子"生而首上圩顶，故因名曰丘云。"《索隐》云："圩顶言顶上窊也，故孔子顶如反宇。反宇者，若屋宇之反，中低而四傍高也。"史之所传亦谓其身"四十九表"，乃至"眼露白，耳露轮，口露齿，鼻露孔"。是亦莫明孔圣之肖像如何矣。

《今世说》卷五载："王丹麓座客常满。有客谓孔子无须，众诘其说。客曰：'本《孔丛子》，子思告齐君曰：先君生无须眉，天下王侯不以此损其敬。故知今像多须，误也。'"余查《孔丛子·居卫》，云：子思适齐。齐君之嬖臣美须眉立乎侧，齐君指之而笑，且言曰："假貌可相易，寡人不惜此之须眉于先生也。"子思曰："非所愿也。所愿者，唯君修礼仪、富百姓，而伋得寄帑于君之境内，从襁负之列，其庸多矣。若无此须鬣，非伋所病也。……且吾先君生无须眉，而天下王侯不以此损其敬。由是言之，伋徒患德之不邵，不病毛鬓之不茂也。"

孔伋乃孔子之孙，其亦"毛须不茂"，遗其祖乎？清杭世骏《订讹类编》云："孔子无须，今像多须，误。"其说当亦本于《孔丛子》。先贤之像固无所本，绘者以己之意而付之丹青耳，而既为贤者像，其貌必以世之所钦羡者为之则，此为今之所见古圣贤像矣。若夫史载尧身修十尺，眉乃八彩；舜身修八尺有奇，面颔无毛；禹王胫秃；商汤折膊，武王望视，周公背偻，而今之绘图皆岸然奇男子也。嗟乎，先贤之像，一图腾耳，是亦不必求之真。明太祖朱元璋传其人貌甚陋，然今见之像亦甚伟矣。窃谓孔子之无须眉说似亦可信也。

蜡　梅

前人诗词咏梅，或曰腊梅，或曰蜡梅，殊不可辩。偶读范成大《梅谱》，云："蜡梅。本非梅类，以其与梅同时，香又相近，色酷似蜜脾，故名蜡梅。……蜡梅香极清芳，殆过梅香，初不以形状贵也。故难题咏。山谷、简斋但作五言小诗而已。"既言及山谷诗，余复究其所以。山谷《戏咏蜡梅二首》有小跋云："京洛间有一种花，香气似梅花，五出而不能晶明，类女功捻蜡所成。京洛人因谓蜡梅。木身与叶乃类蒴藋。窦高州家有灌丛，能香一园也。"所谓五出者，言其花五瓣也。《韩诗外传》云："凡草木花多五出，雪花独六出。"唐杨炯《梅花诗》即云："窗外一株梅，寒花五出开。"

腊梅之名，始于何时，杜牧《正初奉酬歙州刺史邢群》诗云："越嶂远分丁字水，腊梅迟见二年花。"人或以唐时即有腊梅之名，然杜牧所言腊梅者，谓未腊山梅，言山梅早开也。蜡梅入冬即开，故人谓之腊梅。王梅溪《剡馆蜡梅诗》云"非蜡复非梅，谁将蜡染腮。游蜂见还讶，疑自蜜中来。"可证南宋之前，所谓"腊梅"乃腊月梅花，而非山谷所言之蜡梅也。后世盖因蜡梅花期与腊月近，而与腊月之梅混而为一。

兰亭序不入文选

王右军之《兰亭序》，其书为世人誉，其文则褒贬不绝，自宋而至今，众说未能一也。

《遯斋闲览》云：季父虚中谓王右军《兰亭序》，以"天朗气清"自是秋景，以此不入选。余亦谓"丝竹筦弦"亦重复。仆谓不然。"丝竹筦弦"，本出于《前汉·张禹传》；而"三春之季，天气肃清"，见蔡邕《终南山赋》；"熙春寒往，微雨新晴，六合清明"，见潘安仁《闲居赋》；"仲春令月，时和气清"，见张平子《归田赋》。安可谓春间无"天朗气清"之时？右军此笔，盖直述一时真率之会趣耳。修禊之际，适值天宇澄霁，神高气爽之时，右军亦不可得而隐，非如今人缀缉文词，强为春间华丽之语以图美观。然则斯文之不入选，往往搜罗之不及，非固遗之也。此为一说。

宋桑世昌又云："近世论《兰亭序》，感事兴怀太悲，萧统所不取。与斜川诗纵情忘忧，相去远甚，此似未识二人面目。斜川诗与风雅同趣，固当别论；若逸少论议，于晋人最为根据。观其与商深源、谢安石、会稽王书，举世元学方盛，谁不能为'一生死齐彭殇'之言，顾独以陈迹为感慨，死生为可痛，何也？诗三百篇，感思忧伤，圣人不废，约之止乎礼仪，以不失性情之正，此先王立人纪之大当也。若夫遗情于事外，忘趣于情表，晋以之论晋矣。尚忍闻之哉。东坡反《兰亭》意为《赤壁赋》，其词飘飘高远，终近蒙庄子之家，与元学不相似。逸少此文，必有能辩之者。"此又为一说。

夫《文选》于有宋一代，极为推崇，视为科场之则，至有"文选烂，秀才半"之谚。至于谓《文选》重骈俪而未选《兰亭》，近人骆鸿凯谓："盖自江左文辞，稍崇华赡，下逮齐梁，骈丽之习成，声病之盛，取青妣白，镂叶雕花，日趋于纤艳，而古初浑朴之意尽失。昭明芟次七代，荟萃群言，择其文之尤曲雅者，勒为一书，用以切劘时趋，标指先正。迹其所录，高文曲册十之七，清辞秀句十之五，纤靡之音百不得一。"此又一说也。

至元、明之时，《文选》不为世所重，故论《兰亭》落选之议亦遂式微。至清，复有重文选者与古文辞者相抗，而《兰亭》之议复起矣。陈衍《石遗室文集》云："昭明舍右军而采颜延年、王元长二作，则偏重骈俪之故。"乔松年《萝藦亭札记》云："六朝谈名理，以老庄为崇，贵于齐生生，忘得丧。王逸少《兰亭序》谓'一死生为虚诞，齐彭殇为妄作'。有惜时悲逝之意，非彼时之所贵也。故《文选》弃而不取。"陈衍谓文体之变迁，松年言思想之移易，此亦乾嘉学风之流也。

嗟乎，昭明选文，弃之者十之九，古诗浩瀚，仅取十九，岂可一一论之哉？少逸《兰亭》以书名世，荫及其文耳。

滥恩荫养

冗官之弊历代皆存,而以赵宋一朝为最。包拯曰:"设官浸多,未有如本朝繁冗甚也。"(《包拯集》)宋太祖末年,官员数不足五千,至太宗时骤增至八九千人,以至"官僚过于胥徒,朝臣多于州县"。仁宗皇祐间,包拯奏曰:"景德、祥符年间,文武官总数为九千七百八十五员,今内外官属总一万七千三百余员,其未授差遣京官使臣及守选人万在数内,较之前朝,才四十余年,已逾一倍多矣。"

其时全国有州三百二十,县一千二百五十,所需官吏五六千人足矣,而时吏额已三倍其多。仁宗庆历时,范仲淹主行新政,谓"官壅于上,民困于下,夷狄骄盛,寇盗横炽,不可不更张以救之"。"方今凋残,公私困急,全由官吏冗滥者多。"(《答手诏条陈十事》)然庆历新政一岁而夭,冗官愈多也。

熙宁变法之际,王安石亦曰:"官乱于上,民贫于下。""今之官诚冗矣。"(《临川先生集》)哲宗时,文武官员二万八千余员。徽宗时,权奸柄国,侥幸并进,官员益滥,有司奏称"士大夫列于版籍者,可谓至冗矣。京官自朝议郎以至朝散大夫凡二千八百余人,选人一万余人,大使臣二千五百余人,小使臣一万三千余人;举天下之缺不足以充入仕之数"。以至国库之入不足以供吏禄之费也。冗官之弊,至宋亡而未能变。

究宋冗官之弊,盖由恩荫滥者也。凡恩荫得官者多为无才德之膏粱纨绔子弟,不学无术,骄骜不羁,及其上任则多不习事,以致失职。《宋史·职官志》载恩荫之滥甚详,略述于右。

文臣自太师及开府仪同三司,可荫子若孙及期亲、大功以下亲并异姓亲及门客。太子太师至保和殿大学士，荫至异姓亲，无门客。中大夫至中散大夫，荫至小功以下亲，无异姓亲。武臣亦以是为差。凡遇南郊大礼及诞圣节，俱有荫补。宰相执政，荫本宗、异姓及门客、医人各一人。太子太师至谏议大夫，荫本宗一人。寺长贰、监长贰以下至左右司谏，荫子或孙一人。余以是为差。此外复有致仕荫补。曾任宰执及见任三少使相者，荫三人。曾任三少及侍御史者，荫一人。余以是为差。另有遗表荫补。曾任宰相及现任三少使相，荫五人。曾任执政官至大中大夫以上，荫一人。诸卫上将军，四人。观察使，三人。余以是为差。

由是观之，一人入仕，则子孙亲族俱可得官，位高者并可及于门客、医士，可谓滥矣。右之所录，乃为定例之荫，而出于特恩之荫则不可计也。呜呼，竭民之力以养冗员，国力岂能不耗尽哉。

郎官宿直

据《唐会要》，唐时郎官均需宿直于禁中。郎官者，尚书省都省左右司及六部二十四司之郎中及员外郎也。郎官日间于有司当班，夜尚需宿直，犹今之值夜班也。宿直之制起于太宗朝，郎官按人数轮回值宿。官员夜值翌日依旧上朝。唯贞观五年十二月二十日敕："文武官妻娩月，免宾值。"姚合《西掖寓直春晓闻残漏》诗云："直庐仙掖近，春气曙犹寒。隐隐银河在，丁丁玉漏残。微风飘更切，万籁杂应难。凤阁明初启，鸡人唱渐阑。静宜来禁里，清是下云端。我识朝天路，从容自整冠。"

宿直为朝廷之制，当值者其责尤重。《唐会要》卷八十二载："开元二十年九月二十一日，是中书舍人梁升卿私忌。二十日晚欲归，即令传制，报给事中元彦冲，令宿卫。会彦冲已出，升卿至室，令报。彦中以旬假与亲朋聚宴，醉中诟曰：'汝何不直。'升卿又作书报云：明辰是先忌，比往复，日已暮矣。有中使赍黄敕，见直官不见，回奏。上大怒，出彦冲为邠州刺史。因新昌公主进状申理……此是中书省之失，由是出升卿为莫州刺史。"可知宿直之制甚严也。梁升卿工书，尤长八分书，与张九龄善，传世书迹有《御史台精舍碑》。

郎官宿直，其责也重，盖朝廷公文由宿直之人传送，失职则延误矣。《唐语林》卷五曰："郎官当直，发敕为重。"故《唐律疏议》卷九："诸在官应直不直，应宿不宿，各笞二十；通昼夜者，笞三十。"此唐初之状也。安史之乱后，朝中百废待兴，纲纪松懈，宿直之制亦无如旧时也。

夫宿直之夜，独处禁宫，无所事则多有以诗排遣者。杜甫任左拾遗时，有《春宿左省》诗："花隐掖垣暮，啾啾栖鸟过。星临万户动，月傍九霄多。不寝听金钥，因风想玉珂。明朝有封事，数问夜如何。"白居易亦有《八月十五夜禁中独直对月忆元九》。王维宫中宿直尝邀孟浩然相伴，东坡有诗云："玉堂清冷不成眠，伴直推省孟浩然。"至中晚唐，宿直之制尤懈，至有邀僧人相伴者。吴融《寄僧》诗云："偶传新句来中禁，常把闲书寄上卿。"郑谷《南宫寓直》诗云："僧携新茗伴，吏扫落花迎。"《献制诰杨舍人》诗云："随行已有朱衣更，伴直多招紫阁僧。"招僧伴直，几已成风矣。

狼狈夫妻

夫妻而狼狈为恶者，世人皆知宋之秦桧夫妻。桧之陷岳少保，其妻王氏亦为帮凶，是故正人士子皆恶之。李恪非之女李清照与王氏乃姑表姊妹，而清照身陷诉讼，请托无门之时，宁求助于远亲綦崇礼，亦不登秦氏之门，是易安居士耻与为亲也。

无独有偶，余阅《晋书·后妃·宣穆张皇后》云："宣帝初辞魏武之命，托以风痹，尝暴书，遇暴雨，不觉自起收之。家惟一婢见之，后乃恐事泄致祸，遂手杀之以灭口，而亲自执爨。帝由是重之。"司马懿阴鸷狠毒，王氏亦未逊色，可谓之狼狈夫妻也。

老鸨名考

明清小说书娼家母曰老鸨，鸨鸟也，何以名之？清伊秉绶《谈徵》谓："今俗呼娼母曰老鸨，曰鸨儿，取其淫也。陆佃云：'鸨性群居如雁，而有行列。''性最淫，逢鸟则与之交。其字画七、十、鸟，为其多鸟相交之故也'。"

陆佃，字农师，号陶山，越州山阴人，乃陆游之祖也。尝师于王安石，《宋史》有本传。其释鸨名，似近牵强，尤以笔画推其义，几与相士拆字者类也。《国语》云："鸨，纯雌无雄，与它鸟合。"度农师之说本于此也。明宋权《丹丘先生论曲》云："妓女之老者曰鸨。鸨似雁而大，无后趾，虎纹。喜淫而无厌。诸鸟求之即就。"老鸨之名称当始于明代也。

老师称谓

今人称师皆谓老师，盖辛亥后，何子渊、丘逢甲等引西学教育入中国，定制学生称师为老师也。然余见明王世贞《觚不觚录》云："京师称谓极尊者老先生，自内阁以至大小九卿，皆如之。门生称座主亦不过曰老先生而已。至分宜当国，而谀者称老师，其厚之甚者称夫子，此后门生称座主俱曰老师。余自丙辰再入朝，则三品以上庶僚多称之曰老翁。又有无故而称老师者。"是知老师之称始于严嵩，惟当时谀之尔，非如后世称任教者也。

老庄之别

今人视老、庄为道家之祖，然六朝前人并称黄、老而不及庄周。庄周之学虽本于老子，然其旨及所述实有所异。周树人先生《出关》《起死》二篇论之甚详，可谓出神入化也。

魏晋清谈名士喜言老庄，然其初若何晏、王弼、阮籍等皆宗老鄙庄。何晏著《道德论》，王弼注《老子》，盖不及庄周之作；阮籍《达庄论》讥庄周"且庄周之书何足道哉。犹未闻夫太始之论、玄古之微言乎？……是心能守其本，而口发不相须也"。清谈名士谈《老子》与《易》，何晏之辈亦并治《周易》，其扬道家亦依儒学，庄周之说未登大雅矣。王羲之尊老子而卑庄周，尝谓"漆园比之，殊诞谩如下言也"。（张彦远《法书要录·右军书纪》引王羲之札帖）王坦之著《废庄论》，崇老而斥庄。至竹林名士向秀，方倡庄周之学，故庄学至东晋而大昌。骎骎乎驾老学之上也。

《晋书·向秀传》载：秀"雅好老庄之学。庄周著内外数十篇，历世才士虽有观者，莫适论其旨统也，秀乃为之隐解，发明奇趣，振起玄风，读之者超然心悟，莫不自足一时也"。初，即如嵇康亦不以为然，《本传》载："秀欲注，嵇康曰：'此书讵复须注，正是妨人作乐耳。'"《世说新语·文学》载："初，注《庄子》者数十家，莫能究其旨要。向秀于旧注外为解义，妙析奇致，大畅玄风。"《庄子》一书，自向秀作注发明，然其深味玄言学者莫之能辩，至李唐时，老庄之别方渐消。《新唐书·选举制上》

"崇玄学,习《老子》《庄子》《文子》《列子》,亦曰道举"。窃谓庄子之学由附庸而为大国,老庄并称,几为一体,向子期之首功也。

又,余见今之传《庄子》注本,多为郭象者。《世说新语·文学》载:"唯《秋水》《至乐》二篇未竟而秀卒。秀子幼,义遂零落,然犹有别本。郭象者,为人薄行,有俊才。见秀义不传于世,遂窃以为己注。乃自注《秋水》《至乐》二篇,又易《马蹄》一篇,其余众篇,或定点文句而已。"噫,秀之文既残,郭象惜而为之注,以至广行天下,虽著己名,不可谓其窃也。盖时秀之注已行于世,郭之注使人得窥全豹矣。

《老子》为教典始于东汉

儒家六经西汉时即有博士讲授,经师训释笺注不计其数。道家著作今传河上公《道德经》注本,则始于汉文帝时。至汉末党锢之祸,儒学名士罹难,故至魏晋方盛行老庄之学。道士教攀附道家学说,奉老子为教主,尊庄周为南华真人,适逢其时也。

夫道士教实乃先秦以降方士、巫觋、神仙及民间原始信仰杂合而成之物,其成宗教社团当在东汉末之太平道。然太平道之教义与老庄之学乃风马牛,其教典为《太平清领书》。据《后汉书·襄楷传》:"其言以阴阳五行为家,而多巫觋杂语。"汉末张角黄巾起事,即奉此为太平道。强攀老子为教宗乃太平道支庶之张陵、张衡、张鲁祖孙。盖斯时汉中行五斗米道,《三国志·魏书·张鲁传》裴注引鱼豢《典略》:"光和中,东方有张角,汉中有张衡……角为太平道,衡为五斗米道,……衡法略与角同,加施静室,使病者处其中思过。以使人为奸令祭酒,祭酒主以《老子》五千文,使都习,号为奸令。"

奉《老子》为教典实始于此也。张道陵之五斗米道后称天师道，初为庶民所奉，魏晋后士大夫家亦广为习服也。《晋书·郗鉴传》叙郗鉴之子郗愔："愔字方回，与姊夫王羲之、高士许询并有迈世之风，俱栖心绝谷，修黄老之术。"王羲之《晋书》本传载其写《道德经》易道士易鹅佚事；《宣和书谱》录王羲之存《黄庭经》六十行手迹。《黄庭经》乃六朝道士托道家养生之术之伪撰，而王右军直视《老子》与伪书为道士教之经典矣。《魏书·释老志》则谓"道家之原，出于老子"，则史官亦无奈认之焉。

《老子》五千言，虽有"长生"之言，然绝无辟谷服药求仙之说。据《世说新语》，服五石散之风乃由何晏始，喜言老庄而服药，后来道士炼丹服食即其遗风也。故道士教之《真诰》奉何晏为天帝之陪臣，读之令人莞尔焉。

累世同居

近世凡子娶妻则别居，为父母者亦预为之赁，未以为异，故有所谓空巢老人之称。此风既盛，孝道不行也。

《唐语林》卷一载："博陵崔儇，缌麻亲三世同爨。贞元已来，言家法者以儇为首。儇生六子，一为宰相，五为要官。太常卿郇，太原尹郾，外壶尚书郎郿，廷尉郇，执金吾鄯，左仆射平章郸。兄弟亦同居光德里一宅。宣宗尝叹曰：'崔郸家门孝友，可为士族之法矣。'郸尝构小斋于别寝，御书赐额曰'德星堂'。"是知唐时尚以累世同居为人所重。至宋时则一族同居之俗败也。宋初，一家之中，子分财而别居之风行矣。《续资治通鉴长编》卷九载：太祖开宝元年六月，"西川及山南诸州百姓祖父母、父母在者，子孙多别籍异财。癸亥，诏长吏申戒之，违者论如律。"王称《东都事略》亦云："诏曰：'人伦以孝慈为先，家道以敦睦为美。矧犬马而有养，岂父子之异居？伤败风化，莫此为甚。应百姓祖父母、父母在者，子孙无得别籍异财，长吏其申戒之。'"

吕思勉以为"合族而居之制，必盛于天造草昧之时。以其时就政治言，就生计言，均无更大之团体，内借此以治理，外资此以自卫；而分工合作之道，亦即寓于其中也。逮乎后世，安内攘外，即有国家；易事通工，胥资社会；则合族而居之利，已自不存；而族长手握大权，或碍国家之政令；群族互相争斗，尤妨社会之安宁；则破大族而代之于小家，亦势不容已矣。""然后世犹有以宗族百口，累世同居为美谈者，则由未知宗法为与封建相辅而行之制，误以其团结不散，为伦理所当然；且未知古之所谓宗，每年仅合食一次，并无同居之事也。"

盖累世同居之事，乃起于汉。赵翼《陔馀丛考》曰："世所传义门，以唐张公艺九世同居为最。然不自张氏始也。《后汉书》：樊重三世共财。缪彤兄弟四人，皆同财业。及各娶妻，诸妇遂求分居。彤乃闭户自挝。诸弟及妇闻之，悉谢罪。蔡邕与叔父从弟同居，三世不分财，乡党高其义。又陶渊明《诫子书》云：颍川韩元长，汉末名士，八十而终。兄弟同居，至于没齿。济北氾幼春，七世同财，家人无怨色。是此风盖起于汉末。"

顾亭林《日知录》亦曰："宋孝建中，中军府录事参军周殷启曰：今士大夫父母在而兄弟异居，计十家而七。庶人父子殊产，八家而五。其甚者，乃危亡不相知，饥寒不相恤。"《魏书·裴植传》云："植虽自州送禄奉母，及赡诸弟，而各别资财，同居异爨，一门数灶。盖亦染江南之俗也。"据《宋史》载，太宗"诏川峡诸州，察民有父母在而别籍异财者，论死"。太宗淳化元年九月辛巳，禁川峡民父母在出为赘婿。真宗大中祥符二年正月戊辰，诏诱人子弟折家产者，令所在擒捕流配。

夫累世同居，窃谓古今变异，其固有风化之教，亦有民俗之因，诚不可一以概之而论也。观夫今之分居之俗，西风浸染亦一因也，然若子孙心存孝念，则分尤聚也，若心无孝念，聚尤分焉。

李林甫构陷太子

唐玄宗时，李林甫为相，数构陷太子亨。《唐语林》卷一载：

"肃宗在东宫，为林甫所构，势几危者数矣。鬓发班白。入朝，上见之恻然，曰：'汝归院，吾当幸。'及上到宫中，庭宇不洒扫，而乐器屏弃，尘埃积其上，左右使令亦无妓女。上为之动色，顾谓力士曰：'太子居处如此，将军盍使我知乎？'力士奏曰：'臣尝欲言，太子不许，云：无动上念。'乃诏力士，令京兆尹亟选人间女子顾长洁白者五人，将以赐太子。力士趋出庭下，复奏曰：'臣宣旨京兆尹阅女子，人间嚣然，而朝廷好言事者得以为口实。臣伏见掖庭中，故衣冠以事没入其家者，宜可备选。'上大悦，使力士诏掖庭令，按籍阅视，得五人，以赐太子，而章敬吴皇后在选中，后生代宗皇帝。"

夫太子者玄宗第三子也。开元二十五年四月，废杀太子李瑛。玄宗召李林甫议立储事。时寿王母武惠妃宠于上，林甫极荐寿王李琩，而上意属忠王李玙，未定，上"常忽忽不乐，寝膳为之减"。后高力士语上曰："推长而立，谁敢复争？"上乃于开元二十六年六月初三日立李玙为皇太子。太子天宝三载易名亨。既立，李林甫数于上前构太子，而上亦不禁之，私意防太子之势张也。

及安史乱，上避狩西蜀，肃宗即位于灵武。上颁行诏旨，委宰相而予之政，肃宗则罢上所委之相，迁上于宫西居，复尽遣上亲近之人。是知肃宗于东宫时，为李林甫所构，实内怨愤极也，其上宠林甫，故示之弱，行韬晦也。值乱起，则自于灵武即位，盖天下兵尽归其矣。

乾隆尝言肃宗："孟子称'德慧求智存乎疢疾'，肃宗为太子，受困杨、李疢疾，已宜其操心虑患矣。乃即位以后，宦妾交煽，甘蹈前车，既不能保其子，且不能安其父，岂所谓下愚不移者乎？"窃谓肃宗实亦善伪者也。《语林》载其为太子时一事可知矣。"肃宗为太子，尝侍膳。尚食置熟俎，有羊臂臑，上顾太子，使太子割。肃宗既割，余污漫刃，以饼洁之。上熟视，不怿；肃宗徐举饼噉之，上大悦。谓太子曰：'福当如是爱惜。'"

嗟乎，大唐盛世自肃宗而后，日衰矣。弘历亲睹其父兄弟夺储而相杀事，故有感于肃宗焉。

李林甫择婿

李林甫为相，口蜜腹剑，人皆尽知，其为女择婿事鲜有知者也。《开元天宝遗事》卷上有"选婿窗"条云："李林甫有女六人，各有姿色，雨露之家，求之不充。林甫厅事壁间，开一横窗，饰以杂宝，缦以绛纱。常日使六女戏于窗下，每有贵族子弟入谒，林甫即使女于窗中自选可意者事之。"一代奸臣，择婿亦有其奸诈处。然《旧唐书》载其"有子二十五人，女二十五人"。不知孰是。传林甫有女名腾空者后入道，李太白有《送内寻庐山女道士李腾空二首》云："君寻腾空子，应到碧山家。水舂云母碓，风扫石楠花。若爱幽居好，相邀弄紫霞。 多君相门女，学道爱神仙。素手掬青霭，罗衣曳紫烟。一往屏风叠，乘鸾着玉鞭。"

李林甫斫棺碎像

　　唐玄宗时，李林甫为相，以"口蜜腹剑"之行而名于后世，可谓遗臭万年也。玄宗时，林甫以礼部尚书拜相，天宝十一年病逝，追赠太尉，扬州大都督。后杨国忠诬其谋反，削官改葬，子孙流放。司马光谓其"凡才望功业出己右及为上所厚，势位将副己者，必百计去之；尤忌文学之士，或阳与之善，啖以甘言而阴陷之。世谓李林甫'口有蜜，腹有剑'。"然其未败时，玄宗尝刻其像侍立于太清宫也。

　　《旧唐书·礼仪四》载："初，太清宫成，命工人于太白山采白石，为玄元圣容，又采白石为玄宗圣容，侍立于玄元之右。皆依王者衮冕之服，缋采珠玉为之。又于像设东刻白石为李林甫、陈希烈之形。及林甫犯事，又刻石为杨国忠之形，而瘗林甫之石。"唐高彦休《阙史》亦载其云："长安重建太清宫，琢玉石为玄元皇帝真像，又雕玄宗、肃宗二圣真容于殿之东室，又琢左右丞相李林甫、陈希烈于东西序。至代宗朝，人有以为言者，诏除去瘗于殿阴。至广明庚子岁，丞相范阳公为太清宫使，因葺修颓废，掘地得玉石人，林甫官衔铭于其背，因具奏其事，辇送京兆府击碎之。"

　　《新唐书·奸臣传》又载："国忠劾其奸。帝怒，诏林甫淫祀厌胜，结叛虏，图危宗社，悉夺官爵，斫棺剔取含珠金紫，更以小椟，用庶人礼葬之。"

　　大奸之人虽生时恩宠一时，人心岂能尽为之蔽耶？引车卖浆，贩夫走卒之徒，死后尚可安眠于九泉，其胜于斫棺之祸也。

卷 五

娄师德雅量

　　世之有雅量者非罕，然显贵而有雅量者鲜也。《新唐书·娄师德传》载：师德为肃政御史大夫，并知政事。"深沉有度量，人有忤己，辄逊以自免，不见容色。尝与李绍德偕行，师德素丰硕，不能遽步，昭德迟之，恚曰：'为田舍子所留。'师德笑曰：'吾不田舍，复在何人？'其弟守代州，辞之官，教之耐事。弟曰：'人有唾面，洁之乃已。'师德曰：'未也，洁之，是违其怒，正使自干耳。'"又载："狄仁杰未辅政，师德荐之，及同列，数挤令外使。武后觉，问仁杰曰：'师德贤乎？'对曰：'为将谨守，贤则不知也。'又问：'知人乎？'对曰：'吾尝同僚，未闻其知人也。'后曰：'朕用卿，师德荐也，诚知人矣。'出其奏，仁杰惭，已而叹曰：'娄公盛德，我为所容乃不知，吾不逮远矣。'"《旧唐书》亦载其事云："初，狄仁杰未入相时，师德尝荐之，及为宰相，不知师德荐己，数排师德，令充外使。则天尝出师德旧表示之，仁杰大惭，谓人曰：'吾为娄公所含如此，方知不逮娄公远矣。'"

　　史家谓娄师德器量宽厚，喜怒不形于色。自专综边任，前后三十余年，恭勤接下，孜孜不怠。复观世之田舍郎一旦得任，朝夕间飞扬跋扈，不可一世，方知处显贵而持谦恭者为人所敬矣。

卢俊义刺配沙门岛

《水浒传》每言某犯事即刺配沙门岛，如卢俊义因管家李固构陷，解差董超、薛霸押其至沙门岛服刑。阅者多不省沙门岛为何处之囚所也。《宋史·刑法志》云："犯死罪获贷者，多配隶登州沙门岛及通州海岛。"盖宋时刺配犯人之岛有三：沙门岛、通州岛及琼州岛也。其类清之罪人发配宁古塔为披甲人奴也。

《清波杂志》卷二载："旧制：沙门岛黥卒溢额，取一人投于海。殊失朝廷宽贷之意。乞后溢额，选年深至配所不作过者移本州。神宗深然之，著为定制。乃马默知登州日建明也。"马默，字处厚，单州成武人，第进士。神宗时，知登州。绍圣时，坐附司马光致仕。

《续资治通鉴长编》卷一百八十八载："十二月壬寅，京东转运使王举元言：'登州沙门岛每年约收罪人二三百人，并无衣粮，只在岛户八十余家庸作，若不逐旋去除，即岛户难为赡养。兼是诸州军不体认条法，将罪人一例刺面配海岛，内亦有情不深重者，如计每年配到三百人，十年约有三千人，内除一分死亡，合有二千人见管，今只及一百八十人，足见其弊。盖无衣粮，须至逐旋去除，有足伤悯。望严戒诸路州军，除依编敕合配海岛外，余罪不得配往，登州年终具收配到沙门岛罪人元犯因依，开项申奏，委刑部检点，如不系编敕合该刺配往彼者，具事由以闻。'从之。"

是知至沙门岛之人，生还者十无一也。

陆象山喜家有三声

陆子静为宋明两代"心学"之鼻祖，主"心即理"，谓"宇宙便是吾心，吾心即是宇宙"。其尝谓人家当有三声：读书声、孩儿声、纺织声也。盖以为闻读书声便觉圣贤在他口中，在我耳中，不觉神融；闻孩儿声或泣或笑，自然籁动天鸣，觉后来哀乐情致，较此殊远；闻纺织声则勤俭生涯，一室儿女，觉有《豳风·七月》景象。

噫，此翁讲心学令人生厌，若以此般讲来，则耕夫贩夫亦明其理也。

陆游妾能诗

宋陈世崇《随隐漫录》卷五载：陆放翁宿驿中，见题壁诗，询之，驿卒女也，遂纳为妾。方余半载，夫人逐之。妾赋《卜算子》云："只知眉上愁，不识愁来路。窗外有芭蕉，阵阵黄昏雨。 晓起理残妆，整顿教愁去。不合画春山，依旧留愁住。"题壁诗云："玉阶蟋蟀闹清夜，金井梧桐辞故枝。一枕凄凉眠不得，呼灯起作感秋诗。"《宋诗纪事》亦载其事。

考放翁入蜀为南宋乾道六年，时年四十六，直至六十五岁罢官离蜀归山阴，其纳妾当此间事也。然王渔洋《池北偶谈》卷十三考其事云：

"玉阶蟋蟀闹清夜，金井梧桐辞故枝。一枕凄凉眠不得，呼灯起作感秋诗。"小说载此为蜀中某驿卒女诗，放翁见之，纳以为妾，为夫人所逐。又有《卜算子》词"不合画春山，依旧留愁住"云云。按《剑南集》，此诗乃放翁在蜀时所作，前四句云："西风繁杵捣征衣，客子关情正此时。万事从初聊复尔，百年强半欲何之？"玉阶作画堂，闹作怨，后人稍窜易数字，辄附会，或收入闺秀诗，可笑也。

夫驿卒女所书词，当为《生查子》，误为《卜算子》。事之真伪，亦不可考，然此妄既善诗而为放翁喜亦人情中事也。放翁自别唐琬，继娶王氏，五十余年赋诗近万，而竟无一言及王氏，其情薄可知矣。其事固不可考其实，然依情则未必不可无也。

《齐东野语》卷十二"蜀娟词"条载："蜀娟类能文，盖薛涛之遗风也。放翁客自蜀挟一妓归，蓄之别室，率数日一往。偶以病少疏，妓颇疑之。客作词自解，妓即韵答之云：'说盟说誓，说情说意，动便春愁满纸。多应念得脱空经，是那个先生教底？ 不茶不饭，不言不语，一味供他憔悴。相思已是不曾闲，又那得工夫咒你？'或谤翁尝挟蜀尼以归，即此妓也。又传一蜀妓述送行词云：'欲寄意，浑无所有，折尽市桥官柳。看君著上征衫，又相将放船楚江口。后会不知何日又，是男儿，休要镇长相守。苟富贵无相忘，若相忘有如此酒。'亦可喜也。"

放翁诗名盛，好事者附会演义总不可免也。

罗衾与布衾

《论语·乡党》："必有寝衣，长一身有半。"所谓寝衣，孔安国注："今之被也。"所说本于《说文》："被，寝衣，长一身有半。"又："衾，大被。"段玉裁云："寝衣是小被，则衾是大被。"郑玄注："今小卧被是也。"

古之富者有锦绣之被。《晋书·羊耽妻辛氏传》载：辛氏字宪英，有才鉴。耽从子"祐尝送锦被，宪英嫌其华，反而覆之"。《后汉书·李忠传》："世祖（汉光武帝刘秀）会诸将问所得财务，惟忠无所掠。世祖曰：'我欲特赐李忠，诸卿得无望乎？'即以所乘大骊马及绣被衣物赐之。"南唐后主李煜词"罗衾不耐五更寒"。林黛玉《秋窗风雨夕》诗"罗衾不奈秋风力，残漏声催秋雨急"。皆谓富贵之家之被也。

古贫者多盖布衾。《史记·平津侯主父列传》："弘为人恢奇多闻，常称以为人主病不广大，人臣病不俭节。弘为布被，食不重肉。"

汉刘向《列女传·鲁黔娄妻》："曾子吊之，上堂见先生之尸在牖下，枕墼席稿，缊袍不表，覆以布被，首足不尽敛，覆头则足见，覆足则头见。"《后汉书·祭遵传》："家无私财，身衣韦绔，布被。"《晋书·杨轲传》："常卧土床，覆以布被，偎寝其中，下无茵褥。"

杜甫《茅屋为秋风所破歌》："布衾多年冷似铁，娇儿恶卧踏里裂。"辛弃疾《清平乐》："布被秋宵梦觉，眼前万里江山。"皆言清贫也。至贫者则无被。《汉书·王章传》："初，章为诸生学长安，独与妻居。章疾病，无被，卧牛衣中。"牛衣者，牛御寒所披之麻布也。

洛下书生咏

近岁吟诵之风兴，习之者甚多，或有询余何为正腔者，余笑而答曰："吟诵何来正腔耶？夫南人北人其言迥异，所咏之调亦当有别，此亦如语言，焉有正腔者？"唯晋时谢安作洛阳腔咏，名流多学之，殊不知谢安石素患鼻疾，故其音浊也。

《世说新语·雅量》载：

桓公伏甲设馔，广延朝士，因此欲诛谢安、王坦之。王甚遽，问谢曰："当作何计？"谢神意不变，谓文度曰："晋祚存亡，在此一行。"相与俱前，王之恐状转见于色，谢之宽容愈表于貌。望阶趋席，方作洛阳咏。"

刘注引宋明帝《文章志》云："安能作洛下书生咏，而少有鼻疾，语音浊。后名流多学其咏，弗能及，手掩鼻而吟焉。"夫北音原较江东音重浊，而谢安"少有鼻疾"，故其咏自为一腔，掩鼻效尤，不亦奇哉？东晋时，盛行洛生之咏，盖东晋士大夫多中原旧族，及西晋亡，世家望族南迁，士人多推崇洛阳之音，喜以洛阳音调吟诵诗文，以是洛生之咏行也。然江南士人囿于语音，亦有诟之者。《世说·轻诋》记"人问顾长康，'何不作洛生咏？'答曰：'何至作老婢声。'"顾恺之以洛阳音重浊，故云为老婢声也。陆法言《切韵序》云："吴、楚则时伤轻浅，燕、赵则多伤重浊。"嘉锡先生案云："洛下虽非燕、赵，而同在大河南北，故其音亦伤重浊。长康世为晋陵无锡人，习于轻浅，故鄙夷不屑为之。"窃谓顾恺之世为江南人，抑其因地域之情而诟南渡西晋士人乎？又，长康素与桓温善，其言独以诟谢安石也。

自谢安石洛生咏盛行，后世多有以洛生咏为吟诵之别称者。李白《经乱后将避地剡中留赠崔宣城》云："闷为洛生咏，醉发吴越调。"苏轼《径山道中次韵周长官》云："缅怀周与李，能作洛阳咏。"

落第诗

自隋唐创科举选官制，天下士子尽入彀中，然及第者鲜而落第者多，此亦必然之势也。《通典·选举三》载唐代科举：

其进士大抵千人，得第者百一二，明经倍之，得第者十一二。开元以后，四海晏清，士无贤不肖，耻不以文章达。其应诏而举者，多则二千人，少犹不减千人，所收百才有一。

故时有"三十老明经，五十少进士"之说也。孟郊年四十六方进士及第，以至诗云："昔日龌龊不足夸，今朝放荡思无涯。春风得意马蹄疾，一日看尽长安花。"余留意诗人之及第诗鲜有佳者，得意之情无非如春风得意耳。落第之诗则愁绪万端，其中多有佳者，钞唐人落第诗以证。

孟郊《落第》诗云："晓月难为光，愁人难为肠。谁言春物荣，独见花上霜。雕鹗失势病，鹪鹩假翼翔。弃置复弃置，情如刀剑伤。"

陈子昂《落第西还别魏四懔》诗云："转蓬方不定，落对自惊弦。山水一为别，欢娱复几年。离亭暗风雨，征路入云烟。还因北山径，归守东陂田。"《再下第》诗："一夕九起嗟，梦短不到家。两度长安陌，空将泪见花。"

卢纶《落第后归终南别业》诗云："久为名所误，春尽始归山。落羽羞言命，逢人强破颜。交疏贫病里，身老事非间。不及东溪月，渔翁自往还。"

郑谷《闷题》诗云："落第春相困，无心惜落花。荆山归不得，归得亦无家。"

钱起《长安落第》诗云："花繁柳暗九门深，对饮悲歌泪满襟。数日莺花皆落羽，一回春至一伤心。"

杜荀鹤《下第东归别友人》诗云："不得同君住，当春别帝乡。年华落第老，岐路出关长。芳草缘流水，残花向夕阳。怀亲暂归去，非是钓沧浪。"

黄滔《下第》诗云："昨夜孤灯下，阑干泣数行。辞家从早岁，落第在初场。青草湖田改，单车客路忙。何人立功业，新命到封王。"

赵嘏《落第寄沈询》诗云："穿杨力尽独无功，华发相期一夜中。别到江头旧吟处，为将双泪向春风。"

罗邺《落第东归》诗云："年年春色独怀羞，强向东归懒举头。莫道还家便容易，人间多少事堪愁。"

常建《落第长安》诗云："家园好在尚留秦，耻作明时失路人。恐逢故里莺花笑，且向长安度一春。"

豆卢复《落第归乡留别长安主人》诗云："客里愁多不记春，闻莺始叹柳条新。年年下第东归去，羞见长安旧主人。"

夫下第之诗其情可悯，其心可悲，求其于下第之时持平和之态，难矣。清季赵翼有文名，后虽显达，亦有科场闭塞之时，余见其壬申科下第诗云："也知得失等鸿毛，舍此将何术改操？亲老河难人寿侥，时清星敢少微高。长鸣栈马还思豆，未解庖牛忍善刀。回首短檠残烛在，搬姜自笑鼠徒劳。"和平中正，气态闲暇，宜其后来为魁首矣。

绿帽为贱

沈括《梦溪笔谈》曰："苏州有不逞子弟，纱帽下着青巾。孙伯纯知州判云：'巾帽用青，屠沽何异？'"盖其时以著碧青诸色为贱也。元时，碧绿青诸色之服限于娼妓、乐人所服。《元典章》定"娼妓穿皂衫，戴角巾儿；娼妓家长并亲属男子裹青头巾"。明太祖洪武三年诏：教坊司伶人常服绿色巾，以别士庶人服。

碧绿之色何以为贱？余意当源于唐也。唐封演《封氏闻见记》卷九载："李封为延陵令，吏人有罪，不加杖罚，但令裹碧头巾以辱之。随所犯轻重，以日数为等级，日满乃释。吴人着此服出入，州乡以为大耻，皆相劝励无敢犯，赋税常先诸县。既去官，竟不捶一人。"

呜呼，以碧头巾辱之，岂谓善政哉？士可杀不可辱，李封辱之胜于杖捶也。

满文衰落

满语原称女真语，乃阿尔泰语系通古斯语支，《满洲实录》载：清太祖努尔哈赤命假蒙古语字母而创新满文。清初，皇太极、顺治两朝多用满文奏折，康熙、雍正两朝则满汉合用，乾隆帝甚而命汉臣创制满文篆字，可知清初诸帝均重满文，斯亦知欲保一族则必继其语，承其文也，盖语、文实为一民族之根本焉。自嘉庆始满语已呈衰落之势，嘉庆帝尝言："今满洲非惟不能翻译，甚至清话生疏，不识清字。"咸丰八年，竟至军机大臣不识满文，是满文衰败不可挽矣。

清制科举特设翻译科，此为前代所未之有也。翻译科设满洲、蒙古翻译，其制始于顺治八年，限八旗考生。雍正元年，诏定八旗满洲凡考生员、举人、进士另试翻译。然考翻译科之人少，故定不满六十人停会试。道光以后，京师八旗中仅取二三人耳。京师旗人穆齐贤有满文日记《闲窗录梦》传世，其记三人闱场替考事甚详。时穆乃设满文私塾，而所替者皆其学生也。

夫清入关之初，官刻坊刻皆多翻译汉文书籍，凡《四书》《五经》，医术占卜，经、史、子、集无所不包，小说如《三国》《水浒》《西游》比比皆是，旗人所可读者既多，其满文自亦有所进也。然乾隆十八年，帝诏：

"近有不肖之徒，并不翻译正传，反将《水浒》《西厢记》等小说翻译，使人阅看，诱以为恶。似此等秽恶之书，非惟无益，而满洲等习俗之偷，皆由于此。""将此交八旗大臣、东三省将军、各驻防将军大臣等，除官行刊刻、旧有翻译正书外，其私行翻写并清字古词，俱着查核严禁，将现有者查出烧毁，再交提督从严查禁，将原版尽行烧毁，如有私自存留者，一经查出，朕惟该管大臣是问。"（《清高宗实录》）

所谓正书，无非经史，然岂人人皆喜读之耶？人之所喜者，言情野史，传奇小说耳，盖人之习性以消遣悦目而读也。乾隆此禁，满文小说尽为禁毁，坊间所译停滞，直至道光时，方允译《择翻聊斋志异》一种。满文所译既禁，旗人大多弃满文而读汉文之书，嘉庆帝尝叹曰："从前满洲尽通晓清文，是以尚能将小说古词翻译成编。皇考深恐为习俗之害，严饬禁止。今满洲非惟不能翻译，甚至清话生疏、不识清字。其粗晓汉文者，又以经史正文词义深奥，难于诵习，专取各种无稽小说，日事披览。"（《清仁宗实录》）是以若非参考、挑差，旗人无习满文者也。窃谓乾隆帝本为正旗人之风气而禁满文小说，然此举竟至旗人远疏母语，终至衰落，不亦悲乎？

蒙学始于《蒙求》

近世倡国学，蒙学亦随之兴，殊不知自宋以来蒙学之作皆本于唐李翰之《蒙求》一书也。

李翰，天宝中寓居阳翟，累迁翰林学士。著童稚识字开蒙之书，名《蒙求》。是书为四言韵文，上下句对偶，各言掌故一，计二千四百八十四字。其书既成，摹其书而作者纷起，且多以"蒙求"名之，如《广蒙求》《叙古蒙求》《春秋蒙求》《左氏蒙求》《十七史蒙求》《三国蒙求》，一时间"蒙求"为蒙学之体也。后世之蒙学书《三字经》《弟子规》《龙文鞭影》《幼学琼林》等皆本于《蒙求》之体制，清之后方趋湮没。是以李翰之《蒙求》为蒙学书之祖也。

《新唐书·李翰传》曰："翰累迁左补阙、翰林学士。大历中，病免，客阳翟，卒。翰为文精密而思迟，常从令皇甫曾求音乐，思涸则奏之，神逸乃属文。"《唐语林》亦载其事云："李翰文虽宏畅，而思甚苦涩。晚居阳翟，常从邑令皇甫曾求音乐。思涸则奏乐，神全则缀文。"二书皆宋人所撰，未知何为本也。皇甫曾出于王维之门，工诗，历官侍御史，后坐事贬州司马，移阳翟令。乐能启人神思，此说不谬。余每为文，神惫之时亦以乐解之，时或亦由乐而启文思，是以文士必晓乐矣。

孟尝君谥号

《史记·孟尝君传》谓"文卒，谥为孟尝君"。余颇疑之。盖据《本传》，冯谖告秦王曰："亦知齐之废孟尝君乎？"又曰："使齐重于天下者，孟尝君也。"然太史公以汉人述战国事，似亦可以谥而称之，而斯时四大公子无以谥而称之者。平原君赵胜，嬴姓，赵氏，名胜，号平原君。信陵君魏无忌，魏昭王之子，封于信陵，以封邑而称之。春申君黄歇，嬴姓，黄氏，名歇，封为春申君。孟尝君，妫姓，田氏，名文，孟尝者其自号也。

窃谓太史公一书中称四公子，其例当一也，不知所据者何？

庙乃祀祖之屋

今人但以庙为佛教寺院，误也。《释名》曰："庙，貌也，先祖形貌所在。"是庙乃古人供祀祖宗之地也。《诗·大雅·思齐》"雝雝在宫，肃肃在庙"。《公羊传·庄公三十二年》"有子则庙，庙则书葬；无子不庙，不庙则不书葬"。《尔雅·释宫》"室有东西厢曰庙，无东西厢曰寝"。是知秦汉后方有称人居之屋。《白虎通》"圣王所以制宗庙何？曰：生死殊路，故敬鬼神而远之。所以有屋何？所以象生之居"。

汉末释教入，始以寺院称庙也。

灭烛看家书

今人喜言宋代繁华，琴棋书画诗酒花茶皆臻其极，以致叹己未逢其世也。然宋初之时，廉洁奉公之风盛行于士大夫，奢靡之风自神宗元丰后始矣。

北宋周紫芝《竹坡诗话》载某官阅京中文，见有家书，即"令灭官烛，取私烛阅书，阅毕，命秉官烛如初"。宋人朱弁《曲洧旧闻》卷二亦载："祖宗时，州郡虽有公库，而皆畏清议，守廉俭，非公会不敢过享，至有灭烛看家书之语。"若非世风倡廉，焉有如斯事邪？《旧闻》又载司马光与范镇饮茶事，尤可知士大夫之廉也。其云："蜀公与温公同游嵩山，各携茶以行。温公以纸为贴，蜀公用小黑木合子盛之，温公见之惊曰：'景仁乃有茶器也。'蜀公闻其言，留合与寺僧而去。后来士大夫茶器精丽，极世间之工巧，而心犹未厌。"《清波杂志》卷四"茶器"条亦载其事云："长沙匠者造茶器极精致，工直之厚，等所用白金之数。士夫家多有之，置几案间，但知以侈靡相夸，初不常用也。司马温公偕范蜀公游嵩山，各携茶往。温公以纸为贴，蜀公盛以小黑合。温公见之，惊曰：'景仁乃有茶器。'蜀公闻其言，遂留合与寺僧。"宋周密《癸辛杂识》谓"长沙茶具精妙甲天下，每副用白金三百星或五百星，凡茶之具悉备，外则以大缕银合贮之。赵南仲丞相帅潭日，尝以黄金千两为之，以进上方。穆陵大喜，盖内院之工所不能为也。"

嗟乎，世风关乎国运，凡国之兴，世风必正，正则廉；凡国之衰，世风必淫，淫则奢也。是故一国之运之盛衰，观乎其世风可知焉。若夫灭烛看家书，司马温公以纸为贴诸事，盖君子固恶奢也。观夫宋初之经济，何其盛也，而自元丰后，奢侈之风炽，上行下效，国力日衰，此实亡国之始也。君子不可不慎。

名臣为阎罗王

俗传阎王罗乃阴曹地府第五殿之冥王，赏人间地狱众生灵寿命生死也。其初，阎罗乃为印度佛教之"阎摩罗王"，传至中土则扩而为十殿阎王也。而中土之阎王，隋有韩擒虎，北宋则为包拯、寇准、范仲淹，皆为一代名臣也。

《隋书·韩擒虎传》载："其邻母见擒门下仪卫甚盛，有同王者，母异而问之。其中人曰：'我来迎王。'忽然不见。又有人疾笃，忽惊走至擒家曰：'我欲谒王。'左右问曰：'何王也？'答曰：'阎罗王。'擒子弟欲挝之，擒止之曰：'生为上柱国，死作阎罗王，斯亦足矣。'因寝疾，数日竟卒。"噫，二十四史多讳鬼神，子不语也，此亦独例焉。

北宋名相寇准以秉直见闻于世，《涌幢小品》云："其爱妾茜桃临终言准曰：'吾向不言，恐泄阴理；今欲去，言亦无害，公当为世主者阎浮提王也。'"

北宋包拯民之所熟知者，《宋史·包拯传》云："童稚妇女，亦知其名，呼曰包侍制。京师为之语曰：'关节不到，有阎罗包老。'"近人范烟桥《茶烟歇》云："俗传包拯为阴司阎罗王，其说在宋时已盛。"

又有范仲淹亦传为阎王。《中吴纪闻》卷五载："曾王父捐馆，至五七日，曾王姚前一夕梦其还家，急令开箧笥，取新公裳而去。因问之曰：'何匆促如此？'答曰：'来日当见范文正公，衣冠不可不早正也。'又问：'范公何为尚在冥间？'曰：'公本天人也，见司生死之权。'既觉，因思释氏书，谓人死五七，则见阎罗王。岂文正公聪明正直，故为此官邪？"

呜呼，此四人传为阎王，其生时则皆刚正恤民者，以其生也所行，及其亡也民尤念之，故欲其为阎王也。此与各州府祀城隍者类，盖城隍亦多为州府之民所崇念者也。夫人之亡也，而民犹欲其生，可谓不朽焉。

名贤生日祭

清光绪内阁中书孙雄尝辑录《名贤生日诗》十卷，清末，福建侯官人杨浚《冠悔堂诗钞》为四十九位名贤赋生日诗，自康熙始，文士诗集多有赋名贤生日诗者。其始盖源于士人为前名贤生日崇祀也。

为名贤生日崇祀肇端于清，其祭则悬绘影、案果食，赋诗为兴，设祀饮福，若今人之纪念某某诞辰某某周年类。或以为此俗由来已久，实则清之前，岁祀者唯孔子、释迦牟尼耳。清末杨钟羲《雪桥诗话余集》卷七记为名贤祭祀事，所祭者有苏轼、黄庭坚、白居易、苏辙、周敦颐、文天祥、顾炎武、欧阳修、郑玄、朱彝尊、王士祯、朱熹、王阳明、陆游、司马光等。人或存疑者，中华前贤代不乏人，何为仅祭数人哉？况所祭者多为宋之后人，不亦惑乎。

夫祭祀前贤，当知其诞辰之月日，然纵观先秦至隋唐文献，记名贤诞辰之日者鲜，检视正史，唯有卒日耳。至南北朝，佛教徒于佛祖诞日祭祀，世风方变。唐代现帝王生日庆典，所谓千秋节乃为国之重典。宋元之后，世风方重生日，故宋之前名贤知其诞日鲜也。若白居易之诞日为后人所知，乃赖其自撰墓志铭《醉吟先生墓志铭》所记"大历七年正月二十日，生于郑州新郑县东廓宅"。诸多前代名贤，既不能知其诞日，生日之祭亦无奈何也。

清乾隆后，乾嘉考据之风兴，前贤生卒方多有考证。故诸多前贤未能享祭之因非清之士人轻之，乃其生辰之失考也。清人周春《耄余诗话》卷九云："学正少仙朱君重修尊经阁，三月而落成，移奉昌黎韩公像于中层，因询及韩公生年月日。余偶为之考曰：公生于大历三年戊申，见李汉所撰集序，此年之可考者也。公《三星行》云：我生之辰，月宿南斗，牛奋其角，箕张其口。……故节候早，当在十一月中旬也，日则不可确指矣。……如欲仿扬祀六一、杭祀东坡、越祀放翁之例，必以生日，不得其真。"是以知祭前贤之难矣。

至若东坡之生日，其文集已书，并及于子由，故清人祭子瞻、子由而不祭苏洵，非轻父而重子也，盖苏洵生日失考也。至于欧阳修之生日其《文忠集》有明载，黄庭坚之生日，宋人撰《山谷先生年谱》亦有所记，故后人多有祭之。子矜兄近有《散原遗墨》相赠，散原老人墨迹有题《匋斋京师无闷园东坡生日雅集图》诗云："东坡生日觞咏夸，都下盛集称乾嘉。"句，与集者有陈宝琛、陈曾寿、林纾、梁鼎芬等，可窥清末士人仰慕前贤之风。

窃谓清之士人兴前贤祭祀，其亦有隐意焉。仰慕前贤固为一说，然前明之痛岂一时可息者？乾隆始文字之狱大兴，士人皆缄默其口，其祭祀前贤籍以抒胸中垒块也。

明初帝王娶外邦女

明初，帝王娶外邦之女为嫔妃不以为异。秦愍王朱樉，洪武帝次子也，洪武三年封秦王。《明史》载："樉妃，元河南王王保保女弟。樉薨，王妃殉。"《万历野获编》亦载："太祖第二子秦樉王，以洪武四年娶故元太傅中书右丞相河南王扩廓帖木儿女王氏为正妃，至二十八年愍王薨，王妃以死殉，遂得合葬，而次妃邓氏则功臣清河王愈女，反屈居其下。"

洪武十八年戊辰科状元为襄阳人任亨泰，其妻本蒙古人，赐国姓朱氏，而亨母为乌古论氏，亦色目人也。

又有文皇帝朱棣，纳高丽所献女数人，其中一人为贤妃权氏，侍上北征，回师薨于峄县，遂藁葬焉，贤妃父拜光禄卿，仍居高丽。正德间，回回人于永上言高丽女白皙而美，大胜中国，因并取色目侯伯及达官女入内。其后则未有纳外邦女之事也。

明初女秀才

明初有女秀才，见于朱彝尊《静志居诗话》卷一《宫掖》篇，"范氏"条云："范氏，清江人。桲孙女。早寡，选入禁中。偶题《老妪骑牛吹笛图》云'玉环赐死马嵬坡，出塞昭君怨更多。争似阿婆牛背稳，笛中吹出太平歌。'高后见之，封为夫人。遣还乡。"又云："明初识字妇女，得举女秀才，入尚功局。《万载县志》载，县民敖用敬妻易渊碧，洪武二十六年，举女秀才，以疾还乡；又，中都左卫千户陈泰圆妻龙玉英孀居，亦举女秀才，洪熙元年，封大乐贤母。范氏殆其选也。"

《辽史》载有邢简妻陈氏，通经义，尤好吟咏，时以女秀才名之。然其谓乃虚称耳，明初乃有女秀才之实也。

明代禁庶民着靴

洪武初，民间服饰鞋履饰尤精美，竞相奢华，标新立异。朝廷制舆服之制，鞋靴之制亦有定规。洪武初定：庶民着靴不得裁制花样，金线装饰。平民无论贫富，一律鞋式俭素。二十五复令："严禁庶民、商贾、技艺、步军、余丁及杂役等着靴，惟准着皮札。北地寒冷允以牛皮直缝靴，违者处于极刑。"所谓皮札者，著时先以皮统札缚于小腿之上，下再着鞋履。

据《明史》，允着靴者乃"令文武官父兄、伯叔、弟侄、子婿，皆许着靴。""令校尉、力士上直穿靴，出外不许。"时有鞋匠颜锁柱者犯禁，礼部出榜云："为奸顽乱法事，节次五城兵马司拿送犯人颜锁柱等故将原定皮札翰样制。更改作半截靴，短靴，里儿与靴一般长，安上抹口俱各穿着，或卖于人，仍前自便于饮酒、宿娼，行走摇摆。该司送问罪名，本部切详。"洪武帝甚至谓"这等乱法度的，都押去本家门首枭令了，全家迁云南"。着一靴而丧命，何其酷也。

清赵吉士《寄园寄所寄》引《臣鉴录》云："昆山王英，洪武初授山东监察御史，上特命署都御史事。尝微服入郡城，时禁庶民服靴，门者缚英，英笑曰：'吾官人也。'取舟中冠带示之，始得释，亦不色怒。"据此可证明时禁庶民着靴之事也。

明皇与贵妃捉迷藏

捉迷藏乃小儿之戏，今尚存。唐元稹《杂记》诗云："轻寒夜浅绕回廊，不辨花丛暗辨香。忆得双文笼月下，小楼前后捉迷藏。"五代时花蕊夫人《宫词》亦有"内人深夜学迷藏，绕遍花丛水岸旁。"之句。《致虚阁杂俎》载：唐明皇与玉真于月下，以锦帕裹目，在方丈之间互相捉戏。玉真捉上每易，而玉真轻捷，上每失之，宫人抚掌大笑。一夕，玉真于袖上多结流苏香囊与上戏，上屡捉屡失。玉真故以香囊惹之，上得香囊无数。已而笑曰："我比贵妃更胜也。"谓之捉迷藏。

窃谓玄宗专宠杨妃，诟之者且以安史之乱病之，然余以为玄宗亦不失为性情中人也。古今帝王专宠后宫者众，能始终者鲜矣，故白乐天诵其"在天愿作比翼鸟，在地愿为连理枝。天长地久有时尽，此恨绵绵无绝期。"夫迷藏之戏，幼童为之，玄宗与杨妃直似回归童稚之趣也。若以性情论，玄宗焉可诟之哉？

明英宗废殉葬

殉葬之制，古之陋习也，故孔子曰："始作俑者，其无后乎。"然后世未能绝，秦始皇时，凡后宫无子者，皆令从死。明太祖即位复人殉之制，至明英宗方废之。

《明史·后妃传》载："太祖崩，宫人多从死者。"历成祖、仁、宣二宗皆然。赵翼《廿二史札记》卷三十二载："宣宗崩，嫔何氏、赵氏、吴氏、焦氏、曹氏、徐氏、袁氏、诸氏、李氏、何氏皆从死，正统元年皆追加赠谥，册文曰：'兹委身而蹈义，随龙驭以上宾，宜荐徽称，用彰节行。'此可见当时宫嫔殉葬之例也。"《明史·英宗后纪》载："八月春正月乙卯，帝不豫。己未，皇太子摄事于文华殿。己巳，大渐，遗诏罢宫妃殉葬。"

考英宗废人殉事，固有因也。初，值土木堡之变，帝后尽出资财，日夕跪地祈祷，以致盲一目，残一足。及英宗归，并幽居南宫。明沈德符《万历野获编》卷三载："闻英宗为太上时，钱后至手作女红，卖以供玉食。"其情笃如此，为帝后者鲜闻也。

明《翰林记》卷十五载："天顺甲申，正月朔日以后，上不豫，每日犹裁决万几如常。至初十以来，疾大渐，乃处置后事，命太监牛玉执笔，口使书：其一东宫即位，过百日成昏；其二定后妃名分；其三命勿以嫔御殉。"

明刘定之《否泰录》载："高庙、文庙、仁庙、宣庙皆用人殉葬，至英宗临崩，召宪宗谓之曰：'用人殉葬，吾不忍也，此事宜自我止，后世子孙勿复为之'。"宪宗遵遗诏，善待钱后。自此废人殉事。成化四年，有辽靖王朱豪上奏嫡长子恩亡，"欲以其妇冯氏、妾曹氏殉"。上贻书切责之，令移其妇妾于宫中，供养如法，毋使失所。诸王入葬，人殉亦绝矣。

清初，因满人旧有殉葬之俗，贵族常以妾、奴殉。清太祖努尔哈赤，太宗皇太极，世祖福临崩，皆以人殉，从殉者有嫔妃，侍从武官等。此俗至康熙时始禁绝。

夫明英宗非英主也，其杀少保于谦尤为人所诟，然究其内则终属仁厚，本纪赞曰："罢宫妃殉葬，则盛德之事可法后世者矣。"

模棱宰相

武后时，苏味道为相。《旧唐书·苏味道传》云："前后居相位数载，竟不能有所发明，但脂韦其间，苟度取容而已。尝谓人曰：'处事不欲决断明白，若有错误，必贻咎谴，但模棱以持两端可矣。'时人由是号为'苏模棱'。"《唐语林》卷五载："苏味道初拜相，门人问曰：'方事之殷，相公何以燮和？'味道但以手摸床棱而已。时谓'摸床棱宰相'。"

吾以为守真之模棱其愚不可及也。时值武后强权当政，实非其施以智时，故其以愚示以人耳。宁不知其乃效宁武、荀攸者焉？《三国志·魏书·荀攸传》云："攸深密有智防，自从太祖征伐，常谋谟帷幄，时人及子弟莫知其所言。太祖每称曰：'公达外愚内智，外怯内勇，外弱内强，不伐善，无施劳，智可及，愚不可及，虽颜子、宁武不能过也。'"《论语·公冶长》："子曰：'宁武子，邦有道则知，邦无道则愚，其知可及也，其愚不可及也。'"何晏集解引孔安国曰："佯愚似实，故曰不可及也。"守真为武后相，天下皆以伪政视之，内则以李姓天下，是以其模棱为相矣。后世以其性模棱者，岂知其人哉？后世孙苏轼虽文名天下，然不及其祖之愚，故仕途数谪而多厄也。

《牡丹亭》名句源于宋词

汤显祖《牡丹亭》［皂罗袍］"原来姹紫嫣红开遍，似这般都付与断井颓垣。良辰美景奈何天，赏心乐事谁家院。"本于宋聂冠卿《多丽》词也。其词云："想人生，美景良辰堪惜。问其间赏心乐事，就中难是并得。"谓人生四美不可兼得也。

冠卿字长孺，新安人。庆历元年，以兵部郎中知制诰，拜翰林学士。《能改斋漫录》卷十六云：翰林学士聂冠卿，尝于李良定公席上赋《多丽》词。蔡君谟时知泉州，寄良定公书云："新传《多丽》词，述宴游之娱，使病夫举首增叹耳。"则知其词为时人所推重。临川当亦喜其词，故化而为己曲词也。

南民北迁

吾国自西晋"永嘉之乱"后，凡大迁徙者三，皆北人南迁也。西晋"八王之乱"，晋室南迁，定都建康，史谓衣冠南渡。唐天宝间，"安史之乱"，北地之民多南迁，此其二也；宋"靖康之变"宋室南迁，至南宋末，全国经济重心则已由黄河流域转为长江流域也。此三大迁徙，固由国乱所致，然北方之文明传播南方，亦促使南方之经济得以大发展也。唯明初之时，太祖移涉南民至北地，是为南民北迁也。

《明史·食货·户口》载："明初，尝徙苏、松、嘉、湖、杭之无田者四千余户，往耕临濠，给牛、种、车、粮，以资遣之，三年不征其税。"临濠，治所钟离县，太祖改为临濠府，洪武二年，建为中都，后改为凤阳府，乃太祖之乡土也。后"复徙江南民十四万于凤阳"。户部郎中刘九皋上疏言："古狭乡之民，听迁之宽乡，欲地无遗利，人无失业也。""太祖采其议，迁山西泽、潞民于河北。后屡徙浙西及山西民于滁、和、北平、山东、河南。""又徙直隶、浙江民二万户于京师，充仓脚夫。"至成祖时，"复选应天、浙江富民三千户，充北京宛、大二县厢长。附籍京师，仍应本籍徭役"。

夫汉高祖尝徙富民以实关中，朱洪武亦仿其意也。

南宋初帝皆恭俭

宋南渡之初，帝皆恭俭，盖亦知国运艰难而不欲奢侈也。《建炎以来朝野杂记》载：高宗在维扬时，每退朝，即御殿旁一小阁，垂帘独坐，前设一素木桌子，上置笔砚，盖阅四方章奏于此阁内，惟二小珰侍侧。凡巨珰若内夫人奏事，上悉出阁外视之。御膳惟面、饭、煎肉、炊饼而已。镇江守钱伯言尝献宣和所留器用，其间有螺钿椅桌。上恶其靡，亟命于通衢毁之。上晚年，大刘妃有宠，恃恩骄侈，盛夏以水晶饰足榻。上偶见之，即命取一以为御枕。妃惶惧，撤去。自是六宫无复逾制者矣。

及孝宗即位，亦以恭俭为奉。《杂记》载：淳熙中，上作翠寒堂于禁中，以日本国松木为之，不施丹臒，其白如象齿。尝召赵丞相雄、王枢使淮奏事堂下，古松数十，清风徐来。上曰："松声甚清，远胜丝竹，子瞻以风月为无尽藏，信哉。"上以指殿东桥曰："此去禁园无数十步，朕遇花时亦未常住，闲遣人折数枝来观尔。苑中台殿皆太上时所为，朕居常以竹沓覆设，太上来则撤之。"太上至宫，徘徊周览，每兴依然之叹，颇讶其不雅饰也。上恭俭勤政盖如此。

嗟乎，南渡之初，上犹知尚俭朴而济国，后来奢风渐兴，不可禁也。观夫南宋之奢靡浮华，追北宋东京之靡，而后无望其项背者也。徽宗北狩之时，犹书"玉京曾忆昔繁华，万里帝王家。琼林玉殿，朝喧弦管，暮列笙琶"。呜呼，此即亡国之道焉。夫治道之要在正风俗，而风俗之别有二焉，曰民俗，曰士俗。民俗不正，士俗救之；士俗不正而欲正其在民者，不可得也。

南宋初重馆阁藏书

宋南渡之初，国运维艰，然高宗、孝宗犹珍重馆阁藏书，百方搜集，不遗余力。四十年间，设秘阁、御前、四库、搜访库四处藏书，另有诸州印板书进呈所藏处。五处藏书计六万八千八百三十四卷，二万六百二十一册，搜求之富，令人称叹。呜呼，兵火之后，犹以藏书为要务，是亦高宗、孝宗莫大之功德也。

《建炎以来朝野杂记》载："《中兴馆阁书目》者，孝宗淳熙中所修也。高宗始渡江，书籍散佚。绍兴初，有言贺方回子孙鬻其故书于道者，上命有司悉市之。时洪玉父为少蓬，建言芜湖县僧有蔡京所寄书籍，因取之以实三馆。刘季高为宰相掾，又请以重赏访求之。五年九月，大理评事诸葛行仁献书万卷于朝。诏官一子。十三年，初建秘阁，又命即绍兴府借故直秘阁陆寊家书缮藏之。寊，农师子也。十五年，遂以秦伯阳提举秘书省，掌求遗书、图画及先贤墨迹。时朝廷既右文，四方多来献书者。至是数十年，秘府所藏益充牣，乃命馆职为《书目》，其纲例皆仿《崇文总目》焉。《书目》凡七十卷。"

据李心传所述，可窥南渡之初，兵燹之余，朝廷值百废待兴之时，而犹志于搜寻，置馆阁而藏书，文脉为之承续，读书种子为之未绝，实为一大善举矣。

又据《杂志》言，南渡初，监本散佚，绍兴间方镂板颁行也。其载云："监本书籍者，绍兴末年所刊也。国家艰难以来，固未暇及。九年九月，张彦实待制为尚书郎，始请下诸道州学，取旧监本书籍，镂板颁行。从之。然所取诸书多残缺，故胄监刊《六经》无《礼记》，正史无《汉》《唐》。二十一年五月，辅臣复以为言，上谓秦益公曰：'监中其它阙书，亦令次第镂板，虽重有所费，盖不惜也。'繇是经籍复全。先是，王瞻叔为学官，尝请摹印诸经义疏及《经典释六》，许郡县以赡学或系省钱各市一本置之于学。上许之。今士大夫仕于朝者，率费纸墨钱千余缗，而得书于监云。"

叶德辉《书林清话》卷六云："先少保公云：'淳化中，以《史记》、《前后汉》付有司摹印，自是书籍刊镂者益多。'"又云："盖宋自淳化以后，历朝皆刻书，版存国子监。绍兴南渡，军事倥偬，而高宗乃殷殷垂意于此，宜乎南宋文学之盛，不减于元祐也。"

南宋国书称金为叔

《金史·世宗本纪》载："己未，宋通问使魏杞等以国书来。书不称'大'，称'侄宋皇帝'，称名'再拜奉书于叔大金皇帝'。岁币二十万。"呜呼，丧权辱国之约既签，受辱于胡人亦不能免也。

《资治通鉴》载：五代时，石敬瑭叛后唐，后唐伐之，敬瑭求援于契丹。契丹军南下败后唐军，石敬瑭受契丹册封为"大晋皇帝"，其于契丹则自称"儿皇帝"。唐太宗初起事，因娶胡妹而对突厥自称"婿"。嗟乎，势强者尊而弱者卑，此亦无奈何之举矣。

南宋士人贬道学

道学之名始于北宋张载《答范巽之书》"朝廷以道学政术为二事，此正自古之可忧者"。后程颐自谓兄弟之学为道学，谓："自予兄弟倡明道学，世方惊疑。""门人朋友为文以叙其事迹，述其道学者甚众。"至南宋，朱熹赞二程之学则云："夫以二先生倡明道学于孔孟既没千载不传之后，可谓盛矣。"然淳熙至庆元间，斥其学者以"伪学"号之，以"奸党"之名罪之，固党争之弊，非学术之辩也。余读南宋周密《志雅堂杂钞》，其载乡曲沈子固先生云，可谓贬道学者之标榜也，其云：

道学之党名起于元祐，盛于淳熙。其徒甚盛，蟠结其间，假此以惑世者，真可嘘枯吹生。凡治财赋者则目为聚敛，开阃捍边者则目为粗才，读书作文者则以为玩物丧志，留心吏事者则以为俗吏，盖其所读书止《四书》

《近思录》《通书》《太极图》《西铭》及《语录》之类。自诡为绝学者：正心、齐家，以至治国、平天下，故为之说曰："为天地立心，为生民立命，为前圣继绝学，为万世开太平。"为州、为县、为监司，必须建立书院，或道统诸贤之祠。或刊注《四书衍》，缉《近思》等文，则可不错路头去，下而士子作时文，苟能发明圣贤义蕴，亦可不负名教矣。否则立身如温公，文章气节如东坡，皆非本色也。复有一等伪学之士竞趋之，稍有不及，其党必挤之为小人，虽时君亦不得为辨之，其气焰可畏如此。然所行所言略不相顾，往往皆不尽人情之事。驯至淳祐、咸淳，则此弊极矣。是时为朝士者必议论愦愦，头脑冬烘，敝衣菲食，出则以破竹轿舁之以村夫，高巾破履，人望之，知为道学君子，名达清要，且夕可致也。然其家囊金匮帛，为市人不为之事。贾似宪独持相柄，惟恐有夺其权者，则专用此等之士，列之要路，名为尊崇道学，其实幸其愦愦不才，不致掣其肘，以是驯致万事不理，丧身亡国。呜呼，孰倡伪学之党甚于典午之清谈乎？

其说虽有以偏概全之弊，亦可窥道学之徒欺世盗名之存者矣。

南唐朝中无策士

战国之世，策士纵横，皆出于鬼谷子之门。若苏秦、张仪辈，虽纵横驰骋于诸侯，实皆朝秦暮楚，事无定主，反复无常之人也。南唐方其亡时，有徐铉者，亦欲效苏张之行而说于宋太祖，终为后人笑也。

欧阳修《新五代史》载："太祖皇帝之出师南征也，煜遣其臣徐铉朝于京师。铉居江南，以名臣自负。其来也，欲以口舌驰说存其国，其日夜计谋思虑言语应对之际详矣。及其将见也，大臣亦先入请，言铉博学有才辩，宜有以待之。太祖笑曰：'第去，非尔所知也。'明日，铉朝于廷。仰而言曰：'李煜无罪，陛下师出无名。'太祖徐召之升，使皆其说。铉曰：'煜以小事大，如子事父，未有过失，奈何见伐？'其说累数百言，太祖曰：'尔谓父子者为两家可乎？'铉无以对而退。"

嗟乎，铉以名士自负，数百言何以不能对太祖一言哉？所处之世异也。夫当秦既灭六国之时，起苏秦、张仪于地下亦复何用焉。况徐铉本无辩士之才，亦无审时度势之智，而欲以之成名，可乎？宋王铚《默记》记其后归宋事云："徐铉归朝，为左散骑常侍，迁给事中。太宗一日问'曾见李煜否。'铉对以臣安敢私见之。上曰：'卿第往，但言朕令卿往相见，可矣。'铉遂径往其居，望门下马，但一老卒守门。徐言'愿见太尉'。卒言'有旨不得与人接，岂可见也。'铉曰'我乃奉旨来见'。老卒往见。徐入，立庭下。久之，老卒遂入，取旧椅子相对。铉遥望见，谓卒曰'但正衙一椅足矣'。顷间，李主纱帽道服而出。铉方拜，而李主遽下阶，引其手以上。铉告辞宾主之礼。李主曰'今日岂有此礼'。徐引椅少偏，乃敢坐。后主相持大哭，乃坐。默不言，忽长吁叹曰'当时悔杀了潘佑、李平'。铉既去，乃有旨再对，询后主何言。铉不敢隐。遂有秦王赐牵机药之事。"

徐铉既无策士之才而护主，既投新主又不能为旧主掩其迹，反复无常则与战国之策士一也。然则，后主亦知国无才士也。宋阮阅《诗话总龟》引《江南野录》：刘洞尝以诗百余首献李煜，首篇乃《石城怀古》云："石城古岸头，一望思悠悠。几许六朝事，不禁江水流。"煜览之，掩卷改容。金陵将危，为七言诗，大榜于路旁曰："千里长江皆渡马，十年养士得何人。"

溺女婴

旧时，民间多有溺女婴之俗。《韩非子·六反》云："父母之于子也，产男则相贺，产女则杀之。"是知其恶习战国之时即存也。《清稗类钞·风俗类》载："溺女恶习，所在有之，盖以女子方及笄许嫁时，父母必为办妆奁。富家固不论，即贫至佣力于人者，亦必罄其数年所入佣赀，否则夫婿翁姑必皆憎恶。迨出嫁，则三朝也，满月也，令节新年也，家属生日也，总之，有一可指之名目，即有一不能少之馈赠，纷至沓来，永无已时。又或将生子，则有催生之礼，子生后，则弥月、周岁、上学等类，皆须备物赠送。……贫家之不愿举女，良有以也。"是说虽言清季之俗，实亦二千年民间续存之陋习也。

宋王得臣《麈史》载："闽人生子多者，至第四子则率皆不举，为其资产不足以赡也。若女则不待三，往往临蓐以器贮水，才产即溺之，谓之'洗儿'，建、剑尤甚。四明俞伟仲宽宰剑之顺昌，作《戒杀子文》，召诸乡父老为人所信服者列坐庑下，以俸醪置醴醴，亲酌而侑之，出其文使归谕劝其乡人无得杀子，岁月间活者以千计，故生子者多以'俞'为小字。转运判官曹辅上其事，朝廷嘉之。"明万历间廖用贤《尚友录》载："伟，字仲宽，四明人，元祐初，知顺昌县。初，县民生子多不举，伟集耆老谕以理，贫者许赡以粟，所活不可胜计，多以伟之姓、字名之俗。婚娶尚侈，伟戒以俭，而省浮费。"是知民之不举子者，非忍也，乃贫而不能养也。《福建通志》尝载溺女事甚详，不忍卒读矣，其曰："凡胞胎初下，稳婆率举以两手审视，女也，则以一手覆而置于盆，问：'存否？'曰：'不存。'即坐，索水，曳儿首倒入之，儿有健而跃且啼者，即力捺其首，儿辗转其间甚苦，母氏或汪然泪下。有顷，儿无声，撩之不动，始置起。"

呜呼，此般陋俗，有识之士皆诟之也，清《松荫庵漫录》载《戒溺女歌》云："劝君莫溺女，溺女伤天性。男女皆我儿，贫富有分定。若云养女致家贫，生儿岂必皆怡亲。浪子千金供一掷，良田美宅等灰尘。若云生女碍生儿，后先迟速有谁知？杀女求儿儿不来，暮年孤独始悲哀。不知有女送终去，犹免白骨委蒿莱。……古往今来多杀机，可怜习俗不知非。人命关天况骨肉，莫待白首泪沾巾。"

今既已无溺女之事，然重男轻女之陋习尚存，以当今之文明昌盛，尤存此念，不亦谬乎？

年号纪年

上古纪年，始于君主在位年数纪年法，自君主即位至去位，其即位年谓"元年"，其后即以数字示，若二年、三年等。自上古至西汉武帝，君主在位，纪年则云"王某年"，《春秋》及其三传皆以此纪年。

周行分封。各诸侯国于以周王纪年外，皆以本国诸侯在位而纪年，据《史记》载各诸侯国皆以世系纪年。自西周末始，诸侯大国均以国君纪年，若晋史《乘》、郑史《志》、楚史《梼杌》、鲁史《春秋》。诸侯之以国君纪年，亦周王室式微之徵也。

汉设郡县与分封并行之制。诸侯王国以皇帝纪年亦以诸侯王在位而纪年。若《汉书·文帝纪》："十七年秋，高后崩。"颜师古注引张晏曰："代王之十七年也。"吕雉崩于前一八〇年，时文帝刘恒为代王，翌年即位改元前元元年。《汉书·楚元王传》："二十一年春，景帝之三年也，削书到，遂应吴王反。"楚元王二十一年为景帝三年也。

自汉武帝至清末宣统皆为年号纪年。君主在位，于"某年"前加年号，若"太初元年";后世史家书史,于年号前加君主名号,则各有异。有加谥号者,若汉宣帝本始元年、隋文帝开皇九年等;有加庙号者,若唐太宗贞观元年、宋神宗元丰七年等。

君主在位纪年自殷王纪年至清帝,历时三千余年。清亡,废帝制,行共和,则又以国号纪年,若民国元年、民国二年。中华人民共和国成立,采用公历纪年,方废三千年建元纪年之制也。

佞人难防

夫自古以来,佞人之言语最为难防,盖人莫不喜溢美之辞而恶逆耳之语也。即如唐太宗从谏如流,魏徵数逆其颜而终纳其谏,然终不能防佞人之谄矣。

《唐语林》载:"太宗止一树下,颇嘉之,宇文士及从而颂美之,不容于口。帝正色曰:'魏徵常劝我远佞人,我不悟佞人为谁,意疑汝而未明也,今乃果然。'士及叩头谢曰:'南衙群官面折廷争,陛下常不能举首。今臣幸在左右,若不小顺从,陛下虽贵为天子,亦何聊乎?'意复解。"

宇文士及,本姓破野头,字仁人,代郡武川人。武德二年,归顺高祖,太宗即位,拜中书令。《旧唐书》有其本传,史臣曰:"太宗明主也,不见其心;玄龄贤相焉,尚容其谄。狡算丑行,死而后彰。"《本传》谓宇文士及死,谥曰"恭",黄门侍郎刘洎驳之曰:"士及居家侈纵,不宜为恭。"竟谥曰"纵"。

嗟乎,佞人之不绝而行于世,乃南面者皆喜佞言也。即如黔首之家,为父母者亦莫不喜其子女之嘉言,虽知其伪亦欣欣然矣。此诚人性所致者焉。是故读史者不必苛求前人之喜佞矣。

女宠擢用三大将

世人读史，凡由女宠而擢用者则多有诟语，盖讥其非由己之力而居高位者也。然女嬖之人岂尽庸碌之辈焉？余观夫西汉武帝之时，建功立业之三大将皆由女嬖而擢用也。

卫青父郑季，给事平阳侯家，与卫媪通，生青，故青冒姓卫氏，为平阳主骑奴。而卫媪先有女子夫，以主家讴者得幸于帝，立为后。青以后同母弟见用为大将军，封长平侯。其首征袭匈奴龙城，七战七捷，破单于，收河朔、河套，位极人臣而不立私威。

霍去病为皇后姊子，卫青甥也，少贵，年十八为侍中。初从大将军卫青出塞，与轻勇骑八百，直弃大军数百里赴利，斩捕首虏过当。河西之战，匈奴败绩，直取祁连山；漠北之战，封狼居胥，遂以封冠军侯。上尝欲教之孙吴兵法，对曰："顾方略何如耳，不至学古兵法。"上为治第，令视之，曰："匈奴未灭，无以家为也。"

李广利其女弟本倡，后得幸于帝，为李夫人。帝用广利为贰师将军，伐大宛，得其王毋寡头以归，封海西侯。

呜呼，三大将皆以嬖宠而进，然后皆成大功为名将，其亦不可以宠进而诟之也。钱宾四先生谓：汉初，惟当时军人中，豪杰与近宠判为两党。卫霍李广利之属，名位虽盛，豪杰从军者贱之如粪土。李广父子愈摈抑，而豪杰愈宗之。史公亲罹李氏之祸，故其为《史记》，于两党瑕瑜，抑扬甚显。今平心论之，则两党中亦各有奇材，惜乎武帝之未能以公心善用之耳。斯言善矣。

欧阳修排佛

释教自入中土，儒家代有排之者，唐有韩愈为领军，视佛教为"夷教"，尊儒排佛，谏宪宗迎佛骨。宋有欧阳修为领军，作《本论》曰："佛法为中国患千余岁，世之卓然不惑而有力者，莫不欲去之。已尝去矣，而复大集。攻之暂破而愈坚，扑之未灭而愈炽，遂至于无可奈何。"以为佛教为贻害无穷之"魔教"。其修《新唐书》，专以信佛与否品评前代帝王之功过，以致评唐太宗为"中材庸主"，排佛之唐武宗则赞赏有加。甚者，其幼子取"和尚"为小字。《渑水燕谈录》卷十载："欧阳文忠公不喜释氏，士有谈佛书者，必正色视之。而公之幼子小字和尚，或问：'公既不喜佛，排浮屠，而以和尚名子，何也？'公曰：'所以贱之也，如今人家以牛驴名小儿耳。'问者大笑，且伏公之辩也。"

然世之事有不可逆料者，至欧阳文忠公贬滁州时，闻九江居讷禅师论，复大悟，故晚岁自号六一居士。至潜心"学佛参禅，屏却酒色"，且告诫诸弟子云："吾少以文章名世，力诋浮图，迩来于诸经忽闻奥义，方将研究正果。不料赍志而殁，汝等毋蹈吾辙，轻言三教异同也。"

元丰二年，东坡过扬州平山堂，睹壁间尚留文忠公墨迹，悼而赋《西江月·平山堂》词云：三过平山堂下，半生弹指声中。十年不见老仙翁，壁上龙蛇飞动。 欲吊文章太守，仍歌杨柳春风。休言万事转头空，未转头时是梦。嗟乎，坡公性豁达，儒释道皆为其用，异乎欧阳公也。词云"休言万事转头空，未转头时是梦"句，禅机甚明，似亦评欧阳公之前排佛而终入佛矣。

欧阳修衰病赋《秋声》

欧阳修《秋声赋》享誉文坛，千载未衰。清李调元《赋话》誉之为"宋赋之最擅名者"。然斯赋之旨，众说纷纭，或曰悲秋，或云"庆历新政"之郁结，永叔赋《秋声》果如斯乎？

仁宗嘉祐四年秋，永叔年五十三，是年夏伏，书《夜闻风声有感奉呈原父舍人、圣俞直讲》诗：

夜半群动息，有风生树端。飒然飘我衣，起坐为长叹。苦暑君勿厌，初凉君勿欢。暑在物犹盛，凉归岁将寒。清霜忽以飞，零露亦溥溥。霜露本无情，岂有私蕙兰。不独草木尔，君形安得完。栉发亦新白，监容销故丹。风埃共侵迫，心志亦摧残。万古一飞隼，两曜双跳丸。扰人贤与愚，流沙逐惊湍。其来固如此，独久知诚难。服食为药误，此言真不刊。但当饮美酒，何必被轻纨。

是诗所叹者风声也，假霜露无情而伤感人生，是以后人皆以此诗为《秋声赋》之先声也。然永叔赋《秋声》之因，类乎于此乎？窃以为非也。读文忠公嘉祐间文，其因病而叹者比比于文矣。是年有《乞洪州第四札子》云："鬓须皓然，两目昏暗"，"又风气攻注，左臂疼痛，兴趣动艰难。一身四肢，不病者有几？"所乞者之洪州"以养理衰残"。《病告中怀子华、原父》诗云："狂来有意与春争，老去心情渐不能。世味惟存诗淡泊，生涯半为病侵陵。花明晓日繁如锦，酒拨浮醅绿似渑。自是少年豪横过，而今痴钝若寒蝇。"永叔此时既病又老故有痴钝之感，《秋声赋》所述忧思劳形，病老之叹全是写真之语也。是年秋，永叔《与赵康靖公叔平》书曰："今夏暑毒非常岁之比，壮者皆苦不堪言，况早衰多病者可知。自盛暑中忽得喘疾，在告数十日。近方入趋，而疾又作，动辄伏枕，情绪无憀。"《与王懿敏公仲仪》书又云："某昨在府，几案之劳，气血极滞，左臂疼痛，强不能举。罢居城南，粗得安养。迄今病月尚未复差。"右之所举，可知永叔斯时衰病甚厉，正似其与刘敞之《病暑赋》所叹"惟衰病之不堪兮，譬燎枯而灼焦"。《秋声赋》曰："奈何以非金石之质，欲与草木而争荣。"永叔切肤之叹也。

噫，永叔之叹，人之常情也，后人以其文名之盛而强为《秋声赋》作种种解，不欲其与常人类，恰似"四壁虫声唧唧"，焉知永叔之心哉。

欧阳修填词偿妓过

宋时州郡皆置官妓，宴间佐以歌舞伎乐，习以为常也。《钱氏私志》载："欧文忠任河南推官，亲一妓。时先文僖罢政，为西京留守，梅圣俞、谢希深、尹师鲁同在幕下。惜欧有才无行，共白于公，屡讽而不之恤。一日，宴于后园，客集而欧与妓俱不至，移时方来，在坐相视以目。公责妓云：'末至何也？'妓云：'中暑往凉堂睡着，觉失金钗，犹未见。'公曰：'若得欧推官一词，当为偿汝。'欧即席云：'柳外轻雷池上雨，雨声滴碎荷声。小楼西角断虹明。阑干倚处，待得月华生。燕子飞来窥画栋，玉钩垂下帘旌。凉波不动簟纹平。水精双枕，旁有坠钗横。'"所赋乃《临江仙》曲也。此词甚脍炙人口，今人亦多有咏之者。《野客丛书》券二十四亦记其事云："欧公词曰：'池外轻雷池上雨，雨声滴碎荷声'云云，末曰：'水晶双枕，旁有坠钗横。'旧说谓欧公为郡幕日，因郡宴，与一官妓荏苒，郡守得知，令妓求欧词以免过，公遂赋此词。"余谓文忠公亦性情中人矣。

欧洲使臣跪拜之争

清季既闭关自守，而复以上国自视，视西洋诸国为外夷，故凡欧洲来使，觐见之时是否行跪拜之礼，争议甚厉。

清代西洋使者来华，初皆令其行跪拜之礼欧洲各国来使，皆抗议用拜跪礼，廷臣则例必与之争。乾隆五十七年，英国正使马戛尔尼来华洽通商事，朝廷循例插以旗，曰"英国进贡船"，觐见循例使叩头。马戛尔尼深虑以小节妨其所企，故于万树园幄次，行拜跪礼。陈康祺《郎潜纪闻》记其事云："乾隆癸丑，西洋英咭利国使当引对，自陈不习拜跪，强之，止屈一膝，及至殿上，不觉双跪俯伏。故管侍御《韫山堂诗》有'一到殿廷齐膝地，天威能使万心降'之句。"

至同治时，外使拜跪之争弥烈。黄秋岳书尝引录吴柳堂折云：

窃自各国使臣赍呈国书请觐以来，诸臣会议，初则争以见与不见，继又争以跪拜与不跪拜，相持不决，近半年矣。臣窃与二三同志小臣妄言，此何大事，而直举国纷纷若是乎？孟子曰："君子与禽兽何择？"各国之主，由各国之臣民废置如弈棋，此臣所闻也。其在京者，出门时妇人前行，或乘轿，男子为之执役，步行在后，此臣所见也。观其条约，无虑数十，几近万言，问有一语述及亲亲尊贤，国之九经否？曰：无有也。问有一字道及礼义廉耻，国之四维否？曰：无有也。不过曰某项有利、某项于中国亦有利，以利自处，而又以利诱中国。彼本不知仁义礼智信为何物，而我必欲其事五常之性；彼本不知君臣父子夫妇昆弟朋友为何事，而我必欲其强行五伦之礼；是犹聚犬马羊于一堂，而令其舞蹈扬尘也。然则即得其一跪一拜，岂足为朝廷荣？即任其不跪不拜，亦岂为朝廷辱？吾愚以为，我之尊自若也，不因彼之尊而我始尊也。彼之不屈自若也，不因我之屈而彼即屈也。

柳堂之折，可窥斯时之情景也。以其所言，余谓柳堂诚为一明白人，跪拜之礼固非其所欲言者，惜穆宗未之悟也。

俳优解经

北齐高祖有御用俳优名石动筩者，为人诙谐而善插科打诨，熟儒学经典，上甚喜之。《坚瓠甲集》记其解《论语》云："北齐石动筩尝诣国学，问博士曰：'孔门达者七十二人，几人冠，几人未冠？'博士曰：'经传无文。'动筩曰：'先生读书岂合不解？冠者三十人，未冠者四十二人。'博士曰：'据何文解之？'动筩曰：'冠者五六人，五六得三十也。童子六七人，六七四十二也。合之得七十二人也。'众皆大笑。"《论语》此章云曾皙之志，历代解说纷纭，朱熹用心《四书》，倾心力于集注，然晚年亦恨此章之解，盖孔子既未明其说，后人所解亦以己意也。石动筩之解诚为戏谑，而俳优熟知儒学亦历代所鲜有者也。

嚏

《诗经·邶风·终风》："寤言不寐，愿言则嚏。"朱熹《诗集注》曰："愿，思也。嚏，鼽嚏也。人气感伤闭郁，又为风雾所袭，则有是疾也。"《毛诗传笺》则谓："愿，思也。我其忧悼而不能寐，女思我心如是，我则嚏也。今俗人嚏，云'人道我'，此古人之遗语也。"郑玄所言善。洪迈《容斋随笔》卷四"喷嚏"条云："今人喷嚏不止者，必噀唾祝云：'有人说我'，妇人尤甚。" 噀唾，犹今人言"吐唾沫"也。处州人今尚存此俗，偶有喷嚏，则曰"有人思我"。是知俗文化之中，多有古之风俗所存，若依朱熹所言则庄姜之诗味同嚼蜡也。

又清梁同书《直语补证》云：《燕北录》，戎主太后喷嚏，近位臣僚齐声呼"治夔离"，犹汉呼万岁。今乡里小儿女喷嚏，亦呼百岁及大吉以解之，本此。案此俗吾邑今尚存。

捧砚得牛

为人捧砚亦为雅事，由来已久，《唐才子传》载，李太白"白浮游四方，欲登华山，乘醉跨驴，经县治，宰不知，怒引至庭下曰：'汝何人，敢无礼？'白供状不书姓名，曰：'曾令龙巾拭吐，御手调羹，贵妃捧砚，力士脱靴。天子门前，尚容走马；花阴县里，不得骑驴。'宰惊愧，拜谢曰：'不知翰林至此。'白长笑而去。"此言杨玉环为太白捧砚而书《清平乐》事。为雅客捧砚既为人所赏，故后世多有效之者也。清袁枚有女弟子席佩兰，其《天真阁集》有《寿简斋先生》诗云："绿衣捧砚催题卷，红袖添香伴读书。"清布衣画家黄慎有《漱石捧砚图》，皆用贵妃捧砚典也。然亦有俗客欲效雅事，致为人所讥者。

《湘山野录》载：石曼卿一日谓秘演曰："馆俸清薄，不得痛饮，且僚友鑺之殆遍，奈何？"演曰："非久，引一酒主人奉谒，不可不见。"不数日，引一纳粟牛监簿者，高资好义，宅在朱家曲，为薪炭市评，别第在繁台寺西，房缗日数十千。长谓演曰："某虽薄有涯产，而身迹尘贱，难近清贵。慕师交游尽馆殿名士，或游奉有阙，无吝示及。"演因是携之以谒曼卿，便令置宫醪十担为贽，列酝于庭，演为传刺。曼卿愕然问曰："何

277

人？"演曰："前所谓酒主人者。"不得已因延之，乃问甲第何许，生曰："一别舍介繁台之侧。"其生粗亦翔雅。曼卿闲语演曰："繁台寺阁虚爽可爱，久不一登。"其生离席曰："学士与大师果欲登阁，乞预宠谕，下处正与阁对，容具家蔌在阁迎候。"石因诺之。一日休沐，约演同登。演预戒生，生至期果陈具于阁，器皿精核，冠于都下。石、演高歌褫带，饮至落景，曼卿醉喜曰："此游可纪。"以盆渍墨，濡巨笔以题云："石延年曼卿同空门诗友老演登此。"生拜叩曰："尘贱之人幸获陪侍，乞挂一名以光贱迹。"石虽大醉，犹握笔沉虑，无其策以拒之，遂目演，醉舞伴声讽之曰："大武生牛也，捧砚用事可也。"竟不免，题云"牛某捧砚"。永叔后以诗戏曰："捧砚得全牛。"

嗟乎，牛监簿者，贱业而慕名之土豪也，其之奉曼卿，欲附之而高其名耳。捧砚事，侍仆辈为之也，而牛以之喜，犹近世暴发户之附庸风雅，斥万金而藏丑书类。曼卿既与牛游，受人之惠，焉能免俗，捧砚之题，遗笑儒林矣。

皮日休倡尊孟

唐皮日休字袭美，一字逸少，历任著作佐郎，太常博士。《唐会要·贡举下》曰："咸通四年二月，进士皮日休上疏，请以《孟子》为学科曰：'臣闻圣人之道，不过乎经。经之降者，不过乎史。史之降者，不过乎子。子不异道者，孟子也。舍是而诸子，必斥乎经史，圣人之贼也。文多不载。请废庄列之书，以孟子为主，有能通其义者，科选请同明经。其二，请以韩愈配飨太学。其略曰：臣闻圣人之道，不过乎求用。用于生前，则一时可知也；用于死后，则万世可知也。又云：孟子、荀卿，翼辅孔道，以至于文中子。文中子之道旷矣，能嗣其美者，其唯韩愈乎！"惜"疏奏，不纳。"此乃开以《孟》为经之先声也，治学术史者亟可留意矣。

儒学之尊孟，始于韩愈，至宋王荆公尤尊孟，奉之入孔庙。自宋以下，始以孔孟并称。尊孟之风虽始于退之，而实成于宋儒也。至若孟子于宋时确立亚圣之位，则始于荆公而成于朱熹也，故孟子之学与王学、程朱理学先后各领风骚。据《唐语林》载："咸通中，进士皮日休进书两通：其一，请以《孟子》为学科。有能通其义者，其科选同明经。其二，请以韩愈配享太学。有唐以来，一人而已，苟不得在二十一贤之数列，于典礼未为备也。"是知倡以《孟子》入学科者，逸少乃第一人也。

贫民觅食乡

清潘榕皋农部《游虎丘冶坊浜》诗云"人言荡子销金窟，我道贫民觅食乡。"真仁者之言也。盖治民之道，第一要务当在安顿贫民也。民以食为天，腹不能果，乱必生矣。故为官之道以安顿贫民为首务也。

清钱泳《履园丛话》载：陈宏谋，雍正进士，历官布政司、巡抚、总督。抚吴时，禁妇女入寺烧香，三春游屐寥寥，舆夫、舟子、肩挑之辈无以谋生，物议哗然，由是弛禁。胡文伯，字偶韩，为官清廉，民称"胡青天"，为一时名臣。尝为苏藩，禁开戏馆，怨声载道。盖金阊商贾云集，宴会无时，戏馆酒馆凡数十处，每日演剧，养小民不下数万人。此原非犯法事，禁之何益于治。

窃谓二公固清正廉明之士，然囿于理学之训，不知贫民之疾病也。苏子瞻元祐四年知杭州，适需疏浚西湖。盖时西湖葑草横生，湖面萎缩，稻田苦灾，致米价暴涨。公施之以工代赈法，即以常平米（丰年购而灾年放）募饥民浚治西湖，流民既解饥荒之厄，而西湖亦得以治。苏子瞻岂一代文章之魁邪？实亦一代之能臣也。

七十二数辩疑

　　史籍论事，多有以七十二数言之，余尝疑之焉。孔子七十二弟子，道家洞天福地七十二，孙悟空神通七十二变化，古封禅之君亦为七十二人，此类之说多矣。清周亮工《书影》云："《管子》述古封禅之君七十二人，孔安国撰孔子弟子七十二人，刘向传列仙亦七十二人，皇甫士安撰高士亦七十二人，陈长文撰耆旧亦七十二人。"然《史记·封禅书》曰："古者封泰山禅梁父者七十二家，而夷吾记者十有二焉。"余寻之史籍，十有二者乃秦始皇于始皇二十八年始封，继之者为：秦二世胡亥、西汉武帝、东汉光武帝、汉景帝、汉安帝、隋文帝、唐高宗、唐玄宗、宋真宗、清圣祖康熙、清高宗乾隆。自秦始至清亡，见于典籍者仅十二人耳。管仲之言十二，信之也。

　　然何以喜言七十二者，喻其众也。郑玄易学以五行释《易经》之象与数，以为：天地之数各有五，一二三四五，六七八九十，是为五行金木水火土之序。前五数为生数生万物，后则为成数，且天奇之数为阳，地偶之数为阴。生数成数需相配方能生化万物，即地六配天一，天七配地二，七十二为天地阴阳之成数也。郑康成之说亦以七十二为万物之成数，谓物之极也。故前人所言七十二者，言其多耳。岂实有其事耶？七十二数既为言多，故后世亦以之喻。《玉台新咏》古乐府诗《相逢狭路间》云："入门时左顾，但见双鸳鸯。鸳鸯七十二，罗列自成行。"李白《梁甫吟》云："东下齐城七十二，指挥楚汉如旋蓬。"清魏源《三湘棹歌》云："水复山重行未尽，压来七十二峰影。"所言皆非实景也。

七十二贤皆为士

今人誉孔子为吾国教育第一人，以为其"有教无类"，乃如今日之义务教育，但敬之束脩即可入其学，误也。

孔子施教以士为主，夫子亦士，其弟子亦皆为士。孔门七十二贤皆士也。考之《史记·仲尼弟子列传》，其弟子出身虽贵贱不一，然夫子之教，盖皆欲其出仕也。春秋末世，公卿大夫之嫡长子，可继君父之爵，长子之下，庶子则皆需进学，学有所成方可出仕。故斯时公卿大夫之子弟多有从夫子学者。亚圣孟子承孔子之教，亦以教弟子为士。其弟子滕更，滕君之弟也；曹交，曹君之弟也。滕更、曹交可为公卿者也，然滕、曹皆小国，其势亦如大国之士也。

孔门之教，仁与礼耳，皆出仕之必备者也。夫子教弟子学以致用，用者，修齐治平也。故夫子七十二贤大多出仕，唯颜回、原宪、闵损未仕。颜回贤，《孔子家语》云：回"年二十九而发白，三十二而死"。《仲尼弟子列传》云："回年二十九，发尽白，蚤死。"原宪，据《列传》，孔子卒，原宪遂亡在草泽中。《家语》云："隐居卫。"闵损，《列传》载："孔子曰：'孝哉闵子骞，人不间于其父母昆弟之言。不仕大夫，不食污君之禄'。"司马贞索隐谓："《论语》季氏使闵子骞为费宰，子骞曰：'善为我辞焉'，是不仕大夫，不食污君之禄也。"有高柴者，夫子尝荐其仕，辞之，然夫子卒，仕于鲁。孔门七十二贤出仕者六十有九矣。

子曰："困而不学，民斯为下矣。"斯言善。庶民之需者衣食生存也，终日碌碌而生之尚危，焉思求学于孔门哉？治平大事，君子所谋者，故孔子所教皆士也。至若平民之教，近百年之事焉。

七月初六为七夕

七月初七为七夕乞巧节，由来已久，然亦有以初六为七夕者。《燕翼诒谋录》卷三载："北俗，遇月三、七日不食酒肉，盖重道教之故，而七夕改用六日。太平兴国三年七月乙酉，诏曰：'七夕佳辰，近代多用六日。宜以七日为七夕，颁行天下。'盖方其改用六日之时，始于朝廷，故厘正之，自朝廷始。"其所谓以六日为七夕"始于朝廷"，盖言南唐李主事也。

南唐李主诞于七夕，卒于七夕，而南唐江南以六日为七夕节。《万历野获编》卷二载："江南李煜以七夕生，至期，其弟从益自润州赴贺，乃先一日乞巧，江浙间俱化之，遂以成俗。直至宋淳化间始诏更定，仍为七夕，亦奇事也。"然其事不见于《南唐书》。考后主诗词，亦无书七夕文字。所谓"始于朝廷"之说，无所本也。七夕本佳辰，古今亦无避帝王诞辰讳，何须先一日乞巧焉？江浙间以六日为七夕，其俗当另有所说也。

漆书三灭

今人言孔子读《易》，多以韦编三绝称之，未知铁挝三折，漆书三灭也。《太平御览》引内库藏本《史记·孔子世家》云："孔子晚善《易》，韦编三绝，铁挝三折，漆书三灭也。"《说文》云："挝，搔也。"谓形似簪之铁制长针，竹简编缀为册，以之为穿联之具也。漆书者，书于简之漆手抚久而为之灭也。

三国魏宋均《论语比考谶》云："孔子读《易》，韦编三绝，铁挝三折，漆书三灭。"晋葛洪《抱朴子·内篇·祛惑》：孔子"常劝我读《易》，云：此良书也，丘窃好之。韦编三绝，铁挝三折。"是知自三国至晋，非独言韦编三绝也。自汉班固《汉书·儒林传》云：孔子"盖晚而好《易》，读之韦编三绝，而为之传。"窃谓班孟坚儒学世家，十六入太学，博览群书，当知前代所书，其独书韦编三绝者，行文删繁就简尔。惜后世不知铁挝三折、漆书三灭之典焉。

齐人虞卿始作俑

孔子恶作俑，愤而斥之曰："始作俑者，其无后乎。"然谁为始作俑者，无考也。清初马骕《绎史》引王肃《丧服要记》云："孔子曰：'宁设桐人乎？'公曰：'齐人虞卿遇恶继母不得养，父死不能葬，自知有过，故作桐人。吾父生得供养，何桐人为？'"

《说文》曰："偶，桐人也。"盖古偶人以桐木为之也。俑之制后世未绝。《史记·酷吏列传》司马贞索隐云："匈奴至为偶人象郅都。"《文选》谢惠连《祭古冢文》李善注："抚俑增哀。"《战国策·齐策三》"有土偶人与桃梗相与语。"鲍彪注："偶，相人也，比土为之。"以是知孔子之时人殉之制既鲜，以俑代之始于齐人也。

牵牛星又称黄姑

七夕牛女鹊桥相会之说，人尽熟知，自秦少游《鹊桥仙》词出，人皆知牛为牵牛星，女为织女星也。然余见旧时亦有以"黄姑"称牵牛者。《玉台新咏》载南北朝萧衍《东飞伯劳歌》云："东飞伯劳西飞燕，黄姑织女时相见。"吴兆宜注引《岁时记》谓："河鼓、黄姑，牵牛也。皆语之转。"李白《拟古十二首》："青天何历历，明星如白石。黄姑与织女，相去不盈尺。银河无鹊桥，非时将安适。闺人理纨素，游子悲行役。"李后主诗云："迢迢牵牛星，杳在河之阳。粲粲黄姑女，耿耿遥相望。"此则以织女为黄姑也。唐元稹《决绝词》之二："已焉哉，织女别黄姑，一年一度暂相见，彼此隔河何事无。"清吴伟业《无题》诗："题罢红窗歌缓缓，听来青鸟信沉沉。天边恰有黄姑恨，吹入萧郎此夜吟。"后世诗人多以黄姑为牵牛矣。

自古士人赋词多喜出新而厌俗，黄姑之代牵牛亦此类也。《尔雅》释河鼓为牵牛，河鼓转音为黄姑，尚有可据，至于后主"粲粲黄姑女"，以黄姑为织女则无稽矣。

前废帝纵粪父陵

余读史籍，荒诞狂妄之帝王代而有之，然若南朝宋前废帝，其荒淫败德即古之商纣亦不及也。夫刘子业即位，凶残暴虐，滥杀大臣，纳姑为妃，乱伦嫡姊，父死无悲，母病不视，欲掘父坟，纵粪父陵，淫秽后庭，辱诟叔父，发指之事不胜举矣。

《宋书·前废帝本纪》载："帝幼而猖急，在东宫每为世祖所责。子业启参承起居，书迹不谨，上诘让之。子业启事陈谢，上又答曰：'书不长进，此是一条耳。闻汝素都懈怠，猖戾日甚，何以顽固乃尔邪。'初践阼，受玺绶，悖然无哀容。""初太后疾笃，遣呼帝。帝曰：'病人间多鬼，可畏，那可往。'太后怒，语侍者：'将刀来，破我腹，那得生如此宁馨儿。'"呜呼，父死不哀，母病不视，即乡里无知小儿亦不能为也。《本纪》又载："以宫人谢贵嫔为夫人，加虎贲鞁戟，鸾辂龙旆，出警入跸，实新蔡公主也。"新蔡公主乃文帝第十女，子业之姑也。赵翼《廿二史札记》谓其"纳之宫中，立为贵嫔，改姓谢氏，杀一婢，假称公主薨逝，以鸾辂龙旆送还其家。"《南史》卷二亦载：帝"以文帝第十女新蔡公主为贵嫔夫人，改姓谢氏。加武贲鈚戟，鸾辂龙旆，出警入跸。矫言公主薨，空设丧事焉"。《宋史本纪》载其"帝自以为昔在东宫，不为孝武所爱，及即位，将掘景宁陵，太史言于帝不利而此。乃纵粪于陵，肆骂孝武帝为'齈奴'，又遣发殷贵嫔墓，忿其为孝武所宠"。《建康实录》卷十三亦载其事云："少帝子业，景和元年九月甲辰，发宣贵妃殷氏墓，追撼世祖，将掘景宁陵，太史言于帝不利，乃止。"

沈约撰《宋书》，于《前废帝本纪》末云："废帝之事行著于篇。若夫武王数殷纣之衅，不能挂其万一；霍光书昌邑之过，未足举其毫厘。假以中才之君，有一于此，足以陨社残宗，污宫潴庙，况总斯恶以萃一人之体乎。其得亡亦为幸矣。"

前三后四

今人清明扫墓，有所谓前三后四之说，不知其由来也。余见宋王楙《野客丛书》卷十六"大节七日"条载："国家官私，以冬至、元正、寒食三大节为七日假，所谓前三后四，观《通典》论冬夏至日寝鼓兵一条，郑瑶曰：'二至之义，否泰道异，宜其不同。若以夏至俗人所重，则文武官可息一日，不宜前三后四等于冬至。'乃知七日之假，隋唐已然。"所谓元正者，正月元日也。《书·舜典》云："月正元日，舜格于文祖。"孔传："月正，正月；元日，上日。"

今之清明祭扫所谓前三后四说当源于古之三大节之假也。审夫今之诸多民间习俗，人多不审其由，而人言亦言，相传既久，以为俗也。

钱谦益嗜学

夫人称古人嗜学者，多举匡衡凿壁偷光，苏秦悬梁刺股事，余阅清王晫《今世说》云，钱谦益"老而好学，每手一编，终日不倦。暑月夜读苦蚊，辄以足置两瓮中。"此翁可谓老而嗜学者也，吾不知河东君尝见之否。时复有林西仲者，少嗜学，每探索精思，竟日不食。暑月，家僮具汤请浴，率和衣入盆，衣尽湿始觉。里人皆呼为书痴。又有江南武进人陈椒峰，读书至夜分，两眸欲阖如线，辄用艾灼臂。久之成痂，每一顾，益自奋不敢怠。如此嗜学者亦世之罕有也。窃谓自战国始，学而为仕耳，隋唐创科举，士人苦读亦复求一功名耳，至功成名就，一如昔之苦读者鲜矣。是吾谓钱谦益仕为尚书，名为宗师，然至暮年乃嗜书如痴，此可谓真读书人也。

钱时四书

宋钱时有《融堂四书管见》十三卷。凡《论读》十卷，《孝经》一卷，《大学》一卷，《中庸》一卷。此《四书》有《孝经》而无《孟子》，人之罕见者也。

钱时字子里，浙江淳安蜀阜人。父辈四人皆以科举显，举族恩宠至极。然其不屑世俗儒生之见，绝意科举，穷其生而就明理学。得杨简真传，即为陆九渊再传弟子，故得"心学"正脉。以其为陆九渊再传弟子，门户迥殊，是以不用程朱之本也。时右相乔行简荐其于理宗，云："钱时夙负才识，尤通时务，田里之休戚利痛，当世之是非得失，莫不详究而熟知之，不但通诗书守陈言而已。"嘉熙元年二月，上召之，问以修身为政养兵恤民之要，先生条对敷陈剖切，皆圣贤之精微。帝大悦，特赐进士出身。

钱子里有《山翁岭》诗，其恤民之心比之杜工部也。诗云："岁岁暮色雪塞门，白发山翁病且贫。鹑衣百结皮冰裂，旦暮拨雪寻草根。催租暴卒打门户，妻子惊恐翁怖惧。尽道长官如母慈，如何赤子投饥虎。"先生既不慕科举，江东提刑袁甫延聘其象山书院主讲，欣然往之。

呜呼，先生实为南宋一代硕儒也。

乾隆论正统

乾隆四十六年十月，帝命《四库全书》馆臣录存元杨维桢《三史正统辩》。谕称杨维桢以"元继南宋为正统，而不及辽金，其论颇正"。谕云：

正统者，继前统受新命也。东晋以后，宋、齐、梁、陈虽偏安江左，所承为晋之正统；隋平陈以后，始得为大一统；宋以前不得不以正统属梁、唐、晋、汉、周；南宋偏处临安，其所承者，仍以北宋之正统，辽金不得攘而有之；至元世祖平宋，始有宋统当绝，我统当续之语；我朝为明复仇讨贼，定鼎中原，为自古得天下最正。

夫正统之论，唐皇甫湜尝作《东晋元魏正闰论》，正闰者，正统或非正统也。宋欧阳修始作《正统论》，司马光、苏轼、朱熹亦各有所述，然立论各异。司马光为北宋立论，故以三国魏为正统，蜀为闰位；朱熹则为南宋立论，是以蜀为正统，魏为闰位。《资治通鉴·魏文帝黄初二年》云："据汉传于魏而晋受之，晋传于宋以至于陈而隋取之，唐传于梁以至于周而大宋承之，故不得不取魏，宋、齐、梁、陈、后梁、后唐、后晋、后汉、后周年号，以纪诸国之事，非尊此而卑彼，有正闰之辨也。"《宋史·宋庠传》："又辑《纪年通谱》，区别正闰，为十二卷。"宋叶适《兵部尚书蔡公墓志铭》："若夫不别夷夏，不分正闰，恬其仇我，俛焉并立，甚至以为戎狄之德，黎民怀之，若天眷命而然，则尤公师友之所讳也。"

呜呼，自古胜王而败寇，是以胜者为正而败者为闰也。弘历既为大清之君，其谓"我朝为明复仇讨贼，定鼎中原，为自古得天下最正"自是妄语，无需批评，然其"南宋偏处临安，其所承者，仍以北宋之正统，辽金不得攘而有之"之论，治史者焉能无疑焉？盖金与清人皆女真之族。明末努尔哈赤兴起，爱新觉罗氏重建金国，史称后金，然金宋世仇，汉人尤仇金，方易金为同音之清，易女真为满。弘历岂不明其理焉？何独尊清而抑金矣。

妾封郡夫人

古时母以子贵，妻以夫贵，盖一旦为官，其母、妻可获诰封也。然诰封限于母、妻，若为妾则无缘，虽妾生之子贵，所封者仍为主母，生母不得封也。倘妾无子贵，则愈无望矣。然宋时抗金名将韩世忠、张俊之妾皆受朝廷诰封，可为殊恩也。

《要录》载："韩世忠之妾周氏、陈氏，张俊之妾章氏、杨氏并封郡夫人。"又载"建炎元年十二月辛酉，张俊取杭州角妓章氏，即杭妓张秾也，颇知书，柘皋之役，俊贻书嘱以家事，章答书引霍去病、赵云不问家事为言，令勉为报国。俊以其书进，上大喜，亲书奖谕赐之"。张俊之妾章氏，清厉鹗《南宋杂事诗》第三十首记其人云：

"春来湖上两高峰，滴粉搓酥梦里逢。修态横生花诰笔，此词应是为张秾。"据《玉照新志》载：张秾，钱塘幕府乐籍名姝张足女也，色艺妙天下。承平之日，天台名士左与言颇顾之，为其作"帷云蓊水，滴粉搓酥"之词。俶扰之后，秾委身于立勋大将家，易姓章，遂疏封大国。绍兴中，与言因觅官行阙，暇日访西湖两山间，忽逢车舆甚盛，中睹一丽人，褰帘顾左而颦云："如今若把菱花照，犹恐相逢是梦中。"视之，乃秾也。盖秾所嫁者张俊也。

清雍正间，亦有封妾为一品诰命事。尹继善，字元长，号望山，满洲镶黄旗人，其父为东阁大学士兼兵部尚书尹泰。元长官至两江总督，然其母未封，盖其为庶出，生母徐氏乃父之妾也。《清稗类钞·婚姻类》载：

尹文端公继善之母徐氏，江宁人，为相国尹泰小妻。相国家法严，文端总督两江，夫人犹青衣侍屏偃。文端调云贵入觐，世宗从容问："汝母受封乎？"乃叩头免冠，将有所奏。世宗曰："止，朕知汝意。汝，庶出也。嫡母封，生母未封。朕即有旨。"文端拜谢出。相国怒曰："汝欲尊所生，未启我而遽奏上，乃以主眷压翁耶？"击以杖，坠孔雀翎，徐夫人为跪请，乃已。世宗闻之，翌日，命内监宫娥各四人，捧翟莆、翚衣至相国第，扶夫人榻上，代为栉沐，袆服襐饰，花钗灿然。八旗命妇皆严妆来，围夫人而贺者，相环也。顷之，满、汉内阁学士捧玺书，高呼入，曰："有诏。"相国与夫人跪，乃宣读曰："大学士尹泰，非藉其子继善之贤，不得入相，非侧室徐氏，继善何由生，着敕封徐氏为一品夫人。"尹泰先肃谢，夫人再如诏行礼。宣皆，四宫娥扶夫人南面坐，四内监引相国拜夫人。夫人惊，踧踖欲起，四宫娥强按之不得动。乃重行夫妇合卺结缡之仪，内府梨园子弟亦至。管弦铿锵，肴烝纷罗，诸命妇各起，持觞为相国夫人寿，酒罢，大欢笑去。

所记虽为特例，亦可窥旧时嫡庶之别矣。

秦观自作挽词成谶

宋哲宗元符三年正月，哲宗崩，徽宗即位。五月下赦令，迁臣多内徙。少游与东坡六月会于雷州。少游虽称"苏门四学士"，然与东坡实为亦师亦友，东坡亦尤重少游也。宋人叶梦得《避暑录话》卷三云："苏子瞻于四学士中最善少游，故他文未尝不极口称善，岂特乐府？"其说有所据也，今人但以词家视少游，不知少游为文为策论皆非时人可比肩也。东坡《答秦太虚》书誉少游谓："所示论兵及盗贼等数篇，但似此得数十首，皆卓然有可用之实者。"雷州之会，可谓劫后余生，盖东坡斯时亦为迁臣而量移廉州也。少游示东坡自作《挽词》，其词云：
婴衅徒穷荒，茹哀与世辞。官来寻我橐，吏来验我尸。

藤束木皮棺，棺葬路傍陂。家乡在万里，妻子天一涯。

孤魂不敢归，惴惴犹在兹。……

无人设薄奠，谁与饭黄缁。亦无挽歌者，空有挽歌辞。

东坡阅少游《挽词》，尚抚其背慰之曰："某尝忧逝，未尽此理，今复何言？某亦尝自为志墓文，封付从者，不使过子知也。""少游齐死生，了物我，戏出此语，无足怪者。"（《书秦少游挽词后》）岂料雷州之会，竟成死别矣。雷州之会，少游赋《江城子》词赠东坡。词云：

南来飞燕北归鸿，偶相逢，惨愁容。绿鬓朱颜重见两衰翁。别后悠悠君莫问，无限事，不言中。　小槽春酒滴珠红，莫匆匆，满金钟。饮散落花，流水各西东。后会不知何处是，烟浪远，暮云重。

词意悲切，隐然露不祥之兆也。少游与东坡雷州既别月余，北归行至藤州，竟卒于藤州光化亭上。呜呼，少游作《挽词》其有所感乎？何以一词成谶焉？而东坡获此噩耗，痛曰："其死则的矣，哀哉痛哉，何复可言。当今文人第一流，岂可复得。"复可哀者，坡公竟亦于少游逝后未及一岁而卒于常州。少游《江城子》云"后会不知何处是"，似亦成谶也。

秦桧文字狱

宋之文字狱，以秦桧所构最为歹毒。盖桧自赞成和议，自以为功，恐人议己，遂起文字之狱，以陷善类也。而附势干进之徒，承望风旨，但有一言一字稍涉忌讳者，无不争先告讦，于是流毒遍天下。

桧尝禁绝野史，由秦熺为秘书少监，主修国史，并焚毁自罢相以来涉己之诏书、奏章。禁程颐、张载之作行世。《宋史·高宗本纪》载："绍兴十九年，茶陵县丞王庭珪因作诗送别胡铨而定为谤讪之罪。"盖前胡铨请斩秦桧，贬谪新州。庭珪诗云："大厦元非一木支，欲将独力柱倾危。痴儿不了公家事，男子要为天下奇。当日奸谀皆胆落，平生忠义只心知。端能饱吃新州饭，在处江山是护持。"

《本纪》载：绍兴二十年六月，诏命大理寺鞫讯前太常主簿吴元美讪谤案。元美有文名，尝作《夏二子传》，二子者，盖蚁子、蝇子也。其乡人进士郑炜与元美有过节，呈其文于秦桧，诬其指斥大臣，遂除名，押送客州编管。所记因文字而贬黜、弃市者尚多矣。

桧本士人，熟谙诗书，然当其势炽之时，则全无理性矣。程瑀为兵部尚书，桧既主和，瑀议论不专以和为是，桧忌之，改龙图阁学士，知信州。瑀在朝无诡随，尝为《论语说》，至"弋不射宿"，言孔子不欲阴中人。至"周公谓鲁公"，则曰可为流涕。洪兴祖序述其意，桧以为讥己，逐兴祖。魏安行锓版京西漕司，亦夺安行官，籍其家，毁版。桧死，瑀子孙乃免锢云。赵令衿，太祖五世孙也，知泉州。因观桧《家庙记》，口诵"君子之泽，五世而斩"，为桧侄婿汪召锡所告，后再牵入赵汾狱，几死。呜呼，孟子之言，桧岂不知？而以为罪人，不亦过乎？黄龟年以论桧贬。太学生张伯麟题壁曰："夫差，而忘越之杀而父乎？"杖脊刺配吉阳军。后世文字狱盖由桧而始也。

《宋史》论桧曰："桧两据相位者，凡十九年，劫制君父，包藏祸心，倡和误国，忘仇斁伦。桧立久任之说，士淹滞失职，有十年不解者。附己者立与擢用，自其独相，至死之日，易执政二十九人，皆世无一誉。桧阴险如崖阱，深阻叵测。晚年残忍尤甚，数兴大狱，而又喜谀佞，不避形迹。"

宋史学大家马端临著《文献通考》，评桧云："秦桧自得以来，动兴大狱，胁制天下。岳飞狱死，桧势焰愈炽。贤士大夫，时系诏狱，死、徒相继，天下冤之。又置察事卒数百游市间，闻言其奸者，即送大理狱杀之。"

朱熹怒桧之恶，斥之曰："秦桧之罪，所以上通于天，万死而不足以赎买。"

秦汉时喜庆呼万岁

后世人皆以为万岁之呼唯臣下对君，不知战国至秦汉，凡喜庆皆呼万岁也。《事物纪原》卷一："战国时，秦王见蔺相如奉璧，田单伪约降燕，冯谖焚孟尝君债券，左右及民皆呼万岁。盖七国时，众所喜庆于君者，皆呼万岁。秦汉以来，臣下对见于君，拜恩庆贺，率以为常。"

余读《后汉书》，凡人欢呼喜悦多呼万岁，不以为奇也。《冯鲂传》载："县中平定，诏乃悉以褒等还鲂诛之。鲂责让以行军法，皆叩头曰：'今日受诛，死无所恨。'鲂曰：'汝知悔过伏罪，今一切相赦，听其反农桑，为令作耳目。'皆呼万岁。"

《马援传》亦载："今赖士大夫之力，被蒙大恩，猥先诸君，纡佩金紫，且喜且惭。吏士皆伏称万岁。"又，永平十七年，北匈奴侵汉地，攻守将耿恭，并绝其水源。恭于城中掘井十五丈，无水。军皆焦渴困乏，挤马粪汁饮。恭叹曰："闻前贰师将军李广利拔剑刺山，飞泉喷出，今汉室恩德神圣，焉能无佑？遂肃衣向井而拜，寻水柱喷，众人齐呼万岁。"

《野客丛书》卷三载："观汉刻中有《故民吴仲山碑》，其铭中有'子孙万岁'之语。民犹称万岁，官吏可知。鲜有非之者。"

至若万岁之称唯用以帝王，当始于汉高祖制儒家礼始也。

秦少游一词成谶

《南史·贼臣传·侯景》："初，简文《寒夕诗》云：'雪花无有蒂，冰镜不安台。'又《咏月》云：'飞轮了无辙，明镜不安台。'后人以为诗谶，谓无蒂者，是无帝。"《南村辍耕录》亦云："张起，字起之，有诗名。尝作一联云：'别来越树长为客，看尽吴山不是家。'未几，卒。诗亦有谶欤？"秦少游《千秋岁·水边沙外》亦成词谶也。

《独醒杂志》卷五云："秦少游谪古藤，意忽忽不乐。过衡阳，孔毅甫为守，与之厚，延留待遇有加。一日饮于郡斋，少游作《千秋岁》词，毅甫览至'镜里朱颜改'之句，遽惊曰：'少游盛年，何为言语悲怆如此。'遂赓其韵以解之。居数日别去，毅甫送之于郊，复相语终日。归谓所亲曰：'秦少游气貌大不类平时，殆不久于世矣。'未几果卒。"

又《后村集》云："秦少游尝谪处州，后人摘'柳边沙外'词中语为莺花亭题咏甚多。"则知其词首句盖有"柳边沙外""水边沙外"二说，今处州于水边筑有少游亭以志也。少游此词一说为绍圣二年谪处州时作，一谓绍圣三年谪彬州途中作于衡阳。

谶讳之说荒诞不经，以其事有巧合耳，东坡《游金山寺》诗云："我家江水初发源，宦游直送江入海。"《松醪赋》亦云："遂从此而入海，渺翻天之云涛。"人或以为坡公晚年南迁之谶也。余读《三国志》，其注多引神怪小说，以为谶讳，然实无益正史矣。

琴趣为词之别名

宋词别称颇多，曰曲子词、曰乐府、曰长短句、曰诗余等，南宋书商辑宋人词集，多以"琴趣"名之，若秦观词为《淮海琴趣》，欧阳修词为《醉翁琴趣》，后人殊不可解。

窃谓陶渊明有无弦琴，人或询之，曰："但识琴中趣，何劳弦上音。"谓琴之趣不在音声也。琴趣之名当源于此。唐人律诗，严于声韵格律，宋人填词，句式长短不一，非复汉时乐府也。以其疏宕无拍之意合于词，故以"琴趣"名之乎？余不才，姑妄言之耳。

《东坡乐府补遗》有《醉翁操》，自序云："琅琊幽谷，山川奇丽，泉鸣空涧，若中音会。醉翁喜之，把酒临听，辄欣然忘归。既去十余年，而好奇之士沈遵闻之往游，以琴写其声，曰《醉翁操》，节奏疏宕，而音指华畅，知琴者以为绝伦。然有其声而无其辞，翁虽为作歌，而与琴声不合。以依楚辞作《醉琴引》，好事者亦倚其辞以制曲，虽粗合韵度，而琴声为词所绳约，非天成也。后三十余年，翁既捐馆舍，遵亦没久矣。有庐山玉涧道人崔闲，特妙于琴，恨此曲之无词，乃谱其声，而请东坡居士以辞补之。"东坡亦知琴曲节奏疏宕，不与词类，故述其本末。宋人有以"琴趣外篇"以名词者，何谓"外篇"者？琴曲之支流矣。黄山谷、晁补之、叶梦得等皆以词集名为"琴趣外篇"。元明后，词家则直以"琴趣"为词之别名也。至清，朱彝尊有《静志居琴趣》，张奕枢有《月在轩琴趣》，吴泰来有《昙花阁琴趣》。以"琴趣"而名词者，取其古雅疏宕之意也。

青词宰相

　　青词乃道士上奏天庭或征召神将之符箓，以朱笔书于青藤纸，故称之。唐李肇《翰林志》云："凡太清宫道观荐告词文用青藤纸，朱字，谓之青词。"元王恽《玉堂嘉话》卷四云："青词主意，不过谢罪禳灾，保佑平安而已。"

　　明世宗崇道，欲长生，宫中斋戒，大臣善绿字者，多有恩宠。《明史·顾鼎臣传》："帝好长生术，内殿设斋醮。鼎臣进《步虚词》七章，且列上坛中应行事。帝优诏褒答，悉从之。词臣以青词结主知，由鼎臣倡也。"故世宗一朝，大臣词臣悉从事于此，以希天眷。严嵩父子皆善青词，时人讥称"青词宰相"。分宜尝作青词云："洛水玄龟初献瑞，阴数九，阳数九，九九八十一数，数通乎道，道合原始天尊，一诚有感。　岐山丹凤双呈祥，雄鸣六，雌鸣六，六六三十六声，声闻于天，天生嘉靖皇帝，万寿无疆。"

　　又有大臣徐阶青词以藏头隐"嘉靖"二字，词云："士本原来大丈夫，口称万岁与山呼。一横直过乾坤大，两竖斜飞社稷扶。加官加爵加禄位，立纲立纪立皇图。主人自有千秋福，月正当天照五湖。"帝甚称之，及严分宜败，代之为内阁首辅。

卷 六

官名异代尊卑不同

昔江淹有言："修史之难，无出于志。"诚以志者，宪章之所系，非老于典故者不能为也。陈寿号善叙述，李延寿亦称究悉旧事，然所著二史，俱有纪、传，而独不克作志，重其事也。况上下数千年，贯串二十五代，而欲以末学陋识操觚窜定其间虽复穷老尽气刿目心亦何所发明？聊辑见闻，以备遗忘耳。（《文献通考序》）余于读史亦每感异代典章之变，以职官言，同一名而前代尊后世卑，或前代卑而后世尊，倘专以一名论则谬矣。

汉时大将军之职甚重，为最高军事长官，职掌统兵征伐。宣帝中兴，霍光功居第一，为大将军，麒麟画像不敢书名，而张安世、韩增之徒则曰车骑将军、卫将军，示莫敢抗也。然唐至德间，官爵虚滥，至以大将军告身易一醉，又何其轻也。宋人何梦桂《和卢可庵悲秋》诗云："秋风来江皋，槌鼓谁载酒。徒羡谪仙人，百篇醉一斗。将军告身在，尚可易醇酎。万事休皱眉，一笑且开口。"此乃前尊而后卑者也。

侍中一职，秦置五人，往来殿内、东厢奏事，故曰侍中。汉时侍中虽比二千石，然其职甚微，分掌乘舆服饰，下至持亵器虎子之属。武帝尝以孔安国为侍中，以其儒者，特听掌御坐唾壶，当时荣之。故旧仪谓侍中为"执虎子"。东晋时置门下省，侍中为其长官，与尚书省令、中书省监，实为宰相之职也。唐时复称侍中，与中书令、同平章事并为宰相。它如仆射，原为秦时主射者掌事耳，汉成帝建始四年，初置尚书五人，一人为仆射，位次于尚书令。至唐时则为宰相之号，置左右仆射，为左右宰相也。

又如县官，谓一县之长官也。《汉书·武帝纪》："会稽县官，衣食振兴，用度不足。"然汉时犹以县官为皇帝之别称。《史记·绛侯世家》：

"盗买县官器。"《索隐》："县官谓天子也。所以谓国家为县官者，《夏官》王畿内县即国都也。王者官天下，故曰县官也。"

朝廷官吏如斯，妇人封号亦复如是。如县君之封号，晋已有此称。唐制，五品官之妻封县君，母封县太君。宋徽宗改命妇封号，改县君为室人、安人、孺人，旋又改室人为宜人。元沿唐制。明时宗室女称县君。至清则惟贝子之女，固山格格及郡王侧福晋之女称县君。

同一号而异代尊卑如此，轻重不等，读史者不可不慎矣。

凉亭留题

余幼居宣平，距处州百里余，途多崇山峻岭，然每约十里许则有凉亭焉。值暑则有设茶水者，其茶以山中植物烹之，有解暑之效，而不知为何物，此皆近村好善者为之也。亭中土墙木柱间，多有好事者涂鸦，语多鄙陋不堪，其亦效古之遗风也。

盖唐宋之时，凡邮亭驿所，多有士人题诗赋于壁者，后则置诗板，且多有附和者。《清波杂志》云："顷于常山道上得一诗：'迢递投前店，飕飗守破窗。一灯明复暗，顾影不成双。'后书'女郎张惠卿'。迨回程，和已满壁。衢、信间驿名彡溪，谓其水作三道来，作'彡'字形。鲍娘有诗云：'溪驿旧名彡，烟光满翠岚。须知今夜好，宿处是江南。'后蒋颖叔和之云：'尽日行荒径，全家出瘴岚。鲍娘诗句好，今夜宿江南。'颖叔岂固欲和妇人女子之诗，特北归读此句，有当于心，戏次其韵以志喜耳。辉顷随侍赴官上饶，舟行至钓台，敬谒祠下，诗板留题，莫知其数。"《梦溪笔谈》卷二《杂志》一谓"信州杉溪驿舍有妇人题壁数百言"云云，当即鲍娘题诗之处也。

古风淳厚，虽驿舍凉亭，诗板留诗，抒怀而志之。余见前人名贤之集中，时亦多存驿舍之作，亦有初偶书于诗板耳，及为人所传，复行于世者。

梁武帝疗妒

妇人之妒，性使之然也，古今史籍所载多也。《左传·襄公二十一年》"叔向之母妒叔虎之母美而不使，其子皆谏其母。"此抑可为书传妒妇之始也，是以有"河东狮吼"之说。余阅唐杨篯有《止妒》一文，颇可解颐，其文曰：

梁武平齐，尽有其内。获侍儿十余辈，颇娱于目。俄为郗后所察，动止皆有隔抑。拗其愤恚，殆欲成疹。左右识其情者进言曰："臣尝读《山海经》，云以鸧鹒为膳，可以疗其事，便不忌。陛下盍试诸？"梁武从之。郗茹之后，妒减殆半。帝愈，神其事。

《山海经·北山经》载："又东北二百里，曰轩辕之山，其上多铜，其下多竹。有鸟焉，其状如枭而白首，其名曰黄鸟，其鸣自詨，食之不妒。"黄鸟即鸧鹒也。《中山经》又载："又东三十里，曰泰室之山，其上有木焉，叶状如梨而赤理，其名曰栯，服者不妒。"是知疗妇人悍妒之物，古已有之也。黄鸟即俗谓黄鹂、黄莺，亦谓之仓庚。杜工部诗云"两个黄鹂鸣翠柳，一行白鹭上青天"。王摩诘诗云"黄莺弄不足，衔入未央宫"。宋玉《登徒子好色赋》"鸧鹒喈喈，群女出桑"。清王韬《淞滨琐话》"妾无妒意，不烦君调仓庚羹也"。所言皆同一物也。

梁武后妒，史传有载。《南史·后妃下》载："武德郗皇后讳徽……后酷妒忌。"其说传之既久，以至后世多有信其然者。清初医家张璐《本经逢原》谓：仓庚"此鸟感春阳先鸣，故能补益阳气。食之令人不妒，以阳和之气，能胜阴毒也。按《阳燮止妒论》云：梁武帝郗后性妒，或言仓庚为膳疗治，遂令食之，妒果减半"。噫，杨燮之言，本属子虚，其书止妒者，乃抒己之不遇耳。至若梁武饮郗后仓庚之汤，愈属乌有，盖梁武帝践阼方追崇郗徽为皇后，时郗亡已十数载也，何妒之有哉？

又《陶庵梦忆》卷三"逍遥楼"条载："朱文懿公有姬媵，陈夫人狮子吼，公苦之，祷于仙，求化妒丹，乩书曰：'难，难，丹在公枕内。'取以进夫人，夫人服之，语人曰：'老头子有仙丹，不饷诸婢而余是饷，尚眤余。'与公相好如初。"是知清初人亦信妇妒可药疗之矣。

夫自秦汉以降，凡官宦之家纳妾乃为平常，即为乡绅富室亦无不纳妾，故内室之中妇妒之事概莫能免也。余观夫史，惟北齐之时，官宦之家无妒事，盖其时百官无妾也。《廿二史札记》载："将相多尚公主，王侯率娶后族，故无妾媵，习以为常。举朝略是无妾，天下殆皆一妻。父母嫁女，必教之以妒；姑姊逢迎，必相劝以忌。以制夫为妇德，能妒为女工，自云受人欺，畏人笑我。"可见是时风俗如此也。

刘基后人吹饧为业

《青箱杂记》卷二载："太祖庙讳匡引，语讹近香印者，不敢斥呼，鸣锣而已。"所谓香印者，乃为香料造型及印字之模也。唐时即有之，香印所制之香又谓篆香，寺院中诵经多用之。白居易《酬梦得以予五月长斋延僧徒宾友见戏十韵》诗云："香印朝烟细，纱灯多焰明。"李后主《采桑子》词亦云："绿窗冷静芳音断，香印成灰。"后世鸣锣卖物，唯吹饧作人物者，人传即宋香印之遗也。黄岳秋云，吹饧之业，皆处州青田人刘诚意之后，诚意以为子孙计，宜托业微而仅资糊口者。呜呼，诚意伯无乃效孙叔敖之寝丘乎？

史载孙叔敖为楚令尹，"妻不衣帛，马不食粟"，居高位而不置产业，临终嘱子勿受爵，若必赐则乞寝丘之地。寝丘之地处楚越之界，贫瘠不毛之地也。后封良田者皆不保，唯叔敖之后居寝丘，无觊觎之人。诚意嘱子孙习吹饧之业，不亦居微业而可永保之意欤？曾文正公尝言，为官易而习一技难，俗言家有万贯，不如薄技在身，亦孙叔敖、刘诚意之意也。

明初制书式

书札往来，向无定制，其谦尊之辞因人而异。清王弘撰《山志》云："洪武三年，诏中书省臣曰：'今人于书札多称顿首、再拜、百拜，皆非实。其定为仪式，令人遵守。'于是礼部定仪：'凡致书于尊者，称端肃奉书；答札，称端肃奉复。致平己者，奉书奉复。上之与下，称书寄、书答。卑幼与尊长，则云家书敬复。尊长与卑幼，则云书付某人。'"

朱洪武出身卑微，幼而无学，故于书札中之尊谦之辞以为非实，以此而论，自《书》而后之书札尽为不实之文也。若君主自谓"孤""寡人""不毂"岂实语哉？顿首、再拜、百拜者，亦类此也。礼部之制定仪，亦未明文理，书札之属，固有亲疏之别，岂可定其仪耶？此定仪明时实亦不能行也。

青龙偃月刀

人知青龙偃月刀名，盖因关公也。余幼时见人家于堂中挂关公像，公端坐，周仓则持青龙偃月刀侍于后。自三国戏及罗氏《三国演义》盛行，关公之青龙偃月刀亦为人熟知矣。但凡各州邑建关帝庙，关公之标配必为青龙偃月刀也。

余阅《三国志·关羽传》："颜良攻东郡太守刘延于白马，曹公使张辽及羽为先锋击之。羽望见良麾盖，策马刺良于万众之中，斩其首还，绍诸将莫能当者，遂解白马围。"《传》言"刺"良，复言"斩"，刺当以矛，斩当以刀，未知云长持何兵器也？《演义》云："云长造青龙偃月刀，又名'冷艳锯'，重八十二斤。""刀长九尺五寸，刀身镶蟠龙吞月图案，故得名。"

考之史籍，三国之时兵器多为镞、剑、刀、戈、戟、斧及钺。镞即箭；刀与剑乃短兵器，佩以作防身之用；斧、钺为长兵器，常用以为仪仗，鲜有以之实战；戈、矛及戟为长兵器，常用之也。云长之杀颜良，先刺后斩，似属剑，然武将鲜有以短兵器战，况马上之战哉？然矛不能斩，戈、戟能钩杀，近乎斩。余终不能明云长杀颜良为何器也。

据北宋《武经总要》载，偃月刀应为"掩月刀"，其刀甚重，为习武所用，非实战之器也。窃谓《演义》言关公之青龙偃月刀，亦如言黄忠、魏延之大刀，徐晃之大斧，黄盖之铁鞭，武安国之铁锤，吕布之方天画戟，皆以兵器之异而状其人也。小说家言，合当虚构，无可非之也。明包汝楫《南中纪闻》云："荆门州南十五里地名掇刀石，有关帝庙一所。帝所用大刀插石窍上，摇之亦动，提之则不能拔，庙僧云重一百八十斤，刀杆围可七八寸，刀脊甚厚，长约一丈四五尺许，色泽苍绀，体式精致雄壮。天启元年，黔中总兵张某意欲取阅，办牲礼拜祭，命健儿数十辈百计取之，不能起。碑文称帝过襄樊间，掇刀于石，后人因山为祠，塑像供奉。"

又梁陶弘景《刀剑录》云："关某为先主所重，不惜身命，自采都山铁为二刀，铭曰'万人'。及败，投之水中。"按此似佩刀，非今之所传之大刀也。

余以为罗氏《三国演义》之以青龙偃月刀配关公，本于元关汉卿杂剧《关大王独赴单刀会》也。其剧【尧民歌】（黄文云）："我出的这门来，看了关公英雄一个神道相。鲁子敬，我替你愁哩。小将是黄文，特来请关公。髯长一尺八，面如挣枣红。青龙偃月刀，九九八十斤，脖子里着一下，那里寻黄文？"关汉卿杂剧人之熟谙，罗氏既作《演义》，假之亦情理中事也。是知俗文化于传播传统文化既有其功，亦不免与史实相悖，今人读《演义》戏说类者，当省之矣。

清代皇子勤学

清代自顺治朝始，皇帝课读子孙甚严峻，为历朝帝王所无也。赵瓯北尝职内阁中书、军机中书、翰林院编修充方略馆纂修官，于皇家礼仪谙熟。其晚岁著《檐曝杂记》，云：

"皇子读书"条云："本朝家法之严，即皇子读书一事，已迥绝千古。余内直时届早班之期，率以五鼓入。时部院百官未有至者，惟内府苏喇数人，往来黑暗中。残睡未醒，时复倚柱假寐，然已隐隐望见有白纱灯一点入隆宗门，则皇子进书房也。"

盖皇子每日皆有程课。未刻毕，则又有满洲师傅教国书，习国语，及骑射等事，薄暮始休。帝亦甚尊师，《清稗类钞》"皇子典学"条载：

"乾隆丙辰正月奉旨：'著大学士鄂尔泰、张廷玉、朱轼，左都御史福敏，侍郎徐元梦、邵基为皇子师傅。是日清晨，皇长子、皇次子到学，总管太监传旨，皇子应行拜师礼，诸臣固辞，遂长揖。少顷，召皇子及廷玉等六人进见，面谕曰：皇子年齿虽幼，然陶淑涵养之功，必自幼龄始，卿等可殚心教导之。倘不率教，卿等不妨过于严厉。从来设教之道，严有益而宽多损，将来皇子长成，自知之也。'高宗又谆谕皇子：师傅之教，当听受无遗。"

嗟乎，世人多谓皇子生于深宫之中，长于阿保之手，终日皆与妇寺而居，安逸惰生，鲜有明理而能烛事者，然独有清一代，皇子皆非庸碌之辈焉。是故皇室子孙当别于八旗子弟也。

清代禁鸟枪

吾国自明代始制火器，民间多有收藏，山居之民以之猎兽、御盗也。自满人入关，因惧民变，即行禁民间持鸟枪。顺治六年三月，上谕："曩因民间有火炮甲胄、弓箭、刀枪、马匹，虑为贼资，戕害小民，故行禁止。近闻民无兵器，不能御侮，贼反得利，良民受其荼毒。今思火炮甲胄，两者原非民间宜有，仍照旧严禁，其三眼枪、鸟枪、弓箭、刀枪、马匹等项，悉听民间存留，不得禁止。其先后已交官者，给还原主。"顺治帝"民无兵器，不能御侮，贼反得利，良民受其荼毒。"堪称体察民情之论也。

《大清律例》载：各省深山邃谷及附近山居驱逐猛兽，并甘肃、兰州等府属与番回错处毗连各居民，及滨海地方应需鸟枪守御者，务需报明该地方官，详查明确，实在必需，准其仍照营兵鸟枪尺寸制造，上刻姓名、编号，立册按季查点。

乾隆四十六年十一月则重申鸟枪之禁。禁民间私铸私藏鸟枪。据《宫中档乾隆朝奏析》：帝谕"如有民间私藏者，即可随时缴毁，总须不动声色，设法办理"。

夫禁枪者，惧民变也。枪者，兵器也，火器之未出时，刀枪箭戟，斧钺钩叉皆为兵器，未闻禁之也。民之变在心不在器，民心既变则禁之器者，夫复何用哉？窃谓当禁者非鸟枪而在民心也，民心何以禁其变，仁政而已也。

清酒与浊酒

古人诗文时有称清酒、浊酒者，若嵇康《与山巨源绝交书》："今但愿守陋巷、教养子孙，时与亲旧叙离阔、陈说平生，浊酒一杯，弹琴一曲，志愿毕矣。"杜甫《登高》："艰难苦恨繁霜鬓，潦倒新停浊酒杯。"此言浊酒者。称清酒者若《后汉书·南蛮传》："（秦昭襄王刻石）盟曰：'秦犯夷，输黄龙一双；夷犯秦，输清酒一钟。'夷人安之。"《三国志·管辂传》注引《管辂列传》："辂既年少，胆未坚刚，若欲相观，惧失精神，请先饮三升清酒，然后而言之。子春喜之，便酌三升清酒，独使饮之。"

夫所谓清酒浊酒者，盖酒酿初成，其汁混于渣滓之中，故浊。若经滤除渣滓则清矣。以糯所酿之酒，未滤之时泛白色，是浊酒以有称白酒者。李白《南陵别儿童入京》："白酒新熟山中归，黄鸡啄黍秋正肥。"《陇西行》："清白各异樽，酒上正华疏。"

酒之滤谓漉。《南史·陶潜传》："郡将候潜，逢其酒熟，取头上葛巾漉酒，毕，还着头上。"陆游《野饭》："时能唤邻里，小瓮酒新漉。"若非急饮，浊酒亦可任其自淀而稍清。杜甫《羌村三首》："手中各有携，倾槛浊复清。"

据《周礼·酒正》，清酒则又专谓祭祀之酒也。其载"辨三酒之物，一曰事酒，二曰昔酒，三曰清酒。"郑玄注："郑司农云：'事酒，有事而饮之；昔酒，无事而饮之；清酒，祭祀之酒。'玄谓……清酒，今中山冬酿接夏而成。"故祭祀所用之酒亦谓之清酌。《礼记·曲礼下》："凡然宗庙之礼……酒曰清酌。"韩愈《祭柳子厚文》："维年月日，韩愈谨以清酌庶羞之奠，祭于亡友柳子厚之灵。"

近闻有谓清酒乃扶桑国之酒者，是为之证。

清廷禁旗人涉戏

有清一代，戏剧最盛，江南梨园子弟相率入京。盖满人原本来自漠北，游牧狩猎之人，所睹皆杀伐之事，所闻皆杀伐之声，既问鼎中原，即耽之于和平雅唱，此亦人之常情矣。观夫清廷皇室自顺治至光绪，梨园入宫，伶人献艺，向为常事，此为世人所习知者，然自清高宗始，屡有禁绝旗人涉戏之禁令，二百年间，禁令未止，而旗人涉戏亦未绝，此亦有清一代之奇观也。

清廷虽禁旗人涉戏，然不禁民间戏班。乾隆五十八年二月壬午，通谕不应禁止苏杭淮扬等处民人进香游玩演剧。乾隆帝明谕曰："戏园演剧虽俗尚奢靡，但无籍游民皆借此糊口，若一经严禁，则游手好闲之徒无所托业，甚至官吏奉行不善，转起需索讹诈之渐。"（《清高宗实录》）于当朝官员之涉戏事，则"分情而治"之。即许官员于节庆假日雇戏班演戏，又严禁官员"衙署内自养戏班"。盖其时官员养伶之风盛也。嘉庆四年有条奏外省积弊四项，其四谓"设宴征歌，广觅优伶，官为拳养，一宴犒赏，贵数百金。"嘉庆帝谕曰："务当力加整顿，改涤前非。""嗣后各省督抚司道署内，俱

不许自养戏班，以肃官箴而维风化。"（《清史编年·嘉庆朝》）

既禁官员奢侈优伶，清廷愈禁旗人涉戏，严苛贯之。令各大小衙门出示晓谕，贴于戏园酒馆之醒目处，明令旗人出入。据《钦定吏部处分则例》载，朝廷派八旗大臣步军统领衙门，不时稽查，有八旗当差人等"渐改旧习，嬉游于前门外戏园酒馆"，"一经拏获，官员参处，兵丁责革"。旗人之禁涉戏，非止听戏，即"仿效汉人"之礼仪涉戏亦属禁绝之例。若汉人出殡之前有演戏丧葬之俗，旗人若仿效之，则"系官则革职"。乾隆三年，清廷定八旗子弟若有"入班唱戏者"或"不入班唱戏，自行演唱者"，"务必严加管束……严加查拏"（《清高宗实录》）。至乾隆四十一年，则如有旗人赴戏园，除治本人罪外，其分管官员亦承相应之责。道光十二年，其禁愈严，旗人若有"登台唱戏，寡廉鲜耻，有玷旗籍者，连子孙一并销除旗档"。

清廷之禁戏令既严，其弊亦随之也。嘉庆时御史和顺尝具奏，谓图桑阿等五旗人，于京城广成茶园登台演剧。帝质之曰：尔亦旗人，身不可入，何以知之？顺支吾非常，但云"骑马行过戏园，遥见演剧时有旗人在内"复云"家人在戏园看见"云云。后经茶园看座指认，顺亦身处其中也。盖顺亦常"私去帽顶、潜赴茶园听戏"，偶与图桑阿等争座而生怨愤，以至假公而泄私愤也。事泄，嘉庆帝谕曰："御史和顺，身为风宪之官，为朝廷之耳目，竟不知自爱，私去帽顶，潜赴戏园游荡，甚至与市侩争坐口角。经召见询问犹巧为支饰，居心尤为诈妄，降旨革职，着即发吉林交将军秀林严加管束。""图桑阿等五人均在本旗披甲，而竟于戏园中着装登台演戏，甘与优伶为伍，实属有玷旗人颜面。着即销去本身户籍，发往伊犁充当苦差。笔帖式德馨则购置戏箱行头，租赁给戏班，按日收钱，且曾戴便帽常赴戏园查点箱件，有乖体制，着即行革职。宗室坤都勒虽未登台演戏，但跟随戏班到馆，游荡失体，不守正业，着革去宗室顶带，同伊眷属一并发往盛京居住。"

呜呼，旗人禁戏可谓严也，然余观夫有清一代，自康熙始至光绪朝，虽申饬不绝，然宫廷之内，达官显贵涉戏者岂尽为之止欤？即为帝者亦喜观夫戏剧也。《清稗类钞·戏剧类》载之甚多，兹举数例。咸丰帝素二黄戏，在位时每喜于政暇审音，尝谓西昆音多缓惰，柔逾于刚，独黄冈、黄陂居全国之中，高而不折，扬而不漫。乃召二黄诸弟子为供奉，按其节奏，自为校定，摘疵索瑕。

光绪间，十刹海演剧，恭王之子贝勒载澂为之，以媚其外妇者。乾隆初，高宗以海内升平，命张文敏公照制诸院本进呈，以备乐部演习。各节皆相时奏演。内廷掌戏曲者曰升平署，其后令年幼太监习之，谓之南府。南府之名始自康熙时。

颐和园中多戏台，皆穷极奢侈，袍笏甲胄，皆世所未有。内廷或颐和园演剧，名优均须进入当差，若辈因自称供奉。传差一次，赏银二十两。乾隆季年，山东巡抚国泰酷嗜演剧。尝与藩司于某同演《长生殿》院本。恭亲王溥伟喜观昆剧，能自唱，每遇小饮微醺，辄歌舞间作，偶倦，即令左右赓续以为乐，曲罢，恒赐以酒。

右举诸例，皆时人尽知之事，与朝廷禁令相悖，然竟行无碍，不亦奇乎？是知清廷禁旗人涉戏，亦属屡禁难止也。余谓清廷之所以禁旗人涉戏，实乃惧后唐庄宗以数十伶人而亡国破家之鉴也。满人自入关始，太祖太宗即励旗人勤习弓马，淳朴尚武，盖防其一味仿效汉人，而趋于享乐浮华也。至于皇室享乐，达官涉戏，则始终不能禁之，故旗人涉戏于事实言，终有清一代，始终存之。

噫，欲行一事必上行而下效之，焉有上行而欲下禁之者哉？

黥　刑

　　《三国志·魏书·毛玠传》云："汉律，罪人妻子没为奴婢，黥面。汉法所行黥墨之刑，存于古典。"所谓存于古典者，《尚书·吕刑》孔安国传曰："刻其颡而涅之曰墨刑。"《周礼·司刑》"墨罪五百"，郑玄注曰："墨，黥也，先刻其面，以墨室之。言刻额为疮，以墨室疮孔，令变色也。"秦用商鞅法，太子犯罪，鞕黥太子师公孙贾面，以示惩诫。始皇帝三十四年，李斯奏请焚儒家籍，三旬未焚者"黥为城旦"。汉高祖封英布淮南王，布昔因小罪黥面，人称黥布。是以黥之为刑春秋之季已存也。

　　明杨慎《升庵外集》云："梁律，凡盗黥面为劫字。至天监中，弛黥面之刑。"黥刑而刺字之制则始于明也。宋吴曾《能改斋漫录》云："契丹之法，民为盗者，一犯文其腕为贼字，再犯文其臂，三犯文其肘，四犯文其肩，五犯则斩，不须案籍而罪不可掩。"窃谓天监中刺字本于契丹之法也。

　　《水浒传》林冲刺配沧州，陆谦使董超、薛霸谋其性命，嘱揭冲脸上刺字之面皮回话。武松刺配孟州，黥其额，故武松后扮行者，以垂发掩其额也。

　　然刺字之俗自宋岳少保始，多有效之者。明沈德符《野获编补遗》云："嘉靖末年，用故将杨照为辽东总兵官，照涅'尽忠报国'四字刻背。"元顺帝末年，杭州巡检胡仲彬举兵，其徒皆文其背曰'赤心护国，誓杀红巾'。又有刺面者，南宋有八字军，自刺其面云'誓杀金贼，报效赵皇'。《宋史·呼延赞传》载："赞有胆勇，常言愿死于敌，偏文其体为'赤心杀贼'字，至于妻孥仆使皆然。诸子耳后别刺字曰'出门忘家为国，临阵忘死为主'。"

　　嗟乎，黥之为刑，使辱且警之也，刺字自励，使惕且奋之也。

权臣贪赃怪异

夫权臣贪赃各朝皆有，固不可绝也，然检点其怪异者，令人不可解焉。

唐元载为相，贪财纳贿，代宗时坐罪赐死。《新唐书·元载传》载："籍其家，钟乳五百两，诏分赐中书、门下台省官，胡椒八百石，它物称是。"夫胡椒佐料尔，数斤之数家用足矣，八百石不知如何食之。东坡有诗云："胡椒铢两多，安用八百斛。"黄庭坚亦有诗云："何处胡椒八百斛，谁家金钗十二行。"于谦则直斥曰："胡椒八百斛，千载遗腥臊。"

北宋末王黼为相，喜食黄雀鲊鱼，家三间屋贮之，堆积至梁。北宋六贼之一童贯，家贮理中剂丸千斤，贾似道果子库贮糖霜数百瓮。《清波杂志》载："蔡京库中，点检蜂儿见在数目，得三十七秤；黄雀鲊自地积至栋者满三楹。"仅食物一类，其贪赃之巨可知，然其赃岂可尽食之哉？青词宰相严嵩，嘉靖间籍没，有碧玉围棋数百副，金银象棋亦数百副。碧玉、金银最为滞重，迥非手谈所宜者，可谓长物也。

呜呼，身为权臣，何善不可行，何功不可立，顾乃为区区之利蛊惑而妄行，岂不深可惜哉。夫仕宦而至将相，为人情之所荣，是不知荣也者，辱之基也。惟善自修者，则能保其荣；不善自修者，适足速其辱也。近时余闻有贪贿者，以纸币巨万砌之为墙，是亦元载、王黼辈类也。

《全唐诗》误录宋明人诗

《全唐诗》九百卷，乃康熙四十四年三月敕命刊刻，为置诗局于扬州。主其事者乃两淮盐课监察御史曹寅。康熙四十五年书成，玄烨为之序并题额，因是书名之曰《御定全唐诗》。是书以清初季振宜《唐诗》、明胡震亨《唐音统签》为底本，参取内府藏明吴琯《唐诗纪》等唐人总集、别集，"又旁采残碑断碣、稗史杂书之所载，补苴所遗"。（《四库全书总目提要》）后人称之文誉卓著，其功甚伟。然近人考之，其误收宋明时人诗颇多，略录于右。

骊山游人《题故翠微宫》诗，见卷七八四。诗云："翠微寺本翠微宫，楼阁亭台几十重。天子不来僧又去，樵夫时倒一株松。"南宋周辉《清波别志》卷二载："辉幼时亦得一诗云：'翠微寺本翠微宫，楼阁亭台数十重。天子不来僧又死，樵夫时倒一株松。'乃张俞所作也"。张俞，又作张愈，字少愚，号白云。科场屡试不第，仁宋时曾上书言边事，授校书郎，《宋史》卷四五八有传。

太上隐者《答人》诗："偶来松树下，高枕石头眠。山中无历日，寒尽不知年。"《全唐诗》不云诗人年代。北宋滕宗谅《寄隐者诗序》云："历山有叟，无姓名，好为歌篇。近有人传《山居书事》诗云云。"滕宗谅即滕子京，北宋仁宗时人，可推太上隐者亦北宋时人也。

令狐挺《题鄜州相思铺》诗："谁把相思号此河，塞垣车马往来多。只应自古征人泪，洒向空川作逝波。"令狐挺乃宋仁宗天圣五年进士，张师正《倦游集》云："鄜州东百里有水，名相思河，岸有邮置，亦曰相思铺。令狐挺题壁以诗。"是诗当为令狐挺任延安通判时作。

312

杜常《华清宫》诗："行尽江南数十程，晓星残月入华清。朝元阁上西风急，都入长杨作雨声。"杜常，《宋史》卷三三〇有传，字正甫，卫州人。崇宁末，以龙图阁学士知河阳军。其为宋人无疑矣。

方泽《武昌阻风》诗："江上春风留客舟，无穷归思满东流。与君尽日闲临水，贪看飞花忘却愁。"方泽，字公悦，莆田人。熙宁八年为大理寺丞。与黄庭坚多有唱和，亦北宋间人也。

戴叔伦《题稚川山水》诗："松下茅亭五月凉，汀沙云树晚苍苍。行人无限秋风思，隔水青山似故乡。"乃明初汪广洋所作，见其《兰溪棹歌三首》。诗题曰稚川山水，实非晋时之葛洪也，盖晋时尚无山水画，此稚川乃元明间画家罗稚川也。明初，前七子倡"诗必盛唐"，明人作诗多学唐，书坊亦不辩真伪，归之唐诗选集。

吕岩《绝句》诗："独上高峰望八都，黑云散后月还孤。茫茫宇宙人无数，几个男儿是丈夫。"吕岩者，吕洞宾也。有宋以来托其名而存诗数以千计，皆伪作也。《全唐诗》附吕洞宾名之诗数百首，多为宋元道士附会之作。

右举数诗，虽为伪诗，然过不在诗人，选诗之人之过也。以其作而论，亦为佳作，不可以其误选入唐诗而废之矣。

人臣称旨

余观夫元明时戏剧小说多有称人臣为旨者，初以为小说家言耳。及见宋袁文《瓮牖闲评》，方知宋时人臣即称旨，元明戏剧小说承其习也。《闲评》云："本朝君相曰圣旨、钧旨，太守而下曰台旨，又其次曰裁旨。"《水浒传》第十二回："两个公人带王庆上前禀道：'奉老爷钧旨，王庆拿到。'"第二十二回："我两个奉着知县台旨，叫拿你父子二人。"元关汉卿《望江亭》第四折："因为杨衙内妄奉不实，奉上司台旨，着小官亲身体察。"《能改斋漫录》亦云："近世自钧旨、台旨而下，称裁旨。"

窃谓此等称谓，于朝廷制度无涉，当为阿谀之辞也。下既奉承，上亦乐之，以至成俗尔。观夫民国间，有委座之称，于是下亦效之，军座、师座乃至团座、局座等行矣。

日记兴于宋

余幼时，人多有喜日记者，逐日记之，然皆密之。后经文字之祸，时有因日记而罹难者，今鲜有记之者也。

夫今之所谓日记者，萌于唐而兴于宋，明人贺复徵谓其体乃"逐日所书，随意命笔，正以琐屑皆具为妙。"元祐间，王安石、司马光辈名臣皆有日记。《清波杂志》云：日记"凡榻前奏对语，及朝廷政事、所历官簿、一时人材贤否，书之惟详。向于吕申公之后大虬家得曾文肃子宣日记数巨帙，虽私家交际及婴孩疾病，治疗医药，纤悉毋遗。"考其名，或名日录，或谓语录，或称遗录不一。度其初，记之者乃防遗忘、抒心情耳。以其私密，故其记事多为实录，以至后世据以补正史之阙也。

儒家之勇

世人谓儒士概以柔弱视之，以至手不能提，肩不能挑，身无缚鸡之力者，窃以为谬也。视儒士为弱而无勇，古已有之。《左传·定公十年》记齐、鲁盟会，齐大夫犁弥言于齐景公曰："孔丘知礼而无勇，若使莱人以兵劫鲁侯，必得志焉。"是知战国之时，孔子儒学时人以为无勇也。韩非子《五蠹》谓"儒以文乱法，侠以武犯禁"，史家论儒家多基于此矣。班固称儒家"游文于六经之中，留意于仁义之际"。（《汉书·艺文志·诸子略》）后世遂视儒士为孱弱无勇者焉。然儒家岂真孱弱无勇耶？夫儒家亦力主勇者也。

余寻之先秦典籍，《论语》言"勇"十有六，《孟子》言"勇"十有五，《荀子》言"勇"三十有一，儒家岂不喜言勇者欤？儒家之所谓勇，迥非时人之以为者也。盖世俗之所谓勇者，好战嗜血也。是以"国之大事，在祀与戎"，春秋之际，周室衰落，"礼乐征伐自诸侯出"，礼崩乐坏，诸侯间以攻伐为急，故孟子谓其"争地以战，杀人盈野；争城以战，杀人盈城"，冷血攻战者誉为勇武，故曹刿论战所谓勇者敢于战也。"夫战，勇气也。一鼓作气，再而衰，三而竭。"《商君书》则云："民勇者，战胜。民不勇，战败。能一民于战者，民勇。不能一民于战者，民不勇。""勇死之民……见战也如饿狼之见肉。"此等嗜血之勇，儒家不与也。

孔子亦倡勇者，其云"见义不为，无勇也"；《中庸》谓勇乃天下大德之一，"知、仁、勇三者，天下之达德也"；《礼记·儒行》云："儒者可亲而不可劫也，可近而不可迫也。可杀而不可辱也。"此乃儒家之勇德也。夫子倡以德而非以力服人，"远人不服，则修文德以来之。既来之，则安之"，攻杀之勇夫子不屑也。其责"季氏伐颛臾"，拒卫灵公"问战"，"俎豆之事则尝闻之矣，军旅之事，未之学也"。孟子则斥"善为阵、善为战"者为"民贼"，斥争城争地者乃"此所谓率土地而食人肉，罪不容于死。"

　　夫儒家崇道义之勇，斥嗜血之勇，而非无勇者也。夫子谓勇当合于道义，"君子义以为上。君子有勇而无义为乱，小人有勇而无义为盗"。然则合于义者谓之勇，违于义者谓之暴。朱熹亦尝论勇，其云："夫子以是告子路者，所以抑其血气之刚，而进之以德义之勇也。"是以孟子以"浩然正气"而言道义之勇也。其云："其为气也，至大至刚，以直养而无害，则塞于天地之间。其为气也，配义与德；无是，馁。是集义所生者，非义袭而取之也。"（《孟子·公孙丑上》）余谓儒家之言勇，实为仁一字耳。夫子处乱世，目所见者唯攻伐好战、穷兵黩武之暴，故言勇之率义，以讥充斥诸侯间之戾气也。其忧患济世之心岂军阀辈可比之焉。

儒释互参

　　唐宋儒士多喜言禅，虽名士亦不免。《五灯会元》卷十七《太史黄庭坚居士》云："一日恃堂山行次，时岩桂盛放，堂曰：'闻木犀香么？'公曰：'闻。'堂曰：'吾无隐乎尔。'公释然，即拜之。"堂乃以儒解释也。《论语》仲尼曰："二三子以我为隐乎？吾无隐乎尔。"此所谓以彼法参我法也。《两般秋雨庵随笔》载："贾挺才讲《孟子》，文王以民力为台为沼，而民欢乐之，曰：'此正是丈人屋上乌，人好乌亦好。'犹作引证指点语，于理无碍。或问安定先生胡侍郎：'何谓克己复礼，天下归仁？'胡举邵尧夫先生诗答之云：'门前路径无令窄，路径窄时无过客。过客无时路径荒，人间满地生荆棘。'"此又以禅证儒也。

夫天下之理一也，岂惟儒释可互参，他门别派亦皆可互参也。盖天道无异，万物之生理异途而同归焉。

润　笔

润笔之说，昉于晋、宋，而尤盛于唐之元和、长庆间。《晋书·陈寿传》载："丁仪、丁廙有盛名于魏，寿谓其子曰：'可觅千斛米见与，当为尊公作佳传。'丁不与之，竟不为立传。"

《隋书·郑译传》载："上令内史令李德林立作诏书，高颍戏谓译曰：'笔干。'译答曰：'出为方岳，杖策言归，不得一钱，何以润笔。'上大笑。"唐宪宗元和十二年，宰相裴度平淮西藩吴元济乱。韩愈为之书《平淮西碑》，计千五百字耳，润笔之资绢五百匹，合米十万斤。白乐天为元微之作墓铭，酬之舆马、绫帛、银鞍、玉带之类，不可枚举。

然苏子瞻独不予碑铭也。其《祭张文定文》云："轼于天下，未尝铭墓，独铭五人，皆盛德故。"考其文集者凡七，若富韩公、司马温公、赵清献公、范蜀公并张公，坡所自作也。另有赵康靖、滕元发二志，乃代张公者，故不列于五人之数。坡公元祐中有奏稿云："臣近准敕差撰故同知枢密院事赵瞻神道碑并书者，臣平生本不为人撰行状、埋铭、墓碑，士大夫所共知。只因近日撰《司马光行列》，盖为光曾为臣亡母程氏撰埋铭，又为范镇撰墓志，盖为镇与先臣某平生交契至深，不可不撰。及奉诏撰司马光、富弼等墓碑，不可固辞，然终非本志。"

呜呼，盛名之下，润笔亦丰，岂其文必佳乎？凡为人撰墓志者，必言其盛德，至若其德与行之副否，焉可考哉。故撰墓志者，势必谀矣。韩退之谀墓之为后世诟，亦非冤也。夫谀墓之文自隋唐间大盛，是不重所葬之人，而重撰碑之人矣。大凡孝子慈孙，欲彰其先世名德，故卑礼厚币，以求名公巨卿之作，乃得此种文也。

三不荐

清章有谟《景船斋杂记》云："徐文贞尝言，我生平自誓三不敢荐：荐医系人之死生，荐师系子弟之终身，荐婚姻系人子女之休戚。旨哉斯言。"徐文贞即明大学士徐阶也。余观夫今人则不然。人或有恙，则众纷纷以名医荐之。人之有子弟欲学，则皆以名师自荐之。闻有论婚姻者，则群起而欲为月老。所荐者岂己所知者耶？好事之徒耳。

夫世之庸医误人，犹如杀人，荐之则同荐凶也。俗师误人，则似误其子弟一世学业，学之初，犹素帛著色，染之即不可除也。至若图一时之兴，乱点鸳鸯谱者，则害其终身，其毒不亚杀人矣。然世固不可荐者乎？非也。荐人医必使知其人真良医者，荐人师必使知其真饱学之士者，荐人婚姻者必知其品性相合者。微斯人，则不可荐矣。

三净肉

世俗皆以为佛教禁僧尼食肉，不知其可食三净肉也。《楞严经》载：菩萨元制食三净肉，谓不见为我杀，不闻为我杀，不疑为我杀。是谓三净肉。益之以自死，鸟残，此则谓五净肉，令比丘得食五净肉也。又曰净肉除人、蛇、象、马、驴、狗、狮子、狐、猪、猕猴十种，馀皆可食。此之十种，猪肉人之常食也，故以为戒。

余见《四分律》卷四十二云："有如此三事因缘不净肉。我说不应食。若见为我故杀。若从可信人边闻为我故杀。若见家中有头有皮有毛。若见有脚血。又复此人能作十恶业常是杀者。能为我故杀。如是三种因缘不清净肉不应食。有三种净肉应食。若不故见不故闻不故疑应食。若不见为我故杀。不闻为我故杀。若不见家中有头脚皮毛血。又彼人非是杀者。"夫佛家戒食诸般肉者，意在戒杀戮，培养修炼一己慈悲之心耳，故有三净、五净之律也。戒律之制非为戒而戒，当思佛菩萨制戒之初心矣。

夫戒杀固善事也，虔奉之固不必，痛辟之亦不可。梁绍壬《随笔》云：裴晋公曰："鸡猪鱼蒜，逢着便吃。生老病死，时至即行。"此妙法也。又某相国问僧曰："戒杀如何？"曰："不杀是慈悲，杀是解脱。"曰："然则尽食无害乎？"曰："食是相公的禄，不食是相公的福。"此妙解也。窃谓佛既定净肉，是亦未尝食素也。然则如袁简斋《随园食单》所云"钩刀取生鸡之肝，烧地炙热鹅之掌"，至惨至毒，不可为也。物为人用，使之死可也，然使之求死而不得，徒受虐毒，切不可也。

桑　梓

今人言父母之邦曰"桑梓"，《容斋随笔》谓："《小雅》'维桑与梓，必恭敬止'，并无乡里之说，而后人文字乃作乡里事用。"《漫叟诗话》云："维桑与梓，必恭敬止，谓桑梓人赖其用，故养而成之，莫肯凌践，则恭敬之道。父子相与，岂特如人之亲桑梓？"此义自古皆然。张衡《南都赋》云："永世克孝，怀桑梓焉。真人南巡，睹旧里焉。"是父母旧里分而言之也。蔡邕《光武济阳宫碑》云："来在济阳，顾见神宫，追惟桑梓褒述之义。"谢灵运《孝感赋》："恋丘坟而萦心，忆桑梓而零泪。"梁武帝《幸兰陵诏》："朕自违桑梓五十余载。"江淹《拟陆平原诗》："明发眷桑梓，永叹怀密亲。"皆以桑梓喻父母之亲也。盖古人言桑梓，表敬老之意耳。

丧葬不用乐

今之丧家多有请僧道诵经，设斋作醮为佛事，名之曰开丧，谓可资冥福也。至于用乐则西洋铜管、铙钹唢呐俱备，不可理喻也。

夫铜管西洋之器也，铙钹，胡乐也，胡俗燕乐焉能用于中华之礼哉？宋时尝禁丧葬不得用乐。《燕翼诒谋录》载："开宝三年十月甲午，诏开封府禁止士庶之家，丧葬不得用僧道威仪前引。太平兴国六年，又禁送葬不得用乐，庶人不得用方相魌头。"方相，上古传驱除疫鬼之神灵也；魌头，驱疫鬼时扮神人之面具也。

南宋处州丽水人俞文豹，字文蔚，理宗嘉熙时人，其《吹剑录》谓：
"惟只从事铙钹，震动惊憾，生人尚为头疼脑裂，况亡灵乎？"程颐以为道
场锣钹不可用于丧家，谓："道场锣鼓，胡人乐也。天竺人见僧必饭之，因
作乐。今用于丧家，可乎？"朱熹亦以为"丧最重不失大本，如不用浮屠，
送葬不用乐。"（《朱子语类》卷九十）

嗟乎，三代以来，丧有其制，朝代更迭，丧礼亦随之变易，然丧礼之本
在慎终追远，不变之礼也。若夫失西洋胡乐夹杂，人不知其哀矣。

色诱官吏

官吏之陷于女色者多矣，而宋初陶毂之为人所陷，尤足使人惕惕也。陶
毂，字秀实。历仕后晋、后汉、后周，入宋，任礼部尚书。卒赠右仆射。
《宋史》有本传。宋释文莹《玉壶清话》卷四云：

"朝廷遣陶毂使江南，以假书为名，实为觇之。李相密遗韩熙载书曰：
'吾之名从五柳公，骄恣喜奉，宜善待之。'至，果尔容色凛然，崖岸高
峻，燕席谈笑，未尝启齿。熙载谓所亲曰：'吾辈绵历久矣，岂烦至是耶？
观秀实公，非端介正人，其守可隳。诸君请观。'因令留宿，俟写《六朝
书》皆，馆泊半年。熙载遣歌人秦弱兰者，诈为驿卒之女以中之。弊衣竹
钗，旦暮拥帚洒扫驿庭。兰之容止，宫掖殆无。五柳乘隙因询其迹，兰曰：
'妾不幸夫亡无归，托身父母，即守驿翁姬是也。'情既渎，失'慎独'之
戒，将行翌日，又以一阕赠之。后数日，宴于澄心堂，李中主命玻璃巨钟满
酌之，毂毅然不顾，威不少霁。出兰于席，歌前阕以侑之，毂惭笑捧腹，簪
珥几委，不敢不釂。釂署复灌，几类漏卮，倒载吐茵，尚未许罢。后大为主
礼所薄，还朝日，止遣数小吏携壶浆薄饯于郊。迨归京，鸾胶之曲已喧，

陶因是竟不大用，其词《春光好》云：'好因缘，恶因缘，奈何天，只得邮亭一夜眠？别神仙。　瑟琶拨尽相思调，知音少。待得鸾胶续断弦，是何年'。"

《清波杂志》亦载其事，文字略异耳。又云："文潞公（文彦博）帅成都，有飞语至朝廷，遣御史何郯因谒告俾伺察之。潞公亦为之动，遍询幕客，孰与御史密者。得张俞字少愚者，使迎于汉州，且携营妓名王宫花者往，伪作家姬，舞以佐酒。御史醉中取其领巾，题诗云：'按彻梁州更六幺，西台御史惜妖娆。从今改作王宫柳，舞尽春风万万条。'至成都，此妓出迎，遂不复措手而归。"二事切相类也。

陶毂之事后世传之广，盖文人之性亦多喜其风流也。元时，有戴善夫者据其事有创杂剧《陶学士醉写风光好》。至明，复有唐寅据毂之赠词之景作《陶毂赠词图》，并题画诗云："一宿姻缘逆旅中，短词聊以识泥鸿。当时我作陶承旨，何必尊前面发红。"今人傅抱石亦仿之意作《陶毂赠词图》卷。可谓不朽之事矣。

夫陶毂名满天下，谤亦满天下，可谓毁誉参半也。王夫之云："细行不矜，终累大德，三代以下，名臣正士、志不行而道穷者，皆在此也，君以之而不信，民以之而不服，小人以之反持以相抗，而上下交受其诎。欧阳永叔以困于闺帷之议，而陶毂之挫于南唐，尤无足怪也。"然官吏为色所困事终不能绝也。

嗟乎，小说记事，率多舛误，岂复可信。窃谓此事，考其史实，或有为诬，然揆之以义理，于后人足为鉴矣。

僧娶妻

　　宋陶穀《清异录》卷上"梵嫂"条云："相国寺星辰院比丘澄晖，以艳倡为妻，每醉，点胸曰：'二四阿罗，烟粉释迦，又没头发浪子，有房室如来，快活风流，光前绝后。'忽一少年踵门谒晖，愿置酒参会梵嫂。晖难之。凌晨，但见院牌用纸漫书曰：'敕赐双飞之寺'。"又云："李煜在国，微行娼家，遇一僧张席，煜遂为不速之客。僧酒令讴吟吹弹，莫不高了，见煜明俊酝藉，契合相爱重。煜乘醉大书右壁曰：'浅斟低唱，偎红倚翠大师；鸳鸯寺主，传持风流教法。'久之，僧拥妓入屏帷。煜徐步而出。僧妓竟不知煜为谁也。煜尝密谕徐铉，铉言于所亲焉。"

　　释氏自入汉土，向无娶妻之例。梁武帝萧衍研《大般若涅槃经》，令僧人禁荤，绝女色，祭宗庙唯以蔬菜，禁以猪牛羊祭之。至元时，则比丘淫秽甚也。盖元代崇佛，世祖忽必烈尝命恶僧杨琏真伽总统江南释教，杨竟"受人献美女宝物无算"。《元史·星吉传》载："有胡僧曰小住持者，服三品命，恃宠横甚，数以事凌轹官府，星吉掩捕之，得妻女乐十有八人。"

　　宋元之后，佛教式微，既有其运数，僧徒之不守清规亦促其衰也。余见今之僧徒亦有家室者，其为僧岂为佛法，以之为一行当而谋食矣。

僧诗当俱蔬笋气

　　余观夫宋人评僧诗多不佳，讥其蔬笋气、山林气、酸馅气、菜气，谓其拾士大夫之残羹冷炙，效世俗之诗也。所谓蔬笋气者，乃东坡语也，其《赠诗僧道通》诗云："语带烟霞从古少,气含蔬笋到公无。"叶梦得《石林诗话》云:"子瞻《赠诗僧道通》云'语带烟霞从古少,气含蔬笋到公无'。尝语人曰:'颇解蔬笋语否?为无酸馅气也。'闻者无不皆笑。"

蔡绦《西清诗话》又谓:"东坡言僧霞无蔬笋气,诗人龟鉴。今时误解,便作世网中语;殊不知本分家风,水边林下气象,盖不可无。若尽洗去清拔之韵,便与俗同科,又何足尚。齐己云:'春深游寺客,花落闭门僧。'惠崇云:'晓风飘磬远,暮雪人廓深。'之句,华实相副,顾非佳句邪?"金人元好问《木庵诗集序》曰:"诗僧之诗所以自别于诗人者,正以蔬笋气在耳。"《娱书堂诗话》卷上云:"僧志南能诗,朱文公尝跋其卷云:'南诗清丽有余,格力闲暇,无蔬笋气。如云:沾衣欲温杏花雨,吹面不寒杨柳风'予深爱之。"若是则全无蔬笋气矣。

窃谓诗僧之蔬笋气正文士之骚雅也,而诗僧之诗全在其禅义耳。夫小乘佛教但求禅修为隔绝外物,自我解脱;大乘禅修则如《法华论疏》所云:"笑成释起方便,但为自身令得解脱;大乘以摄法俱摄自他悉令住理,对治诸者,既是方便亦是住理。"诗僧剃发易服,为方外之人,隐于山林,食蔬饮泉,视万物为虚空,以人生为苦薮,将解脱为旨归。其为诗为文为偈,皆以色空二相而出尔。以东坡所谓蔬笋论,实亦坠入有之相焉。

又宋胡仔《渔隐丛话》云:大觉怀梿,禅学外工诗,荆公尝以其诗示欧公,曰:"此道人肝脏馒头也。"荆公不悟,问其意,欧公曰:"是中无一点菜气。"欧公此语与东坡蔬笋气类矣。余观夫今之所谓诗人者,既无菜气亦无蔬笋气,惟官场气,市俗气焉。

僧徒考试

宋吴曾《能改斋漫录》云："政和八年御笔，自今学道之士所习以《黄帝内经》《道德经》为大经，《庄子》《列子》为小经，外兼通儒书，俾合为一道，大经《周易》、小经《孟子》。"清乔松年《萝藦亭札记》云："佛书《大般若经》《金刚经》《维摩诘经》《楞伽经》《圆觉经》《楞严经》，号禅家六籍，犹儒之六经。"人或鲜知者，僧徒亦须考校。明黄佐《翰林记》云："洪武十年九月，令僧徒皆通《般若心经》《金刚般若经》《楞伽经》，命学士宋濂考校之，不通者令还俗。"

清王士祯《池北偶谈》云："明时南京五大寺僧，每季考校于礼部，命题即《法华》《楞严》等经，其文则仿举子制义，文义优者选充僧录等官。某寺僧耳疑者曾刻其制义，黄俞邰曾见之。"沈德符《野获编》亦云："往游金陵，见灵谷寺住持，年甫弱冠，姿貌清粹，出考卷见之，则皆四股八比，与儒家无异，亦有新词绮句。其题则出《金刚》《楞严》诸经。其入选者亦称祠部郎，为座师。"

僧徒既已出家，而效儒家之科考，不亦谬乎？若以禅宗不著文字论，则佛理岂在文字之中耶？此事惟明代行之。

山涛之伪

自嵇康《与山巨源绝交书》行世，后世士人皆不齿于山涛，然余近睹有为其作解脱之文，故为奇语，夺人耳目乎？

唐人修《晋书》，列传第十三为山涛、王戎；列传第十九为阮籍、嵇康、向秀、刘伶，同为竹林名士而分载之，房玄龄岂不识山涛、王戎之面目哉？盖以山涛与嵇阮辈薰莸不同器也。

山涛由名士而跻身晋室权臣，竹林人物为之蒙羞。《晋书》本传谓其"性好《庄》《老》，每隐身自晦。与嵇康、吕安善，后遇阮籍，便为竹林之交，著忘言之契"。岂不知以老、庄为心辈必鄙竞奔仕进，山巨源虽不惑之年方仕，然心向往之久也。《世说新语·贤媛》"山公与嵇阮一面契若金兰"条刘注引王隐《晋书》云：

> 韩氏有才识。涛未仕时，戏之曰："忍寒，我当作三公，不知卿堪为夫人不耳？"

山涛之所谓"隐身自晦"者，以终南为仕宦之捷径耳。其所以效命司马氏，岂无因哉？据《晋书》，司马懿嫡妻张氏乃山涛之中表。张氏之母即山涛之从祖姑。是知山涛之隐于竹林亦如吕尚之隐于蟠溪，待价而沽矣。既附新朝，复假竹林之名以招菁英士夫，为司马氏所用，则其心可诛也。《世说新语·栖逸》"山公将去选曹欲举嵇康"条刘注引《嵇康别传》云："康辞之，并与山绝。岂不识山之不以一官遇己情邪，亦欲标不屈之志，以杜举者之口耳。"噫，涛既知康之志而复举之，是陷其于彀中也。阮步兵《咏怀诗》谓"求仁自得仁"，叹其无奈也。康既被诛，涛复怂恿其子嵇绍事敌，举为秘书郎。绍不自安，涛以玄理譬解曰："为君思之久矣，天地四时犹有消息，而况人乎？"父死而使子效敌，尚以玄理而强解，忠义廉耻尽丧。

呜呼，后世文士多喜言"竹林七贤"，竹林之下岂尽贤士哉。

善哭成名

古有以善哭成名者，亦为奇事也。《唐语林辑佚》载："周郑客唐衢，有文学，老而无成。善哭，发声哀切，闻者泣下。尝游太原，遇享军，酒酣乃哭，满座不乐，主人为罢。"其或效韩娥者耶？《列子·汤问》曰："昔韩娥东之齐，匮粮，寸雍门，鬻歌假食。既去而余音绕梁欐，三日不绝，左右以其人弗去。过逆旅，逆旅人辱之。韩娥因曼声哀哭，一里老幼悲愁，垂涕相对，三日不食。遽而追之。娥还，复为曼声长歌，一里老幼喜跃抃舞，弗能自禁，忘向之悲也。乃厚赂发之。故雍门之人至今善歌哭，放娥之遗声。"

夫唐衢乃落榜士子，白居易有《寄唐生》诗记其云："贾谊哭时事，阮籍哭路岐。唐生今亦哭，异代同其悲。唐生者何人？五十寒且饥。不悲口无食，不悲身无衣。所悲忠与义，悲甚则哭之。"是唐衢之哭悲时事也。故香山云："我亦君子徒，郁郁何所为。不能发声哭，转作乐府辞。"旧时士大夫诗赋，多喜言哭，余见韩退之诗三百六十，言哭者三十也。

上古餐制

上古之人"日出而作，日入而息"，故一日两餐为其制。早食曰"饔"，巳时食。《左传·成公二年》齐顷公轻晋军，曰："余姑翦灭此而朝食。"鸿门宴中项羽曰："旦日飨士卒，为击破沛公军。"《孟子·滕文公》"贤者与民并耕而食，饔飧而治"。朝食曰饔，夕食曰飧也。

　　飧食为申时，又谓之"飨"。《公羊传·宣公六年》载"勇士入其大门，则无人门焉者。入其闺，则无人闺焉者。上其堂则无人焉。俯而窥其户，方食鱼飧，勇士曰：'嘻。子诚仁人也。……子为晋国重卿，而食鱼飧，是子之俭也。君将使我杀子，吾不忍杀子也，虽然，吾亦不可复见吾君矣。'遂刎颈而死。"夫赵盾乃晋之正卿而晨食鱼飧，此乃前夜之余者也，是以行刺者叹服其俭。又，饔、飧既为一日之食，亦以泛指饭食也。《左传·僖公二十五年》载：晋侯问原守于寺人勃鞮，对曰："昔赵衰以壶飧从，径，馁而弗食。"

　　一日两餐虽为常制，然位尊于者复加之夜餐，犹今人之所谓点心也。《晏子春秋·内篇杂上》载：景公饮酒，夜移于晏子，前驱款门曰："君至。"晏子被元端，立于门曰："诸侯得微有故乎？国家得微有事乎？君何为非时而夜辱？"公曰："酒醴之味，金石之声，愿与夫子乐之。"《庄子·逍遥游》云："适莽苍者，三餐而返，腹犹果然。"三餐者犹言一日之食也。《战国策·齐策四》云："管燕得罪齐王，谓其左右曰：'子孰而与我赴诸侯乎？'左右嘿然莫对。管燕连然流涕曰：'悲夫，士何其易得而难用也。'田需对曰：'士三食不得餍，而君鹅鹜有余食。'"可知战国之时士皆三餐也。

沈括悍妻

　　悍妇妒妻历代皆有，虽名士贤达娶之亦受其苦。宋朱彧《萍洲可谈》卷三载："沈括存中，入翰林，出塞垣，为闻人。晚娶张氏，悍虐，存中不能制，时被棰骂，捽须堕地，儿女号泣而拾之，须上有血肉者，又相与号恸，张终不恕。"洪迈《容斋随笔》亦载惧妇事云："陈慥字季常，公弼之子，居于黄州之岐亭，自称'龙丘先生'，又曰'方山子'。好宾客，喜畜声妓，然其妻柳氏绝凶妒。故东坡有诗云：'龙丘居士亦可怜，谈空说有夜不眠。忽闻河东狮子吼，柱杖落手心茫然。'"又有辛弃疾之岳丈吕正己妻亦妒悍，竟致"逾墙相詈"，孝宗闻之，罢吕官。

窃谓悍妇妒妻者，固其性使之然，亦人任之而不能以理规之故也。沈存中以《梦溪笔谈》一书而留名，亦以惧内而贻笑大方，叹叹。

慎用而已

古时朝廷奏疏多有忌讳，如避讳，避不吉字等，人多知之，然疏中用而已二字而获罪者，未之闻也。《两般秋雨庵》载："宋洪俞因论台谏失职疏中，有'款所喜请者，不过谒景灵宫而已'，朝廷遂以为'而已'二字乃大不敬，因镌三官。洪有句云'不得之乎成一事，却因而已失三官'。"《稗史》载其事云："洪平斋新第后，上史卫王书，自宰相至州县，无不指摘其短。大略云：'昔之宰相，端委庙堂，进退百官；今之宰相，招权纳贿，倚势作威而已。'凡及一职，必如上表，末俱用'而已'二字。时相怒之，十年不调。洪有桃符云：'未得之乎一字力，只因而已十年闲。'"

夫而已一词，诚有轻蔑之意存，其获罪固不可免也。为文为诗虚词之用自当慎重，余观老杜诗，十之五必有虚字，然炼字工巧，人所难及也。如"凉风起天来，君子意如何。""美名人不及，佳句法如何。""如渑之酒常快意，亦知穷愁安在哉。"仇兆鳌《杜诗详注》云："诗句中用虚字，贵乎逸而有致。谢朓诗'去矣方滞淫，怀哉罢欢宴'。不如老杜'去矣英雄事，荒哉割据心'更有远神。"至若朝廷奏疏，自当合其体用，岂可任性焉。蹭蹬仕途于二虚字之中，亦可谓文坛一奇谈也。

生女炙面

人家生女，皆盼其美，然归州有生女皆炙其面者。《邵氏闻见后录》卷二十六载："归州有昭君村，村人生女无美恶，皆炙其面。"盖悲昭君之不遇，远死塞外也。《方舆胜览》："归州东北四十里，有昭君村。"蔡邕《琴操》云："昭君死塞外，乡人思之，为之立庙。庙有大柏，又有捣练石在庙侧溪中。"

杜子美大历元年初至夔州，有《负薪行》诗云："面妆首饰杂啼痕，地褊衣寒困石根。若道巫山女粗丑，何得此有昭君村。"是知唐人已尽知昭君村。白乐天赴忠州刺史任途中亦过昭君村，有诗云：

灵珠产无种，彩云出无根。亦如彼姝子，生此遐陋村。

至丽物难掩，遽选入君门。独美众所嫉，终弃出塞垣。

唯此希代色，岂无一顾恩。事排势须去，不得由至尊。

白黑既可变，丹青何足论。竟埋代北骨，不返巴东魂。

惨澹晚云水，依稀旧乡园。妍姿化已久，但有村名存。

至今村女面，烧灼成瘢痕。

嗟乎，悲哉斯女。人之生女，岂不期其美耶？然其村生女皆炙其面，实为人间之大悲剧也。《闻见后录》载白州有绿珠村，旧井尚存，或云饮其水生美女，村人竟以瓦石实之。此与昭君村炙女面类，皆以女美为不祥也。

生肖纪年

十二生肖今人尽知，然其初实为纪年之法也。秦简《日书》甲种："子，鼠也。丑，牛也。寅，虎也。卯，兔也。辰，已，虫也。午，鹿也。未，马也。申，环也。酉，水也。戌，老羊也。亥，豕也。"据《睡虎地秦墓竹简》注，"辰"下未记生肖，当系漏抄。虫，《说文》"虫，一名蝮"，蝮乃毒蛇，则巳即蛇。环，读为猨，即猿，则申即猴。水，以音近读为雉，雉为野鸡，则酉即鸡。

秦简所记十二生肖与汉之后十二生肖不尽相同。《论衡·物势》："寅，其禽虎也。戌，其禽犬也。丑，禽牛；未，禽羊也。亥，其禽豕也。巳，其禽蛇也。子，其禽鼠也。午，其禽马也。"王充所述与今之十二生肖无异，当自东汉始传至今也。

东汉后，十二生肖见于文献者日多。东汉蔡邕《月令问答》："凡十二辰之禽，五时所食者，必家人所畜，丑牛、未羊、戌犬、酉鸡、亥猪而已。其余龙、虎以下，非食也。"《晋书·谢安传》：谢安疾笃，"谓所亲曰：'昔桓温在时，吾常惧不全。忽梦乘温舆行十六里，见一白鸡而止。乘温舆者，代其位也。十六里，止今十六年矣。白鸡主酉，今太岁在酉，吾病殆不起乎。'……寻薨，时年六十六"。

以十二生肖附之于人之生年，谓之属相，当起于南北朝。《北史·宇文护传》载：护母予护书云："昔在武川镇，生汝兄弟，大者属鼠，第二属兔，汝身属蛇。"唐李商隐《行次西郊》诗："蛇年建丑月，我自梁还秦。南下大散岭，北济渭之滨。"蛇年建丑月，即巳年十二月也。生肖与干支相合，乃为干支纪年之辅助矣。

后人愚昧迷信，以属相而生种种痴心，不亦谬乎。

盛颙焚券

司马迁《史记·孟尝君列传》载冯谖代田文燔券书，谓"不足者，虽守而责之十年，息愈多，急，即以逃亡自捐之。若急，终无以偿。上则为君好利不爱士民，下者有离上抵负之名，非所以厉士民彰君声也。焚无用虚债之券，捐不可得之虚计。令薛民亲君而彰君之善声也，君有何疑焉"？

余阅《寓圃杂记》，有言盛颙亦有焚券事，可谓孟尝君第二也。《杂记》云：无锡盛颙，以都堂致仕回。颙至一室，见数人鐍于内，令出而问之，皆邻人也。以问曰："诸君何自如此？"告曰："为负息钱。"盛曰："有是耶？"命出，饮之酒。急召子弟取息簿与券契，子弟少难之，公曰："吾将自阅，以施于官。"遂捧至。悉取火于诸人之前，曰："多谢诸君，幸无怪，烦传语乡里，自今更无索矣。"诸人感激而散。

盛颙，明景泰二年进士，授御史，尝知束鹿县，邵武府，迁陕西左布政使司，后巡抚山东。《明史·盛颙传》谓其"束鹿徭役苦不均，颙为立九则法，继者莫能易。母忧去。服满，民相率诣阙乞还。颙再任，益不用鞭扑。讼者，谕之，辄叩头不复辩。邻邑讼不决，亦皆赴诉，片言折之，各心厌去。郊外有隙地，争来筑屋居之，遂成市，号为'清官店'"。

噫，余谓盛颙必熟谙太史公书，冯谖之语其亦必心折之也。其入仕时已获美声，既致仕焉能毁之耶？况致仕之官纵家人困民，亦犯律之举，若有司究之，终非幸事。而其效之古贤而焚券，则既免言官之劾，复获爱民之誉，善哉。

尸沁之玉

周辉《清波杂志》云："佩玉以尸沁为贵，酬价增数倍，墟墓之物，反为生人宝玩。是皆不可以理诘。"先秦儒家贵玉，生既佩之，死亦以玉随葬，故后世之古玉多由古墓出之也。

元王恽《玉堂嘉话》卷一云："古墓中玉器……其尸沁者，盖尸之膏油所沁也。其玉器以手拭，光衬生白晕者，即尸沁也。"宋沈作喆《寓简》卷六谓玉"为尸气所侵，色泽昏暗者，虽极古，犹为不祥物也，何贵焉"。近世考古于汉墓有出所谓玉九窍塞者，乃以之堵塞尸之九窍而用也，曰眼盖、耳瑱、鼻塞、口塞、肛塞、阳物罩或阴户盖各一。葛洪《抱朴子》云："金玉在九窍则死人为之不朽。"

噫，古之君子贵德，贵玉者，以为玉具君子之德行也，岂贵其器焉？葛翁之说尤谬，后世发前代之墓，玉虽存而尸俱腐矣。腐尸所沁之玉，何贵之有？

师　道

韩退之《师说》今人皆崇之，以为论说师道尽于斯也。余读钱大昕《与友人论师书》，既承退之之说，复辩师道之变易，可谓近世之师说矣。

夫古之为师也以道德，降而托之于经术，如田氏之授《易》、孟氏之授《礼》是也。降而托之于辞章，又降而托之于举业，假以为利禄之资，则师道衰而学术益替矣。钱氏云："师道之废久矣，古之所谓师者，曰经师，曰人师；今之所谓师者，曰童子之师，曰乡会试之师，曰投拜之师。""非道德之可师也。巫医百工之人皆有师。童子之师，犹巫医百工之师，称之曰师可也。"清季，权贵广纳门生，以状其势，趋炎附势之徒亦多拜于其门，故钱氏云："今之最无谓者，其投拜之师乎，外雅而内俗，名公而实私。师之所求于弟子者，利也，传道解惑无有也，束脩之问，朝至而夕忘之矣；弟子所藉于师者，势也，质疑问难无有也，今日得志，而明日背其师矣。是故一命以上，皆可抗颜而为师，而横目二足贩脂卖浆之子，皆引而为弟子。"

于戏，孟子曰："人之患在好为人师。"古之好为师也以名，今之好为师也以利。既以名利为图，则师道不存也。圣人束脩之制，尊师也，故古之祭以释菜为礼。为师而以名利，师道贻矣。是以今之所谓师，所谓弟子者，殊无师弟子之道存矣。

十二男花神

李太白《长相思》诗云"美人如花隔云端"，而后文人骚客誉美女多喜以花喻之。旧俗有花神之说，无非以杨妃、西施辈附之，以其美貌似花耳。余尝见有以十二男子为十二月花神者，则以其气节行事而附之，亦可窥人心之敬仰之意也。兹书于左。

屈原为一月兰花神。其诗云："滋兰九畹，树蕙百亩。"兰为"花中君子"，赞灵均之气节也。

林逋为二月梅花神。以其无官、无妻、无子，隐于西湖孤山，植梅为妻，畜鹤为子，赞其高洁也。

皮日休为三月桃花神。盖其尝书《桃花赋》云："艳中之艳，华中之华。"其诗多悯民之疾苦，故人敬之也。

欧阳修为四月牡丹神。因其尝遍历洛阳十九名园，觅牡丹佳品，书《洛阳牡丹记》。

苏东坡为五月芍药神。其尝赞芍药"扬州芍药为天下之冠"，及其守扬州时，则令废芍药"万花会"，以其奢华而扰民也。

江淹为六月石榴花神。其《石榴颂》云："美木艳树，谁望谁持？照烈泉石，芳披山海。奇丽不移，霜雪空改。"

周敦颐为七月荷花神。其《爱莲说》"出污泥而不染，濯清涟而不妖。"传诵万口。

杨万里为八月紫薇花神。其咏紫薇诗云："谁道花无百日红，紫薇长放半年花。"

洪适为九月桂花神。其诗云："风流直欲占秋光，叶底深藏粟蕊黄。共道幽香闻十里，绝如芳誉亘千乡。"

范成大为十月芙蓉花神。其晚年归居故里苏州，随地势筑亭建榭，遍种芙蓉。

陶潜为十一月菊花神。五柳先生弃官隐于庐山，种菊自娱，"采菊东篱下，悠然见南山。"句为千古绝唱。

高似孙为十二月水仙花神。其《水仙花》前后赋千余言，极颂水仙。

夫花之有神，犹四季之有神类。然十二男花神，取其人之品格也。以其品格而附之于花，胜于旧时以美人附之矣。

十三经无真字

仁和梁绍壬云："十三经无真字，盖正字，即古真字也。正鹄、正月、雨无正，皆是。"《十三经》固无真字，然先秦典籍多有真字。《说文》谓

"真，仙人变形而登天也。"《楚辞·九思·守志》"随真人兮翱翔"，注：真，仙人也。《庄子·大宗师》"而况其真乎"，郭象注"夫真者，不假于物而自然也"。《庄子·渔父》"真者，所以受于天也。自然不可易也"。《黄帝内经·素问》"真者，元真之气也"。"真者，精气也，天地人皆有此真"。《庄子·山木》"见利而忘其真"，成玄英疏云"真，性命也"。后引申为真诚义。《庄子·渔父》"真者，精诚之至也"。《荀子·劝学》"真积力久则入"，杨倞注"真，诚也"。

盖经文之真假二字，古悉用诚伪也。

石韫玉焚叶绍翁《四朝闻见录》

近时国学昌盛，朱熹之学尤行，然朱文公毁誉参半，自其在世至清未绝也。《履园丛话》卷十三载：

"石琢堂殿撰为诸生时，家置一纸库，名曰'孽海'，凡淫词艳曲坏人心术与夫得罪名教之书，悉纳其中而烧之。一日阅《四朝闻见录》，内有劾朱文公一疏，痛诋文公逆母欺君、窃权树党，并及闺阃中秽事，有小人所断不为者，竟敢形诸奏牍以污蔑之。此编书者亦逆知后人之必不信也，且伪撰文公谢罪一表，以实其过。阅竟，不胜发指，拍案大呼，思欲尽购此书以付诸火，而苦无资也。夫人蒋氏，时庵侍郎侄孙女，颇明大义，欣然出奁中金钏助之。遂遍搜坊肆，得三百四十七部，悉烬于'孽海'中。是年登贤书，至庚戌岁遂大魁天下，后官至山东按察使。"

石琢堂名韫玉，字执如，号琢堂，江苏吴县人。乾隆五十五年一甲一名进士，授翰林院修撰。主讲苏州紫阳书院二十余年。尝修《苏州府志》，为世所重。其"孽海"毁书数万卷。今人喜闻之《浮生六记》著者沈复尝为其幕僚。夫琢堂之焚《四朝闻见录》，盖其卷四"庆元党"条载监察御史沈继祖之奏劾朱熹疏也。其疏云：

"臣窃见朝奉大夫、秘阁修撰、提举鸿庆宫朱熹资本回邪，加以忮忍，初事豪侠，务为武断。自知圣世此术难售，寻变所习，剽张载、程颐之余论，寓以吃菜事魔之妖术，以簧鼓后进，张浮驾诞，私立品题，收召四方无行义之徒以益党伍，相与餐粗食淡，衣褒带博，如鬼如蜮。士大夫之沽名嗜利、觊其为助者，从而誉之荐之。""臣窃观熹有大罪六，而他罪又不与焉。人子之于亲，当极甘旨之奉，熹也不天，惟母存焉，建宁米白甲于闽中，熹不以此供其母，而乃日籴仓米以食之。其母不堪，每以语人。尝赴乡邻之招，归谓熹曰：'彼亦人家也，有此好饭。'闻者怜之。昔茅容杀鸡食母而与客蔬饭，今熹欲餐粗钓名不恤其母之不堪，无乃太戾乎？熹之不孝其亲，大罪一也。""托足疾以要君，又见于侍郎林栗之章。熹之不敬于君，大罪二也。"后复有"不忠于国，大罪三也。玩侮朝廷，大罪四也"。尤为辱其私德云"以至欲报汝愚援引之恩，则为其子崇宪执柯娶刘珙之女，而奄有其身后巨万之财。又诱尼姑二人以为宠妾，每之官则与之偕行，谓其通修身，可乎？冢妇不夫而自孕，诸子盗牛而宰杀，谓其能齐家，可乎"？

呜呼，"庆元党案"沈继祖依韩侂胄弹劾朱熹，追论程颐为伪学，主斩文公之首，以绝朱学，其疏之言固不堪卒读也。考其所疏，皆捕风捉影，移花接木，颠倒捏造之语矣。窃谓叶绍翁所撰《四朝闻见录》，其成书也适值理学盛于世，靖逸虽宗朱熹之学而持论平正，所收沈继祖之疏，亦存其事而已，倘无其记，后世焉知此段公案哉？一书既刊，岂石韫玉"孽海"一炬能毁之者耶。秦火之焰不灭儒学，孽海之烛惟遗笑后世耳。朱文公之盛名岂区区一疏可湮没者哉。然文公之值斯厄，亦惟上书云："草茅贱士，章句腐儒，唯知伪学之传，岂适明时之用。"悲夫。

337

史家之见识

　　司马迁、班固皆良史也，然其见识乃有高低。司马迁《史记》列陈涉于世家，比之于"桀纣失其道而汤武作，周失其道而《春秋》作，秦失其政而陈涉发迹"。以陈涉比之汤武、孔丘，崇之极矣。是亦可窥马迁之心迹也。然班孟坚修《汉书》以陈涉入列传，降之一格，其亦孟坚与马迁史识之别也。孟坚生于儒学世家，其《汉书》重规矩绳墨，行文谨严有法，盖以涉无世家之实而以之入列传。刘知几《史通·世家》于陈涉入世家尤不以为然，以为"陈涉起自群盗，称王六月而死，子孙无嗣，社稷靡闻，无世可传，无家可宅，而以世家为称，岂当然乎"？

　　呜呼，史家之见识于此分明矣。司马迁曰："始皇既没，余威振于殊俗。然而陈涉瓮牖绳枢之子，甿隶之人，而迁徙之徒也。材能不及中人，非有仲尼、墨翟之贤，陶朱、猗顿之富也。蹑足行伍之间，俛仰阡陌之中，率罢散之卒，将数百之众，转而攻秦。斩木为兵，揭竿为旗，天下云会响应，赢粮而景从，山东豪俊遂并起而亡秦族矣。"夫当其时也，六国之旧族尚存，未有举动，赖涉起事方响应之，故灭秦涉首事者也。马迁之入涉于世家，以为其事迹当与世家类也，岂以其"子孙无嗣，社稷靡闻，无世可传，无家可宅"而论之哉？

世态炎凉

世态之炎凉，人性之必然也，无可怪之。然世人每于斯人斯事则必责之，其不明斯理矣。余读《史记》列传，举数例证之。

《史记·廉颇列传》云："廉颇之免长平归也，失势之时，故客尽去。及复用为将，客又复至。廉颇曰：'客退矣。'客曰：'吁。君何见之晚也？夫天下以市道交，君有势，我则从君，君无势则去，此固其理也，有何怨乎？'"

《孟尝君列传》又云："自齐王毁废孟尝君，诸客皆去，后召而复之，冯谖迎之。未到，孟尝君太息曰：'文常好客，遇客无所敢失，食客三千有余人，先生所知也。客见文一日废，皆背文而去，莫顾文者。今赖先生得复其位，客亦有何面目复见文乎？如复见文者，必唾其面而大辱之。'冯谖结辔下拜。孟尝君下车接之，曰：'先生为客谢乎？'冯谖曰：'非为客谢也，为君之言失。夫物有必至，事有固然，君知之乎？'孟尝君曰：'愚不知所谓也。'曰：'生者必有死，物之必至也；富贵多士，贫贱寡友，事之固然也。君独不见夫趣市者乎？明旦，侧肩争门而入；日暮之后，过市朝者掉臂而不顾。非好朝而恶暮，所期物忘其中。今君失位，宾客皆去，不足以怨士而徒绝宾客之路。愿君遇客如故。'孟尝君再拜曰：'敬从命矣。闻先生之言，敢不奉教焉。'"

太史公于《汲郑列传》赞曰："夫以汲、郑之贤，有势则宾客十倍，无势则否，况众人乎。下邽翟公有言，始翟公为廷尉，宾客阗门；及废，门外可设雀罗。翟公复为廷尉，宾客欲往，翟公乃大署其门曰：'一死一生，乃知交情。一贫一富，乃知交态。一贵一贱，交情乃见。'"

呜呼，炎凉世态，自古而然。冯谖之以市朝见喻，则富贵者为其欲物也。然若其然，天地间岂复有情之一字哉？窃谓太史公之言，乃苦于炎凉世态之悲愤语也，读其太史公自序当可明其心迹矣。

侍中执亵器

秦置侍中五人，往来殿内、东厢奏事，故曰侍中。西汉沿置，旧用儒者，侍从帝左右，掌乘舆服物也。《汉官仪》卷上云："侍中，左蝉右貂，本秦丞相史，往来殿中，故谓之侍中。分掌乘舆服物，下至亵器虎子之属。"宋王楙《野客丛书》卷二载："汉侍中虽比二千石，其职甚微，分掌乘舆服物，下至持亵器虎子之属。武帝以孔安国为侍中，以其儒者，特听掌御坐唾壶，当时荣之。故旧仪谓侍中为'执虎子'"。

《西京杂记》卷四"玉虎子"条云："汉朝以玉为虎子，以为便器，使侍中执之，行幸以从。"虎子为溺器，上古即以称之。《周礼·天官·玉府》载："掌王之燕衣服衽席床第凡亵器。"汉郑玄注云："亵器，清器，虎子之属。"《三国志·魏书》卷十六，注云："《魏略》曰：旧仪，侍中亲省起居，故俗谓之执虎子。"章炳麟《官制索隐》亦云："汉初侍中，非奉唾壶，即执虎子。"《万历野获编》卷八"权臣籍没怪事"条云："闻籍没分宜时，有亵器乃白金美人，以其阴承溺，尤属可笑。莅事者谓非雅物，难以进上，因熔成锭以充数。"

嗟乎，孔安国乃孔丘十世孙，汉经学大家也，其《古文尚书》《古文孝经传》《论语训解》为学者所重。其学也，受《诗》于申公，受《书》于伏生，既为内廷侍中，则亦为武帝执亵器，不亦辱之甚乎？《三史拾遗》云："武帝时，严助、朱买臣皆侍中，贵幸用事，始与闻朝政。厥后，卫青、霍去病、金日磾皆由侍中进。"汉武以重儒学名，而以儒学名士执褒器，岂合乎礼哉？汉人之尊孔，特为其传六艺之统。汉人之尊六艺，特为其为古代之王官学。汉武之立五经博士，特为欲复古者王官之学之旧，以更易秦廷末世之所建。后世专以汉武罢黜百家而尊儒以称之，是亦非深知其人也。方其时，侍中用儒家，而以其执褒器虎子，焉可谓其尊儒焉？而以春秋末世，战国纷纭之际，亦无闻儒者为帝王执褒器也。

唐陆龟蒙《奉酬袭美苦雨见寄》诗云："唾壶虎子尽能执，舐痔折枝无所辞。"是知后世儒者以执唾壶虎子为辱也。

寿堂乃行祭之厅堂

《两般秋雨庵随笔》云："今人于父母诞辰，铺陈庆祝之地，名曰'寿堂'，大不可也。"盖古之所谓寿堂，乃停棺木以行祭礼之厅堂，犹寿穴也。晋陆机《挽歌》"寿堂延魑魅，虚无自相宾。"唐司空曙《哭苗员外呈张参军》诗云："寿堂乖一恸，奠席阻长辞。"白居易《夜哭李夷道》诗云："家人哀临毕，夜锁寿堂门。"宋林逋《自作寿堂因书一绝以志之》诗云："湖外青山对结庐，坟前修竹亦萧疏。茂陵他日求遗稿，犹喜曾无封禅书。"清人俞荫甫《茶香室丛钞》亦云："按寿堂，今谓之寿穴，余葬姚夫人，亦自营寿堂。"是知自晋至清末，寿堂之称皆谓奠祭之场所或谓生穴者也。余尝见今尚有以祝寿之场所称之寿堂者，谬也。

顺治帝火葬

陈垣先生治学甚严谨，尝考清顺治帝火葬事实。启功先生忆其于蒋良骐编《东华录》中见顺治帝卒后若干日，称灵枢为"梓宫"，自某日后称灵枢为"宝宫"，证"梓宫"乃木制之棺，"宝宫"乃"宝瓶"，即盛骨灰之坛，复证顺治帝卒后乃火化之事实。

盖满人丧俗，本有火葬、天葬、水葬，亦有土葬者，乃承金之旧俗，其葬俗当与八旗军旅生活有关。其先祖努尔哈赤、皇太极皆为火葬。然福临既入关，其笃信释教，生时尝数嘱须以火葬，盖佛教徒行火化之葬也。是以顺治之卒以火化而葬，亦属情理之中矣。

至康熙时，满人汉化尤甚，玄烨自幼受汉文化熏陶，视火葬为不孝。其时，唯"横"死者火葬之，所谓"横"死者，乃谓死于非命者也。故自康熙始，帝后未有火葬者。

以顺治之火葬亦可知所谓顺治出家之说谬也。孟森先生《世祖出家事实考》，证其乃死于天花。故陈垣先生有云："顺治出家之说，不尽无稽，不过出家未遂而已。"顺治之火葬亦复可证其未出家矣。

司马光《解禅偈》

后周世宗柴荣排佛，废无敕之寺院三万余，收佛像以铸钱，佛经章疏大半散佚。宋初始稍加护佛，至理学兴，则佛亦儒化也。时士大夫多修佛学，往往作偈颂，以发明禅理。司马温公患之，作《解禅偈》六首云："忿怒如烈火，利欲如铦锋，终朝长戚戚，是名阿鼻狱。""颜回甘陋巷，孟轲安自然，富贵如浮云，是名极乐国。""孝悌通神明，忠信行蛮貊，积善来百祥，是名作因果。""仁人之安宅，义人之正路，行之诚且久，是名不坏身。""道德修一身，功德被万物，为贤为大圣，是名菩萨佛。""言为百世祖，行为天下法，久久不可掩，是名光明藏。"

夫佛教之于宋，诸门派以禅宗、净土为盛，盖士大夫多喜禅宗，而民间则多信净土。自唐慧能创禅宗，以为"不立文字，尽得风流"，至宋则禅宗由"内证禅"渐为"文字禅"，故一时间灯录、语录风行矣。《景德传灯录》《五灯会元》类皆其时撰也。然宋时佛教之世俗化终不可免，实亦为契时应机之权巧方便法门耳。清纪晓岚谓佛教社会信仰实为二，一为"檀施供养之佛也，为愚夫妇言之也"。一为"明心见性之佛也，为士大夫言之也"。窃谓此即所谓精英佛教与民间佛教者也，前者求智慧解脱，后者供施拜祷以求兴福祛祸。司马温公患人溺于迷津，是书《解禅偈》，以儒家之道德比之于禅理，不亦善乎？宋明理学牵强以佛理附之于儒学，逊司马温公矣。

司马昭之士人政策

中国之文化，自先秦两汉皆为帝王文化。儒者之修齐治平，道家之无为而治，至若兵、法、纵横盖为帝王服务之文化，士人亦为帝王辇下之臣服者也。

士人文化之独立，窃以为始于曹魏之时。魏文帝丕善于建安七子，亲如兄弟，其与七子虽有君臣之份，而实为士人之谊也。至晋文帝司马昭，固非文士，欲与文士相交则非易事，然司马氏代曹魏历两代之经营，已为路人皆知之实。帝王文化与士人文化之融合，司马昭肇其端也。

晋文之于士人则别而待之，以魏晋士人之遭际可窥之也。晋文之于士人，一则豢走狗，一则拢名士，一则诛君子，如是而已。

所谓豢走狗者，钟会、何曾辈也。会乃颍川钟氏，书法世家，晋文誉之"王佐之才"。然其人品格卑鄙，尤于欲近嵇康而遇冷后，则构陷中散致死。《晋书·嵇康传》载："会以此憾之。及是，言于文帝曰：'嵇唐，卧龙也，不可起。公无忧天下，顾以康为虑耳。'因谮'……康、安等言论放荡，非毁典谟，帝王者所不宜容。宜因衅除之，以淳风俗'。帝既昵听信会，遂并害之。"

何曾亦属会类，走狗者也，《世说新语·任诞》载：阮籍遭母丧，在晋文王坐，进酒肉。司隶何曾亦在座，曰："明公方以孝治天下，而阮籍以重丧，显于公坐饮酒食肉，宜流之海外，以正风教。"文王曰："嗣宗毁顿如此，君不能共忧之，何谓？且有疾而饮酒食肉，固丧礼也。"籍饮啖不辍，神色自若。

所谓拢名士者，阮籍类也。值司马氏淫威之下，籍既耻于钟会、山涛之附逆，亦不欲效中散而丧生，故与晋文则为若即若离之态。然淫威之下岂能全名？至朝野劝进之时，籍亦亲书劝进表，名节毁于一旦，虽属无奈，亦抱恨终生矣。其《咏怀诗》云："终身履薄冰，谁知我心焦。"煎熬之忧心，历历在矣。

所谓诛君子者，嵇康辈也。中散高洁之人也。其乃魏武之孙婿官拜中散大夫，及司马氏篡魏，则避至河东，势不仕于司马氏。山涛荐其选官，则书《与山巨源绝交书》谓"七不堪""二不可"。晋文闻而怒甚。及钟会进谗下石，以至广陵曲绝。

窃谓晋文之于士人，亲则使之，畏者拢之，拒者诛之，后世帝王效之不爽，晋文之创也。

四大丑女

夫西施、昭君、貂蝉、杨妃为古之四大美女，人喻之"沉鱼、落雁、闭月、羞花"也，而古有四大丑女，知之者鲜矣。丑女者，谓嫫母、钟离春、孟光、阮氏女也。

嫫母者，黄帝之妃也。貌丑而贤德，《史记·五帝本纪》《索隐》云："黄帝立四妃，象后妃四星。……次妃嫫母。"屈原《楚辞·九章》曰"妒佳冶之芬芳兮，嫫母姣而自好。"《吕氏春秋·遇合篇》载："嫫母执乎黄帝。黄帝曰：'厉汝德而弗忘，与汝正而弗衰，虽恶何伤。'"《淮南子·修务训》云："不待脂粉芳泽而性可悦者，西施；虽粉白黛黑弗能为美者，嫫母。"

钟离春，又名钟无艳，无盐，齐宣王之妻也。《论衡》《列女传》谓无盐为无盐氏之女，貌极丑，四十未嫁，自请于宣王，言齐之危事四，王纳之，立为后。于是拆渐台，罢女乐，退谄谀，进直言，选兵马，实府库，齐乃大安。

孟光，东汉平陵人，体肥而肤黑，惟力大能举臼。《后汉书·梁鸿传》云："鸿为佣工，每食时，光必举案齐眉，以示敬爱。"司马光《送酒与邵尧夫因戏之》诗云："请君呼取孟光饮，共插花枝煮药苗。"

阮氏女，三国曹魏名士许允之妻，陈留尉氏人。貌极丑而聪慧明达，见识非凡。

余观夫四美其后皆惨绝无善终，而四丑则为世人称矣，岂造物者亦妒其美而佑于丑者焉？

四库馆臣多受罚

清乾隆三十七年，弘下旨开四库馆修《四库全书》，命出继慎靖郡王允禧之第六子永瑢任总裁，皇子永璇、永瑆亦入馆委以重任。至若和珅、福安康、阿桂则入馆为监管，博学之士纪昀为实际负修书之责，一时名流戴震虽无功名亦破格征入四库馆，与编修之学者计三百六十余人，天下学者尽入其馆，方其时，凡读书士子无不以入四库馆为殊荣，然入其馆者岂皆欢喜哉？

据《纂修四库全书档案》，凡四库馆臣几皆受罚，即为皇子、总裁、副总裁、总纂，无一幸免者。如乾隆四十七年八月初十，军机大臣奏查核四至六月所进书之讹误数，请以总校等交部察议。此等记录非鲜也。至若陆锡熊、陆费墀辈则尤为令人叹息矣。

陆锡熊，字健男，号耳山，乾隆二十六年进士，授内阁中书，累迁刑部郎中，与纪昀同司《四库》总纂，旋以书有讹误，帝令重为校正，写官所费，责其与昀分任，锡熊则因惊惧病亡。陆费墀，字丹叔，号颐斋，乾隆三十一年进士，授编修，官至礼部侍郎，充《四库》总校官。乾隆五十二年，因《四库》讹谬甚多，所谓"有违碍诸说，未经删削"，受罚独重，革职后郁郁而亡，尤为甚者，其亡后犹抄其原籍家产为添补江南三阁办书之用。即如纪昀亦时上书检讨己之所误，凡为馆臣者实如履薄冰战战兢兢，皇子大臣亦复如是。

夫《四库》所收之书卷帙浩瀚，校官焉能字字细勘，然一字之未审，则复罪之矣。《清史编年》乾隆四十七年二十九日载：命查办毛奇龄所著《词话》。毛奇龄，字大可，学者称西河先生，浙省萧山人。明末诸生，善词赋，兼工度曲。康熙中，召试博鸿，授检讨，令纂修《明史》。至是，《四库全书》馆进呈其所著《词话》，乾隆帝查其书尚有"清师下游"字样。以为毛奇龄既为康熙时翰林，叙我朝事，"理应称'大兵'或'王师'等字样，乃指称'清师'抬写，竟似身事前朝未经在本朝出仕者，谬妄已极。"除将原书交馆改正，总纂官纪昀、陆锡熊，总校官陆费墀、王燕绪，分校官刘源溥因漫不经心，未识《词话》之错谬，俱交部议处。

窃谓《四库全书》诚吾中华之文化结晶，国之瑰宝，此无疑也。然乾隆帝删削篡改史实，毁有碍大清之籍凡一百七十余种，计一万三千六百卷，是以今人治史，《四库》之书未必尽实也。又前明档案千万亦于修书之时尽为之所毁，其罪何其大矣。故史家吴晗尝谓："清人纂修《四库全书》而古书亡矣。"

寺僧有姓

僧人多以释为姓，盖既出家则俗姓弃之也。故旧时有"僧不问姓，道不言寿"之说。清罗振玉《读碑小笺》云："淮安龙兴寺有明郡守陈文烛碑，碑阴刻龙兴寺事实，载元至正间寺僧朱德朗刻石，称僧朱德朗、郭法亮。"元时僧而有姓，殊为奇特也。

释教徒众各自有法名，乃按"祖慧智子觉，了本圆可悟，周洪普广宗，道庆同玄祖，清静真如海，湛寂淳贞素，德行永延恒，妙体常坚固，心朗照幽深，性明鉴宗祚，表正善喜祥，谨悫原齐度，雪庭为导师，引汝归铉路"之序而名。其规亦如家族之按族谱所定字按辈取名类。余尝见某寺僧名性辈，而言其师则善字辈，其谬如此，想亦未明法名之序矣。

宋初限度僧道数

宋初，太祖于释道皆抑制之，盖僧道例免徭役赋税，若不限之数，则国之入减也。

初，江南后主佞佛，故江南佞佛之风盛。后主每即朝即与小周后易僧服，打坐诵经，致朝中百官投其好而多论佛。江南佛寺本众多，后主复诏于金陵城南牛头山建佛寺千余间，宫苑中亦建静德寺。宋初，太祖深恶之，《燕翼诒谋录》载："太祖既下江南，重行沙汰，其数尚多。太宗乃为之禁，至道元年六月己丑，诏江南、两浙、福建等处诸州，僧三百人岁度一人，尼百人岁度一人。"自是佞佛之风略减。

至若黄冠之教，其弊亦如释。夫黄冠之教，始于汉张疏，故皆有妻孥，虽居宫观，而嫁娶生子，与俗人无异。奉其教而诵经者曰道士；不奉其教不诵经，惟假其冠服，则曰寄褐，皆游惰无所业者，亦有凶岁无所给食，假寄褐之名，挈家以入者，大抵主首之亲故也。太祖皇帝深疾之。开宝五年闰二月戊午，诏曰："末俗窃服冠裳，号为寄褐，杂居宫观者，一切禁断。道士不得畜养妻孥，已有家者，遣出外居止。今后不许私度，须本师、知观同诣长吏陈牒，给公凭，违者捕系抵罪。"自是，宫观不许停著妇女，亦无寄食者矣。

窃谓宋初之禁僧道之数，于太祖太宗之意，恐僧道任其滥则不可控也。一则伤赋税之入，损徭役之数，二则黄冠之教本源于汉末之五斗米教，乱之始也。其教众多乡野贫民，如有风波则易起乱，故抑其数也。

宋代官吏俸禄丰厚

官吏俸禄始于西周，汉时屡增俸禄，施恩于小吏，唐时俸禄优厚，玄宗天宝间诏曰"衣食既足，廉耻乃知"，为厚禄养廉之始也。唯有宋一代，省官益俸，重禄治吏，官吏之俸最为丰厚。赃吏虽仍不能绝，然宰执大臣享禄优厚，鲜有贪赃之事。

《宋史·职官志》载俸禄之制"京朝官宰相、枢密使，月三百千，春冬服各绫二十匹，绢三十匹，绵百两。参知政事、枢密副使，月二百千，绫十匹，绢三十匹，绵五十两。其下以是为差。节度使，月四百千。节度、观察留后、三百千。观察，二百千。绫绢随品分给。其下亦以是为差。凡俸钱并支一分见钱，二分折支，此正俸也。其禄粟，则宰相、枢密使月一百石，三公、三少一百五十石，权三司使七十石。其下以是为差。节度使一百五十石，观察、防御使一百石。其下以是为差。凡一石给六斗，米麦各半"。熙宁中，又诏县令、录事等官，三石者增至四石，两石者增至三石，此亦正禄也。俸钱禄米之外，又有职钱。御史大夫、六曹尚书六十千，翰林学士五十千。其下以是为差。然职钱惟给京朝官，外任者无，因别有公用钱也。

另宋之官吏俸钱、职钱之外，又有元随傔人衣粮。宰相、枢密使各七十人，参知政事至尚书左右丞各五十人，节度使百人，留后及观察使五十人。其下以是为差。衣粮之外，又有傔人餐钱。此外复有茶酒厨料之给，薪蒿炭盐诸物之给，饲马刍粟之给，米面羊口之给。建炎南渡后，以兵兴，宰执请俸禄米权支三分之一。后仍复旧制。

余观夫历代正史所载，官吏俸钱无过于宋者。宋之钱币乃为铜本位制，金一两同银十两，同钱十贯，同千文铜钱。则京朝官宰相、枢密使，月俸合金三百两也。为官者，其给赐优裕，故凡入仕者不复以身家为虑，各自勉其治行矣。赵翼《廿二史札记》考宋制厚禄谓："观于真、仁、英诸朝，名臣辈出，吏治循良，及有事之秋，犹多慷慨报国。绍兴之支撑半壁，德祐之毕命疆场，历代以来捐躯殉国者，惟宋末独多，虽无救于败亡，要不可谓非养士之报也。然给赐过优，究于国计易耗。恩逮于百官者，惟恐其不足；财取于万民者，不留其有余。此宋制之不可为法者也。"

赵瓯北之论善矣。恩逮于百官而损及于万民，百官既身家无虑，则琴棋书画，诗酒花茶兴焉，而玩物之逾其度则必危及国本矣。余时闻今有言宋之文化者，极崇其精，然精则精也，其于百姓国计何益？士大夫俸禄既优，无虑身家，其心思尽于所谓八雅者，焉不知此正宋亡国之道也。窃谓言宋之文化者，当慎思其利弊也。

宋代广增进士

夫自隋唐创科举之制，进士尤为人重。唐时，以四海九州之广，而岁上第者仅一二十人耳。宋初，太祖国策重文抑武，以强皇权，终五代以降武将擅权，藩镇割据之局面。故终宋一朝，科举取士数骤增，每科进士数多达二三百，甚而五六百，实为历史之最多者也。

宋王栐《燕翼诒谋录》载："圣朝广开科举之门，俾人人皆有觊觎之心，不忍自弃于盗贼奸宄。"度宋主之广开科举之门者，实乃欲绝唐末黄巢、王仙芝辈进士不第而致乱矣。又云："开宝二年三月壬寅朔，诏礼部阅贡士十五举以上曾经终场者，具名以闻。庚戌，诏曰：'贡士司马浦等一百六人，困顿风尘，潦倒场屋。学固不讲，业亦难专，非有特恩，终成遐弃。宜各赐本科出身。'"由此而有特奏者也。士子之潦倒不第者，皆觊觎一官，老死不止。据《燕翼诒谋录》："至景德二年三月丁巳，因赐李迪等进士第，赐特奏名：五举以上本科六十四人。《三传》十八人，同学究二十二人，《三礼》四十四人，年老授将作监主簿三十一人。此特奏之名所由立也。至景祐元年正月癸未，诏：'进士、诸科，十取其二。进士三经殿试、诸科五经殿试，或进士五举年五十、诸科六举年六十，虽不合格，特奏名。'此特奏名所以渐多也。""进士入官十倍旧数，多至二十倍；而特奏之多，自是亦如之。英雄豪杰皆汩没消靡其中而不自觉，故乱不起于中国而起于夷狄，岂非得御天下之要术欤？苏子云：'纵百万虎狼于山林而饥渴之，不知其将噬人。艺祖皇帝深知此理者也，岂汉、唐所可仰望哉。'"

呜呼，宋太祖深谙御人之道，天下士人皆入其套中，武将专权之忧不复存，然国之武备亦衰也。自北宋中期，边患不绝，丧权辱国之约时而有之，输财帛而求一时之安宁，进士之文章焉能御敌哉？吕祖谦曰："进士之科，往往皆为将相，皆极通显。"固当时有"焚香礼进士"之语。朝为田舍郎，暮登天子堂。三百年间，进士登第三万余，天下人才尽欲窥进士之第。况宋制厚禄养官，官吏固富而民愈贫，积贫积弱，亡国必矣。

宋代贵羊肉

饮食文化，因时而异，宋代人自宫廷至民间皆喜食羊肉，故羊肉较之他物为贵。《续资治通鉴长编》卷四八〇载，宋帝王遵"祖宗家法"，"饮食不贵异味，御厨止用羊肉"，故宋时羊肉尤昂，非百姓轻易可食者。

余读《水浒》，其中诸多细节亦可证宋时人以羊肉为贵也。第三十八回《及时雨会神行太保 黑旋风斗浪里白条》，言宋江、戴宗与李逵去琵琶亭酒馆，酒保轻视李逵，道："小人这里只卖羊肉，却没牛肉。要肥羊尽有。"

李逵听了，便把鱼汁劈脸泼将去，淋那酒保一身。李逵发怒道："叵耐这厮无礼，欺负我只吃牛肉，不卖羊肉与我吃。"盖酒保视李逵俗人，非食羊肉之辈也。《第五才子书施耐庵水浒传》金圣叹于"却没牛肉"四字下批云："四字绝倒，忽从酒保口中，画出李逵不似吃羊肉人，妙笔凭空生出。"《水浒》全书凡言款待贵客，几皆言杀羊，盖羊贵也。略举数例为证：

第二回《王教头私走延安府 九纹龙大闹史家村》言王进应授史进武艺，史太公大喜，便"叫庄客杀一个羊，安排了酒食果品之类，就请王进的母亲一同赴席"。第四回《赵员外重修文殊院 鲁智深大闹五台山》言鲁达应赵员外之请至七宝村，"赵员外携住鲁达的手，直至草堂上，分宾而坐；一面叫杀羊置酒相待"。第九回《柴进门招天下客 林冲棒打洪教头》柴进初逢林冲："柴进见了道：'村夫不知高下，教头到此，如何恁地轻意？快将进去。先把果盒酒来，随即杀羊相待，快去整治。'"施肇瑞熟谙宋人风俗，是以有此般文字也。

宋人以羊为贵，亦可见于时人笔札。陆放翁《老学庵笔记》卷八云："建炎以来，尚苏氏文章，学者翕然从之，而蜀士尤盛。有语曰：'苏文熟，吃羊肉；苏文生，吃菜羹。'"谓熟苏文而可入仕，然后可食羊肉也。

宋人孙升述《孙公谈圃》卷上云："杜祁公为人请约，平生非宾客不食羊肉。"杜衍越州山阴人，北宋名臣，庆历三年任枢密使，四年拜同平章事，而"非宾客不食羊肉"，是知羊肉价昂，达官亦非轻易可食者。

洪迈《夷坚志》"鄮都宫使"条云："吾家寒素，非汝家比，安得常有羊肉？"同上"三鸦镇"条亦云："高公泗师鲁，绍兴末，监平江市征。吴中羊价绝高，肉一斤为钱九百……尝仿其体作一绝句云：'平江九百一斤羊，俸薄如何敢买尝？只把鱼虾充两膳，肚皮今作小池塘。'闻者皆大笑。"

东坡贬惠州时，困而食羊脊骨，其与子由书云："惠州市井寥落，然犹日杀一羊，不敢与仕者争买，时嘱屠者买其脊骨耳。骨间亦有微肉，熟煮热漉出，渍酒中，点薄盐炙微燋食之。终日抉剔，得铢两于肯綮之间，意甚喜之。如食蟹螯，率数日辄一食，甚觉有补。子由三年食堂庖，所食刍豢，没齿而不得骨，岂复知此味乎？戏书此纸遗之，虽戏语，实可施用也。然此说行，则众狗不悦矣。"东坡嗜美食，困顿之时当无赀食羊肉，故以羊脊骨代之，然亦自创制法，令人解颐矣。唯"众狗不悦"之说，似亦有所讽也。

一时风俗而致物价迥异，此亦时风所致也。水泊好汉值其时，故多言其食牛肉，盖牛肉价廉耳。

宋代忌大行字

清刘廷玑《在园杂志》云："元时，进贺表文触忌讳者，凡一百六十七字。"其习当源于宋代。孙升《孙公谈圃》载："崔公度伯易作《太行山赋》，以太行近时忌，改作《感山赋》。"盖太、大二字通用，忌太行即忌大行也。又，苏明允作《权书》，欧阳永叔为之改书中所用崩、乱等十余字，可知宋时为文已有忌讳也。大行二字为时忌，明矣。

大行者，古谓崩而未定谥号之帝、后，取其去而不返之意也。佛家则以大行为行业广大之意，指菩萨之修行。菩萨为求佛果菩提，乃发大誓愿，历经三只百劫，修波罗蜜等诸善万行，积大功德，故称大行。反之，声闻、缘觉等二乘之行，则称为小行。此外，于天台宗，指摩诃止观中之四种三昧为修大行。日本真宗教行信证中之行卷则指称念南无阿弥陀佛之名号为大行。盖此名号摄诸善法，具诸德本，是众生往生之行业，以诠显众生之口业，故称大行。若此称名属报恩之行业，则称报恩大行。

余观夫今有某行业以"大行德广"为标榜者，盖未明其意焉。

宋代亲耕礼

影视剧《雍正王朝》有雍正亲耕，腿脚为之冻伤之景，所谓亲耕者，行亲耕礼也。帝王亲耕乃为古礼，天子以正月亲至田间耕作，以示重农也。

《礼记·祭统》载："天子亲耕于南郊以共齐盛，王后蚕于北郊以共纯服；诸侯耕于东郊亦以共齐盛，夫人蚕于北郊以共冕服。"《谷梁传·桓公十四年》云："天子亲耕，以共粢盛。"后世帝王行亲耕之礼，乃始于汉文帝。文帝初即位，贾谊上《积贮疏》，言积贮为"天下之大命"，上感其言，始开藉田，躬耕以劝百姓。有诏曰："夫农，天下之本也，其开藉田，朕亲率耕。"自后历代帝王时有行之者。《建炎以来朝野杂记》有记其礼仪者，录于右：

"亲耕，绍兴十五年诏举行之。太师秦桧为耕籍使，礼官张柄请耕籍使乘金根车先诣坛所。从之。后桧不敢乘而止。明年正月二十二日，上服衮冕，亲飨先农于东郊，牲用少牢，配以后稷。礼皆，易通天冠、绛纱袍，诣亲耕位，宫架乐作，上亲耕，九推乃止，遂登亲耕坛，命宰执、使相、侍从、两省、台谏行五推、九推之礼，庶人终千亩焉。时太常丞王湛者，又请皇后就禁中亲蚕。不果行。"

清代亲耕礼乃始于康熙帝。康熙令建丰泽园，以为先农坛行亲耕之预习处。史载丰泽园有田十亩一分，帝之演耕地为一亩三分。今俗语有"一亩三分地"说，实为清帝之行亲耕礼处也。

宋代奢靡之风

今人多有崇尚南北宋者，所谓琴棋书画，诗酒花茶，羡慕之情无以复加也。然北宋之亡于辽，南宋之亡于元，终有宋一代，国非不富也，士非不智也，将非不勇也，民非不勤也，而百五十年亡北宋，百六十年亡南宋，外族入主中原，亡国之帝尸骨弃于异地，何其惨也。何欤？奢靡之风盛于上而行于下，国虽富而兵弱，官虽富而民贫。自澶渊之盟后，诸帝苟且偷安，畏敌如虎，图一时之安逸，耽于享乐之中，此亡国之道也。

夫宋初三帝，尚知守国之艰难，《燕翼诒谋录》卷二载："大中祥符元年二月，诏：'金箔，金银线、贴金、销金、间金、蹙金线，装贴什器土玩之物，并行禁断。非命妇不得以金为首饰。许人纠告，并以违制论。'"又诏："宫院、苑囿等，止用丹白装饰，不得用五彩。皇亲士庶之家，亦不得用春幡胜。除宣赐外，许用绫绢，不得用罗。诸般花用通草，不得用缣帛。"《续资治通鉴长编》卷六十九载："戊子，下诏教节俭，戒奢侈，有司除衮冕、仪仗、法服及宴会所设依旧外，自今宫禁、皇亲、臣僚应进奉物，勿以销金文绣为饰，或须创造，必候进止，诸司无得起样进呈。丁酉，诏宫殿苑囿，下至皇亲、臣庶第宅，勿以五彩为饰，禁用罗制幡胜、缣帛为假花者。"然三帝之后，奢靡之风渐兴，虽其中亦有所收敛，而风气既兴，不可绝也。

清黄宗羲《明夷待访录·财计三》云："何谓奢侈。其甚者，倡优也，酒肆也，机坊也。倡优之资，一夕而中人之产。酒肆之费，一顿而终年之食。机坊之费，一衣而十夫之暖。"其虽言朱明之奢，考之宋亦复如是。

倡优者，歌妓也，其类有官妓（教坊、营妓、地方官署之歌妓）、市妓、家妓之分，宋之士大夫多畜歌妓，以为时尚。据宋葛立方《韵语阳秋》载，欧阳修有妙龄歌奴"八九妹"，苏轼"有歌舞妓数人"，韩绛"家有女乐二十余辈"，名相晏殊凡宴"亦必以歌乐相佐"，"率以为常"。畜妓成习，人亦以畜妓为荣也。张先固畜歌妓十数辈，年逾八十五复畜一妓，东坡为之赋《子野年八十五尚闻买妾述古今作诗》以调侃之。姜夔贫而无力畜妓，深为憾事，范成大以己歌妓青衣小红赠之，白石喜而赋云："自琢新词韵最娇，小红低唱我吹箫。曲终过尽松陵路，回首烟波廿四桥。"

酒肆之盛，遍及乡野，无论京华。士大夫以奢侈为夸耀，但凡琴棋书画诗酒花茶，无不穷其机巧。司马光尝《论财政疏》谓："宗戚贵臣之家，第宅园圃，服饰器用，往往穷天下之珍怪，极一时之鲜明。惟意所致，无复分限。以豪华相尚，以简陋相訾，愈厌而好新，月异而岁殊。"司马君实之言可窥其时之风矣。欧阳修《送慧勤归余杭》诗云："越俗僭宫室，倾赀事雕墙。——南方精饮食，菌笋比羔羊。饭以玉粒粳，调之甘露浆。一馔费百金，百品罗成行。"居室饮食之奢可知也。

以机坊言，《长编》载"自淳祐年来，衣冠更易，有一等晚年后生，不体旧规，裹奇巾异服，三五为群，斗美夸丽，殊令人厌见，非复旧时淳朴矣。"

呜呼，宋之江山初定，太祖太宗亦知俭朴以守成，然后世奢靡之风终不可禁，窃以为其一乃上之所好，身体力行。初，太祖欲释诸将兵权，允其"多积金，市田宅以遗子孙，歌儿舞女以终天年。"其所允者，开国元勋耳，然此风既允，焉复能禁？至真宗则劝大臣以声奴自乐，甚而赐钱为之买歌妓。后之徽宗狎李师师则世人皆知也。上行下效，畜妓之风行于士大夫矣。

又宋之苟安之时，经济繁荣，亦促其奢侈之风行。真宗时，"京城资产百万者至多，十万而上比比皆是。"值此繁华之世，外患之忧不复存也。然富者自富，穷者自穷，社会矛盾激化，动荡之态难平；人之意志消磨，世风日下败坏。国岂能不亡哉？即南渡之后，"暖风薰得游人醉，直把杭州作汴州。"奢靡之习未易矣。

近人严复尝谓："古人好读四史，亦以其文字耳。若研究人心政俗之变，则赵宋一代历史，最宜究心。"斯言善矣。

宋代重谥号

谥号制度始于西周，秦始皇废之，汉复之，至清皆行。然宋时尤重之，虽帝之赐，若行迹不副，有司亦易之。宋王辟之《渑水燕谈录》载："夏竦薨，仁宗赐谥曰文正，刘原父判考功，上疏言：'谥者，有司之事，且竦行不应法，今百司各得守其职，而陛下奈何侵之乎？'疏三上。是时司马温公知礼院，上书曰：'谥之美者，极于文正，竦何人，可当？'光书再上，遂改谥文献。知制诰王原叔曰：'此僖祖皇帝谥也。'封还其目，不为草诏，于是太常更谥竦文庄。"

夏竦，字子乔，真宗景德元年因父承皓死忠之事承官丹阳主簿。大中祥符三年，选为国史编修官，与撰《册府元龟》。天禧间，出知黄、邓、襄等州。庆历七年拜相，封英国公。皇祐三年病逝。夫竦亦文学之士，诗文皆佳，其为官亦有良誉。史载其为州守时，遇岁饥，尝劝令大户出粟，得二万斛，活贫者四十五万人。然谥号有法，其谥必副所功，司马温公易之谥，乃以为其功不副文正也。至若王原叔乃以为不可类于帝之先祖也。其言"僖祖皇帝"者，太祖之高祖也。僖祖，名朓，太祖之高祖也，太祖建隆元年追尊为"文献睿和皇帝"，庙号"禧祖"。

元丰中，曾鲁公病逝。公字明仲，嘉祐六年以吏部侍郎、同平章事、集贤殿大学士拜相，累封鲁国公，以太傅致仕，配享英宗庙廷。尚书省百官公议谥其"忠献"，礼官刘挚驳曰："丞相位居三事，不闻荐一士，安得谓之忠？家累千金，未尝济一物，安得谓之献？"众不能夺其议，改谥"宣靖"。

是知宋时极重谥号，非复后世。谥号之至明清，滥用阿谀之谥时有之也。司马温公所谓"谥之美者，极于文正"。然明清之谥"文正"者众矣，其谥岂皆副之耶？

宋帝善待亡周之后

世事变幻，朝代更迭，气衰者亡而盛者兴，亦天道之常理也。凡亡国之君，或杀或辱，其凄惨之况，每令后世观者唏嘘不已，余读史唯赵宋一朝，善待亡周之后，自太祖始至瑞宗未易，实为异数矣。

盖宋太祖赵匡胤于后汉隐帝时奔郭威，及郭威废汉建周，得任东西班行首，始入宦途。后从征南唐，多有功绩，后周显德六年，周世宗柴荣于北征返京后命为殿前都点检，掌殿前禁军。及北汉、契丹犯边，匡胤以归德军节度使、检校太尉受命御敌，斯时陈桥哗变，黄袍加身，后周恭帝柴荣禅让，改元建隆，国号名宋。

《旧五代史》史臣曰："夫四序之气，寒往则暑来；五行之数，金销则火盛。故尧、舜之揖让，汉、魏之传禅，皆知其数而顺乎人也。况恭帝当纨倚之冲年，会金镛之变响，听呕歌之所属，知命历之所在，能逊其位，不亦善乎。终谥为恭，固其宜矣。"史臣虽谓恭帝逊位为善，而赵氏内心焉能无愧耶？是以太祖自践祚即善待周室。《廿二史札记》卷二十五载：（太祖）迁周恭帝及符太后于西宫，易其帝号曰郑王，太后曰周太后。作周六庙于西京，遣官迁其神主，命周宗正郭玘以时祭享，以遣工部侍郎艾颖拜嵩陵、庆陵。建隆三年，郑王出居房州。开宝六年，郑王始殂，距禅位已十四年矣。太祖素服发哀，辍朝十日，谥曰恭帝，命还葬庆陵之侧，陵曰顺陵，陵曰顺陵。仁宗嘉祐四年，诏取柴氏谱系，于诸房中推最长一人，岁时奉周祀。寻录周世宗从孙柴元亨为三班奉职。又诏周世宗后每郊祀录其子孙一人。至和四年，遂封柴荣为崇义公，给田十顷，奉周室祀，并给西京周庙祭享器服。神宗又录周世宗从曾孙思恭等为三班奉职。熙宁四年，崇义公柴荣致仕，子若讷袭封。徽宗诏柴氏后已封崇义公，再官恭帝后为宣教郎，监周陵庙，世为三恪。南渡后，高宗又令柴叔夜袭封崇义公。理宗又诏周世宗八世孙承务郎柴彦颖袭封崇义公。盖柴氏之赏延直与宋相终始，其待亡国之后可谓厚矣。

宋之帝始终善待周之后，盖太祖践祚之初，即制石碑书遗训，云：柴氏子孙有罪，不得加刑，纵犯谋逆，止于狱中赐尽，不得市曹刑戮，亦不得连坐支属。度太祖之内心实感周世宗之恩遇而愧之也。

呜呼，纵观亡国之君：成汤放逐夏桀于南巢，商纣自焚于鹿台，秦子婴死于项羽，晋恭帝死于刘裕之毒，西晋愍帝既降匈奴而刘聪杀之，北齐后主高纬死于北周武帝，宇文化及兵变勒死隋杨广，新朝王莽为义军乱刀分尸，唐哀帝既往禅让而朱温鸩杀之，宋太宗鸩杀南唐后主，徽、钦二帝身死北地，尸不得还，宋怀帝崖山海战，陆秀夫负之跳海而亡，明崇祯吊死煤山。国既亡而身存且子孙享其永年者，唯柴氏矣。

宋高宗好读书

世人尽知宋高宗善书，而鲜言其好读书也。若其善书，放翁云："思陵妙悟八法，留心古雅，访求法书名画，不遗余力，清闲之燕，展玩摹拓不少怠。"明陶宗仪《书史会要》云："高宗善真、行、草书，天纵其能，无不造妙。"然非好读书何以能善书耶？

宋李心传《建炎以来朝野杂记》甲集卷一载：绍兴末，上尝作"损斋"，屏去玩好，置经史古书其中，以为燕坐之所。上早年谓辅臣曰："朕居宫中，自有日课，早阅章疏，午后读《春秋》《史记》，夜读《尚书》，率以二鼓罢。尤好《左氏春秋》，每二十四日而读一过。"胡康侯进《春秋解》，上置之坐倾，甚爱重之。又悉书《六经》，刻石寘首善阁下。及作损斋，上亦老矣，因自为之记，刻石以赐近臣焉。

《咸淳临安志》卷一载：谕宰执曰："朕宫中尝辟一室名为损斋，屏去声色玩好，置经史古书其中，朝夕燕坐，亦尝作《记》以自警。"

呜呼，为帝王而好学如斯，是诚可嘉也，然学当致用，帝王岂为博士学耶？《宋史》谓其"高宗恭俭仁厚，以之继体守文则有余，以之拨乱反正则非其才也。"清王船山《宋论》云："高宗之畏女真也，窜身而不耻，屈膝而无惭，直不可谓有生人之气矣。"噫，赵构倘为翰林中人，必亦一时才俊，岂不胜于帝王哉。是人生之幸与不幸，殊难预之矣。

宋高宗喜韩世忠置田产

南宋初韩世忠、岳飞、张俊、刘光世并称"中兴四将"，而岳少保独冤死风波亭，后世独罪秦桧，似亦未尽其因也。

宋人张继祖有诗云："听得武昌军士说，张家军比岳家军。"张家军者张俊之军也，然其首请纳兵权，遂进封清河郡王。刘光世于徽宗时即与韩世忠共守江南，屡立战功，后引疾罢兵权，累封杨国公。韩世忠晚岁杜门谢客，口不谈兵，悠游西湖以自乐。与之相比，岳少保之号岳家军，威震海内，至金人有"撼山易，撼岳家军难"之语。高宗尝赐其宅第，鹏举则

曰"匈奴未灭,何以家为?"岳少保之举止独与他人异也。罗大经《鹤林玉露》乙编卷二载:

"韩世忠尝议买新淦县官田,高宗闻之,御札特以赐世忠,其词云:'卿遇敌必克,克且无扰。闻卿买新淦田为子孙计,今举以赐卿,聊旌卿之忠。'故其庄号'旌忠'。盖当时诸将各以姓为军号,如'张家军''岳家军'之类,朝廷颇疑其跋扈。闻其买田,盖以为喜,故特赐之。世忠之买田,亦未必非萧何之意也。"

夫买田置产,颐养天年之举,其无异念明矣。高宗闻而为之喜,赐官田者,喜其无异心也,岂"旌卿之忠"哉?故如岳少保赐之宅第尚不受,高宗焉能无疑焉。至若风波之难,唯呼"天日昭昭",尤未悟矣。叹叹。

宋高宗用公筷

今时餐饮习用公筷,余见清高士奇《天禄识馀》亦载宋高宗食时用公筷事,其云:"高宗在德寿宫,每进膳,必置匕箸两副,食前多品,择取欲食者以别箸取著一器中,食之必尽,饭则以别匕减而后食。吴后尝问其故,曰:'不欲以残食与人食也。'"以帝王之尊而知不以残食与人,是非易事也。盖宫中凡食膳,多有以馀者赐人臣,故赵构有是举矣。自南渡始,史载多有高宗节俭事,以此而观可窥一二也。

夫残食者,人多以施之禽尔。宋孙光宪《杂田歌辞·竹枝》诗云:"门前春水白蘋花,岸上无人小艇斜。商女经过江欲暮,散抛残食饲神鸦。"明王世贞《题双雀梅花扇》诗云:"东厨残食竞饥鸦,西舍饱蜂喧晚衙。岂是中庭无滞穗,皎然双雀坐梅花。"明邓云霄《村居春兴》诗云:"偶临田水洗胸襟,幽韵泠泠似听琴。行把清羹餇餡妇,更抛残食与浮禽。"

宋高宗招回岳飞之金牌

近百年说书、戏剧凡言岳少保事，皆有宋高宗以十二道金牌急招岳飞回师事。明李东阳撰《金字牌》词云："金字牌，从天来，将军恸哭班师回，士气郁怒声如雷。震边陲，幽蓟已覆无江淮。仇虏和，壮士死，天下事，安有此，国之亡，嗟晚矣。"此言绍兴十年七月二十，高宗廷发十二道金牌召岳飞也。

然所谓"金牌"者何，人多未详。余尝见戏中有执金牌者，牌身为金色，谬也。《梦溪笔谈》云："驿传旧有三等，曰步递、马递、急脚递。急脚递最遽，日行四百里，唯军兴则用之。熙宁中又有金字牌急脚递，如古之羽檄也，以木牌朱漆黄金字，光明眩目，过如飞电，望之者无不避路，日行五百余里。有军前机速处分，则自御前发下，三省枢密院莫得与也。"据此言，则招岳飞之金牌乃高宗亲发之也。

考金牌乃宋廷递发赦书凡御前军机要务急件而用，其制为三，曰金字、青字、红字。金字之牌始于宋神宗元丰六年，木制，长约尺余，涂以朱红漆，正面篆刻"御前文字，不得入铺"八个黄金大字。铺者，谓类驿站之专司传递之所。北宋时，"省铺"承传御前金字牌，南宋时则特设"斥堠铺"，后由"摆铺"代之。

又传递金牌之人，不得于递铺交接，惟于马上依次相递，以其速也。

宋徽宗藏砚墨

宋徽宗善书画，其大观库藏端砚、张滋墨无数。《清波杂志》载："大观东库物，有入而无出，只端砚有三千余枚。张滋墨，世谓胜李庭珪，亦无虑十万斤。"宋时端砚即为贡品，包拯尝知端州，任满不持一砚归，为人称道。

所谓张滋墨者，《铁围山丛谈》卷五云："昔有张滋者，真定人。善和墨，色光黟，胶法精绝，举胜江南李庭珪。大观初，时内相彦博，许八座光凝之于朝廷，命造墨入官库。"李庭珪，易水人，本姓奚。其父超于唐季渡江至歙，留居造墨，李后主赐姓李。庭珪所造墨耐磨，且藏久则紧如玉。

于戏，千枚砚，万斤墨，俱民膏也，不知徽宗可曾携之北地欤？

宋徽宗改生日

宋周密《癸辛杂识》云："徽宋亦以五月五日生，以俗忌改作十月十日为天宁节。"元吴师道《敬乡录》载滕茂实秀颖《天宁节有感诗》诗，注云："徽宗生五月五日，以俗忌，避之十月十日。"清厉鹗《宋诗纪事》注其诗亦云："汴梁故老云：徽宗本以五月五日生，以俗忌，移之十月十日，故此诗有重十之句。"滕茂实诗首句云："节临重十庆。"《宋史·徽宗纪》载："元丰五年十月丁巳生于宫中。"是为十月十日也。

夫古俗以五月为恶月，有九毒日之说。九毒日者，即五月五日、六日、七日、十五日、十六日、十七日、二十五日、二十六日，二十七日。谓此九日为"天地交泰日"，乃阴阳相争，生死分判之节气，邪佞当道，五毒并出。"九毒日犯者，天亡奇祸不测，而以五月五日为毒气最盛之时也。"

《史记》载，孟尝君田文五月五日生，其父欲弃之。《风俗通》云："俗说五月五日生子，男害父，女害母。"是知以五月五日为恶日之俗战国之时即有之也。故后世帝王于生辰为避讳故，多有改之者。宋哲宗赵煦生于熙宁九年腊月七日，为避太祖赵匡胤忌日讳，改生日为腊月八日。金熙宗完颜亶生于天辅三年七月七日，而该日为太祖完颜阿骨打之忌日，故改生日为正月十七日。

呜呼，人之生于何时，非人力可强之者，岂因其生之日而决其后来者哉。余见古之孟尝君，李隆基亦五月五日生人，皆成其一番事业也，惟宋徽宗耽于声乐而至亡国，岂因其五月五日生人者焉？脱脱撰《宋史》评其云："自古人君玩物而丧志，纵欲而败度，鲜不亡者，徽宗甚焉。"今人多喜言宋韵，宋之声色犬马正亡国之道也。

宋徽宗毁东坡书《醉翁亭记》刻石

南宋吴曾《能改斋漫录》卷一一云：崇宁二年有旨："天下碑碣榜额，系东坡撰者，并一例除毁。"盖本于淮南西路提点刑狱霍汉英所请。此事亦见于《清波杂志》卷五，云："淮西宪臣霍汉英奏：欲乞应天下苏轼所撰碑刻，并一例除毁。诏从之。时崇宁三年也。"《杂志》又云："臣僚论列：司农卿王诏，元祐中知滁州，谄事奸臣苏轼，求轼书欧阳修所撰《醉翁亭记》，重刻于石，仍多取墨本，为之赆遗，费用公使钱。诏坐罪。"

夫霍汉英，字子侔，熙宁六年进士。入尚书为郎。绍圣间，知虔州。其欲毁东坡书刻者，党争也。而徽宗非不知东坡书之善，因其疏斥正士，狎近奸谀而致也。东坡为天下士人所钦者，其书为天下人所贵，政论之异，而致毁其书碑，不亦谬乎？至于罪王诏以费用公使钱刻碑者，尤谬也。《燕翼诒谋录》卷三释公使钱云："祖宗旧制，州郡公使库钱酒，专馈士大夫入京往来与之官、罢任旅费。所馈之厚薄，随其官品之高下、妻孥之多寡。此损有余补不足、周急不继富之意也。"然欧阳修民之敬者也，苏轼士人崇者也，斯人既逝，刻石以寄缅怀之意，实为功德无量之举，何罪之有？至于公使钱者，其碑乃为州民所共有，非为一己之私者，何为罪之？窃谓此一段公案，霍汉英遗臭万世，徽宗亦污其名也。

嗟乎，元代脱脱撰《宋史·徽宋传》，尝掷笔叹曰："宋徽宗诸事皆能，独不能为君耳。"可谓中肯之评也。及靖康之变，徽宗父子为金人虏，金帝辱封其为昏德公，不亦副其人哉？徽宗于北地尝有诗云："彻夜西风撼破扉，萧条孤馆一灯微。家山回首三千里，目断山南无雁飞。"不知斯时尚念及坡公乎？

又《清波杂志》云："曾祖视王荆公为中表，既干撰上世墓志数种，托元章书之，凡书三本，择一以入石，号《周氏世德碑》，置于杭州西湖上，文并书名'二绝'。绍兴初，某人尹京，欲磨治改刻他文。偶族叔祖元仲与之素厚，争之力，责以大义。尹曰：'初不知是公家物。'叔祖曰：'脱非某家物，介甫之文，元章之字，可毁乎？'尹谢焉。不然，危不免金石之厄。"荆公、米芾可谓幸矣。

宋徽宗任官先算命

宋徽宗溺于道教，以致黄冠出入禁闼。《清波杂志》载："政、宣间，除擢侍从以上，皆先命日者推步其五行休咎，然后出命。故一时术士，谓士大夫穷达在我可否之间。朝士例许于通衢下马从医卜，因是此辈益得以凭依。"宋时谓翰林学士、给事中、六尚书、侍郎皆为侍从，若是则朝内重臣之任，一以卜筮之人所定也。

宣和间，徽宗召道士林灵素，赐号"通真达灵先生"。加号"元妙先生""金门羽客""冲和殿侍晨"。林由是恣横，为众所怨。因罪于太子，斥还故里。以居处过制，诏徙置楚州而已死。《宋史》本传谓其"出入呵引，至与诸王争道。都人称曰'道家两府'。"然朝中儒士尽鄙之。《杂志》云："当灵素盛时，一日，有诏两学士问道于座下，且遣亲近中贵监莅。灵素既升座，首召太学博士王俊乂，久而不出。既出，乃昌言：'昔吾先圣与老聃同德比义，相为师友，岂有抠衣礼黄冠者哉。'闻者骇然，各逡巡而罢。"

夫徽宗固才俊之士也，于文于艺皆冠一时，而此本非帝王之术也。至于溺道教，尊黄冠，庙堂之士而为卜筮之人所定，其愚亦空前而绝后者也。

宋徽宗尸骨未归葬

宋靖康二年，汴京陷金，徽、钦二帝皆北狩，北宋亡。据《宋史·徽宗四》载，"明年二月丁卯，金人胁帝北行。绍兴五年四月甲子，崩于五国城，年五十有四。""十二年八月乙酉，梓宫还临安，十月丙寅，权攒于永祐陵。"

依《宋史》徽宗既客死北地，后归葬临安。然余阅宋、元人之记则多异也。宋周密《癸辛杂识后集》谓：

"徽宗、钦宗初葬五国城，后数遣祈请使，欲归梓宫。六七年而许以梓宫还行在。高宗亲至临平奉迎，易缌服，寓于龙德别宫，一时朝野以为大事。诸公论功受赏者几人，费于官帑者大不赀。先是，选人杨炜贻书执政李光，以真伪未辨。左宣义郎王之道亦贻书谏官曾统，乞奏命大臣取神梓之下者斫而视之。既而礼官请用安陵故事，梓宫入境，即承之以椁，仍纳衮冕翟衣于椁内，不改敛。遂从之。近者杨髡盗诸陵，于二陵梓宫内略无所有。或云止有朽木一段，其一则木灯擎一事耳。当时已逆料其真伪不可知，不欲逆诈，亦聊以慰一时之人心耳。盖二帝遗骸飘流沙漠，初未尝还也，悲哉。"

元陶宗仪《南村辍耕录》卷四亦载其事云：

盗墓者"至十一月，复发徽、钦、高、孝、光五帝疏，孟、韦、吴、谢四后陵。初，钦、徽葬五国城，数遣使祈请于金人，欲归梓宫，凡六七年，而后许以梓宫还行在。高宗亲至临平奉迎，易缌服，寓于龙德别宫，一时朝野以为大事。诸公论功受赏，费于官帑者不赀。先是，选人杨炜贻书执政，乞奏闻，命大臣取神梓之下者斫而视之。既而礼官请用安陵故事，梓宫入境，即承之以椁，仍纳衮冕翟衣于椁中，不改敛。从之。至此，被发掘。钦、徽二陵皆空无一物，徽陵有朽木一段，钦陵有木灯擎一枚而已。盖当时已料其真伪不可知，不欲逆诈，亦以慰一时之人心耳。而二帝遗骸，浮沉沙漠，初未尝还也。"

呜呼，赵佶固才华之士，惜为帝，以至尸骨难归故土，魂游北地，为他乡鬼，岂不哀哉。当其绘花鸟，书瘦金，抚瑶琴之时，岂知后来北鄙之风沙哉？《金史》载，徽宗既至金，辱封其为"昏德公"，而宋太祖俘李后主至汴京，亦辱封其为"违命侯"，岂非上苍之报之于宋焉？而李煜、赵佶皆文士中之龙凤者，惜为帝位所累也。叹叹。

宋理宗时宫廷乐府有《声声慢》词

宋陈世崇《随隐漫录》卷二云：庚申八月，太子请两殿幸本宫清霁亭赏芙蓉木犀。韶部头陈盼儿捧牙板唱"寻寻觅觅"一句。上曰："愁闷之词，非所宜听。"顾太子曰："可令陈藏一即景撰快乐《声声慢》。先臣再拜承命，五进酒而成，二进酒，数十人已群讴矣。天颜大悦，于本宫官属支赐外，特赐百匹。"

夫陈藏一，名郁，字仲文，号藏一，临川人。理宗朝，充缉熙殿应制。后上赐永嘉郡夫人全氏为太子妃。锡宴毕，太子妃回宫，令旨俾立成《绛都春》家宴进酒词云：

"晴春媚晓。正禁苑乍暖，莺声娇小。柳拂玉阑，花映朱帘韶光早。熙朝多暇舒长昼，庆圣主、新颁飞诏。贻谋恩重，齐家有训，万邦仪表。 偏称宫闱欢笑。酿和气共结，天香缭绕。侍宴回车，韶部将迎金莲照。鸡鸣警戒丁宁了。但管取、咸常同道。东皇先报宜男，已生瑞草。"

史臣章采称其词云："陈藏一长短句，以清真之不可，学老坡之可。东宫应令，含情托讽，所谓'曲终雅奏'者邪？藏一此词合太史氏书法，宜牵联得书。"而陈盼儿捧牙板唱"寻寻觅觅"事，可知理宗时内府已有《声声慢》词，且首以"寻寻觅觅"起，易安居士之词当本于此。

宋人作揖唱喏

陆游《老学庵笔记》卷一载："先君言：旧制，朝参拜舞而已，政和以后，增以喏。然绍兴中，予造朝，已不复喏矣。淳熙末还朝，则迎驾起居，阁门亦喝唱喏，然未尝出声也。"

今人亦有效旧礼者，作揖然未出声。明清小说戏剧则多有书唱喏者，余尝见演剧中作揖时亦口中作喏者。明何孟春《馀冬叙录》云："揖相传曰唱喏，想古人相揖，必作此声。宋人记虏廷事实云：虏揖不作声，名曰哑揖。即宋以前人中国之揖作声可知。"查喏字，《玉篇》言部，人者切，又如酌切，敬言。以此而知古人之揖必口作喏以表敬也。

宋仁宗务伸寒士

宋时文官，分而为朝官、京官、选人三类。以进士出身论，除一甲前数人释褐后可授京官外，余者多以选人出任幕职、州县官。若为选人，则唯企盼为转为京官，盖为京官方可仕途捷升也。

宋代选人升京官谓之"选人改官"。任幕职、州县官之选人，入流道路又各有别，以进士出身者则迁官较易。据《宋史·职官九》载：若同为判、司、簿、尉之人，举主相同，若经七考改官，进士可改大理寺丞，非进士仅改卫尉寺丞；不及七考，进士可改光禄寺丞，非进士仅改大理评事。不及五考，进士可改大理评事，非进士仅改奉礼郎。

仁宗时，选人改秩虽有既定之规制，然举荐者多为豪门之亲近，故寒门之族改官入京者尤难也。《清波杂志》卷一云：

"选人改秩，今当员多阙少时，须次动六七年，成六考无玷阙，方幸寸进。戛戛乎难哉。近制：改京官岁有定额，且减荐数。有凭藉者亦不待求而得之。每患难得职司，若止许用职司一员，庶俾孤寒均得应格。昔有胡宗英者该磨勘，引见日，仁宗惊其年少，举官逾三倍。阅其家状：父宿，见任翰林学士。乃叹曰：'寒畯安得不沉滞。'遂降旨，止与循资。熙宁间，一选人以贵援得京削十三纸。引见日，神宗云：'有举状一十三纸者是甚人？'特与改次等官。于是权势耸然。"

夫选人改秩，磨勘以历，岁考以功，固非陋习，然考状，京削则非寒畯之士所有，故改官之制其弊显矣。上亦知其弊而不能除之，故仁宗有"寒畯安得不沉滞"之叹，其欲伸寒士，抑势家明矣。而势家既成，朋党之辈焉可除之？仁宗守成贤主亦不可为也。

卷 七

韩愈宠妾

白香山有宠姬二，名樊素、小蛮，故其诗云："樱桃樊素口，杨柳小蛮腰。"韩退之亦有宠妾二，名绛桃、柳枝，知者鲜耳。

张籍《祭退之》诗云："公既相邀留，坐语于阶楹。乃出二侍女，合弹琵琶筝。"王谠《唐语林》卷六载："韩退之有二妾，一曰绛桃，一曰柳枝，皆能歌舞。柳枝后逾墙遁去，家人追获。"《邵氏闻见后录》卷第十七载：

韩退之使镇州，《题寿阳驿》云："风光欲动别长安，春半边城特地寒。不见园花并巷柳，马头唯有月团圆。"《镇州归》再赋云："别来杨柳街头树，摆撼春风只欲飞。还喜小园桃李在，留花不发待郎归。"孙子阳为予言："近时寿阳驿发地，得二诗石。唐人跋云：'退之有倩桃、风柳二妓，归途闻风柳已去，故云。'"

据《唐语林》云，退之"自是专宠绛桃矣。"退之诗云"杨柳"者柳枝也，"桃李"者，绛桃也。或云宋叶绍翁《游园不值》诗，假其故事，诗云"满园春色关不住，一枝柳枝出墙来。"总因为尊者讳，易"柳枝"为"红杏"也。

明冯梦龙《情史类略·情迹类》云："昌黎公晚年，颇亲脂粉，故事服食用硫黄末搅粥饭，啖雄鸡，不使交千日，烹庖，名'火灵库'，健阳；公间日进一只焉。始亦见功，终致殒命。"窃谓致退之殒命者，硫黄药石也，岂亲脂粉者焉。

三照宰相

宋庄绰《鸡肋编》卷中载："范觉民作相方三十二岁，肥白如冠玉。且起与裹头带巾，必皆览镜，时谓'三照相公'。"《宋史·范宗尹传》载："范宗尹，字觉民，襄阳邓城人。少笃学，工文辞。宣和三年，上舍登第。累迁侍御史、右谏议大夫。""建炎元年，李纲拜右仆射，宗尹论其名浮于实，有震主之威。"后吕颐浩罢相，宗尹摄其位。《本传》谓"时年三十，近世宰相年少，未有如宗尹者"。然其"及为政多私，屡为议者所诋云"。

明李日华《六砚斋笔记》云："宋南渡后，吕颐浩罢相，范宗尹继之，年才二十，自古少年宰相无逾之者。"其为相当以《本传》为据，此谓二十，误。然依其事迹论，绝无可为美谈者也。史之称其者，以其三十而拜相耳，若以齿而论，则战国之甘罗仅十二也。甘罗入吕不韦门下，任少庶子方十二，使赵，以计得十余城，秦王政授之上卿。马迁谓"甘罗年少，然出一奇计，声称后世。虽非笃行之君子，然亦战国之策士也"。范觉民徒以三照留其名尔。

宋时考生可二试卷

宋周密《齐东野语》卷八载："王希吕仲衡知绍兴郡，举进士。有为二试卷，异其名，皆中选。黜者不厌，哗然诉之。王呼其首问曰：'尔生几何年？凡几试矣？'众怜其潦倒，则皆以'老于场屋'对。王曰：'曾中选否？'曰：'正为累试皆不利也。'王忽作色曰：'尔曹累试不一得，彼一试而两得，尚敢诉耶。'叱而出之。"

盖宋时科举试，一为各州之取解试，一为礼部之省试。周密所记乃绍兴郡之取解试也。郡试中式则可赴礼部之省试，犹明清时之乡试类。今言举进士者，皆谓试进士科中式者，当别之也。然一人而可二卷，则未知闻也。二卷而皆中式，愈为奇事焉。

宋真宗善纳谏

人之言帝王纳谏，俱以唐太宗为例，余以为宋真宗亦善纳谏也。《曲洧旧闻》卷七载："田锡以敢言为定陵所知，定陵尝对李沆称赏曰：'朝廷政事少有阙失，方在议论，而锡章疏已至矣。朕每因其造膝，必有以激奖之。锡虑奏疏不得速达，朕令每季具所言事若干及月日以闻。'又言：'如此谏官，能不顾其身为国家，真难得也。'"田锡时为右谏议大夫，以敢言名。夫真宗初即位以李沆为相，勤于政事，从谏如流，虽非创业之君，其善纳谏亦不逊唐太宗也。

定陵东封回日，献歌颂者不可胜数，而布衣孙籍上书，独言"升中告成帝王盛美，臣愿陛下以持盈守成为念，不可便自骄满。"真宗大嘉纳之，召试中书，赐进士出身。又值真宗将西祀，孙宣公累上疏切谏，以为必欲西幸，有十不可。至曰"陛下不过欲慕秦皇、汉武刻石垂名，以夸耀后代耳"。其言痛切者，有曰"秦多徭役，而刘、项起于徒中；唐不恤民，而黄巢起于饥岁。陛下好行幸，频赋敛，岂知今无刘、项、黄巢乎"？帝览之，亦不怒，乃作《辩疑论》以解谕之，且遗中使慰勉，其纳谏如此，亦不逊唐太宗也。

苏轼善治水

人皆以坡公善辞赋，鲜知其善治水也。善辞赋者何代而无，善治水者则罕矣。《古今词话》载：

"东坡自禁城出守东武，适值霖潦经月，黄河决流，漂溺钜野，及于彭城。东坡命力士持畚锸，具薪刍，万人纷纷，增塞城之败坏者。至暮，水势益汹，东坡登城野宿，愈加督责，人意乃定，城不没者一板。不然，则东武之人尽为鱼鳖矣。坡复用僧应言之策，凿清冷口积水入于古废河，又东北入于海。水既退，坡具利害屡请于朝，筑长堤十余里以拒水势，复建黄楼以厌之。堤成，水循故道分流城中，上巳日，命从事乐成之。有一妓前曰：'自古上巳旧词多矣，未有乐新堤而奏雅曲者，愿得一阕歌公之前。'坡写《满江红》。"其词云：

"东武城南，新堤就、涟漪初溢。遍长林翠阜外，卧红堆碧。枝上残花吹尽也，与君试向江头觅。问向前、犹有几多春？三之一。 官里事，何时毕。风雨外，无多日。相将泛曲水，满城争出。君不见、兰亭修禊事，当时座上皆豪逸。到如今、修竹满山阴，空陈迹。"

是词当于神宗熙宁九年作，坡公于密州城南流觞曲水，忆及兰亭旧事而赋之也。水害既除，东城可保，民可无忧，此词记之非泛泛云曲水流觞之雅也。

熙宁十月四月，公知徐州，黄河自澶州漕村决，危及徐。子由记其事云：

轼"自密徙徐。是岁，河决曹村，泛于梁山泊，溢于南清河。城南两山环绕，吕梁百步扼之，汇于城下。涨不时泄，城将败，富民争出避水。公曰：'富民若出，民心动摇，吾谁与守？吾在是，水决不能败城。'驱使复入。公履屦仗策，亲入武卫营，呼其卒长，谓之曰：'河将害城，事急矣，虽禁军，宜为我尽力。'卒长呼曰：'太守犹不避涂潦，吾侪小人效命之秋也。'执梃入火伍中，率其徒短衣徒跣持畚锸以出。筑东南长堤，首起戏马台，尾属于城。堤成，水至堤下，害不及城，民心乃安。然雨日夜不止，河势益暴，城不沉者三板。公庐于城上，过家不入，使官吏分堵而守，卒完城以闻。复请调来岁夫，增筑故城，为木岸，以虞水之再至，朝廷从之。讫事，诏褒之，徐人至今思焉。"今土木之堤虽毁，然尤有以之为名也。

公尝二度任杭。熙宁四年任通判，鉴城下水苦咸，辄疏修城内六井，以利民之饮。元祐四年知杭州，六井皆废，盖西湖淤塞所致也。公即以瓦筒易竹管，以石槽裹护之，复另凿新井，疏浚西湖，以湖中葑草、淤泥筑长堤，架六桥，以便里外湖相连，亦名"苏堤"，堤旁植垂柳、芙蓉，湖中植荷、菱，湖光为之增色无限也。

元祐六年，公知颍州，疏清河与西湖，其《再次韵赵德麟新开西湖》诗云："千夫余力起三闸，焦陂下与长淮通。"复仿杭之苏堤之举，以淤泥筑长堤，云：颍州"西湖虽小亦西子，萦流作态清而丰"。以为比之杭之西湖"大千起灭一尘里，未觉杭颍谁雌雄"。

噫，世人之敬仰坡公者，岂仅以其文辞之美哉？公之爱民之心，实有范文正公"先天下之忧而忧"之心矣。

苏舜钦鬻废纸获罪

春秋之时，晋侯将杀里克，里克曰："不有废也，君何以兴？欲加之罪，其无辞乎？"（《左传·僖公十年》）欲加之罪自此不绝也。《湘山野录》载苏舜钦因鬻废纸而获罪，令人瞠目矣。其云：

苏子美以奏邸旧有赛神之会，局吏皆鬻积架旧伦以置看具，岁以为常。惟子美作之，言者图席人以进，制狱锻炼，皆一时之名贤。狱既就黜，台馆为之一空，子美坐自盗律，削籍窜湖州。后朝廷有哀之之意，因郊赦文中特立一节："应监主自盗情稍轻者，许刑部理雪。"言者以抨云："郊赦之赦，先无此项，必挟情曲庇苏舜钦，固以此文舞之。析言破律杀元赦，乞付立法者于理。"竟不遂而死。

苏子美，景祐元年进士，庆历四年，范仲淹、杜衍、富弼延揽人才，欲行新法，子美乃杜衍婿，仲淹荐为集贤殿校理，监进奏院。时御史中丞王拱辰诉新法，是假奏邸鬻旧纸换钱置酒饮宴事而诬子美监主自盗，致与会名士十余人皆被贬逐。呜呼，"局吏皆鬻积架旧伦以置看具，岁以为常"。既为常例，言官何独诬子美哉？醉翁之意岂在酒乎？意在范仲淹、杜衍、富弼之新法也。夫子美所鬻仅值十千，一饮之资耳，以子美之家，岂当贪之哉？子美既见黜，流寓吴中，见孙氏弃地约六十寻，以四万钱购之，于北埼筑沧浪亭，时驾舟游，自号沧浪翁。以十千钱而诬其贪，人岂信之哉？

窃谓苏子美之主奏邸，所游者皆一时名流，亦为人所忌者也。宋王明理《挥麈前录》卷四载："李定，字仲求，洪州人，晏元献公之甥，文亦奇，欲预赛神会，而苏子美以其任子拒之。"晏殊之甥因其乃任子而轻之，则子美固必罪人众矣。

苏武冰火两重天

苏武牧羊于北海，持节不屈十九年，千载以来，武乃为忠贞节操之则也。余观夫今存之丹青，凡绘武则皆以杖汉节雪地牧羊，其节有绘旄尽落者，亦有未落者。清任伯年绘《苏武牧羊图》，风雪之中，武持汉节，数羊随之。华嵒《苏武牧羊图》则另辟蹊径，全图大雪，武持汉节杖牧羊于冰窟冰溪之上，其后荒岗如烟，蔡文姬于胡骑簇拥中策马而行。文姬苏武之故事置于一图，其苍凉悲壮之情感人切矣。李太白《苏武》诗亦云："牧羊边地苦，落日归心绝。渴饮月窟冰，饥餐天上雪。"岂不知后世于武困匈奴之事，皆囿于《汉书》，独知其牧羊于蛮荒风雪之中，不知其尚受暑暴之苦也。

汉刘向《新序》卷七节士篇载："苏武者，故右将军平陵侯苏建子也。孝武皇帝时，以武为栘中监，使匈奴。是时匈奴使者数降汉，故匈奴亦欲降武以取当。单于使贵人故汉人卫律说武，武不从。乃设以贵爵重禄尊位，终不听。于是律绝不与饮食，武数日不降。以当盛暑，以旃厚衣并束三日暴，武心意愈坚，终不屈挠。"

《汉书·苏武传》曰："律知武终不可胁，白单于。单于愈益欲降之，乃幽武置大窖中，绝不饮食。天雨雪，武卧啮雪与旃毛并咽之，数日不死，匈奴以为神，乃徙武北海上无人处，使牧羝，羝乳乃得归。"

是知武之困于匈奴，非独忍严寒之苦，亦尝历酷热之厄，可谓冰火两重天也。及其归，宣帝列其麒麟阁，以褒其忠贞节操，是亦名至实归也。当其归，李陵曰："今足下还归，扬名于匈奴，功显于汉室，虽古竹帛所载，丹青所画，何以过子卿。"李陵既知己过，当亦悔之矣。是故文天祥诗云："李陵罪在偷生日，苏武功成未死时。"叹叹。

苏州多状元

有清一代，凡开正科、恩科计百有十二科，录进士二万六千余人，而苏州府状元计二十人，鼎甲之盛，莫盛于苏州府也。余近与诸友商研科举事例，独感于苏州府文风之盛也。记之于左：顺治戊戌科常熟孙承恩，顺治己亥科昆山徐元文，康熙丁未科吴县缪彤，康熙癸丑科长洲韩菼，康熙丙辰科长洲彭定求，康熙己未科常熟归允肃，康熙乙丑科长洲陆肯堂，康熙庚辰科常熟汪绎，康熙壬辰科长洲王世琛，康熙乙未科昆山徐陶璋，康熙戊戌科常熟汪应铨，雍正丁未科长洲彭启丰，乾隆丙戌科吴县张书勋，乾隆己丑科元和陈初哲，乾隆辛丑科长洲钱棨，乾隆庚戌科吴县石韫玉，乾隆癸丑科吴县潘世恩，嘉庆壬戌科元和吴廷琛，嘉庆戊辰科吴县吴信中，道光壬辰科吴县吴钟骏皆为苏州府之状元也。

肃顺惑于小内侍

咸丰时，肃顺当国，权倾朝野，其见识亦胜于满臣。然智者千虑，必有一失，肃亦尝为小内侍所惑也。

《清代野词》载："肃每晨未起，坐帐中，即饮人参汁一杯，有小内侍专司其事，杯为和阗羊脂玉所制，文宗赐也。一日小内侍误碎之，大惧欲逃，有老监某教之求陈尚书缓颊，陈尚书即孚恩，与肃最莫逆者也。孚恩授以计而去。小内侍归，粘以胶，次晨仍贮参汁以进。甫揭帐，即惊呼仆地而掷其杯焉，肃怪之。对曰：'适见爷两鼻孔中有黄气二，如龙状，长五六尺，故不觉骇而碎杯也，因请死。'肃曰：'速起，毋妄语，何惧为。'竟不问碎杯事。肃自是隐然以为有天命焉。"

夫张祖翼所记当闻之于野老讹传，以肃之才智，岂能为小儿所惑者耶？然里巷之语自有其必然处也。盖肃当权之时，值文宗崩，穆宗幼，那拉后名位又卑，肃常藐视之。言者论其有窥窃大位之志，非无因也。肃随文宗之幸热河也，常戏坐宝位，谓人曰："似否？"那拉后甚忌之。故文宗晏驾，肃命改元祺祥，穆宗立，始定同治年号也。

肃顺重汉臣

今人言清咸丰时事，每于"祺祥政变"则谓肃顺乃大逆之人。然史家论人，当究于实事，不可声闻而论也。

爱新觉罗·肃顺，满洲镶蓝旗人，字雨亭。肃于当朝之时，诚骄横专权，目中无人，煊赫一时，那拉氏尤忌之。然肃当国，近君子而远小人，惩贵近而励寒畯，"同光之兴"赖肃奠其基也。清自建国，满臣皆轻汉臣，独肃于具才华之汉臣则礼待之，其"轻满员"而"雅重汉人名流""待汉员颇极谦恭"，曾国藩、左宗棠、胡林翼、郭嵩焘等汉员名臣皆肃所荐也。

咸丰十一年，寇之联军侵京师，文宗挟后妃走热河，未几崩，及梓宫还京，那拉后遂斩肃于菜市。夫清祖制，凡宗室有罪，皆于宗人府赐自尽，不刑于市。那拉后以肃叛逆论，未遵祖制也。值其时，京师人莫不以为肃为大奸之除，非那拉后不能有此刚断，颂声彻上下矣。呜呼，岂知肃之有大功于国者哉。

清人张祖翼《清代野记》载肃顺事迹云："咸丰间，左文襄公会试入京，伏阙上书，痛陈时事，多触忌讳，文宗大怒，革举人，命顺天府五城逮捕治罪，旨未下，肃阴命文襄逸，次晨旨下，而文襄已出国门矣。肃与文襄初未谋面也。"又云："曾文正皖南之败，退守祁门，劾者纷起，廷议将改简，肃大言曰：'胜败兵家之常，临敌易帅，兵法大忌，不如使之戴罪立功可也。'文正遂得一心于兵事，卒平大乱。"肃之才识，非有大过人哉。直至今日，天下无知左、曾二公隐为肃所用者。

夫世之罪肃者，以其盛气凌人，骄恣不检，遂并其功而没之，不知盛气骄恣，乃亲贵之常态，但使有功于国，其他可末减也。肃爱才而独不喜满人，常谓满人胡涂不通，惟知要钱耳。故其待满人，不如待汉人之厚，满人深恶之。肃身为八旗贵胄，然尝言："咱们旗人浑蛋多，懂得什么，汉人是得罪不得的，他那枝笔厉害得很。"可窥其度量见识也。故肃身死菜市，曾文正惨然曰："此冤狱也，自坏长城矣。"盖文正公深知朝中能识大体之士唯肃顺也。

《清史稿》云："肃顺以宗潢疏属，特见倚用，治事严刻。其尤负谤者，杀耆英、柏葰及户部诸狱，以执法论，诸人罪固应得，第持之者不免有私嫌于其间耳。其赞画军事，所见实出在廷诸臣上，削平寇乱，于此肇基，功不可没也。自庚申议和后，恭亲王为中外所系望，肃顺等不图和衷共济，而数阻返跸。文宗既崩，冀怙权位于一时，以此罹罪。赫赫爰书，其能逭乎。"

素面作荤食

初，释教戒律僧人唯可食"三净肉"，传至汉地，梁武帝信佛，以为戒肉食方副佛家慈悲之意，遂成习焉。余尝于寺庙见斋食有鸡鸭鱼肉类，皆以素面制成，且价甚昂。其习未知始于何时，《北梦琐言》载崔侍郎有以素面作荤食，知唐时即有其习也。其载谓"崔侍郎安潜奉释氏，鲜茹荤血，唯于刑辟常自躬亲，僧人犯罪，未尝屈法。于厅前虑囚，必恤恻以尽其情，有大辟者，俾先示以判语，赐以酒食而付法。镇西川三年，唯多蔬食。宴诸司，以面及蒟蒻之类染作颜色，用象豚肩、羊臑脍炙之属，皆逼真也。时人比于梁武。"

呜呼，梁武戒肉食以副佛家慈悲之意，盖不欲见其形也。若以面食制其形，虽非鸡鸭鱼肉，而以鸡鸭鱼肉食之，心无慈悲之意，即食面食亦如食鸡鸭鱼肉矣。圣人以殉葬为恶，故见人形之俑，亦深恶之，诟之"始作俑者，其无后乎？"若夫行事，全存乎一念间，岂在物之形欤？

塔殿之争

今之佛庙多以佛殿为主，庙之傍或建塔，或无塔，人以为制也。殊不知佛教之初传中土，所建佛寺概无大殿，乃假印度之塔为佛寺之中心，塔藏高僧舍利子。东汉所建白马寺即以方形木塔为寺院之中心，围以僧舍，所谓浮图祠者也。

魏晋南北朝佛教炽盛，斯时之寺院亦袭东汉之浮图祠，以多层木塔为佛寺之中心，围以廊院。虽有供奉汉化佛像之大殿，然殿从属于塔，置于塔之后。寺前建山门，寺内中心建塔，塔之后建佛殿，至隋初因循未易。

唐初，塔殿易位，寺院之中心为佛殿，前殿后堂，以廊院相围，廊院对山门，四隅建角楼，寺旁则建塔院。其布局敦煌壁画尚可寻觅。塔殿之变，至今因袭。

考其变因，乃唐初律宗宗师道宣和尚制《戒坛图经》始也。其所绘图经乃以佛殿为寺之中心，唐末，密宗兴，佛寺于大殿后多建高阁以供佛像或千手千眼观音像，佛寺之重心自当后移也。唐之后，时或有以塔为寺院为主之庙，如山西应县之辽代释迦塔，即今应县木塔，殿建于塔后，其当属魏晋遗风耳。

北宋佛教式微，禅宗复兴。禅宗主明心见性，外在仪式皆非其所重，是以佛寺亦无所崇尚。至明清之际，佛教式微愈甚，故佛寺之制亦渐定型。凡寺院皆循中轴线而建，对称山门、钟楼、鼓楼、天王殿、大殿，东、西配殿，其制拟附会"伽蓝七堂"乎？余无从考焉。

太监读书

明宦官刘若愚著《明宫史》，述内宫太监读书事。其谓宦官读书之处称内书堂。《明史》载："太祖制，内臣不许读书识字。"顾炎武《日知录》载："我太祖深惩前代宦寺之弊，命内官不许识字。永乐以后，此令不行。"夫太监读书始于明成祖也。盖成祖靖难之役时，南京内官助之甚力，及即位，故多倚之。永乐后，以至宦官权势日盛。宣德后设内书院，令大学士陈山教习之，命翰林学士教导研读《百家姓》《千字文》《孝经》及《四书》。名臣钱溥、宋琰、陆深、严嵩、徐显卿等皆曾任其教。《菽园杂记》卷四载："洪武中，内官仅能识字，不知义理。永乐中，始令吏部听选教官入内教书。正统间，太监王振于内堂开设书堂，选翰林检讨正字等官入教。于是，内官多聪慧知文义者。"

太监本无须读书，粗识文字即可，故《明史》谓太监"通文墨，晓古今，逞其智巧，逢君作奸。数传之后，势成积重"。明后期宦官乱政，始于读书也。

至清，康熙间内宫仅由汉人教习一人以教年幼太监识字耳。《清稗类钞·阉寺类》"高宗改内监读书之制"条载："明制：内监入选，例入内书堂读书。凡收入宫中年十岁上下者，二三百人，入内书堂读书。本监提督总其纲，择日拜至圣，请词林老师，每一名，各具白蜡手帕、龙桂香为束修，人给《千字文》《四书》，派年长者八为学长。有过，词林老师批付提督责处。国朝仍之，派汉教习一员，在万善殿专课年幼太监。乾隆己丑，高宗谕：'内监职在供给使令，但使教之略识字体，何必选派科目人员与讲文义。前明阉竖弄权，司礼秉笔，皆因若辈通文，便其私计。甚而选词臣课读，交结营求。此等弊政，急宜痛绝。现今读清书之内监，在长房一带，派内府之笔帖式课之。至汉书，亦派笔帖式之曾读汉文者教授。所有万善殿派用汉教习之例永远革除。'"

窃谓所谓太监读书而乱政，然历代乱政者岂尽宦者耶？况乱政者岂必读书人，"坑灰未灭山东乱，刘项原来不读书"。是矣。

太牢公

古时祭祀有太牢、少牢之别，太牢以牛、羊、豕为祭，少牢以羊、豕为祭。余见唐时李德裕晋党争之敌牛僧孺为"太牢公"，直如市井泼妇骂街，令人解颐。

《旧唐书·牛僧孺传》载："德裕南迁，所著《穷愁志》，引里俗犊子之谶以斥僧孺，又目为'太牢公'，其相憎恨如此。"所谓"太牢公"者，李德裕于牛僧孺之辱称也，盖《大戴礼记·曾子天圆》有"牛曰太牢"之语也。时又有杨虞卿者，元和五年进士及第，历任弘文馆学士，工部侍郎，时人戏称其为杨少牢。

中晚唐之牛李党争，相沿四十年，相目为仇敌，大唐中衰，其罪不可恕也。而朝廷大员以村妇之言詈，亦为后世讥矣。

太学生游娼馆

北宋时，朝廷重国子学、太学，两学内各置若干斋，同经者聚于一斋，每斋三十人，时太学斋有八十之多，斋名并神宗所赐。东京繁华之地，太学生亦时有游怡于烟花柳巷者。《清波杂志》卷四载：

"承平时，两学作成之盛，不但英才辈出，为国之华，群居燕处，虽一时谑浪之语，人皆喜闻而乐道之。尝见前辈说数事：元祐间，敏求斋有治《春秋》陈生与宋门一倡狎。一日，会饮于曹门，因用《春秋》之文题于壁曰：'春正月，会吴姬于宋；夏四月，复会于曹。'有继其文戏之曰：'秋饥，冬大雪，公薨。'其意以谓财匮当有饥寒之厄也。此固知非典语，亦切中后生泆游迷而不知返之病。"

据《东京梦华录》载，时开封"人烟浩攘，添十数万众不加多，减之不觉少。所谓花阵酒地，香山药海。别有幽坊小巷，燕馆歌楼，举以万数"。后宵禁除，则青楼妓馆，瓦子勾栏逾盛也。其书"妓馆"者凡十四处：卷二云：有曲院街"向西去皆馆舍，都人谓之院街"；朱雀门"东去大街，麦秸巷，状元楼，余皆妓馆"；朱雀门外"西通新门瓦子以南杀猪巷，亦妓馆"，南斜街、北斜街"两街有妓馆"；西鸡儿巷"皆妓馆所居"。卷三云：有相国寺南"即录事巷妓馆"；小甜水巷"妓馆亦多"；姜行后巷"乃脂皮画曲妓馆"；景德寺前之桃花洞"皆妓馆"。

呜呼，京都既兴烟花之所，焉可禁太学生游之哉。可笑者，陈生既治《春秋》，夫子之道未留心中，而以《春秋》之文法留壁于青楼，其不亦迂乎？

唐宣宗杀优伶

　　司马君实谓唐宣宗"少历艰难，长年践祚，人之情伪，靡不周知。尽心民事，精勤治道，赏简而当，罚严而必，故方内乐业，殊俗顺轨。求诸汉世，其孝宗之流亚欤。故大中之政，讫于唐亡，人思咏之，谓之小太宗。"其誉可谓高矣，然余观其鸠女乐，杖乐工，实亦非具仁心者也。

　　唐柳玭《续贞陵遗事》曰："越守尝进女乐，有绝色者，上初悦之，数月，锡赉盈积。一旦晨兴，忽不乐，曰：'玄宗只一杨妃，天下至今未平，我岂敢忘。'乃召美人曰：'应留汝不得。'左右或奏'可以放还'。上曰：'放还我必思之，可命赐酒一杯。'"

　　《资治通鉴》宣宗大中十一年又载："乐工罗程，善琵琶，自武宗朝已得幸；上素晓音律，尤有宠。程恃恩暴横，以睚眦杀人，系京兆狱。诸乐工欲为之请，因上幸后苑奏乐，乃设虚坐，置琵琶，而罗拜于庭，且泣。上问其故，对曰：'罗程负陛下，万死，然臣等惜其天下绝艺，不复得奉宴游矣。'上曰：'汝曹所惜者罗程艺，朕所惜者高祖、太宗法。'竟杖杀之。"《唐语林》亦载其事，惟言"程既审上晓音律，尤自刻苦，往往令侍嫔御歌，必为奇巧声动上，由是得幸"。

　　《资治通鉴》又载："教坊祝汉贞，滑稽敏给，上或指物使之口占，摹咏有如宿构，由是宠冠诸优。一日，在上前抵掌诙谐，颇及外事，上正色谓曰：'我畜养尔曹，正供戏笑耳，岂得辄预朝政邪。'自是疏之。会其子坐赃，杖死，流汉贞于天德军。"

　　宣宗之为实欲玄宗也。《唐语林》卷二载："梨园弟子有胡雓，善吹笛，尤承恩。尝犯洛阳令崔隐甫，已而走禁中。玄宗非时托以他事召隐甫对，胡鶵在侧，指曰：'就卿乞得此否？'隐甫对曰：'陛下此言，是轻臣而重乐人也。臣请休官。'再拜而出。玄宗遽曰：'朕与卿戏。'遂令曳出。才至门外，杖杀之。俄而复敕释放，已死矣。乃赐隐甫绢百匹。"

呜呼，罗程恃宠杀人，罪固不可赦；而女乐何罪？竟至饮鸩而亡。悦其者，宣宗也，杀之者亦宣宗也，玄宗宠杨妃，过在玄宗，杨妃何过焉？窃谓宣宗假此以明己之贤耳。后世记其事岂颂其贤哉？帝王之于优伶，"供戏笑耳"，叹叹。

《桃花源记》意在逃

五柳先生书《桃花源记》，夫子自道也，然何以以桃为征，殊不可言也。或曰：以桃音隐言"陶"，然上古音陶在幽部，桃属宵部，分判明也。桃者，实寓逃之意也。

《诗经·周南·桃夭》："桃之夭夭，灼灼其华。"后人移用为"逃之夭夭"，虽属断章取义，汉时实有训"桃"为"逃"者也。《韩诗外传》卷十第十五章："齐桓公出游，遇一丈夫褒衣应步，带着桃殳。桓公怪而问之曰；'是何名？何经所在，何篇所居？何以斥逐，何以避余？'丈夫曰：'是名戒桃，桃之为言亡也。夫日日慎桃，何患之有。故亡国之社以戒诸侯，庶人之戒在于桃殳。'"桓公说其言，与之共载。来年正月，庶人皆佩。"逃之为言亡也"，谓桃之为言逃亡也，《说文》即云"逃，亡也"。

《桃花源记》所书桃源中人，乃为避秦之暴政而逃遁世外，亦若先生《归园田居》所云："久在樊笼里"故而寻求"复得返自然"。其隐实逃也。

吕思勉先生谓"古人于植物多有迷信，其最显而易见者为桃。君临臣丧，以巫祝桃茢执戈；桃弧棘矢，以共御王事也。羿死桃棓，盖亦由是。"（《吕思勉读史札记》）桃之训为逃义，先秦典籍亦多记之。《山海经》记神荼郁垒神话其神物即为桃。"沧海之中度朔之山，上有大桃木，其屈蟠三千里，其枝间东北曰鬼门，万鬼所出入也。上有二神人，一曰神荼，一曰郁垒，主阅领万鬼。恶害之鬼，执以苇索而以食虎。于是黄帝乃作礼以时驱之，立大桃人，门户画神荼郁垒与虎，悬苇索以御。"立大桃木故恶害之鬼皆逃而不能为害。桃木之神荼郁垒之神亦为古先民之门神。王荆公诗云"总将新桃换旧符"，宋人已称桃符也。

天子不得观起居注

顾炎武《日知录》云："古之人君，左史记言，右史记事，所以防过失，而示后主。记注之职，其来尚矣。"自汉以来，历代帝王均有起居注，并设起居之官，历代皆重其职，其所记虽帝王不得观，是为例也。

《新唐书·儒林·朱子奢传》载："帝尝诏：'起居纪录臧否，朕欲见之以知得失，若何？'子奢曰：'陛下所举无过事，虽见无嫌。然以此开后世史官之祸，可惧也。'史官全身畏死，则悠悠千载，尚有闻乎？"朱子奢，隋大业中为直秘书学士。武德四年随杜伏威入唐，授国子助教。贞观中，累官谏议大夫。是知太宗亦不得观起居所书也。后至文宗时，益重其事，据《廿二史札记》云，时每入阁日，左右史执笔立于螭头之下，宰相奏事，得以备录。宰臣既退，上召左右史，更质证所奏是非，故开成政事最详。唐文宗时郑朗擢起居郎，帝尝与宰相议事，适见郑朗执笔螭头下，谓曰："向所论事亦记之乎？朕将观之。"朗即引朱子奢事对曰："史不隐善讳恶，人主或饰非护失，见之则史官无以自免，即不敢直笔。昔褚遂良亦称史记天子言动，虽非法必书，庶几自饬也。"帝曰："朗可谓善守职者，朕恐平日之言不合治体，庶一见得以改之耳。"朗乃上之。事见郑朗本传。

后魏谟为起居官，文宗又欲观其书，谟曰："陛下但为善事，勿畏臣不书。"帝曰："我尝取观之。"谟曰："此史官之失职也。陛下若一见之，自此执笔者须有回避，后世何以示信乎？"乃止。事见魏谟本传。后世论者咎朗而是谟也。嗟乎，谟乃魏徵五世孙，乃有先祖之风焉。然史官固直，若遇大奸之人亦不得直书也。宋人王明清《挥麈后录》卷一载秦桧更易焚弃起居所记事，可知也。其云：

"自高宗建炎航海之后，如日历、起居注、时政记之类，初甚完备。秦会之再相，继登维垣，始任意自专。取其绍兴壬子岁，初罢右相，凡一时施行，如训诰诏旨与夫斥逐其门人臣僚章疏奏对之语，稍及于己者，悉皆更易焚弃。繇是亡失极多，不复可以稽考。逮其擅政以来，十五年间，凡所纪录，莫非其党奸谀谄佞之词，不足以传信天下后世。"

是知起居之类亦不可尽信之矣。

同僚戏言成仇

友朋同僚相处，言语间或戏言，亦平常事耳，然戏非其时则一语成仇，则成恨矣。北宋间刘攽，字贡父，庆历间进士，尝任中书舍人，助司马温公纂修《资治通鉴》。贡父尝因苏子瞻一戏言而相仇也。

《后山丛谈》载："贡父晚苦风疾，须眉脱落，鼻梁断坏。一日与苏子瞻数人各引古人市联以相戏。子瞻曰：'大风起兮眉飞扬，安得猛士兮守鼻梁。'座间大噱。贡父恨怅不已。"

《渑水燕谈录》亦载其事，云："贡父晚苦风疾，鬓眉皆落，鼻梁且断。一日，与子瞻数人小酌，各引古人语相戏。子瞻戏贡父云：'大风起兮眉飞扬，安得猛士兮守鼻梁。'座中大噱，贡父恨怅不已。"

刘贡父以东坡戏言而怒，岂知其亦因戏言而见怒于人也。《东轩笔录》载其事云："刘攽、刘恕同在馆下，攽一日问恕曰：'前日闻君猛雨往州西何也？'恕曰：'我访丁君闲冷无人过从，我故冒雨往见也。'攽曰：'丁方判刑部，子得非有所请求耳。'恕勃然大怒，至于诟骂。攽曰：'我与君戏耳，何忿之深也？'然终不解。"噫，刘贡父因戏言而怒东坡，已复因戏言而见怒于人，是知即为友朋同僚，相戏亦不可过甚也。

同学称谓始于黄宗羲

旧时就学于一县、府学之士子谓之同窗，其称始于宋，当与旧时书院之制关。书院始于唐，兴于宋，盖古时夜读以油灯、烛照明，日间为采光则多依窗而坐，故以同窗名之也。

清王应奎《柳南随笔》云："自前明崇祯至本朝顺治末，东南社事甚盛，士人往来投刺，无不称社盟者，后忽改称同学，自黄太冲始也。太冲《题张鲁山后贫交行》云：'社盟谁变称同学，惭愧弇州记不觚。'自注云：'同学之称，余与沈眉生、陆文虎始也。'"是知清顺治前皆以社盟相称，然同学之称虽始于黄宗羲，其义亦源于古之同窗也。

吐蕃称宋天子阿舅

唐宋时，朝廷与外蕃多有交往，然文字各异，至有不伦者。宋仁宗宝元间，番中不识称朝廷，但言"赵家天子及东君赵家阿舅"，盖其以唐时文成公主下婚于松赞干布也。《铁围山丛谈》卷一载：

太上始意作定命宝也，乃诏于阗国上美玉。王内相诵其表曰："日出东方，赫赫大光，照见西方，五百国中缘贯主，阿舅黑汗王表上日出东方，赫赫大光，照见四天下，四天下缘贯主，阿舅大官家：你前时要那玉，自家煞是用心。只被难得似你那尺寸底。我已令人寻讨，如是得似你那尺寸底，我便送去也。"其后，遂以玉来上，长径二尺，色逾截肪，诚昔未之有也，遂制定命宝。

《清波杂志》卷六亦载其事云："元丰四年，于阗国上表称'于阗国偻罗大福力量知文法黑汗王，书与东方日出外大世界田地主汉家阿舅大官家'。"嗟乎，文成公主和亲吐蕃，其功德无量也。

王荆公变秀才为学究

王荆公熙宁间变法，先易科举之制，撰《周官新义》，合王雱、吕惠卿撰《毛诗义》《尚书义》而谓之《三经新义》。盖欲为行新法之所据也。介甫《周官新义序》云：其训释《周礼》，意在"立政造事"。神宗谓："今谈经者人人殊，何以一道德？卿所著经，其以颁行，使学者归一。"是以熙宁八年《三经新义》颁于学校，为士子诵学之书，并以取士。是以斯时士子读书而欲举业者皆诵介甫之疏也。

《宋史·选举志》载："王安石谓，古之取士，俱本于学，请兴建学校以复古，其明经诸科，欲行废罢，取明经人数，增进士。"夫唐宋明经取士，犹是汉人之遗，而唐不及汉，宋又不及唐也。宋叶梦得《避暑录话》云："唐制取士，用进士、明经二科。本朝初，唯用进士。其罢明经，不知自何时。仁宗庆历后，稍修取士法，患进士诗赋浮浅，不本经术，嘉祐三年，始复明经科。"

顾炎武《日知录》卷十六"明经"条云："唐时入仕之数，明经最多。考试之法，令其全写注疏，谓之帖括。议者病其不能通经。权文公谓：'注疏犹可以质验，不者，偿有司率性，上下其手，既失其末，又不得其本，则荡然矣。'今之学者并注疏而不观，殆于本末俱丧。"嗟乎，取士之难，自古皆然，欲行一法而无弊者，未之有也。王介甫之著《三经新义》，其书不存，体其意则必以之为行新法之理论之据，若此，则其必以固有之思想而加之于三经，三经之义焉存哉？其以"新义"谓之，则所训释皆以己意耳。而学子所学，舍三经之义而唯重介甫之训释，岂可谓通经哉？然朝廷取士以之为则，应试者焉能逾越耶？朱熹《三朝名臣言行录》卷六云："公（安石）改科举，暮年乃觉其失，曰：'本欲变学究为秀才，不谓变秀才为学究。'盖举子专诵王氏之章句，而不解义，正如学究诵注疏尔。"所谓"学究"者，盖唐代取士，明经科置"学究一经"。《新唐书·选举志》载："而明经之别，有五经，有三经，有二经，有学究一经。"宋时谓"学究"，为礼部贡举十科之一也。应学究试者，专重记诵，未必通晓文义，故有才思之士皆重进士科而轻学究。朱熹此之，陈师道《后山谈丛》卷一亦载，所说皆类。

王莽令匈奴人用单字名

后汉时，王莽复古制，谓上古之人皆单名，令人皆用单名，二字者用于罪人也。甚而令匈奴亦行单名。余观《汉书·匈奴传》曰："时，莽奏令中国不得有二名，因使使者以风单于，宜上书慕化，为一名，汉必加厚赏。单于从之，上书言：'幸得备藩吾，窃乐太平圣制，臣故名囊知牙斯，今谨更名曰知。'莽大说，白太后，遣使者答谕，厚赏赐焉。"

夫莽窃取国柄，未几大正天诛，汉家恢复大业，凡蠹伪之政，尽为扫除而更张之，人名之令当亦废之也。然后汉至三国乃至魏晋之时，单名之俗乃行，殆承袭而然，非为莽之禁也。初，莽之禁用二名，施于罪人，及莽败，民之用单名者既用之久，则难以遽易也。莽之后单名之行，盖俗之所习者也。至于匈奴之名，莽之后未有单名者焉。

王莽杀子孙

俗语虎毒不食子，宫廷争斗虽有弑君父者，而图一己虚名尽杀子孙者，古今唯汉之王莽也。

夫王莽嫡子三，宇、获、安也；庶出子三，兴、匡、临也，一义子睦。《廿二史札记》卷三载：

哀帝时莽退就国，获杀奴，莽切责获，迫令自杀。及平帝立，莽秉政，虑帝母卫姬及舅卫宝、卫玄入朝挠己权，遂建议奉大宗者不顾私亲，但封以爵号而不许入京师。莽子宇心窃非之，乃与师吴章及妇兄吕宽窃议，章以莽不可谏而好鬼神，当为变怪惧之。宇即使宽夜持血洒莽门，为门吏所发，莽执宇送狱，饮药死。宇妻怀子，系狱俟产，后亦杀之。此未居摄以前，托大义灭亲之说以立名也。

僭位后，以安有疾，立临为太子。而莽妻以数哭子失明，莽使临侍养。妻侍儿原碧者，旧为恭所幸，至是临又通焉。惧事泄，谋杀莽，适以事贬出外第。而莽妻病，临寄书于母，为莽所见，中有怨望语，莽疑之，收原碧考问，具得谋逆状。莽欲秘之，乃杀考问者，而赐临药。临不肯饮，自刺死，并其妻亦自杀。是月安亦病死。已而莽孙宗自画容貌，服天子衣冠，刻三印。其母舅吕宽家徙合浦，宗又私与通书。事发，宗亦自杀。又其兄子光少孤，莽旧尝敬事寡嫂，抚光以立名。莽僭位后，光私嘱执金吾窦况为之杀人，莽闻之大怒，切责光。光母谓光曰："汝自视孰与长孙、仲孙？"遂母子俱自杀。长孙、仲孙者，谓宇与获也。

呜呼，王巨君之杀子杀孙，其意但贪帝王之尊者也，观其行事，岂复有骨肉之爱焉？以诸子孙行事，虽有过而无死罪，莽之为可谓利令智昏者也。其一生以儒教为尊，欲复周公之制，然周公岂舍骨肉而图帝位者耶？白香山诗云："周公恐惧流言日，王莽谦恭未篡时。向使当初身便死，一生真伪有谁知？"新朝短命，而骂名千载，香火并绝，亦当然也。

王雱一词成名

王雱，字元泽，王安石之子。少聪敏，《墨客挥犀》云："元泽数岁时，客有以一獐一鹿同笼以献。客问元泽：'何者为獐，何者为鹿？'元泽实不识，良久对曰：'獐边是鹿，鹿边是獐。'客大奇。"《梦溪笔谈》亦记其事。元泽才高志远，著作颇丰，善诗词，然鲜有赋之者。《宋词纪事》

录其词《倦寻芳慢》一首，云：

"露晞向晓，帘幕风轻，小院闲昼。翠迳莺来，惊下乱红铺绣。倚危墙，望高树，海棠经雨胭脂透。算韶华，又因循过了，清明时候。

倦游宴，风光满目，好景良辰，谁共携手？恨被榆钱，买断两眉长皱。忆高阳，人散后。落花流水仍依旧。这情怀，对东风，尽成消瘦。"

《扪蝨新话》卷四评其词云："世传王元泽一生不作小词，或者笑之，元泽遂作《倦寻芳慢》一首，时服其工。此词甚佳，今人多能诵之，然元泽自此亦不复作。"此说有误，《宋诗纪事》存其词二首，另有《眼儿媚》，云："杨柳丝丝弄轻柔，烟缕织成愁。海棠未雨，梨花先雪，一半春休。而今往事谁重省，归梦绕秦楼。相思只在，丁香枝头，豆蔻梢头。"

王元泽于经术甚有解，词亦颇工，而荫于父名，终不能显于世。夫世有赖于父祖者，亦有碍于父祖者。庸碌之辈赖于父祖，而才俊之士则碍于父祖。父祖盛名之下，才名不得显矣。

偎红倚翠大师

宋陶谷《清异录·偎红倚翠大师》："李煜在国，微行娼家，遇一僧张席，煜遂为不速之客。僧酒令、讴吟、吹弹莫不高了……煜乘醉大书右壁曰：浅斟低唱偎红倚翠大师鸳鸯寺主，传持风流教法。"

后人遂以"鸳鸯寺主"称之。余读其《菩萨蛮》词，知其不谬也。词云："花明月暗笼轻雾，今朝好向郎边去。刬袜步香阶，手提金缕鞋。 画堂南畔见，一向偎人颤。奴为出来难，教君恣意怜。"六朝乐府便有此等艳情，后主承之，然绘情传神，缠绵悱恻，非亲历者难以描摹也。

后世直以为词乃写后主与小周后偷情之事。宋蔡居厚《诗史》云："后主继后周氏，昭惠后女弟。开宝元年，册立，行亲迎礼，民间观者万人。先是后寝疾，小周后已入宫中。后偶褰幔见之，怨，至死面不向外。后主制乐府艳其事，词云'花明月暗笼轻雾'云云。词甚狎昵，颇传于外。至纳后，乃成礼而已。翌日，大宴群臣，韩熙载以下，皆作诗讽焉，后主不之谴也。"

宋马令《南唐书》载：后主继室周后，昭惠之母弟也。警敏有才思，神采端静。昭惠感疾，后常出入卧内，而昭惠未之知也。一日，因立帐前，昭惠惊曰："妹在此耶？"后幼，未识嫌疑，即以实告曰："既数日矣。"昭惠恶之，返卧不复顾。昭惠殂，后未胜礼服，待年宫中。明年，钟太后殂，后主服丧。故中宫位号久而未正。至开宝元年，始议立后为国后。将纳采，后主先令校鹅代白雁，被以文绣，使衔书。侈靡不经类如此。及亲迎，民庶观者或登屋极，至有坠瓦而毙者。后自昭惠殂，常在禁中。后主乐府词有"刬袜步香阶，手提金缕鞋。"之类，多传于外。至纳后，乃成礼而已。

清人有写《小周后提鞋图》者，于指间挂双红作纤纤状。许蒿庐题其诗云："多少情惊眼色传，今宵刬袜向郎边。莫愁月黑帘栊暗，自有明珠彻夜悬。""正位还当开宝初，玉环旧恨问何如。任教褰幔工相妒，博得鳏夫一纸书。""一首新词出禁中，争传纤指挂双弓。不然谁晓深宫事，尽取春情付画工。"又有张寒坪诗云："教得君王恣意怜，香阶微步发垂肩。保仪玉貌流珠慧，轮尔承恩最少年。""别恨瑶光付玉环，诔词酸楚自称鳏。岂知刬袜提鞋句，早唱新声菩萨蛮。""花明月暗是良媒，谁遣深宫侍疾来。惊问可怜人返卧，心知未解避嫌猜。"考其诗中所谓"诔词酸楚自称鳏"句，乃本于陆游《南唐书》后主周后传"后卒于瑶光殿，年二十九，葬懿陵。后主哀甚，自制诔，刻之石，与后所爱金屑檀槽琵琶同葬，又作书燔之与诀，自称'鳏夫煜'，其辞数千言，皆极酸楚。"

后主自亦性情中人，虽为君主，而性情岂能易哉？窃谓其诔周后之情固为至真，写小周后之辞亦为至情，诚非存伪也。后人讽其词，固以世俗之眼光观之也。至若词涉风流狎昵，此重光本色，尤以其不饰之而见其真矣。

为人作嫁

　　天下之物，来去无定，安可强执在己矣。而物之去留，毋计其值，惟求其圆满归宿耳。宋仁宗时，丁谓为相，方盛时筑第敦教坊。杨景宗为役卒负土第中，后谓败，景宗显贵，仁宗以其第赐景宗。盖景宗初贱，为章惠后之从父弟，及章惠为后，授秦州刺史。《野客丛书》谓："丁晋公治第，杨景宗为督役，丁后籍没，而景宗贵显，乃以其第赐景宗。"

　　钱惟演，字希圣，吴越王俶之子也。尝计嫁女，令银匠龚美造妆奁器皿。《涑水记闻》卷六载："龚美以锻银为业，纳邻倡妇刘氏为妻，善播鼗。既而家贫，复售之。张耆时为襄王宫指使，言于王，得召入宫，大有宠。"后刘氏为真宗后，龚遂为国舅，侍卫马军都虞候。钱思公以为妹婿，向者器皿，乃尽归美家。

　　噫，二事甚异，然究之理，天下事亦莫不然矣。宋王勉夫云："曹氏为汉平董卓，董卓既平，而受汉室者曹氏也。司马氏为魏抗吴、蜀，吴、蜀既抗，而受魏室者司马氏也。刘裕为晋北伐，然北方既定，而受晋室者刘氏也。天下事率多如此，区区之势，岂足恃哉。"

　　夫丁、钱固为他人作嫁，而世之为人作嫁者几何焉。然为人作嫁而不悟，悲夫。

为文不苟徇

　　杜甫诗云"文章千古事"，辛弃疾词云"道德文章传几世"，皆以文章为重，不得苟徇人意也。然自古文士为文，岂尽不苟徇人意者耶？虽非其性使然，亦为势所囚焉。故千古文章不苟徇人意者鲜矣。

　　宋无名氏《木笔杂钞》云："欧公作《范文正公神道碑》，载吕、范交欢弭怨始末，范公之子尧夫不乐，欲删改，公不从。"案，范仲淹、吕夷简皆北宋名臣也，夷简为相，仁宗朝三入中枢，范公为参知政事，副相也。逢仁宗废郭皇后，范吕争锋于朝堂，以至范公贬责。及西夏犯境，国危之际，夷简复荐范公，除龙图阁直学士，陕西经略安抚副使。

　　《杂钞》又云："荆公作钱公辅母墓铭，钱以不载甲科、通判出身及诸孙名，欲有所增损，荆公答之甚详，又云：'鄙文不可改，宜以见还，而别求能如足下意者为之。'"案：公辅字君倚，善诗，有名于关中。英宗即位，上书《治平十议》，介甫素与公辅交善。

　　又，东坡尝作《王晋卿宝绘堂记》，内云："钟繇至以此呕血发冢，宋孝武、王僧虔至以此相忌，桓玄之走舸，王涯之复壁，皆以儿戏害而国，凶而身。"王嫌所引用非美事，请改之。坡答云："不使则已，使则不能改。"案，王诜，字晋卿，北宋画家。熙宁二年，尚英宗女蜀国大长公主，拜左卫将军，驸马都尉。元丰二年，因苏轼案牵连贬官均州。晋卿擅山水，学王摩诘，喜作烟江云山，寒林幽谷。水墨清润明洁，青绿设色高古绝俗。家筑"宝绘堂"，藏历代法书名画，苏轼为之作记。

　　呜呼，世之人情皆喜谀而多避忌，而为文者则固不肯谀，亦不肯忌，此亦为文章者惜其文而珍己名矣。至若鬻文待沽辈，则又别论也。韩退之一代文章宗师，而因多书墓碑谀词，苟徇人意为后世讥矣。

魏晋清谈名士多帅哥

魏晋间兴清谈玄学，清谈之士多风神秀朗，仪表出众，于言语外亦重仪表乎？《世说新语》所载甚详。

何晏人谓"傅粉何郎"。《世说》载："何平叔美姿仪，面至白；魏明帝疑其傅粉。正夏月，与热汤饼。既啖，大汗出，以朱衣自试，色转皎然。"刘禹锡《题丁家公主旧宅》诗云："何郎犹在无恩泽，不似当初傅粉时。"

夏侯玄姿容秀丽，风神俊朗。《世说》载："魏明帝使后弟毛曾与夏侯玄共坐，时人谓'蒹葭倚玉树'。""时人目'夏侯太初朗朗如日月之入怀'。"

嵇康为竹林之首，《世说》载："嵇康身长七尺八寸，风姿特秀。见者叹曰：'萧萧肃肃，爽朗清举。'或云：'肃肃如松下风，高而徐引。'山公曰：'嵇叔夜之为人也，岩岩若孤松之独立；其醉也，傀俄若玉山之将崩'。"《嵇康别传》曰："康长七尺八寸，伟容色，土木形骸，不加饰厉，而龙章凤姿，天质自然。正尔在群形之中，便自知非常之器。"

一代清谈名士之宗王衍，山涛嗟羡其"何物老妪，生宁馨儿"。《世说》称："王戎云'太尉神姿高彻，如瑶林琼树，自然是风尘外物'。"又同书云："王大将军（王敦）称太尉处众人中，似珠玉在瓦石间"。

《晋书》载，阮籍"容貌瑰杰"；王戎"神彩秀彻"；卫玠"与玠同游，若明珠之在侧，朗然照人"。竹林人物除刘伶"身长六尺，容貌甚丑悴"，余皆俊秀也。

魏晋清谈之士重仪容，其流风至唐尚存。唐代考选官员，据《新唐书·职官二》载，尚需"择人以四才"，"四才谓身、言、书、判"。身即仪容，言即言谈风度，亦属魏晋遗风也。科举之制有殿试钦点一甲，有若今之招聘面试。虽诗书满腹而貌不出众者，则亦不免生悲也。

京戏《珠帘寨》言黄巢因貌丑而被革状元，至愤而揭竿。邵博《河南邵氏闻见后录》曰：巢"其状不逾中人，唯正蛇眼为异耳"。钟馗亦属其类，馗"貌丑陋，豹头环眼"，《唐逸史》载：钟馗"为终南山进士，后未中状元，愤而撞石阶而死。朝廷闻而赐绿袍并厚葬。馗为报朝廷恩泽，抓鬼除妖"。传馗貌甚丑，殿试被黜，虽属附会之词，然选官重仪容朝野当有共识矣。

魏晋士人服妖

儒家重礼制，自西周始，服饰之礼仪尤为人所崇。《礼记·玉藻》载："以帛裹布，非礼也。士不衣织。无君者不贰采。衣正色，裳间色。非列采不入公门，振絺、绤不入公门，表裘不入公门，袭裘不入公门。"繁文缛节，清规戒律，无以复加也。

自《汉书》始，正史《五行志》皆书"服妖"之行。班固谓："风俗狂慢，变节易度，则为剽轻奇怪之服，故有服妖。"至魏晋之时，儒家服饰之礼仪愈式微，服妖之穿戴盛矣。《晋书·五行志》专列"服妖"条：

魏武帝以天下凶荒，资财乏匮，始拟古皮弁，裁缣帛为白帢，以易旧服。傅玄曰："白乃军容，非国容也。"干宝以为"缟素，凶丧之象也"。名之为帢，毁辱之言也，盖革代之后，劫杀之妖也。

魏明帝着绣帽，披缥纨半袖，常以见直臣杨阜，谏曰："此礼何法服邪。"帝默然。近服妖也。夫缥，非礼之色。亵服尚不以红紫，况接臣下乎？人主亲御非法之章，所谓自作孽不可禳也。帝既不享永年，身没而禄去王室，后嗣不终，遂亡天下。

尚书何晏好服妇人之服，傅玄曰："此妖服也。夫衣裳之制，所以定上下殊内外也。末嬉冠男子之冠，桀亡天下；何晏服妇人之服，亦亡其家，其咎均也。"

武帝泰始初，衣服上俭下丰，着衣者皆厌腰，此君衰弱，臣放纵，下掩上之象也。

孝怀帝永嘉中，士大夫竞服生笺单衣。识者指之曰："此则古者繐衰，诸侯所以服天子也。今无故服之，殆有应乎。"其后遂有胡贼之乱，帝遇害焉。

晋末皆冠小而衣裳博大，风流相放，舆台成俗。识者曰："上小而下大，此禅代之象也。"寻而宋受终焉。

盖自东汉末，服饰之不循礼制，日益行于世也。陶靖节之角巾起魏晋清谈洒脱之风，任诞服妖不以为怪也。《世说新语·任诞》载：

王、刘共在杭南，酣宴于桓子野家。谢镇西往尚书墓还，葬后三日反哭。诸人欲要之，初遣一信，犹未许，然已停车。重要，便回驾。诸人门外迎之，把臂便下，裁得脱帻，箸帽酣宴。半坐，乃觉未脱衰。

自魏晋而后，服饰之制虽仍有所循，然亦未能如秦汉之制也。窃谓服饰本先民御寒遮体之用，及政治既成，服饰亦以之别尊卑，分内外也。观夫今之服饰，任诞而行，人亦不以为妖，盖世之皆妖则为无妖焉。

文庙下马碑

旧时文庙、书院诸处多有所谓下马碑者，书"文官落轿，武官下马"等字样。余邑孔庙外亦有此碑，余幼时尚见之。此等碑各州县皆类，然鲜有知其所始。余读《明史·高瑶传》方知始于明宪宗成化间也。传云："又有虎臣者，麟游人，成化中贡入太学，上言天下士大夫过先圣庙，宜下舆马，从之。"虽未言立碑，然其事必始于此也。

清洪亮吉《晓读书斋初录》云："今府州县学宫前有二石碑，镌'文武军民人等至此下马'，其制实始于明成化时麟游人虎臣所奏。"类下舆马也。成化后，各邑所建书院亦多有镌此等文字者，盖书院传习儒学，皆尊孔子，造孔圣之像也。

文徵明和《满江红》

岳武穆《满江红》词之真伪，近人辩驳颇多。余嘉锡《四库提要辩证》详考其非岳飞所作，夏承焘亦撰《岳飞〈满江红〉词考辩》详加考证，断为伪作。余尝见有谓其词乃民国间人所作，然《词统》卷十二载："夏侯桥沈润卿掘地，发掘宋高宗赐岳飞手敕刻石。"而文徵明尝和之也。其词曰：

拂拭残碑，敕飞字、依稀堪读。慨当初、倚飞何重，后来何酷。果是功成身合死，可怜事去言难赎。最无辜、堪恨更堪怜，风波狱。

岂不惜，中原蹙；岂不念，徽钦辱。但徽钦既返，此身何属？千载休谈南渡错，当时自怕中原复。笑区区、一桧亦何能，逢其欲。

嗟乎，文衡山此词发风波狱之隐也。今人谈岳飞事，但扼腕宋高，切齿秦桧，其中不可与人言者岂世人尽可知焉？而岳武穆之《满江红》词，明时即传于世，断非民国间人所作也。

吾我有别

古语吾、我皆自称之辞也，余向一以视之。偶读清人杨复吉《梦阑琐笔》云："元赵德《四书笺义》曰：吾、我二字，学者多以为一义，殊不知就己而言则曰吾，因人而言则曰我。"闻其言直如棒喝矣。王了一先生训吾、我之用法，以主格、宾格释之，终未能明其所以也。余以《论语》究之，赵德之说明也。《子罕》云："吾有知乎哉？无知也。有鄙夫问于我，空空如也。""吾有知乎哉"，就己而言也；"有鄙夫问于我"，因人之问而言也。《述而》云："二三子以我为隐乎？吾无隐乎尔。""二三子以我为隐乎？""我"对二三子而言；"吾无隐乎尔"之"吾"，就己而言也。《述而》"三人行，必有我师焉"。"仁远乎哉？我欲仁，斯仁至矣。"此皆夫子因人之问而言也。又《孟子·公孙丑上》"我善养吾浩然之气"。"我"对公孙丑而言，"吾"就己而言也。

夫杨复吉，字梦兰，乾隆三十七年登进士第，师从王鸣盛。余叹乾嘉学人之治学，后世无复越之也。

吴三桂六家书

吴三桂之名后世类于汉奸之称也，其尤为人所诟者，乃因爱妾陈圆圆而引清军入关，至大明复亡。吴伟业《圆圆曲》讥其"恸哭六军俱缟素，冲冠一怒为红颜"。窃谓吴长伯亦真一情种也。闯军入京之时，长伯尚留关外，闻警，十日中寄其父吴襄六书，六书之中尽露对陈妾之关切，其情胜于社稷老父也。

明内臣王永章《甲申日记》云："四月初一日，吴襄缴到三桂廿二日书云：'闻京城已陷，未知确否？大约城已被围，如可迁避出城，不可多带银物，埋藏为是。并祈告知陈妾，儿身甚强，嘱伊耐心。'又云：'得探报，京城已破，儿拟即退驻关外，倘已事不可为，飞速谕知。家口均陷贼中，只能归降。陈妾安否？甚为念。'又廿五日书云：'接二十日谕，知已归降，欲保家口，只得降顺，达变通权，方是大丈夫。惟来谕陈妾骑马来营，何曾见有踪迹？如此青年小女，岂可放令出门？父亲何以失算至此？儿已退兵至关，预备来降。惟此事实不放心。'又廿七日书云：'前日探报，刘宗敏掠去陈妾，呜呼哀哉。今生不能复见，初不料父亲失算至此。昨乘贼不备，攻破山海关一面，已向清国借兵。本拟长驱直入，深恐陈妾或已回家，或刘宗敏知系儿妾，并未奸杀，以招儿降，一经进兵，反无生理，故飞禀问讯。'又一书云：'奉谕陈妾安养在宫，但未有确实之说，究竟何来？太子既在宫中，曾否见过？父亲既已降顺，亦可面奏，说明此意，但求将陈妾、太子两人送来，立刻降顺。'"

呜呼，陈长伯于兵火方炽，家国危倾之际，掌重兵而不思挽危局于将坠，拳拳尽在爱妾，无一丝以君父为念，此真狗彘之书也。盖其非文士之溺于情者，不可以之比于冒襄、侯方域也。

吴越王钱俶纳土进钱买上元两夜

宋《岁时广记》卷十载：《国朝会要》：乾德五年诏："朝廷无事，区宇咸宁。况年谷之屡丰，宜士民之纵乐。上元可更增两夜，起于十四，止于十八。"自后，十六日开封府以旧例，奏请增放两夜。又《侯鲭录》云："京师上元旧例，放灯三夕。钱氏纳土，进金钱买两夜，今十七、十八夜是也。"

《能改斋漫录》卷十七云："李驸马正月十九所撰《滴滴金》词也。京师上元，国初放灯止三夕。时钱氏纳土，进钱买两夜。其后十七、十八两夜灯，因钱氏而添，故词云'五夜'"。驸马者，李遵勖也。遵勖字公武，真宗时，尚荆国大长公主。其《滴滴金》词云："帝城五夜宴游歇。残灯外，看残月。都人犹在醉乡中，听更漏初彻。 行乐已成闲话说，如春梦，觉时节。大家重约探春行，问甚花先发。"

旧俗，上元十四试灯，十五闹灯，十六灯落，宋初始增至十八落灯。窃谓钱氏既纳土称臣，复输钱而买两夜灯者，欲示其无异也。盖斯时，俶亦迁汴京，太宗终疑之也，输钱而买两夜灯者，欲太宗无疑耳。

五代无刑章

中原五代乱世，五十三年间，易五姓十三君，而亡国被弑者八，长者不过十余岁，甚者三四岁而亡。欧阳修谓其"置君犹易吏，变国若传舍"。"天理几乎其灭"。余阅醉翁所撰《新五代史》及薛居正撰《旧五代史》，感其五朝似无刑章，视人命如草芥，动辄以族诛为事，令人发指也。兹摘其数事可证。

《梁书·王师范传》载：王师范，青州人。……太祖即位，征为金吾上将军。开平初，太祖封诸子为王，友宁妻号诉于太祖曰："陛下化家为国，人人皆得崇封。妾夫早预艰难，粗立劳效，不幸师范反逆，亡夫横尸疆场。冤仇尚在朝廷，受陛下恩泽，亡夫何罪。"太祖凄然泣下曰："几忘此贼。"即遣人族师范于洛阳。先掘坑于第侧，乃告之，其弟师诲、兄师悦及儿侄二百口，咸尽戮焉。时使者宣诏讫，师范盛启宴席，合昆仲子弟列座，谓使者曰："死者人所不能免，况有罪乎。然予惧坑尸于下，少长失序，恐有愧于先人。"行酒之次，令少长依次于坑所受戮，人士痛之。此后梁时事也。

《旧唐书·庄宗纪四》载："诏曰：况赵严、赵鹄等，自朕收城数日，布惠四方，尚匿迹以潜形，罔悛心而革面，须行赤族，以谢众心。""是日，并其妻孥，皆斩于汴桥下。"

《朱友谦传》载：同光元年，庄宗灭梁，友谦觐于洛阳，庄宗置宴飨劳，宠锡无算，亲酌觞属友谦曰："成吾大业者，公之力也。"以友谦为守太师、尚书令，进食邑至万八千户。三年，赐姓，名继麟，编入属籍，赐之铁券，恕死罪。及庄宗季年，稍怠庶政，巷伯伶官，干预国事。友谦因流言获罪，群阉异口同辞。"令朱守殷以兵围其第，擒之，诛于徽安门外。诏继岌诛令德于遂州，王思同诛令锡于许州，命夏鲁奇诛其族于河中。初，鲁奇至，友谦妻张氏率其家属二百余口见鲁奇曰：'请疏骨肉名字，无致他人横死。'将刑，张氏持先赐铁券授鲁奇曰：'皇帝所赐也。'是时，百口涂地，冤酷之声，行路流涕。"此后唐时事也。

《史弘肇传》载："弘肇都辖禁军，警卫都邑，专行刑杀，略无顾避，无赖之辈，望风匿迹，路有遗弃，人不敢取。然而不问罪之轻重，理之所在，但云有犯，便处极刑，枉滥之家，莫敢上诉。巡司军吏，因缘为奸，嫁祸胁人，不可胜纪。时太白昼见，民有仰观者，为坊正所拘，立断其腰领。又有醉民抵忤一军士，则诬以讹言弃市。其他断舌、决口、斫筋、折足者，仅无虚日。故相李崧为部曲诬告，族戮于市，取其幼女为婢。自是仕宦之家畜仆隶者，皆以姑息为意，而旧勋故将失势之后，为厮养辈之所胁制者，往往有之。"此后汉时事也。

《刘铢传》载："高祖为侍卫亲军都指挥使，与铢有旧，乃表为内职。高祖出镇并门，用为左都押牙。铢性惨毒好杀，高祖以为勇断类己，深委遇之。国初，授永兴军节度使。""铢立法深峻，令行禁止，吏民有过，不问轻重，未尝贷免。每亲事，小有忤旨，即令倒曳而出，至数百步外方此，肤体无完者。每杖人，遣双杖对下，谓之'合欢杖'。或杖人如其岁数，谓之'随年杖'。"此亦后汉时事也。

《苏逢吉传》载："逢吉深文好杀，从高祖在太原时，尝因事，高祖命逢吉静狱，以祈福佑，逢吉尽杀禁囚以报。及执朝政，尤爱刑戮。朝廷患诸处盗贼，遣使捕逐，逢吉自草诏意云：'应有贼盗，其本家及四邻同保人，并仰所在全族处斩。'或谓逢吉曰：'为盗者族诛，犹非王法，邻保同罪，不亦甚乎？'逢吉坚以为是，竟去'全族'二字。时有郓州捕贼使臣张令柔尽杀平阴县十七村民，良由此也。"

呜呼，自安史之乱而后，藩镇拥兵割据，独霸一方。及黄巢起事，唐室毁而军阀群起，相夺互攻，方成五代之势。欧阳永叔以为斯时乃"君君臣臣父父子子之道乖，而宗庙朝廷人鬼皆失其序"之"乱世"。（《新五代史·唐家人传论》）"礼乐崩坏，三纲五常之道绝，而先王之制度文章，扫地而尽于是矣。"（《新五代史·晋家人传论》）典章制度之不存，杀戮凶残之辈行于世，故有所述之异样刑戮也。观夫五代君臣之行事，知其皆非承命之君臣，实乃乱世之猛兽耳。宋太祖尝谓宰相曰："五代诸侯跋扈，有枉法杀人者，朝廷置而不问。人命至重，姑息藩镇，当如是耶。"（《太祖本纪》）

五官争高下

余尝见有群口相声，各以五官自谓而争高下，旨在讽人也。读《唐语林》卷六言顾况事，悟今之相声实本于此也。其曰："顾况从辟，与府公相失，揖出幕。况曰：'某梦口与鼻争高下。口曰：我谈今古是非，尔何能居我上？'鼻曰：'饮食非我不能辨。'眼谓鼻曰：'我近鉴豪端，远察天际，惟我当先。'又谓眉曰：'尔有何功，居我上？'眉曰：'我虽无用，亦如世有宾客，何益主人？无即不成礼仪。若无眉，成何面目？'府公悟其讥，待之如初。"

考顾况至德二载登进士第，建中二年至贞元二年，韩滉为润州刺史，镇海军节度使时，尝召况为幕府判官，所谓府公者当为韩滉也。《语林》此卷为四库馆臣据《永乐大典》辑录。宋罗烨《醉翁谈录》丁集《嘲戏绮语》亦有类似语。云："陈大卿云：眉眼口鼻四者皆有神也。一日，口为鼻曰：尔有何能，而位居吾上？鼻曰：吾能别香臭，然后子方可食，故吾位居汝上。鼻为眼曰：子有何能，而位我上也？眼曰：吾能观美恶，望东西，其功不小，宜居汝上也。鼻又曰：若然，则眉有何能，亦居我上？眉曰：我也不解与诸君相争得，我若居眼鼻之下，不知你一个面皮，安放在哪里？"

夫天下万物，各有其居，造化之使之生则必有其生之理，焉有高下之别耶？物尽其能，亦无可失之者。若夫大千世界，帝王之于黔首，岂可失其一焉？佛家谓众生平等，是之谓也。

五人墓原葬地

《古文观止》载明张溥《五人墓碑记》记苏州商贾之子颜佩韦、估衣铺人杨念如、庶民马杰、牙行人沈行、周顺昌之轿夫周文元五人，因激于义愤，聚众反魏氏阉党被诛事。文曰："然五人之当刑也，意气阳阳，呼中丞之名而詈之，谈笑以死，断头置城上，颜色不少变。有贤士大夫发五十金买五人之脰而函之，卒与尸合。故今之墓中，全乎为五人也。"至于墓地文曰："至于今，郡之贤士大夫请于当道，即除魏阉废祠之址以葬之。"然其非初葬之地也。

清顾震涛《吴门表隐》云："明吴囧卿默宅在王洗马巷中，有北宋尼姑坟，后作花药坛，曾匿五人首级于此，后移葬山塘。至今种花木，犹有英气。"是知五人之首初葬于斯，待魏阉败，方移至魏阉废祠之址也。曲园老人亦尝言及是事。

五月十六成婚不吉

吾乡金华府宣平县五月十六日为大市，省内诸府县及边省商贾皆云集于斯。然道家以五月十六日为天地合日，世俗当避婚。放翁《老学庵笔记》卷八云："元祐七年，哲庙纳后，用五月十六日法驾出宣德门行亲迎之礼。初，道家以五月十六日为天地合日，夫妇当异寝，违犯者必夭死，故世以为忌。当时太史选定，乃谓人主与后犹天地也，故特用此日。将降诏矣，皇太妃持以为不可，上亦疑之。宣仁独以为此语俗忌耳，非典礼所载，遂用之。

其后诏狱既兴，宦者复谓：'若废后可弭此祸。'上意亦不可回矣。"哲宗之后为孟后，眉州防御使兼马军都虞候孟元孙女也。

《萍洲可谈》卷一云："孟氏作后，京师衣饰画作双蝉，目为'孟家蝉'，识者谓'蝉'有禅意，久之后竟废。"又云："先公在绍圣初识孟在，盖皇后父也。时泰陵未有嗣，常因景陵宫行香，诸人聚首，孟在忽太息。或询其故，孟曰：'中宫蓐月，满望一皇嗣，乃诞公主。'先公归语所亲曰：'孟在非长守富贵者也。'果如言，后竟废。"

考之《宋史》，绍圣三年冬，诏废孟后，出居瑶华宫，号华阳教主玉清静妙仙师，法号冲真。元符三年哲宗崩，徽宗即位，复立为后，尊封元祐皇后，自瑶华宫还居禁中。时蔡京辅政，胁上废后，再居瑶华宫。以此观之，岂五月十六日成婚果不吉乎？靖康初，京师失守，二年，粘没喝令废徽宗、钦宗为庶人，金人胁两帝、渊圣皇族、近属皆诣虏营。虏中议亦取孟后，会虏人以后废岁久，无预时事，遂不复取。时孟后已废，居弟孟忠厚私第，而金人亦未见于皇室嫔妃名册，得幸免也。《挥麈后录》云："靖康末，金人犯阙，六宫皆北，后独不预，逃匿于其家。"呜呼，孟后是亦因祸而福矣。

西湖乃销金锅

武林西湖为浙之名胜，自东坡"若把西湖比西子，淡妆浓抹总相宜"。诗传世，画舫笙歌，至今不绝。而元时有上饶人熊进德尝作《竹枝词》云："销金锅边玛瑙坡，争似侬家春最多。蝴蝶满园飞不去，好花红到剪春罗。"以销金锅喻西湖，不亦唐突佳人乎？又有明代仁和人张兴杰亦有诗云："谁为鸿蒙凿此陂，涌金门外即瑶池。平沙水月三千顷，画舫笙歌十二时。今古有诗难绝唱，乾坤无地可争奇。溶溶漾漾年年绿，销尽黄金总不知。"

西湖自唐始为胜景，千年以来诵其者无计，然销金锅之喻真为警世之语，棒头之喝也。

西厢记别样结局

自唐元稹《莺莺传》传世，杨巨源作《崔娘诗》，李绅作《莺莺歌》，传奇与诗相映，俨然为传奇之新风也。金元之际，杂剧兴起，复有金董解元《西厢记诸宫调》、元王实甫《西厢记》杂剧出，至此，《西厢》乃为雅俗之辈尽知也。斯时之剧皆以崔张完配，作大团圆之结局，止亦迎合世俗之心态矣。明人卓人月《新西厢记序》云："今演剧者，必始于穷愁泣别，而终于团圆宴笑，似乎悲极得欢，而欢后更无悲也，死中得生，而生后更无死也，岂不大谬也。"

清末民初有蒋瑞藻君，尝作《小说考证》引《闲居杂录》云："《西厢》各种，皆衍崔莺莺张君瑞完配，盖据《会真记》前半，而翻易其后半也。有作《不了缘》者，则以莺莺归郑恒，而崔张为不了之缘。《西厢》面目，始全改矣。"花朝生所言《不了缘》乃清碧蕉轩主人所作之杂剧，其据《会真记》改写，张珙崔莺莺自长亭别后，走马长安，杳无音信。岁余方落魄而归，至蒲东访莺莺。时莺莺则已迫归郑恒，张至郑府，莺莺避之，张宿郑府，追怀往事，夜不能寐。红娘送莺莺诗笺，张阅诗断肠，遂访法本禅师，禅师言张情根未断，三十年后，当与崔氏再补不了之缘。此剧以悲剧面目而改易杂剧大团圆之俗套，令世人耳目一新矣。

《不了缘》之剧，虽无董、王之剧为世人熟知，然其以悲怆之曲词诉凄婉之情感，实亦不亚董、王也。权录数曲以证：

【新水令】（生）疏林萧瑟落晴川，奈离人泪情空眷。几家残照里，一雁暮云边。秋水长天，惹游思蓬似转。

【驻马听】只见景物依然，寒郊一派红深浅。闷怀凄断，昏鸦几点暮争喧。

【点绛唇】十载蒲团，白云无恙。单惆怅，银海茫茫，泄不尽冤业相。看来世上人，问的是名，求的是利，还有没要紧，最着紧的是情。则被那情香色艳，不知坑了多少人也。

噫，喜聚恶散，人之常情，况明清之际，婚姻之事，乃以父母之命，媒妁之言为礼。想世上多少有情人终难成眷属，故人喜观团圆之剧而恶凄别之景，此抑《不了缘》难行于世之因耶？

息夫人不言考

息夫人，妫姓，陈氏，春秋时陈庄公之女，嫁息国国君。其容貌绝代，目如秋水，脸似桃花，人称"桃花夫人"。千载以来，文士诗词多有考辨咏叹，然所考所咏者非其貌，皆谓其"不言"之因也。

《左传·庄公十四年》载："蔡哀侯为莘故，绳息妫以语楚子。楚子如息，以食入享，遂灭息，以息妫归，生堵敖及成王焉。未言。楚子问之，对曰：'吾一妇人，而事二夫，纵弗能死，其又奚言？'"

息妫固美，亦一妇人耳。国灭夫死，为人强掳，其哀怨可知也。然好事文士多作臆测之辩，不亦谬乎？

或曰：息妫之不言，关乎储君守丧"三年不言"之制。然周礼之制，谓储君于守丧之期为丧主，不得行君主之权，丧期届满，嗣位为新君，方行君主之权。守丧之期，其权由总管暂摄，犹后世之摄政王也。储君之"不言"，非不语也，谓其于政事不可言也。《尚书》谓舜为帝尧守丧三年，届满至尧庙禀告，然后亲政。守丧三年间舜亦"不言"，谓其无言政事也。是知上古之礼，三年之丧不言乃谓储君之一人也。息妫非储君，何须"不言"？

清人于鬯《香草校书》云："此言字实当训笑。古言有笑义。……然则息妫未言，谓未尝笑也。故下文妫答楚子云。纵弗能死，其又奚言。言与死对，亦足见言为笑义。"俞正燮《癸巳存稿》谓息妫"未言"乃守心丧之礼，尤为无据臆断。

息妫故事，今人仍习用之，以平常心度息妫，自可知其以一弱女子而遭逢亡国丧夫之难，内心郁结岂可解焉？王摩诘可谓知息妫之人，其《息夫人》诗云："莫以今时宠，难忘旧日恩。对花满眼泪，不共楚王言。"宋之问亦有《息夫人》诗云："可怜楚破息，肠断息夫人。乃为泉下骨，不作楚王嫔。楚王宠莫盛，息君情更亲。情亲怨生别，一朝俱杀身。"前人书息妫之诗词尤多，余独谓清人邓汉仪《题息夫人庙》为佳，其诗云："楚宫慵扫黛眉新，只自无言对暮春。千古艰难惟一死，伤心岂独息夫人。"

悼古之文，自来由之，然以一己臆测而度古人，诚非学问之道也。

戏谑诗

宋朱贞白，江南人，善为戏谑诗。贞白为诗多戏谑之作，或有所寄，人多不晓也。其尝于建州席上食螃蟹，即兴为诗云："蝉眼龟形脚似蛛，未尝正面向人趋。如今钉盘筵上，得似江湖乱走无？"又有《题棺木》诗云："久久终须要，而今未要君。有时闲忆着，大是要知闻。"诗似王梵志"城南土馒头"。又有《咏刺猬》诗云："行似针毡动，卧似栗裘图。莫欺如此大，谁敢便行拳。"《咏月》诗云："当涂当涂见，芜湖芜湖见。八月十五夜，一似没柄扇。"

士人为诗多以诗言志，所谓志者，修齐治平耳。余谓诗岂似士大夫所言哉？朱贞白之诗，貌似戏谑之作，局外人焉知其心胸焉？惜余书笥无他，仅得此数诗耳。

先生称谓考

古称具才识，年高德劭者谓"先生"。《礼记·曲礼上》："从于先生，不越路而与人言。"郑玄注："先生，老人教学者。"《孟子·告子下》："先生将何之？"朱熹《集注》："学士年长者，故谓之先生。"《论语·为政》："有酒食，先生馔。"《集注》："先生，父兄也。"贾谊《吊屈原赋》："嗟苦先生，独离此咎兮。"尊屈平为先生。杜甫《赠广文馆博士郑虔》"先生有道出羲皇，先生有才过屈宋"。

古者亦有单称一字为礼者。《汉书·梅福传》："孙叔先，非不忠也。"颜师古注云："先，犹言先生也。"《史记·苏秦列传》："甚矣，齐之为苏生报仇也。"徐广注："生，一件先。"《晋书·刘琨传》："常恐祖生先吾着鞭耳。""祖生"者，祖先生也，刘琨与祖逖善，故称之。又若杜甫思李白诗云："不见李生久，佯狂真可哀。世人皆欲杀，吾意独怜才。"韩愈《病后过王倚饮赠歌》云："李生温然为君子，有诗八百篇，传咏于时。"《送董邵南序》："董生，勉乎哉。"皆此类也。

至宋时，东坡诗文尤多此称。其《鳊鱼》诗云："临流忆孟生"，孟生者，孟浩然也。《试院煎茶》诗云："昔时李生好客手自煎。"李生者，李约也。《谢鲜于子骏》云："吴生画佛本神授"，吴生者，吴道子也。《韩

414

干马十四丞》云：“韩生画马真是马”，韩生者，韩干也。

西汉时贾谊又以先生释为“先醒”。其《新书·先醒》篇云：“怀王问于贾君曰：'人之谓知道者先生，何也？'贾君对曰：'此博号也。大者在人主，中者在卿大夫，下者在布衣之士。乃其正名，非为先生也，为先醒也。''辟犹俱醉，而独先醒也。故世主有先醒者，有后醒者，有不醒者。'”盖取其俱醉独先醒之义也。

与世推移，后世先生之称滥矣。至明清时，账房有称之，说书者有称之，观风水者有称之，旧时沪上长三堂子之妓亦以先生称之，亵渎尊辞矣。

乡试不出大学题

自南宋始，科举皆以《四书》《五经》为题，元明清三朝未之易也。然梁绍壬《两般秋雨庵随笔》卷六载：“吾浙乡试，例不出《大学》题，以其不利也，广东亦然。或有犯者，非贡院被火，则主司有祸，而尤忌圣经一章，其理有不可解者。”

夫《大学》本于《礼记》，至唐，韩退之引而书之方为人所注目也。宋两程重之，以为“孔氏之遗书，而初学入德之门也。”朱熹则谓：“天运循环，无往不复。宋德隆盛，治教休明。于是河南程氏两夫子出，而有以接乎孟氏之传。实始尊信此篇而表章之，既又为之次其简编，发其归趣，然后古者大学教人之法，圣经贤传之指，粲然复明于世。”梁氏所云圣经一章，盖谓首章云云。其“明明德、新民、止于至善”，朱熹以为“三纲”者也；“格物、致知、诚意、正心、修身、齐家、治国、平天下”，以为“八目”者也。何以有碍于贡院邪？或有某场以之为题而适逢天火乎？此事殊异，特记之以广人闻。

祥　瑞

祥瑞之说，自古有之，孔子亦有获麟之说。《宋史·李南公传》载：李譓"伪为蟾芝以献，徽宗疑曰：'蟾，动物也，安得生芝？'命渍盆水，一夕而解。坐冈上，贬散官安置。"

《清波杂志》载："政和二年，待制李譓进蟾芝，上曰：'蟾，动物也，安得生芝。闻大相国寺市中多有鬻此者，为玩物耳。譓从臣，何敢附会如此。'命以盆水渍之，一夕而解，竹钉故楮皆见。于是责譓以冈上，安置也。"《挥麈录后录》亦载："道家者流，谓蟾蜍万岁，背生芝草，出为世之嘉祥。政和初，黄冠用事，符祥翔集。李譓以待制守河南，有民以为献者，譓即以上进。祐陵大喜，布告天下。百官称贺于廷。命以金盆储水，养之殿中。浸渍数日，漆絮败溃，雁迹尽露。上怒，黜譓为单州团练副使。"

呜呼，祥瑞之说，虽上古即有，亦因上之有所好也。若上而不好，则下何以致之？祥瑞又谓嘉瑞，五灵，乃"麒麟、凤凰、龟、龙、白虎"也。《论语·子罕》曰："子曰：凤鸟不至，河不出图，吾已矣哉。"《河图》《洛书》以为表天意，禾生双穗、地涌甘泉、奇禽异兽皆谓之祥瑞也。《新唐书·百官志》载："礼部郎中员外郎掌图书，祥瑞，凡景星、庆云为大瑞，其名物六十四；白狼、赤兔为上瑞，其名物二十有八；苍鸟、赤雁为中瑞，其名物三十二；嘉禾、芝草与理为下瑞，其名物十四。"是知唐时即以祥瑞为例也。士大夫多信之，历朝正史多有所载。窃谓孔子所谓凤鸟、河图者，叹周室之衰，而世无圣君而已，故闻获麟即谓非出之时也。何谓祥瑞焉？君圣臣贤，上施仁政而下安于务，国泰而民安是为祥瑞矣，岂物之生异哉？异者，逆天而行者也，当为恶瑞，何祥之有？

象棋中车音居

象棋中车马炮之车，人皆读若居，无人疑之。《说文》曰："车，舆轮之总名。夏后时奚仲所造。象形。"《广韵》释"车"有两音，一为尺遮切，一为九鱼切，则今之两音皆存也。汉刘熙《释名·释车》："车，古者曰车，声如居，言行所以居人也。今日车声近舍，车，舍也，行者所处若居舍也。"

《战国策》冯谖歌曰"长铗归来乎，食无鱼，出无车。"则汉时车音居，鱼、车叶韵。《说苑》载淳于髡襄田之辞曰"蟹堁者宜禾，洿邪者满车，传之后世，洋洋有馀。"车与馀叶韵。是知车之音居，汉时已行，故北宋人编《广韵》两音皆存之。象棋中之车音居，习之所然耳，约定俗成，以至倘读若舍，人必笑之也。

萧何强买民田宅

《汉书·萧何传》载萧何任相国之时强买民田宅事，史家于此多有批评。盖其身为相国，富贵已足，以其智何以强买民宅田而丧民心耶？呜呼，萧何之智可及，其愚人不可及也。

《本传》载："陈豨反，上自将，至邯郸。而韩信谋反关中，吕后用何计诛信。语在《信传》。上已闻诛信，使使拜丞相为相国，益封五千户，令卒五百人一都尉为相国卫。"方其时也，何辞封勿受且悉以家私财佐军。"其秋，黥布反，上自将击之，数使使问相国何为。曰：'为上在军，拊循勉百姓，悉所有佐军，如陈豨时。'"方其时也，何则广买田宅，贱贳贷以自污。以至"上罢布军归，民道遮行，上书言相国强贱买民田宅数千人。上至，何谒。上笑曰：'今相国乃利民。'民所上书皆以与何，曰：'君自谢民。'"据《汉书》，"何买田宅必居穷辟处，为家不治垣屋。曰：'令后世贤，师吾俭；不贤，毋为势家所夺。'"

　　夫萧何真智者也。高祖既定天下，于诸功臣不能无疑，何亦不能免也。值韩信、陈豨反，高祖之疑愈强，是以自征其污，自毁清誉而自保也。此亦效之管仲、王翦辈焉。管仲相齐，故为奢华，而齐恒不疑。王翦数索赐于嬴政，秦王亦不疑其。明冯梦龙《智囊全集》载：秦伐楚，使王翦将兵六十万人，始皇自送至灞上。王翦行，请美田宅园地甚众，始皇曰："将军行矣，何忧贫乎？"王翦曰："为大王将，有功终不能封侯，故及大王之问屋，臣亦及时以请园地，为子孙业耳。"始皇大笑。王翦既至关，使使还请善田者五辈。或曰："将军之乞贷亦已甚矣。"王翦曰："不然，夫秦王恒粗而不信人，今空秦国甲士而专委于我，我不多请田宅为子孙业以自坚，顾令秦王坐而疑我耶？"

　　王翦亦智者，是以多请田宅以示无异志，萧何之强贱买民田宅，类也。强贱买民田宅之事，何虽知不可，其势不得不然矣。盖强买民田宅其罪小，不释君主之疑其祸大矣。故高祖罢兵而归，见上书告相国强买民田事者众，帝心方安也。至于以民之上书示何，其疑尽释。

　　自古帝王，共患难易而共太平难，此亦不易之理也。若夫陈平当吕氏异议之际，日饮醇酒，弄妇人；颜真卿当安禄山牙蘖之际，日与宾客泛舟饮酒，明哲而保身之术皆如此焉。

箫　杖

箫乃雅乐，携之便利，或以为杖，别具风趣。余见言箫杖者始于元明间，明曹安《谰言长语》谓：余姚徐菊坡有《箫杖》诗："凿窍霜筠入手轻，知音未遇伴闲行。刻鸠赐老声还噎，随凤升山力可凭。弄月松根因柱石，倚风花底为和笙。何当扶上云霄路，吹彻钧天合九成。"时有谢常者，书《箫杖曲》，谓乃常熟黄子久，号大痴者所携。其序云：

箫杖者，黄大痴之珍玩也。杖乃湘竹一枝，皇英泪血斑俨在，修不逾五尺，窍两节间而吹之，声清刚而奇，渊鱼皋禽，惊腾应和，非止袅袅余音而已。提之出游，以古锦囊蒙其首，人谓筇枝在握，不知为箫管也。遇佳山水处，或当风清月白之夜，启囊出弄，闻者有飘飘然仙举之意。大痴晚游华岳山，不知所终。传于松陵谷祥徐氏，余尝舣舟垂虹，徐为按旧习《洞仙歌》《水龙吟》，弄词数阕，因制曲谱之。

桂楫兰舟谁吊古，往寻美竹潇湘浦。

淋漓恨血染秋烟，千载娥皇泪痕苦。

当时得之无所施，爱同海底珊瑚枝。

金刀横截瘦蛟颈，剜作玲珑箫管吹。

骊珠上连星点七，窍窍清圆俱应律。

有时提挈坐花前，葛陂老龙眠在膝。

世人不知何如名，但见鹿斑碎点琅玕青。

掀髯一笑发孤弄，杖头忽作呜呜声。

一声昆冈山石裂，两声梅花尽飞雪。

三声群仙飞佩听，四声吹坠瑶台月。

五声银潢惊倒流，霜凋芦叶风鸣秋。

六声凤叫海日出，吴姬敛黛凝春愁。

七声八声毛发耸，露寒乳穴浮银汞。

九声连十怒涛翻，鲸鱼鼓鬣三山动。

停吹起坐问客言，此是黄痴之所传。

斯人已骑鹏翼去，老眼摩婆今几年。

我云道人休叹息，犹胜蓬莱铁仙笛。

古物存亡奚足悲，云断苍梧暮山碧。

前代诗赋多有言琴者，而赋箫者寡，谢常此曲述黄大痴痴箫且以之为杖，是故后人多有赋箫杖者矣。朱朴《箫杖》诗云：

五音刌节过眉裁，七尺连枝九窍开，

筇干固非韶乐具，紫鸾聊假化龙材。

停吹夜月歌桃竹，倦倚春风奏落梅。

年少风情衰老伴，扶持还想凤凰台。

丁敏又有《箫杖》诗云：

巇谷新裁六尺形，半含宫徵半扶行。

吹时只恐成龙去，策处常疑作凤鸣。

挂壁影冷秦女瘦，敲门音合舜韶清。

月明拄向仙坛上，同和钧天奏九成。

余诸友皆善箫，不亦可效大痴之为杖乎？

休　沐

　　古之官吏休假谓"休沐"，谓休息沐浴之日也。汉时即有此制，《汉书·霍光传》："光时休沐出，桀辄入，代光决事。"王先谦补注云："《通鉴》胡注：'汉制，中朝官五日一下里舍休沐。'"北魏杨衒之《洛阳伽蓝记·宝光寺》："京邑士子，至于良辰美日，休沐告归，徵友命朋，来游此寺。"唐代官吏为"旬休""旬假"，王勃《滕王阁序》云："十旬休假，胜友如云。"

　　访友出游必值休假之时，故古人诗词多有言及者。兹略举数例：陆游《休日登千峰榭遇大风雨气象甚伟》"今日逢休沐，凭高且暂闲"。范成大《次韵韩无咎右司上巳泛湖》"休沐良辰不待晴，径称闲客此闲行"。宋祁《休沐》"出休连日似山郎，坐有蛰毡沐有汤"。杨亿《分得朝野多欢娱》"休沐新颁诏，珍符不绝书"。刘克庄《送丁元晖知南海》"岁时亲祭海，休沐必登台"。韦应物《朝请后还邑寄诸友生》"是时当暮春，休沐集友生"。黄庭坚《送钱一杲卿》"今日逢休沐，方醲步兵酒"。白居易《和梦游春诗一百韵》"竟日坐官曹，经旬旷休沐"。苏籀《休沐日》"搔头冷枕遗簪弁，浣垢凉床洁帨帉"。籀，苏辙之孙也。

　　明代官吏无休沐之制。《明史·选举志》载："庶吉士五日一休沐。"国子监生员"惟朔望给假"，皇太子与诸王亦同。其他官员则元旦、冬至、元宵给长假。清沿明制，亦袭冬至、元旦、元宵三节长假，另逢端阳、中秋、重阳诸节，给假一日。

卷　八

海盗嗜学

梁绍壬《两般秋雨庵随笔》载："郭学显乳名郭婆带，粤洋巨盗也。虽剽掠为生，而性颇好学，舟中书籍鳞次，无一不备。船头榜二句云：'道不行，乘桴浮于海。人之患，束带立于朝。'在洋驿骚多年，官兵莫敢捕治。柏菊溪制军莅任，议主招降。郭率众投诚，予以官爵，力辞不受。于羊城买屋课其诸子，以布衣终，殆盗中之有道者欤？"郭学显广东番禺人，嘉靖间人，为盗而好读书，每于抢劫之余则专心治学。有船专贮书，多古籍珍本。

岳飞孙岳珂《桯史》亦载类事，云：有海盗郑广者"帆驶兵众，云合亡命，无不一当百，官军莫能制，自号滚海蛟。"后招安为福建府衙统领，封保义郎。自统水军，屡有功，然衙内同僚尽以为耻。广尝有《文武诗》讥之云："郑广有诗上众官，文武看来总一般。众官做官却做贼，郑广做贼却做官。"呜呼，为盗而好学，是其本为读书种子，其为盗焉知非不得已耶。

韩熙载随房乞丐

近得观友人新制佳绢《韩熙载夜宴图》，题跋有述其"敝衣履作瞽者，持独弦琴，俾舒雅执板挽之，随房求丐"语，余阅宋周密《癸辛杂识》载其事甚详，云：

"韩熙载相江南，后主即位，颇疑北人，有鸩死者。熙载惧祸，因肆情坦率，不遵礼法，破其家财，售妓乐数百人，荒淫为乐，无所不至。所受月俸，至不能给，遂敝衣破履作瞽者，持弦琴，俾门生舒雅执板挽之，随房乞丐，以足日膳。后人因画《夜宴图》以讥之，然其情亦可哀矣。"

《新五代史·南唐世家》载："煜尝以熙载尽忠，能直言，欲用为相，而熙载后房妓妾数十人，多出外舍私侍宾客，煜以此难之，左授熙载右庶子，分司南都。熙载尽斥诸妓，单车上道，煜喜留之，复其位。已而诸妓稍稍复还，煜曰：'吾无如之何矣。'是岁，熙载卒，煜叹曰：'吾终不得熙载为相也'。"

清俞正燮《癸巳类稿》亦云："熙载尝着衲衣负筐，令门生舒雅执手版，乞食诸姬院，以为笑乐。"

嗟乎，后人观《夜宴图》唯以熙载骄奢淫逸视之，是不知叔言者矣。夫熙载乃南唐名臣，烈祖时召为秘书郎。元宗嗣位，屡迁中书舍人，户部侍郎。及后主即位，尤重之，历任吏部侍郎、秘书监、兵部尚书，谥"文靖"。夫熙载高才博学，精音律，善书画，江左称以"韩夫子"，谓其"神仙中人"也。陆游谓其"熙载才气逸发，多艺能，善谈笑，为当时风流之冠，尤长于碑碣。"然当其时也，北地尽为赵氏所有，江南一隅，中原王朝虎视眈眈，国亡之日，且夕间事也。熙载知南唐之不可为也，是以耽于妓乐，声色自娱，以种种悖谬之举而掩其悲愤之情耳。盖其若为南唐相，其后则必辱及身也，无奈何而以妓乐自醉之焉。人谓其愚，余以为其愚不可及也。其耽于夜宴者，避祸也。

明张燧评熙载云："五代之末，知赵点检不可测者，韩熙载耳。众人固贸贸也。熙载以知唐之将覆，而耻为之相，故以声色晦之。尝语僧德明云：'吾为此行，正欲避国家入相之命。'僧问：'何故避之？'曰：'中原常虎视于此，一旦真主出，江南弃甲不暇，吾不能为千古笑端。'噫，卓矣。"熙载真智者矣。

汉水女神

晋王嘉《拾遗记》云："周昭王时，东瓯献二女，一名延娟，一名延娱。及昭王沦于汉水，二女同涨。江汉之人，到今思之，至暮春上巳之日，或以时鲜甘味，采兰杜包裹，以沉水中，或结五采纱囊盛食，或用金铁之器，并沉水中，以惊蛟龙水虫，使畏之不侵此食也。"

《史记·周本纪》载："昭王之时，王道微缺。昭王南巡守不返，卒于江上。"《正义》曰：昭王"南征，济于汉，船人恶之，以胶船进王，王御船至中流，胶液船解，王及祭公俱没于水中而崩。"梁萧绮曰："昭王不能弘远业，垂声教，而游荆楚，义乖巡狩，溺精灵于江汉，且级于幸由；水滨所以招问，《春秋》以为深贬。嗟二姬之殉死。楚人怜之，失其死矣。"传二姬"辩口丽辞，巧善歌笑。步尘上无迹，行日中无影"。故楚人怜之也。

《左传·僖公四年》"管仲曰：'照王南征而不复，寡人是问。'"载昭王而未及二姬。荆楚之人祭屈原之俗，盖本于此也。梁吴均《续齐谐记》云："屈原五月五日投汨罗水，楚人哀之。至此日，以竹筒子贮米，投水以祭之。汉建武中，长沙区曲忽见一士人，自云三闾大夫，谓曲曰：'常年为蛟龙所窃，当以楝叶塞其上，以采丝缠之；此二物蛟龙所惮。'曲依其言。今五月作粽，并带楝叶、五花丝，遗风也。"

汉文帝节俭

余阅《史记·孝文本纪》，深感其节俭仁德为诸帝所鲜有者矣。《本纪》云："天下旱，蝗。帝加惠：令诸侯毋入贡，弛山泽，减诸服御狗马，损郎吏员，发仓庾以振贫民，民得卖爵。"诸侯之贡固出于民，毋入贡则民减负也；废山泽之禁，则以利民也；发仓济贫，拯其饥也；富人欲爵，贫人欲钱，故听其买卖也。此般心思，全在天下苍生矣。

《本纪》又云："孝文帝从代来，即位二十三年，宫室苑囿狗马服御无所增益，有不便，辄弛以利民。尝欲作露台，召匠计之，直百金。上曰：'百金中民十家之产，吾奉先帝宫室，常恐羞之，何以台为。'上常衣绨衣，所幸慎夫人，令衣不得曳地，帏帐不得文绣，以示敦朴，为天下先。治霸陵皆以瓦器，不得以金银铜锡为饰，不治坟，欲为省，毋烦民。"呜呼，百金筑一台，焉为费哉？帝以"中民十家之产"而不忍为，盖私心全在民也。故其位二十三年，而海内殷富，兴于礼义也。

太史公赞其曰："孔子言：'必世然后仁。善人之治国百年，亦可以胜残去杀'。诚哉是言。汉兴，至孝文四十有余载，德至盛也。谦让未成于今。呜呼，岂不仁哉。"

至若汉之赖文景之治，以成武帝之大业。故后世誉武帝而必言文景也。然孝文之节俭仁德，武帝后无继之者矣。

汗 青

文天祥《过零丁洋》诗"人生自古谁无死，留取丹心照汗青"。元鲜于必仁《寨儿令》曲"汉子陵，晋陶渊明，二人到今香汗青"。皆以汗青喻史册也。宋时亦以汗青谓著作，朱熹《答严时亭书》"当时若得时亭诸友在近相助，当亦汗青有期也"。而古之所谓汗青，言书于竹也。

明姚福《青溪暇笔》云："古著书以竹，初稿书于汗青。汗青者，竹皮浮滑如汗，以其易于改抹。既正，则杀青而书于竹素。杀，削也，言去青皮而书竹白，不可改易也。"竹性坚，以韦缀之成册，故有韦编三绝之典也。

翰林偷衣

今人多以入翰林为殊荣，然前代翰林名虽荣而实清贫也。民初葛虚存《清代名人轶事》载翰林偷衣事可证。其曰："励太史自牧，以世家子官词林，落魄不羁，索逋人常满户外。一日，天气甚寒，设盛馔宴客，客皆衣紫貂海龙而来。室中多设火炉，劝酒甚挚，客皆汗出，解衣畅饮，先生潜令家人取赴质库。酒罢，始以情告，众皆无可如何。次日，各送还质券而已。"盖清代翰林俸银甚微，且无养廉银，故多窘困也。

清李慈铭日记尝记："京官贫不能自存，逢一外吏入都，皆考论年世乡谊，曲什攀援。"晚清李伯元《官场显形记》多有此等描摹。余读曾文正公家书，亦见其云："男目下光景渐窘，恰有俸银接续，冬下又望外官例寄炭资，今年尚可勉强支持。至明年则更难筹画。"时文正公方任翰林院检讨也。

然翰林清贫非独清季，宋沈括《梦溪笔谈》云："旧翰林学士，地势清切，皆不兼他务。文馆职任自校理以上皆有职钱，惟内外制不给。杨大年久为学士，家贫请外，表辞千余言，其间两联云：'虚忝甘泉之从臣，终作莫敖之馁鬼。''从者之病莫兴，方朔之饥欲死。'"是知宋时翰林亦清贫也。案，大年所谓莫敖馁鬼，语本《左传》"鬼犹求食，若敖氏之鬼不其馁而。"方朔乃谓东方朔，寒山诗有云："只取侏儒饱，不怜方朔饥。"故旧时翰林多欲求之外放也。

《冷庐杂识》载：翰林院地望清切，而每有空乏之虞。宋杨大年《请外表》有云："汉臣之饿且欲死，难免侏儒之嗤；孔徒之病不能兴，敢怀子路之愠。行作若敖之馁鬼，徒辱甘泉之从官。"近某太史口号云："先裁车马后裁人，裁到师门二两银。惟有两餐裁不得，一回典当一伤神。"艰窘之状，情见乎辞矣。

喝　道

今时戏剧影视凡遇官员出行，每有差役前行吆喝，谓之喝道，殊不知旧时喝道固有其制也。清王士禛《香祖笔记》云："京朝官三品以上，在京乘四人肩舆，舆前藤棍双引喝道。四品自金都御史以下，止乘二人肩舆，单引喝道。宋人喝道，皆云'某官来'，以便行人回避。明代阁臣入直呵殿，至闻禁中。"又云："今京官四品，如国子监祭酒、詹事府少詹、都察院金都御史，骑马则许开棍喝道，肩舆则否。"又云："予同年徐敬庵由金都御史巡抚山东，出都日，骑马开藤棍，此旧例也。凡巡抚入京，多乘二人肩舆，亦不开棍喝引。"

喝道之习唐时即行。韩退之《饮城南道边古墓上逢中丞过赠礼部卫员外少室张道士》诗云："偶上城南土骨堆，共倾春酒三五杯。为逢桃树相料理，不觉中丞喝道来。"宋杨万里亦有诗言喝道，其《晨饮黄宙铺饭后山行》诗云："山行行得软如绵，急上篮舆睡霎间。梦里只闻人喝道，不知过尽数重山。"

小说家流每于七品知县出行亦谓鸣锣开道，谬也。

金陵十二钗

自《石头记》风行，金陵十二钗之说亦为世俗熟谙，然不知雪芹之述实有所本也，此事红学家所未究者也。

南朝梁武帝《河中之水歌》云："头上金钗十二行，足下丝履五文章。"此述洛阳女莫愁也。白乐天《酬思黯戏赠》云："钟乳三千两，金钗十二行。"自注：思黯自夸前后服钟乳三千两，甚得力。而歌舞之妓颇多。清赵翼《偶得》诗之七云："金钗十二行，本非书生事。"

窃谓金钗十二行，谓女子盛妆也。前人既多有言十二者，雪芹亦循袭而然，故复有正册副册之说矣。

金章宗崇儒教

金章宗，名完颜璟，虽番人而崇儒教。修正礼乐刑政，为一代之法，政治清明，重文治，尊儒学，世称"明昌之治"。

《金史·章宗本纪》载："辛巳，诏修曲阜孔子庙学。""癸巳，尚书省奏：'言事者谓，释道之流不拜父母亲属，败坏风俗，莫此为甚。礼官言唐开元二年敕云：闻道士、女冠、僧、尼不拜二亲，是为子而忘其生，傲亲而循于末。自今以后并听拜父母，其有丧纪轻重及尊属礼数，一准常仪。'臣等以为宜依典故行之。制可。"

《本纪》又载：戊寅，上问辅臣："孔子庙诸处何如？"平章政事守贞曰："诸县见议建立。"上因曰："僧徒修饰宇像甚严，道流次之，惟儒者于孔子庙最为灭裂。"守贞曰："儒者不能长居学校，非若僧道久处寺观。"上曰："僧道以佛、老营利，故务在庄严闳侈，起人施利自多，所以为观美也。"

"丙子，诏臣庶名犯古帝王而姓复同者禁之，周公、孔子之名亦令回避。"

"夏四月癸亥，敕有司，以增修曲阜宣圣庙工毕，赐衍圣公以下三献法服及登歌乐一部，仍遣太常旧工往教孔氏子弟，以备祭礼。"

"八月己未，命兖州长官以曲阜新修庙告成于宣圣。己巳，以温敦伯英言，命礼部令学官讲经。"

赵翼《廿二史札记》卷二十八亦云："《金史》，明昌中，诏周公、孔子名俱令回避。又诏有司，如进士名有犯孔子讳者，避之，着为令。此近代避圣讳之始也。"

夫后世多以夷狄而视金人，然章宗之崇儒尊孔，唐宋诸帝不能及也。余尝游曲阜孔庙，乡人告之孔庙宏观之制，实始于元，而近代避孔子讳亦始于章宗，世人之崇儒尊孔，岂有中国夷狄之分哉？

金章宗深通汉学，工书画，尝诏天下求购书籍，库藏丰厚。王右军《快雪时晴帖》、怀素《自叙帖》、顾恺之《女史箴图》《洛神赋图》、尉迟工僧《天王像》及李思训、张萱、王维、东坡、鲁直之墨迹皆有藏，可知其酷爱中华之学也。

立储杀母

自古皇室母以子贵，子为君则母为太后，故内宫多有因立储而争斗者。惟元魏时，后宫妃嫔皆不欲己子为太子，盖魏制凡立储则必杀其母也。

《魏书·皇后列传第一》载："道武宣穆皇后刘氏，刘眷女也。登国初，纳为夫人，生华阴公主，后生太宗。后专理内事，宠待有加，以铸金人不成，故不得登后位。魏故事，后宫产子将为储贰，其母皆赐死。太祖末年，后以旧法薨。太祖即位，追尊谥号，配飨太庙。自此后宫人为帝母，皆正位配飨焉。"立储而杀其母，何其残也，而其事实始于汉武帝刘彻。初，武帝宠钩弋夫人，生子弗陵。值巫蛊之祸诛太子据，立弗陵为太子，帝忧后宫干政而赐钩弋夫人死。及昭帝即位，方追封钩弋夫人为皇太后。北魏之时，明元帝拓跋嗣生母刘贵人、献文帝拓跋弘生母李贵人、孝文帝元宏生母李夫人、废太子元恂生母林氏皆因子立为储君而赐死也。以至后宫妃嫔皆不欲己子为储矣。

所谓铸金人者，拓跋人占卜吉凶之法也。传其法乃令匠人铸铜鎏金像，令占卜之人以铜液灌之模具，以成否成型而卜其吉凶也。

呜呼，拓跋鲜卑不谙汉之教化，立子而杀其母，其鄙甚也。北魏后，其俗未之闻也。

儒学之异端

儒学义理，奠基于仲尼，承继于孟子，二千年间，虽多有损益，其义理之旨未之变也。唯西汉董仲舒，北宋程颐，别出心裁，引异端入周孔之学，贻误苍生，至今时犹未尽消也。

汉儒治经重名物训诂，而董夫子独于训诂方盛之时倡义理。其治《春秋》之学，引天人感应，阴阳家之玄虚之谈入儒学。《史记·儒林列传》载：董仲舒"以治《春秋》，孝景时为博士。……以《春秋》灾异之变推阴阳所以错行，故求雨闭诸阳，纵诸阴，其止雨反是。行之一国，未尝不得所欲。中废为中大夫，居舍，著《灾异之记》"。《春秋繁露·精华》载其言曰：

"大水者，阴灭阳也；阴灭阳者，卑胜尊也。日食亦然，皆下犯上。以贱伤贵者，逆节也。故鸣鼓而攻之，朱丝而胁之，为其不义也。"

嗟乎，周孔思孟之学所言者人事也，子不语怪力乱神焉。董仲舒以阴阳巫觋而入儒学，假儒学而行之，开东汉后图数谶纬之学，其虽谓独尊儒学，然乱儒学之义理，过莫大矣。方其时也，释教未入中土，董氏以阴阳之说附会入儒，致周孔儒学驳杂，入于玄门，贻害儒学千载，后世儒学代有言天人感应说者，董氏为始作俑者也。

北宋程颐，比之董氏尤甚。其自诩乃孔孟心传，振绝学于千载。窃以为欺世而盗名者耳。金朝李纯甫《鸣道集说》谓："伊川诸儒虽号深明性理，发明六经圣人之学，实皆窃我佛书者也。"程颐所偷者，禅宗明心见性之说也。其聚众讲学，论著之语录体皆从禅宗而来，其神其术之故事，亦仿之禅宗。"程门立雪"之故事，今为熟典，余以《景德传灯录》禅宗二祖慧可事迹比之，可证其袭也。《景德传灯录》载：

"时有僧神光者，旷达之士也，久居伊洛，博览群书，善谈玄理，每叹曰：'孔老之教，礼术风规；庄易之书，未尽妙理。近闻达摩大士往止少林，圣人不遥，当造玄境。'乃往彼晨夕参承。师常端坐面墙，莫闻诲励，光自惟曰：'昔人求道，敲骨取髓，刺血济饥，布发掩泥，投崖饲虎。古尚若此，我又何人？'其年十二月九日夜，天大雨雪，光坚立不动，迟明，积雪过膝。师悯而问曰：'汝久立雪中，当求何事？'光悲泪曰：'惟愿和尚慈悲，开甘露门，广度群品。'"

程朱之徒极言斥僧道异端，而其所为尽剿袭释家，不亦伪乎？

宋真宗喜读书

自秦始皇帝始，凡为帝者罕有喜书者，余谓宋之真宗可谓帝王中之真读书人也。《青箱杂记》卷三谓其"真宗听政之暇，唯务观书。每观毕一书，即有篇咏，使近臣赓和。"存世之作有《看尚书诗》三章、《看周礼》三章、《看毛诗》三章、《看礼记》三章。又有御制《读史记》三章、《读前汉书》三首、《读后汉书》三首、《读三国志》三首、《读晋书》三首、《读宋书》二首、《读陈书》二首、《读魏书》三首、《读五代梁史》三首、《读五代后唐史》三首、《读五代晋史》二首、《读五代汉史》二首、《读五代周史》二首，可谓好文之主也。

赵恒好文善书，作《励学篇》，今人熟知之"书中自有黄金屋，书中自有颜如玉"句，即出其中。

然不知书者亦可为帝，后唐明宗李嗣源军伍出身，不知书，每四方章奏，则令枢密使安重海读之，而重海亦不晓文义。故宰相孔循请置端明殿学士二员，班在翰林学士上。是知为帝者不必读书也。

吴越分界

吴越一词始见于春秋，乃吴、越两国之称也。时吴以姑苏为都，越以会稽为都，两国以携李，今之嘉兴桐乡为界。然吴、越之地，历来聚讼纷纷，莫衷一是。嘉庆间梁玉绳《史记志疑》考吴、越之地甚明，其云："昔人以钱塘为吴、越之界，唐释处默诗有'到法吴地尽，隔岸越山多'之句。宋陈师道亦有句云'吴越到江分'，盖为《史记·楚世家》'尽取故吴地至浙江'句所误。以《春秋》内、外传考之，吴地止于松江，非浙江也。浙江乃越地，故《国语》曰：'勾践之地，北至御儿，西至姑蔑。'"

窃谓吴越之争既久，其分界之处亦时有所变易也。阖闾伐越之前以携李为界，及夫差伐越，两国之界则推至钱塘。后勾践以韬晦之策，吴王夫差封还越人之地，吴越之界则复为携李也。秦灭六国，于吴越之地置会稽郡。东汉顺帝永建四年，以会稽析吴郡，二郡以夫差伐越时之钱塘为界。故今言吴越之界者，当以斯时之实际言，梁玉绳以为陈师道之误，乃以秦时之置考之，若以东汉后所置，焉为之误哉。

香　兽

余尝谓宋徽宗喜琴，宫中取暖之炭，命有司制为琴式而焚之，读《晋书》方知有所本也。《晋书·外戚传·羊琇》载："琇性豪侈，费用无复齐限，而屑炭和作兽形以温酒，洛下豪贵咸竞效之。"羊琇，字稚舒，乃景献皇后之从父弟，其温酒乃以炭屑匀和香料制成兽形之香饼，后世诗文遂以为典。唐孙肇《题北里妓人壁》诗："寒绣衣裳饷阿娇，新团香兽不禁烧。"后唐李煜《浣溪沙》词云："红日已高三丈透，金炉次第添香兽。"宋周邦彦《少年游》词云："锦幄初温，兽香不断，相对坐调笙。"皆本于斯也。

宋人尚奢，制香亦有效之者。宋洪刍《香谱·水浮香》云："香兽，以涂金为狻猊、麒麟、凫鸭之状，空中以烘香，使烟自口出，以为玩好。复有雕木埏土为之者。"嗟乎，香兽、琴炭之奢，皆亡国之兆也，后世当为之鉴矣。

营妓索词

张先以词名于世，晚岁居于湖杭，钟情于杭营妓胡楚，填词助其名。营妓尤靓怨之，寄诗云："天与群芳十样葩，独分颜色不堪夸。牡丹芍药人题遍，自分身如鼓子花。"子野于是赋《望江南》云：

"青楼宴，靓女荐瑶杯。一曲白云江月满，际天托练夜潮来。人物误瑶台。　醺醺酒，拂拂上双腮。媚脸已非朱淡粉，香红全胜雪笼梅。标格外尘埃。"

陈师道《后山诗话》记其事云："张子野老于杭，多为官妓作词，与胡而不及靓。靓献诗云，子野于是为作词也。"所谓鼓子花者，乡间俗花也。明俞弁《山樵野语》卷十谓"诗人以妓女无颜色者谓之鼓子花"。

子野晚岁多爱姬，故东坡有诗曰："诗人老去莺莺在，公子归来燕燕忙。"用当家故事，言唐张君瑞遇崔氏女于蒲事也，崔小名莺莺也。子野年八十尚纳妾，妾方十八。东坡戏谑之，子野云："我年八十卿十八，卿是红颜我白发。与卿颠倒本同庚，只隔中间一花甲。"东坡和之云："十八新娘八十郎，苍苍白发对红妆。鸳鸯被里成叠夜，一树梨花压海棠。"

影妻椅妾

梁绍壬《两般秋雨庵随笔》云："太学生吕荣义为上庠录投进诗，有'影妻椅妾'之语，较'梅妻鹤子'更奇。"其言太学生吕荣义不知何时人，余见光绪间李慈铭有《贺新郎》词，其下阙云："练裳苊篋都搜抵，胜相嘲、影妻椅妾，乏人料理。只念白头花烛伴，独自牵萝乡里。愧割肉，东方难寄。比似买臣差不恶，便从公、饿死宁相弃。"不知孰为本也。其语奇特，故后来亦有效之者。近人寇梦碧有诗云："世业由来与道仇，影妻椅妾自绸缪。从今打碎葳蕤锁，地老天荒不解愁。"然此语终本于和靖先生也。

应声虫

世间每有圆滑处事者，凡人言，无论是非唯诺诺应声耳，或讥其谓应声虫。余见前人书中多有载是虫者，录之以证不谬。

《隋唐嘉话》卷中载："有人患应病，问医官苏澄，澄云：'古无此方。吾选《本草》，尽天下药物，试将读之。'每发一声，腹中辄应，惟至一药，再三无声。澄因处方，以此药为主，其疾自除。"又唐张鷟《朝野金载》卷一载："洛州有士人患病，语即喉中应之。"宋洪迈《夷坚志》亦载："永州通判厅军员毛景得奇疾，每语喉中辄有物作声相应。有道人教诵《本草》药名。至蓝而默然。遂取蓝搅汁饮之。少顷，呕出肉块二寸余。人形悉具。"

宋·陈正敏《遁斋闲览·人事》："余友刘伯时，尝见淮西士人杨勔，自言中年得异疾，每发言应答，腹中辄有小声效之。数年间，其声浸大。有道士见之惊曰："此应声虫也，久不治延及妻子。宜读《本草》，遇虫所不应者，当取服之。"勔如言，读至雷丸，虫忽无声，乃顿饵数粒，遂愈。余始未以为信，其后至长汀遇一丐者，亦有是疾，环而观之者甚众。因教之使服雷丸。丐者谢曰：某贫无他技，所以能求衣食于人者，唯借此耳。"

噫，丐者以应声为衣食之资，安知世间复有多少以应声为衣食为仕进为富贵者欤？

雍正帝推行官话

官话者，古之雅言，犹今之普通话也。雅者夏也，华夏之言故谓之雅。自三代而至今，皆有雅言。

周之雅言为黄河流域以洛邑为中心之中原，夏商建都之地，故古以河洛之语为雅言正音。自周平王东迁至洛，其语为东周雅言也。孔子讲学，三千弟子来自四方，势不可以鲁语而教之，是以夫子以洛邑雅言讲学。《论语·述而》："子所雅言，《诗》《书》，执礼，皆雅言也。"

汉之雅言国语为"洛语"，谓之"正音""通语"者。至魏晋南北朝仍沿之，永嘉之乱，洛京倾覆，东晋迁都建康，洛语与中古吴语融合而成金陵雅音，亦谓之"吴音"，南朝洛袭之。

隋修《切韵》，以金陵雅音与洛阳雅音为本，南北朝官音相融而成长安官音。唐承隋制，国语谓"汉音"或"秦音"也。宋之国语亦以"正音""雅音"名之。

元时，忽必烈诏以蒙古语为国语，终不能行。

明初，朱元璋废胡语，《洪武正韵》刊行，仍以中原雅音为正音。永乐间迁都北京，南京移民近四十万，几占京都人口之半，是以建康语音为北京官话之本，至明季通行雅言即为建康语音也。

清初，南京官话仍为主流。雍正六年，雍正帝以官员有莅民之责，其语言应使人人共晓，然后可通达民情而办理无误。而闽广之人乡音难懂，谕该督抚等转饬所属，多方教导，务期语言明白，使人通晓。是年九月又命该督抚于各州县设"正音学院"，为士民学习官音之所。（《清世祖实录》卷七二《东华录》卷一三）是年，又命闽粤等地有力之家，应延请官音读书之师，教其子弟，转相授受。以八年为期，如不能官话者，生童举监暂停送试，俟通晓官话再准其应试。"正音学院"以《圣谕广训》为读本。俞正燮《癸巳存稿》载："雍正六年，奉旨以福建、广东人多不谙官话，着地方官训导，廷臣议以八年为限。"据清末探花商衍鎏云："初时甚为认真，无如地方官悉视为不急之务，日久皆就颓废。至嘉庆、道光时，福建仅存邵武郡城一所，然亦改科制，广东则更无闻矣。"（《南海县志》）

雅言官话，治国之要务也，语言之不能通晓，政务安能通达哉？闽粤之人轻雅言，是以今日亦存积弊矣。

雍正帝尊师重道

清陆以湉《冷庐杂识》记雍正帝尊师重道，谓雍正二月二月，奉上谕："帝王临雍大典，所以尊师重道，为教化之本。朕览史册所载，多称'幸学'，近日奏章仪注，相沿未改。此臣下尊君之词，朕心有所未安。今释菜伊迩，朕将亲诣行礼。以后奏章记注称'幸'非宜，应改为'诣'字。"《清史编年》亦载："先是，二月十七日，曾谕：'为尊师重道，一应章奏、记注，将皇帝幸学'改称诣学，以伸崇敬。"三月初一日，雍正帝诣太学谒先师孔子，行礼毕，满汉祭酒、司业讲《大学》《书经》。宣制曰："圣人之道，如日中天，讲究服膺，用资治理。尔师生其勉之。"

一字之易，尽显雍正尊孔之意。帝之所至曰幸，例皆如是，而曰幸者，上临下之谓也，诣者，临也，到也，平身之谓也，不曰幸而曰诣，以平身而谒，此亦雍正细心之处也。

雍正侦查臣下

雍正朝，上侦查臣工甚严，以至野史多有所谓血滴子之说。然雍正御下每有人所匪思处。赵翼《檐曝杂记》卷三载："雍正中，王云锦殿撰元日早朝后归邸舍，与数友作叶子戏。已数局矣，忽失一叶，局不成，遂罢而饮。偶一日入朝，上问以元日何事，具以实对。上嘉其无隐，出袖中一叶与之曰：'俾尔终局。'则即前所失也。当时逻察如此。云锦孙日杏语余云。"

王云锦，字海文，号柳溪。康熙四十五年状元，授翰林院修撰，掌修国史，予编纂《康熙字典》。所谓"叶子戏"者，纸牌博戏也，今之扑克牌之鼻祖。窃意柳溪乃一士人，所任亦书翰之事耳，雍正尚且侦之如此，况封疆大吏乎？赵瓯北乃乾隆朝探花，且言闻之于柳溪之孙，其事当无讹也。

呜呼，圣人云：君君，臣臣，为君者岂可以侦查之术御之臣乎？以此下术御臣便失却君君之义，叹叹。

440

优伶谲谏

优伶乐工名隶教坊，贱籍也。南唐立国三十八年，外宽内紧，偏安江南，然身处诸国胁迫之下，亦属无奈何者也。余阅宋人笔记，南唐之时士人罕有刺时讽世之作，唯优伶乐工有杨花飞、李家明者，睹朝廷衰势，假歌诗而讽谏君主，直可令士人汗颜也。

宋郑文宝《南唐近事》载：

元宗嗣位之初，春秋鼎盛，留心内宠，宴私击鞠，略无虚日。尝乘醉命乐工杨花飞奏《水调词》进酒，花飞唯歌"南朝天子好风流"一句，如是者数四。上既悟，覆杯大怿，厚赐金帛，以旌敢言。上曰："使孙陈二主得此一句，固不当有衔璧之辱也。"翌日罢诸欢宴，留心庶事，图闽吊楚，几致治平。

夫中主即位之初，中原内乱而南地乃安，故可纵情声色也。杨花飞何以歌"南朝天子好风流"数四者？盖其词乃唐末诗人李山甫《上元怀古》诗之首句，其诗云："南朝天子爱风流，尽守江山不到头。总是战争收拾得，却因歌舞破除休。尧行道德终无敌，秦把金汤可自由。试问繁华何处有？雨苔烟草石城秋。"上元乃金陵也，山甫之诗感前代君主贪恋声色而致亡国事，责之甚厉，故仅以首句歌之再四也。幸李璟亦好读书，多才艺之人，寻觉而悟之。杨花飞以一伶人而谲谏固为不易，中主闻而警惕，不以花飞身贱而轻之，南唐三主皆属文学名士，而中主闻乐伎之歌而兴图强之志，遂灭楚、闽二国，亦可圈点一二矣。

又有李家明者，中主时为乐部头。能诗，性滑稽，善俟机讽谏，为时人推崇。其尝随主中夏日行，见老牛晚卧树阴。中主曰："牛且热矣。"家明即咏绝句云："曾遭宁戚鞭敲角，又被田单火燎身。闲背夕阳嚼枯草，近来问喘更无人。"《江南野史》录此诗云："时左右宰臣皆惭，免冠谢。"盖其诗隐喻老牛之艰难如中主之操劳，而臣子无复尽责也。

及中主遭后周南讨，兵败割地，去帝号，退称国主，迁都南昌，沿江西上，见江北群山，乃问曰："好青山，数峰不知何名耶？"家明进诗云："龙舟悠扬锦帆风，雅称宸游望远空。偏恨皖公山色翠，影斜不入寿杯中。"中主见诗，叹息而罢。家明虽为乐工，亦时以言谲谏，传中主尝游后苑，登台望钟山雨云，喜曰："其势即至矣。"家明对曰："雨虽来，必不敢入城。"怪而问之，曰："惧陛下重税。"中主感悟，曰："不因卿言，朕几不之知。"乃令榷酒盐者降半而征。考之史实，五代分裂割据诸国，皆苛赋税。欧阳修撰《新五代史》亦载吴越钱氏赋税甚重，欧阳永叔先世居江南，其言当有所据也。

嗟乎，优伶歌伎贱人也，而能以歌诗谲谏，其行岂逊于士大夫哉？

有吕武之才无吕武之恶

宋章献明肃皇后刘氏，真宗赵恒皇后，名不详，或谓名刘娥者，后世民间戏曲之称也。有宋一代，首开皇太后摄政之例，然史家谓其"有吕武之才，无吕武之恶"。

仁宗即位初，年幼，章献太后听政。《宋史·范仲淹传》载："天圣七年，章献太后将以冬至受朝，天子率百官上寿。仲淹极言之，且曰：'奉亲于内，自有家人礼，顾与百官同列，南面而朝之，不可为后世法。'且上疏请皇太后还政，不报。寻通判河中府，徒陈州。"

宋王铚《默记》载章献太后事云："章献太后智聪过人。其垂帘之时，一日，泣语大臣曰：'国家多难如此，向非宰执同心协力，何以至此？今山陵了毕，皇亲外戚各以迁转推恩，惟宰执臣僚亲戚无有恩泽。卿等可尽具子孙内外亲族姓名来，当例外一一尽数推恩。'宰执不悟，于是尽具三族姓名以奏闻。明肃得之，遂各画成图，粘之寝殿壁间。每有进拟，必先观图上，非两府亲戚姓名中所有者，方除之。"

朋党之争，乱政之厉，诸朝皆有，唐之安史之乱可鉴也，故明肃摄政之始，即欲杜绝，然人事纷繁，岂可一一分明？以推恩而诱之则皆书图明白矣。此亦为防朋党之未然之举，非陷诸宰执也。然一妇人而智聪如此，亦非易事也。史家之评宜矣。至若后世说书戏剧演义明肃太后狸猫换太子事，乡野无知之见，图一热闹耳。

"有朋自远方来"辨析

《论语》开卷即曰"有朋自远方来，不亦乐乎"。俞樾《群经平议》第三十卷《论语》："《释文》曰：'有'或作'友'。""今按《说文·方部》：'方，并船也。象两舟省总头形。'故'方'即有'并'义。""友朋自远方来，犹云友朋自远方并来。曰'友'曰'朋'，明非一人，故曰并来。然则'有'之当作'友'，寻绎本文即可见矣。今学者误以'远方'二字连文，非是。"余素钦服荫甫先生之学问，然细究其说，似亦有牵强之嫌，"有"当训"友"乎？"远方"之"方"为"并"乎？证之前秦典籍，似尚存疑焉。

夫商周春秋之时，城邦国家林立，卜辞多以"某方"称之。《诗·大雅·常式》："如雷如霆，徐方震惊。""徐方既同，天子之功。四方既平，徐方来庭。"朱熹《诗集传》卷十八释曰："宣王自将伐淮北之夷，而命卿士之谓南仲为大祖兼大师而字皇父者，整治其从行之六军，修其戎事，以除淮夷之乱，而惠此南方之国。诗人作此以美之。"此谓"南方之国"即"徐方"也。《诗·大雅·荡》："内奰于中国，覃及鬼方。"《诗集传》注云："鬼方，远夷之国也。"

"方"，甲骨卜辞谓"多方"，《周易》有"高宗伐鬼方"，王国维《鬼方昆夷玁狁考》亦谓"方"即邦国。《故训汇纂》载小邦国有子方、土方、羌方、人方、唐方等，故方具"方国"之义也。"方"于商周春秋之际当以指"方国"，孔子与弟子之言语，"远方"自当训为"方国"也。窃谓夫子如指鲁国之境人，则远近来访者皆应"乐"之，岂唯乐路遥之人耶？倘他国异乡之学者，慕夫子之名而来求学、切磋，夫子自当"不亦乐乎"也。

春秋时"远方"谓"远邦"之例亦见《周礼·夏官》："怀方氏掌来远方之民，致方贡，致远物，则送逆之，达之以节。治其委积、馆舍、饮食。"即言怀方氏乃管理"远方"小邦国贡礼于周天子事也。

《论语·季氏》："丘也闻有国有家者，不患寡而患不均，不患贫而患不安。盖均无贫，和无寡，安无倾。夫如是，故远人不服，则修文德以来之。""远人"者，他国之民也，夫子以谓施行文德礼仪方能使他国之民来鲁也。《论语·子路》载："叶公问政。子曰：近者说，远者来。"《墨子·耕柱篇》："叶公子高问政于仲尼曰：善为政者若之何？仲尼对曰：善为政者，远者近之而旧者新之。"《韩非子·难三》："叶公子高问政于仲尼。仲尼曰：政在悦近而来远。子贡问曰：何也？仲尼曰：叶，都大而国小，民有背心，故曰'政在悦近而来远'。"诸子之记所谓"远"者皆他方邦国之民也。

东汉班固《汉书》卷七十《傅常郑甘陈段传》记甘延寿与陈汤上汉元帝书曰："宜悬头槀街蛮夷邸间，以示万里。明犯强汉者，虽远必诛。"此言"远"者，谓他邦民族显矣。

夫孔子施教之时，诸侯争霸，小国林立，百家争鸣，诸邦国之学人皆可

444

有其思想学术存，况其语言文字亦复各异，是以"远方"之来人，既可为志同道合之友，亦可为学术见解之异者，疑义相与析，焉能不乐哉？以《论语》观之，夫子固喜弟子发己见解，实为大包容之师，而非后世儒家再造之僵直形象也。以《论语》所记格式，皆为就一事而议之，此开篇首节似亦应为议论学而一事，而非首句言学，次句言交友，末句言修养也。

《史记·孔子世家》云："定公五年，鲁自大夫以下皆僭离于正道，故孔子不仕，退而修《诗》《书》《礼》《乐》。弟子弥众，至自远方，莫不受业焉。"后世儒家亦崇求学于远方，辨析异义，求道求知。宋之程朱理学鹅湖之会，亦孔门之流风焉。

盂兰盆会始于唐代宗

今之七月望日，佛道皆作斋醮。吕原明《岁时杂记》曰："道家以七月十五日为中元节，作斋醮之会。"盖《道经》云："中元日，大宜崇福。"释教则以其日作盂兰盆会，盖据《盂兰盆经》之目连救母故事也。而《宝氏音训》云："天竺所谓盂兰盆者，乃解倒悬之器。言目连救母饥厄，如解倒悬，故谓之盂兰盆。今人遂饰食味于盆中，亦误矣。"

考佛家之盛行盂兰盆会，实始于唐代宗，王缙为之惑也。《旧唐书·王缙传》载："缙为宰相，给中书符牒，令台山僧数十人分行郡县，聚徒讲说，以求货利。代宗七月望日于内道场造盂兰盆，饰以金翠，所费百万。又设高祖已下七圣神座，备幡节、龙伞、衣裳之制，各书尊号于幡上以识之，异出内，陈于寺观。是日，排仪仗，百僚序立于光顺门以俟之，幡花鼓舞，迎呼道路。岁以为常，而识者嗤其不典，其伤教之源始于缙也。"盖王缙弟兄皆奉佛，不茹荤血，缙晚岁尤甚。

自代宗始，民间寺院亦以七月望日盛行盂兰盆会，谓之中元斋会，百姓皆前观之。宋张君房《丽情集》载一故事，可证其时斋会之盛。其云："进士赵嘏，家于浙西，有姬纤丽，嘏甚惑之。洎预计偕，将携西上，为母氏阻而不行，且留鹤林寺。借中元斋会，居人仕女，竞游赏之。赵姬亦往，浙帅窥之，乃强致去，因为掩有。嘏知之，亦无奈何。明年登第，乃以一绝箴之曰：'寂寞堂前日又曛，阳台去作不归云。当时闻说沙吒利，今日青娥属使君。'浙帅得诗不自安，乃遣归。"所谓沙吒利者，言其强占韩翃美姬柳氏事也。

俞荫甫改《三侠五义》

清季侠义小说行，会稽周树人谓："《三侠五义》为市井细民写心"，一时间，南北间皆盛行，余幼时所痴小说即是书也。然复有《七侠五义》者，所述人物故事皆类，不知何故。又尝与人争议三侠者为何三人，每不得果。近读周树人《中国小说史略》，方解其中疑惑。其言俞樾改《三侠五义》事，尤为治文史之大家所罕有之举，故余查诸资料，以明其脉络也。

俞曲园乃晚清朴学大师，师从曾国藩，著述甚丰，然其何以注目于市井细民所喜之俗书焉？盖自光绪四年至八年，曲园大师之发妻姚夫人、长子绍莱及次女绣孙相继过世。以至"精神意兴日就阑衰，著述之事殆将辍笔矣"（俞樾《右台仙馆笔记》）。光绪九年，工部尚书潘祖荫因丁父忧归吴县居丧，以是荐《三侠五义》以供其排遣也。是书原为北方说书艺人石玉昆所著，其架构乃以包公案加之三侠五义之故事。胡适于亚东图书馆标点本《三侠五义》序谓："有因袭的部分，有创造的部分。大概写包公的部分是因袭的居多，写各位侠客义士的部分差不多全是创造的。"曲园读之，深为所感，叹曰：

及阅至终篇，见其事迹新奇，笔意酣恣，描写既细入毫芒，点染又曲中筋节。正如柳麻子说"武松打店"，初到店内无人，蓦地一吼，店中空缸空甏皆瓮瓮有声。闲中着色，精神百倍。如此笔墨，方许作平话小说；如此平话小说，方算得天地间另一种笔墨。乃叹郑庵尚书欣赏之不虚也。（《重编七侠五义序》）郑庵者，祖荫之号也。赞赏之余，朴学考据之癖复生，谓"惟其第一回叙'狸猫换太子'事，殊涉不经"，以为乃"白家老妪之谈未足入黄车使者之录"。竟以大椽之笔而改订之。曲园之改是书，首易其名，谓：

又其书每回题"侠义传卷几"，而首叶大书"三侠五义"四字，遂共呼此书为《三侠五义》。余不知所谓"三侠"者何人。书中所载南侠、北侠、丁氏双侠、小侠艾虎，则已得五侠矣。而黑妖狐智化者，小侠之师也；小诸葛沈仲元者，第一百回中盛称其"从游戏中生出侠义来"，然则此两人非侠而何？即将柳青、陆彬、鲁英等概置不数，而已得七侠矣，因改题《七侠五义》，以副其实。（《重编七侠五义序》）

是以自民国以来，坊间所刊《三侠五义》《七侠五义》两名俱存矣。既易书名，复改写首回故事。盖其感首回之文字"殊涉不经"，故"因为别撰第一回，援据史传，订正俗说；改头换面，耳目一新"（《重编七侠五义序》）。夫曲园治学，尤留心宋史及笔记野史中包公之事迹，多有考证文字。书中所谓"八大王"之事，余查诸《茶香室丛钞》卷二，"八大王"条云：

宋王闢之《渑水燕谈录》云：庆历中，皇叔燕王元俨薨，仁宗追悼尤深，诏有司择立号之尤尊美者，乃特赠天策大将军。王性严毅，威望著于天下，士民识与不识，呼之曰"八大王"，犬戎尤惮之。按今小说中说宋仁宗时事，有所谓八大王者，当时乃真有此称也。

宋沈淑《谐史》云：富郑公《上河北守御十二策》曰：燕王威望著于北

虏，燕蓟小儿每遇夜啼，其家必惊之曰："八大王来也。"每牵马牛渡河，必曰："莫大王在海里。"其畏之如此。

曲园改其书关乎包公事迹，几皆可寻之于其《茶香室丛钞》。卷三"包顺"条云：

宋王巩《甲申杂记》云："西羌于龙呵既归朝，至阙下引见，谓押伴使曰：'平生闻包中丞朝廷忠臣，某既归汉，乞赐姓包。'神宗遂如其请，名顺。其后熙河极罄忠力。按包公在当日已名动蛮貊如此，今小说家喜演说包公事，而不知有此。"

卷四"包孝肃公子妇崔氏"云：

宋韩元吉《南涧甲乙集·庐州重建包马二公祠堂记》云：宋有直臣曰包孝肃公，庐之合肥人也。其乡人至今祠公于节妇台下。节妇者，亦公之子妇崔也。始公之子诞通判潭州而卒，崔守志以事舅姑，公哀伤之甚，以为无子。崔则告曰："公有幼子，尚可弃乎？"公骇而问所以，崔曰："公曩所黜媵妾，生子于父母家，貌甚类公，能诵诗书，今七岁矣。"公喜，顾其夫人取之以归，拊之曰："汝非崔氏不得为吾子也。"及公没，他日，崔氏一子亦死，其母自荆州来，欲夺而嫁之，誓而弗许。既乡人上其事，朝廷为赐封邑，旌表其门。故公之旧宅毁于兵火，而表台岿然独在，号为节妇台。按孝肃之名，妇竖皆知，而节妇姓氏知者鲜矣，宜表出之。

三钞二十三有"张清风"条云：

明郑仲夔《耳新》云：周季侯令仁和，有神君之称。尝出行，忽怪风起，吹所张盖，卷落纱帽翅。执盖人请罪曰："小人因张清风，遂至冒触。"周沉思良久，属能干捕差二人，令往拘张清风。两人商曰："捕风捉影，安有此理？"乃相与登酒楼，楼上有谈某疾笃，诸医无效，一人曰："若请张青峰去，必有生理。"二差因问张青峰状，潜往其家，值张远出，拘其妻至县。周讯之，妇曰："渠本非吾夫。吾夫病，请渠调治，渠见妾姿容，投毒致夫死，复谋娶妾。一日渠酒后自吐真情，妾即欲寻死，因念无

448

人伸冤，偷生至此。今遇天台，冤伸有日。但渠为某氏延去，须就其处拘之。"周命前差往拘，至，一讯果服。按今小说家演包孝肃事，有捕落帽风一事，不知其本此也。

四钞卷二十有"包孝肃为东岳速报司"条云：

国朝吴翌凤《逊志堂杂钞》云：世传包孝肃为阎罗王。尝阅元遗山《续夷坚志》云：包希文以正直为东岳速报司，则当时已有此语。

嗟乎，朴学大师而改写通俗小说整一回，诚前无古人，不亦街谈巷议之小说之幸乎？曲园之举固乃一时之兴起，然其终不能脱学究之本。若其易颜查散名为颜眘敏，以为"以'查散'二字为名，殊不可解。……余疑'查散'二字乃'眘敏'之讹。眘，为古文'慎'字，以'眘敏'为名，取慎言敏行之义"（《重编七侠五义序》）。经学家涉俗文学，憨态可捧焉。是故周树人谓其"既爱臆造之谈，又不忘考据之习"（《小说史大略》）。

籍曲园之盛名，《七侠五义》一时易《三侠五义》而风行南北，书坊所刊皆《七侠五义》，一时间，北人亦鲜有知《三侠五义》者也。然民国间尚有《三侠五义》刊行，则赖曲园之曾孙，俞平伯先生之为之标点整理者也。平伯先生亦一时学人，其之致力于《二侠五义》者，欲效其曾祖乎？

虞世南博学

初唐时，虞世南为翰林学士，甚得太宗意。后世皆以世南为书家，殊知其岂一书家耶？夫世南生性沉静，执着好学，容貌怯弱而性情刚烈，每于太宗前直谏。《唐语林》载："太宗将致樱桃于郧公，称'奉'则似尊，言'赐'以似卑。乃问之虞监。监曰：'昔梁帝遗齐巴陵王称《饷》。'遂从之。"郧公为隋炀帝之后，太宗尊之卑之皆未妥，饷乃无尊卑之辞，伯施可谓博学矣。

《隋唐嘉话》卷中载："太宗尝出行，有司请载副书以从。上曰：'不须。虞世南在，此行秘书也。'"是太宗赏世南之才也。《嘉话》又载："太宗称虞监博闻、德行、书翰、词藻、忠直，一人而已，兼是五善。太宗闻虞监亡，哭之恸，曰：'石渠、东观之中，无复人矣。'"

虞世南诚善书，人誉为初唐四杰，而其博学为其本也。非博学未可成其书，非忠正未能成其名，因以一艺而传于世者，非其艺也，赖以博学忠正焉。忠正为本，博学为源，然后学艺斯可以成矣。余感于今之书家，或孜孜以墨池而舍读书之源，或弃忠正之本，岂可以一艺而传世哉？宋初苏黄米蔡四书家，后世皆以其蔡为襄而非京者，鄙京之无忠正也。以书而观之，京之书诚善也，而后世鄙之，弃其人则轻其书，学书者当慎之矣。

舆棺卫孟

洪武初，朱元璋虽仍礼敬儒教，而时有诋毁。《明史》载：上读《孟子》至"君视臣如草芥，臣视君如寇仇。""民为贵，社稷次之，君为轻"，曰："非臣子所宜言"，"使此老在日宁得免耶"。洪武帝尝亲予删《孟子》八十五处，诏科举试题不得以删文命之。明黄瑜《双槐岁钞》记钱唐尊孔卫孟事可佐证之也。

《岁钞》云："国初，象山钱惟民唐者，貌魁梧，善饮啖，居常以豪杰自负。元末天下大乱，隐居，年将六十。见国朝一统，乃诣京师，敷陈王道，献长诗一章，称旨，即拜刑部尚书。洪武二年己酉，诏：'孔子，惟国学春秋释奠，天下不必通祀。'唐上疏言：'孔子百王宗师，先儒谓仲尼以万世为土，宜令天下通祀。报本之礼，不可废也。'上从其议。上尝览《孟子》至土芥寇仇之说，大不然之，谓非臣子所宜言，议欲去其配享，诏有谏者以不敬论，且令金吾射之。唐抗疏入谏，舆榇自随，袒胸受箭，曰：'臣得为孟轲死，死有余荣。'上见其剀切出于至诚，命太医院疗其箭疮，而孟子配飨得不废。"

嗟乎，钱惟明舆榇而谏，其气壮矣，清季左文襄公光绪六年抬棺出征，收复伊犁，二人为明清气节轩辕之人也。

《岁钞》又书二事，可证钱惟民之强项。书云："一日召讲《虞书》，陛立而讲。或纠唐草野不知君臣礼，唐正色曰：'以古圣王之言陈于陛下，不跪不为倨。'尝谏宫中不宜揭武后图，忤旨，待罪午门外终日。上悟，赐饭，即命撤图。"惟民敢谏而洪武善纳，终为后世留一段佳话也。

御史不食鹅

明代人以食鹅为重。《事林广记》载："客有赴豪贵之席者，及饭至，食之珍美，不知何米。询之，则曰鹅足筋细锉为之。以鹅筋入饭，所费鹅不知几何。"明朱国桢《涌幢小品》载："食品以鹅为重，故祖制，御史不许食鹅。"隆庆三年，海瑞除都察院右金都御史，巡抚应天十府，驻苏州。明喻地方"本院别处下程，止鸡、肉、鱼、小瓶酒等件，不用鹅。"清谈迁《枣林杂俎》载："巡按向独身赴任。祖制'行李八十斤，出不马，食不鹅'。"

嗟乎，官员之廉洁，以食为首要，御史负责尤重，故朝廷禁其食鹅也。明王世祯《觚不觚录》云："先君以御史请告里居，巡按来相访，则留饭，荤素不过十器，或少益以糖蜜果饵海味之属。进子鹅必去其首尾，而以鸡首尾盖之，曰御史无食鹅例也。"

清俞正燮《癸巳存稿》曰："今《大清会典》，光禄寺一等汉席，二十三碗，有鹅鸡鸭；二等二十碗，有鸡鸭；三等十五碗，有鸡。然则十簋不用鹅鸭。"明制，七品公宴不用上等馔，则亦无鹅也。

朝廷之制固明，而民间则以鹅为重。《金瓶梅》中西门庆娶李瓶儿为妾，宴间首道菜肴即烧鹅也。官员饮食有定制，始于明代也。

御　押

近世公文有所谓"圈阅"者，乃于其名下画一圆圈耳。余观夫前人所记，则宋时帝王已有此举也。

宋周密《癸辛杂识别集下》载有宋十五朝御押，自太祖而至度宗。真宗、神宗、光宗三帝为圆圈，度宗则于圆圈下加一横，他帝所画则似道士之符，皆不可识。

清梁章钜《归田琐记》卷三载："浦城周仪轩运同家藏旧画，卷首有宣和瘦金书'唐李昭道海天旭日图'九字一条，下有御押。"

元陶宗仪《南村辍耕录》"刻名印"条曰："今蒙古色目人之为官者多不能执笔花押，例以象牙或木刻而印之。宰辅及近侍官至一品者，得旨，则用玉图书押字，非特赐不敢用。按周广顺二年，平章李毂以病臂辞位，诏令刻名印用。据此，则押字用印之始也。"

余尝见影印之明崇祯帝御押，乃为草书，一气呵成，文字笔画盘曲叠压，怪异无端，几不可识，或云其文乃"国之由检"四字。今有喜异者，凡签署名字作龙飞凤舞状，人不可辨，而自诩之，殊为可笑。

御座蔽卓影

古时帝王出行每有障扇护之，障扇又称掌扇、宫扇，以雉或孔雀之羽制，谓"雉羽宫扇"。杜甫《秋兴》其五云："云移雉尾开宫扇，日绕龙鳞识圣颜。"初，宫扇乃为遮沙蔽日之用，名"翣"，后为仪仗之器也。《万历野获编》卷二载御座之后所擎扇名"卓影"，未之闻也。其云："今主上御门尝黼扆之后，内臣执一有柄之物，若擎扇然，用黄帕裹之，自上升座拥蔽于后，降座则撤去，从来不曾展开。或疑为雉尾之属，终莫知其真。后闻其名曰卓影，乃先朝外夷所贡瑞物，最能被除不祥，以故临朝辄举以卫御座，未知果否。"

元初百官无俸禄

元初无奉禄之制，世祖时方定官俸。《元史·食货志》载："禄秩之制，凡朝廷职官，中统元年定之；六部官，二年定之；随路州县官，是年十月定之。至元六年，又分上中下县，为三等。提刑按察司官吏，六年定之。"

据赵翼《廿二史札记》载，姚枢疏奏当班爵禄，则赃秽塞而公道开。又有宋子贞亦疏请给俸禄，定职田。《元史·陈祐传》云："中统元年，真除祐为总管。时州县官以未给俸，多贪暴，祐独以清慎见称。在官八年，如始至之日。"后诸路大小各官有俸者量增，无俸者特给。于是各官皆有俸入及职田之收。

蒙古游牧之人，其以弓马之强而取天下，故其治皆赖汉人也。置官而给俸，自古使然，忽必烈初时尚未行之，官吏之暴贪而取之于百姓者，势所必然矣。

元代汉人改蒙古名

金代贵族族人慕汉之文化，多有易其名为汉名者，而元时则汉人多有自改其名为蒙古名者，习尚如此，叹叹。

据《元史》载，汉人多有作蒙古名者。贾塔尔珲本冀州人，张巴图本平昌人，刘哈喇布哈本江西人。盖元初固有赐名之例，张荣以造舟济师，元太祖赐名兀速赤，世祖之时赐名尤多也。汉人而自改为蒙古之姓氏，其举尤可鄙，姓者祖宗之血缘所续也，名者，父母之赐也，易己之姓氏，则弃祖宗父母也。弃祖宗父母，禽兽也。

夫元时，凡官吏之任，"其长则蒙古人为之，而汉人、南人贰焉"。其中书省、枢密院、御史台之长"非蒙古人不授"。纵观有元一代，任中书省右、左丞相之职者唯史天泽、贺惟而已。至于路、州、县之"达鲁花赤"，唯蒙古、色目人方可任之。汉人之欲谋仕途之进，则自改姓名，以图混迹于蒙古人中，利令智昏如此，可谓汉族之奸人矣。汉奸之名，今人多熟谙，其始抑或以元始乎？

元代皇后尊孔子

夫自汉武尊儒之后，虽王朝更迭，而尊孔重儒之风未易，即异族入主中原亦复如是。《南村辍耕录》卷二"后德"条载：

"今上皇太子之正位东宫也，设谕德，置端木堂，以处太子讲读。忽一日，帝师来启太子母后曰：'向者太子学佛法，顿觉开悟，今乃受孔子之教，恐损太子真性。'母后曰：'我虽居于深宫，不知道德。尝闻自古及今，治天下者须用孔子之道，舍此它求，即为异端。佛法虽好，乃余事耳，不可以治天下。安可使太子不读书？'帝师赧服而退。"

夫谕德者，掌皇太子之教谕道德之职，秩正四品下，设谕德盖以孔子儒教教之也。元人本游牧之族，自入中原则亦知非孔教无以治天下之理，后一妇人耳，竟亦深晓其理，当耳濡日及矣。

元代农村设乡

明叶子奇，处州龙泉人，著《草木子》四卷。余阅其《谈薮篇》云："宋亡，丽水浮云乡有柳机察者为寇，欲逼柳味道同起攻掠。味道誓不为非义用，寇怒缢之于松而胁之，柳味道占一诗云：'国破家亦破，年穷命亦穷。浮云诸逆贼，送我上青松。'竟死于松下。"

余寻之处州旧志，清道光二十六年刊《丽水县志》卷二"疆域"云："丽邑之境析而为缙云为青田矣，然所析者为何乡何里，未由深考也。明景泰中，复割浮云乡及元和之半置云和；割宣慈、应和二乡及懿德之半置宣平。"乃知子奇所言浮云乡乃今云和县之境也。

乡之建制实始于元。元时，县之下行坊里制与村社制。坊里制即于县城之内分若干片，名之曰"隅"，若东西隅、西南隅、东北隅、西上隅者。隅下设坊，置坊官、坊司。坊下设里或社，置里正、社长；若设巷则置巷长。村社之制则于县下设乡，置乡长；或设里正而不设乡长。乡之下设都，置主首。主道之额为：上等都四名，中等都三名，下等都二名，均视其户数多寡而定。清季丽水即设三十四都。都之下则设村社。社之户数率以五十家为准，户数超五十家，徒增至百家则添设一社长。未满五十家者，则与邻近之村并为一社。凡地远人稀之处，难以相并者，则虽未满五十家亦准其立一社。亦允三、五村合为一社，其社长由适中之村择人而任。社长之责在劝督所属之民"务勤农业，不致坠废"也。农村乡之制今犹存，而都虽废，今之乡间地名尚多有以某都名之者。

元代选秀女

宫廷选秀女，古已有之。《后汉书·皇后纪序》云："汉法，常因八月算人，遣中大夫与掖廷丞及相工，于洛阳乡中阅视良家童女，年十三以上二十以下，姿色端丽合相法者，载入后宫，择视可否，乃用登御。"晋武帝时，亦多从民间选取秀女。《晋书·后妃传》载："胡贵嫔，名芳。泰始九年，帝多简良家子女以充内职，自择其美者以绛纱系臂。而芳既入选，下殿号泣。左右止之曰；'陛下闻声。'芳曰：'死且不畏，何畏陛下。'"故凡遇选期，名家盛族之女，多败衣瘁貌以避选。

元朝帝本蒙古漠北之人，亦欲汉帝之制，《元史·耶律楚材传》载："时侍臣脱欢奏简天下室女，诏下，楚材尼之不行，帝怒。楚材进曰：'向择美女二十有八人，足备使令。今复选拔，臣恐扰民，欲复奏耳。'帝良久曰：'可罢之。'"元世祖时亦行选秀女于民间，耶律铸奏云：有司以采室女乘时害民，请令大郡岁取三人，小郡二人，择其可者，厚赐其父母，否则遣还。从之。《南村辍耕录》亦记其事。

明清之际，选秀女例为制，至清亡方绝其事。

元代以曲取士

有元一代，科举时兴时兴。《元史·选举志》云："元初，太宗始得中原，辄用耶律楚材言，以科举选士。世祖既定天下，王鹗献计，许衡立法，事未果行。至仁宗延祐间，始斟酌旧制而行之，取士以德行为本，试艺以经术为先，士衮然举首应上所求者，皆彬彬辈出矣。"然以为元代取士试之以曲之说亦有之。

明万历间臧懋循《元曲选序》云："元以曲取士，设十有二科，而关汉卿争挟长技自见，至躬践排场，面傅粉墨，以为吾家生活倡优而不辞者，或西晋竹林诸贤托杯酒自放之意。"又云："不然，元何必以十二科限天下士，而天下士亦何必各占一科以应之？"又云："元取士有填词科。若今括帖然，取给风瞻寸晷之下，故一时名士，虽马致远，乔梦符辈，至第四折往往强弩之末矣。或又谓主司所定题目外，止曲名及韵耳，其宾白则演剧时伶人自为之，故多鄙俚蹈袭之语。"

沈德符《万历野获编》云："元人未灭南宋时，以此取士之优劣。每出一题，任人填曲。元曲有一题而传至四五本者，予皆见之。总只四折，盖才情有限，北调又无多。且登场虽数人，而唱曲只一人，作者与扮者力限俱尽现矣。"清四库馆臣毛奇龄《王叔卢拟两元剧序》云："予思曲仿于金而盛于元，本一代文章，至足嬗世。而明初作元史者，竟灭没其迹，并不载及，只以仁宗皇帝改造八比，为元代取士之法，以为崇经义而斥词章，可以维世，而不知记事失实，已非信史。"姚燮《今乐乐证》引梁兆壬之语云："相传元人以词曲取士，而考《选举志》及《典章》皆无之，或另得一门？如今考天文、算学、一律特以备梨园供奉耳。惟试录中一条云：'军、民、僧、尼、道、官、儒、回回、医、匠、阴阳、算、门、厨、典、雇、未完等户愿试者，以本户籍贯赴试。'僧道应试，已属可笑，尼亦应试，更怪诞矣。"

而《四库全书总目提要》以为《万历野获编》"其论元人未灭南宋以前，以杂剧试士，核以《元史·选举志》，绝无影响，乃委巷之鄙谈。"近人王国维亦以为"《野获编》及臧懋循《元曲选序》均谓蒙古时代，曾以词曲取士，其说固诞妄不足道。"呜呼，明人之言元时之事亦如此迷离，可知治史之不易矣。

余见《录鬼簿》贾仲明补挽词云："万花丛中马神仙，百世集中说致远，四方海内皆钦羡。战文场，曲状元，姓名香贯满梨园。"马致远之状元，世人皆许之，何须科场之试焉。元时有谚云："孔子孟子不如马鞭子。"儒学无能，是以杂剧兴焉。

愿为船山妇

清张问陶，字仲冶，号船山，康熙、雍正朝名臣，善诗词，名动宇内，一时士子皆慕之，《两般秋雨庵随笔》载，有士子而欲为船山妻者，虽属雅谑，亦可知姜斋名之盛也。《随笔》云："船山先生诗才超妙，性格风流，四海骚人，靡不倾仰。秀水金筠泉孝继，忽告其所亲，愿化作绝代丽姝，为船山执箕帚。又无锡马云题，赐诗云："我愿来生作君妇，只愁清不到梅花。"以船山夫人有"修到人间才子妇，不辞清瘦似梅花"之句也。其倾倒之心，爱才而兼钟情，可谓至矣。"

夫船山妻姓林名佩环，字韵征，蜀中才女也。韵征工诗善画，夫之尝叹曰："一编尽有诗情味，夫婿才华恐不如。"袁子才《随园诗话》亦载其事，云："余闻而神往，亦戏调之曰：'夫妻喻友从苏李，贤者怜才每过情。但学房星兼二体，心期何必待来生。'"船山闻筠泉、马云题语，赋诗二律以为谢，诗云："飞来绮语太缠绵，不独青娥爱少年。人尽愿为夫子妾，天教多结再生缘。累他名士皆求死，引我痴情欲放颠。为告山妻须料理，典衣早蓄买花钱。"又云："名流争现女郎身，一笑残冬四座春。击壁此时无妒妇，倾城他日尽诗人。只愁隔世红裙小，未免先生白发新。宋玉年来伤积毁，登墙何事苦窥臣。"

马诗所言盖佩环尝有诗云："爱君笔底有烟霞，自拔金钗付酒家。修到人间才子妇，不许清瘦似梅花。"夫之亦在和诗云："妻梅许我癖烟霞，仿佛孤山处士家。画意诗情两清绝，夜窗同梦笔生花。"

呜呼，船山伉俪诚为世上士子所羡，二士子欲为其妻，其情之诚，古今未之闻也。

越王勾践拒孔子

《吴越春秋》载："越王既已诛忠臣，霸于关东，徙都琅邪，起观台，周七里，以望东海。""孔子闻之，从弟子奉先王雅琴礼乐奏于越。越王乃被唐夷之甲，带步光之剑，杖屈卢之矛，出死士，以三百人为阵关下。孔子有顷到，越王曰：'唯唯，夫子何以教之？'孔子曰：'丘能述五帝三王之道，故奏雅琴，以献之大王。'越王喟然叹曰：'越性脆而愚，水行山处，以船为车，以楫为马，往若飘然，去则难从，悦兵敢死，越之常也。夫子何说而欲教之？'孔子不答，因辞而去。"按此说则孔子亦曾亲见勾践矣。然越灭吴，勾践徙琅邪，起观台当为周元王仁四年己巳，孔子则已逝七年矣。《吴越春秋》所记谬也。

吴越之地，方为蛮野，勾践虽列五霸，其习亦未为化，故书孔子奉先王雅琴礼乐奏于越。然以勾践之性岂雅琴可化之者哉？太史公谓其"范蠡遂去，自齐遗大夫种书曰：'飞鸟尽，良弓藏；狡兔死，走狗烹。越王为人长颈鸟喙，可以共患难，不可与共享乐。'"是知勾践非礼乐可化之者也。

宰相女嫁山谷衰老

自古婚姻嫁娶，皆论门户相当，北宋故相李守兖则以才气以女妻孙明复，明复一学者，且年已衰矣。

《渑水燕谈录》卷二载：孙明复先生退居太山之阳，枯槁憔悴，鬓发皓白，著《春秋尊王发微》十五篇，为《春秋》学者，未有过之者也。故相李文定公守兖，就见之，叹曰："先生年五十，一室独居，谁事左右？不幸风雨饮食生疾奈何。吾弟之女甚贤，可以奉先生箕帚。"先生固辞。文定公曰："吾女不妻先生，不过为一官人妻，先生德高天下，幸婿李氏，荣贵莫大于此。"先生曰："宰相女不以妻公侯贵戚，而固以嫁山谷衰老、藜藿不充之人，相国之贤，古无有也，予不可不成相国之贤。"遂妻之。其女亦甘淡薄，事先生以尽妇道，当时士大夫莫不贤之。

孙复，字明复，仁宗天圣五年，范仲淹守丧居南京应天府，掌府学。明复谒，助之谋学职，授以《春秋》。明复居泰山八年，撰《易说》六十四篇，《春秋尊王发微》十二卷，声名显于世，人称"泰山先生"。程颐《回礼部取向状》记云："孙殿丞复说《春秋》，初讲旬日间，来者莫知其数。堂上不客，然后谢之，立听户外者甚众。当时《春秋》之学为之一盛，至今数十年传为美事。"

嗟乎，明复居泰山，虽以文名显于世，终为一山谷衰老也，与宰相门庭岂能敌焉？李文定不以门户，重乎其才，其择婿亦异于世人也。后李氏得子名佑邦，范仲淹以女妻之，为世人羡矣。今亦有闻慕人之贤而不避年衰妻之者事，而世俗皆诟之甚，是无李守充识人之度也。

张公百忍

余尝见一楹联云："效张公多书忍字，法司马广积阴德。"张公者谓汉张良也，司马者谓宋司马光也。明清坊间有刻本《张公百忍全书》，尽言处世当忍之事。张子房之忍言其博浪刺嬴政未遂，遁于邳下，为老者数拾履而得《太公兵法》事，司马君实之积阴德乃其尝云"积金以遗子孙，子孙未必能尽守；积书以遗子孙，子孙未必能尽读；不如积阴德于冥冥之中，以为子孙无穷之计也。"

明唐寅在乙《百忍歌》云："百忍歌，百忍歌，人生不忍将奈何？我今与汝歌百忍，汝拍手笑呵呵。朝也忍，暮也忍；耻也忍，辱也忍；苦也忍，痛也忍；饥也忍，寒也忍；欺也忍，怒也忍；是也忍，非也忍，方寸之间当自省。道人何处未归来，痴云隔断须弥顶。"近时亦多有书忍字悬于壁间者，其不知书忍安者乃唐玄宗间光禄卿王守和也。《开元天宝遗事》卷下载："光禄卿王守和，未尝与人有争，尝于案几间大书'忍'字，至于帏幌之属，以绣画为之。明皇知其姓字，非时引对，问曰：'卿名守和，已知不争，好书'忍'字，尤见用心。'奏曰：'臣闻坚而必断，刚则必折，万事之中，'忍'字为上。'帝曰：'善。'赐帛以旌之。"后世书忍字以为铭者，本于此也。

张戒毁《长恨歌》

白乐天书《长恨歌》而天下皆传诵，可谓一诗成名，而名成毁至，后世多有讥诮之者。宋张戒《岁寒堂诗话》讥嘲尤甚，云："汉皇重色思倾国，御宇多年求不得。"后批云："渔阳鼙鼓动地来，惊破《霓裳羽衣曲》。"又云："君王掩面救不得，回看血泪相和流。"此固无礼之甚。"侍儿扶起娇无力，始是新承恩泽时。"殆可掩耳也。"遂令天下父母心，不重生男重生女。"此等语，乃乐天自以为得意处，然而亦浅陋甚。"夕殿萤飞思悄然，孤灯挑尽未成眠。"此尤可笑，南内虽凄凉，何至挑孤灯耶？

《野客丛书》卷五"二公言宫殿"条云："诗人讽咏，自有主意，观者不可泥其区区之词。《闻见录》曰：乐天《长恨歌》'夕殿萤飞思悄然，孤灯挑尽未成眠'，岂有兴庆宫中夜不点烛，明皇自挑之理？"

南宋周紫芝《竹坡诗话》曰："白乐天《长恨歌》云：'玉容寂寞泪阑干，梨花一枝春带雨。'人皆喜其工，而不知其气韵之近俗也。东坡作送人小词云：'故将别语调佳人，要看梨花枝上雨。'虽用乐天语，而别有一种风味，非点铁成黄金手，不能为此也。"

张戒，字定复，宣和六年进士，尝为殿中侍御史，司农少卿。其不喜乐天诗，以为"情意失于太详，景物失于太露，遂成浅近，略无余蕴。"岂不知乐天之诗固求村妇能晓者，张定复岂知诗者焉？其讥评诗家凡唐之元、白，至宋之苏、黄，无不诟之，谓苏、黄之诗滥用旧典，补缀奇字，以议论为诗，以为"自汉魏以来，诗妙于子建，成于李、杜，而坏于苏、黄。"狂妄如此，亦为后世讥嘲矣。

清赵翼《瓯北诗话》评《长恨歌》可谓中肯之语，其云："古来诗人，及身得名，未有如是之速且广者。盖其得名，在《长恨歌》一篇。其事本易传，以易传之事为绝妙之词，有声有情，可歌可泣，文人学士既叹为不可及，妇人女子亦喜闻而乐诵之。是以不胫而走，传遍天下。又有《琵琶行》一首助之。此即全无集，而二诗已自不朽，况又有三千八百四十首之工且多哉。"

张天师称号

张道陵，字辅汉，原名陵，东汉丰县人。陵创五斗米教，尊老子为道祖，奉《老子五千文》为至尊之典，亲撰《老子想尔注》，以道与老子并论，谓"道即一，一散为气，聚形为太上老君"。后世徒众尊其为天师。

夫天师之称，始见于《庄子·徐无鬼》，"黄帝再拜稽首，称天师而退"。其所谓天师者，合乎天道之师，特一敬辞耳，非以为号也。后汉张陵始以五斗道诳惑汉沔间，其孙鲁据有汉中，魏武授以侯爵，后之习其教者，妄称陵为天师。李唐时强牵老子为己祖，故尊张陵。玄宗天宝七年，因老子之故册赠张陵为"太师"。禧宗中和四年封"三天扶教大法师"。徽宗大观二年册赠"正一靖应真君"。理宗加封"三天扶教辅元大法师"。

《水经注·沔水篇》注云："潇水又南迳张鲁治东，水西出，上有张天师堂，于今民事之。"自晋南渡后，士大夫多有奉五斗米道者，或谓之天师道，由是妖妄之称始登正史焉。

长颈鹿为麒麟

麒麟乃古之祥瑞神兽，《礼记》谓其与凤、龟、龙并称"四灵兽"。然文献所记，其形历代皆异。春秋至西汉，谓其雄者为"麒"，雌者为"麟"。《说文》云："麒麟，仁兽也，麋身、牛尾、一角。"东汉后，释教入，释教崇狮，故谓麒麟之形乃狮头、鹿角、虎眼、麋身、龙鳞、牛尾也。

麒麟既为瑞兽，传其异事者亦必众也。晋王嘉《拾遗记》载：孔子诞初，有麟吐玉书于阙里。其文曰"水精之子，继衰周而为素王"。颜氏异之，以绣绂系麟之角，信宿而去。《春秋·哀公十四年》载"西狩获麟"事。杜预注云："麟者仁兽，圣王之嘉瑞也。时无明主出而遇获，仲尼伤周道之不兴，感嘉瑞之无应，故因《鲁春秋》而修中兴之教，绝笔于'获麟'之一句。所感而作，因以为终也。"《史记·太史公自序》云："自获麟以来四百余年，而诸侯相兼，史记放绝。"以获麟谓春秋之末世也。《汉书·武帝纪》载："往者（太始二年）朕郊在上帝，西登陇首，获白麟以馈宗庙。"清黄宗羲尝书《麒麟赋》，言麒麟者数十，然终不明其为何形何物也。

明永乐十二年，成祖得榜葛剌（今孟加拉国）所贡"麒麟"，其形则似长颈之鹿。明谢肇淛《五杂俎》卷九载："永乐中曾获麟，命工图画，传赐大臣。余尝于一故家得见之，其身全似鹿，但颈甚长，可三四尺耳，所谓麋身牛尾马蹄者近之，与今俗所画迥不类也。"呜呼，所谓麒麟者，实乃长逊之鹿也。窃谓朱棣岂不识其为鹿哉，盖斯时成祖方亲征漠北蒙古凯旋，适值贡麟，圣王之治，瑞兽显世，焉不乐之欤？是以成祖命图"麒麟"，且命翰林大臣沈度赋《瑞应麒麟颂并序》，其述曰：“西南之诹，大海之浒，实生麒麟，身高五丈，麋身马蹄，肉角觩觩，文采焜耀，红云紫雾，趾不践物，游必择土，舒舒徐徐，动循矩度，聆其和鸣，音协钟吕，仁哉兹兽，旷古一遇，照其神灵，登于天府。”

永乐十三年，郑和四下西洋入波斯湾，过阿拉伯半岛，至非洲肯尼亚之麻林国，归而进麻林国所献“麒麟”神兽。其随行译官马欢于其所著《瀛涯胜览》述麒麟云：“麒麟前两足高九尺馀，后两足约高六尺，长颈，抬头颈高丈六尺，首昂后低，人莫能骑。头生二短肉角，在耳边。牛尾鹿身，蹄有三跆，匾口，食粟豆面饼。”活脱一长颈鹿也。

余观夫《瑞应麒麟图》，身文斑斓，实今之所谓梅花长颈鹿也。

昭君何尝弹琵琶

昭君出塞故事，妇儒皆熟谙，自宋人画始，昭君出塞图皆为大漠戈壁，飞雪漫天，昭君则身披华丽斗篷，手抱琵琶，人见犹怜。杜甫《咏怀古迹五首》其三云：“千载琵琶作胡语，分明怨恨曲中论。”今人所传琵琶十名曲，《塞上曲》《昭君出塞》即其二也。是知世人皆以昭君出塞之时，马上自弹琵琶。

晋傅玄《琵琶赋序》云：“闻之故老云：汉遣乌孙公主嫁昆弥，念其行道思慕，故使工人知音者载琴、筝、筑、箜篌之属，作马上之乐。是知汉时和亲匈奴，送行之时，有使知音者随之演奏之例。”晋石崇《王明君辞并序》云：“王明君者，本是王昭君。以触文帝讳，改焉。匈奴盛，请婚于汉，元帝以后宫良家子昭君配焉。昔公主嫁乌孙，令琵琶马上作乐，以慰其道路之思。其送明君，亦必尔也。其造新曲，多哀怨之声，故叙之于云尔。”

依晋人所记，则昭君非己弹琵琶，乃为随行之乐工为之弹也。窃谓王嫱乃南郡秭归一平民女，建昭元年，以民女而选入掖庭，为汉元帝后宫一宫女耳。其居家之时，秭归乃贫瘠之地，既为平民之女，当无所习。及其入掖庭，既非乐府之伎，自亦不可习琵琶乐艺，故余谓昭君之所谓马上琵琶故事，实乃后世之人悯其远处边陋，欲壮其行而为之矣。

赵匡胤祭祖不用儒家礼器

宋太祖行伍出身，及其陈桥黄袍加身，朝太庙，则不喜儒家礼器，可知其轻儒家仪礼也。《邵氏闻见录》卷一载："太祖初即位，朝太庙，见其所陈笾豆簠簋，则曰：'此何等物也？'侍臣以礼器为对。帝曰：'我之祖宗宁曾识此。'命撤去。亟令进常膳，亲享毕，顾近臣曰：'却令设向来礼器，俾儒士辈行事。'"赵匡胤恶儒家仪礼，然复令设之而供儒士行事，此其帝王之术也。自汉武而后，凡登帝位者，一以儒术为尊，然其内岂皆尊儒耶？儒倡君臣父子，修齐治平，正为帝王者之所欲也，故假之以为用耳。笾豆簠簋，礼之微者也，赵氏尚弃之，焉以儒学为事哉？然其心不足为外人道，是以复其器矣。为帝者，御之万物万事而不欲万物万事制己也。

谪仙怨词

唐有谪仙怨词，刘长卿始依调填词。唐康骈《剧谈录·广谪仙怨词》云：安禄山其入长安，玄宗奔蜀，行次骆谷"谓力士曰'吾听九龄之言，不到于此。'乃命中使往韶州，以太牢祭之。因下马遂索长笛吹于曲，曲成，潸然流涕，伫立久之。时有司旋录成谱。及銮驾至成都，乃进此谱，请曲名。上不记之，视左右曰：'何曲？'有司具以骆谷望长安，下马后索长笛吹出对。上良久曰：'吾省矣，吾固思九龄，亦别有意，可名此曲为谪仙怨'，其旨属马嵬之事。"《唐语林》亦载其事，文字略异耳。

后有人自西川传者，未知其本末，但呼为《剑南神曲》。其音怨切动人，一时江南盛传。时刘长卿随州刺史左迁睦州司马，闻而遂撰其词，然亦未知其然，词云："晴川落日初低，惆怅孤舟解携。鸟去平芜远近，人随流水东西。白云千里万里，明月前溪后溪。独恨长沙谪去，江潭春草萋萋。"后台州刺史窦弘余以长卿之词虽美，而与本曲意兴异，复作词以广不知音者，其词曰："胡尘犯阙冲关，金辂提携玉颜。云雨此时消散，君王何日归还？伤心朝恨暮恨，回首千山万山。独望天边初月，蛾眉独自弯弯。"

夫张九龄为中书令时，每因奏对，未尝不谏诛禄山，上怒曰："卿岂以王夷甫识石勒，便杀禄山。"于是不敢谏矣。《大唐新语·匡赞》载："（九龄）因奏曰：'禄山狼子野心，而有逆相，臣请因罪戮之，冀绝后患。'玄宗曰：'卿勿以王夷甫识石勒之意，误害忠良。'"

嗟呼，余以为九龄实可比之王衍也。石勒年十四行贩洛阳，倚啸东门。衍见而异之，谓将为天下患。及其长则为群盗，归刘渊，屡将兵陷州郡。既建后赵，十六国中最为强盛。九龄之谏诛禄山时，其逆相既显，朝中岂九龄一人识得哉？惟九龄敢言耳。若夫忠言逆耳，况对奏于庙堂耶？

正音书院

清雍正间，闽粤两地各州府县皆置正音书院，乃承旨而官办者也。夫正音者，矫正语音也。清初，闽粤之方言外省人难以懂晓，朝廷之上对答亦为不便。《清通鉴》载：雍正六年八月甲申，命闽粤士民学习北京官话。谕称：官员有莅民之责，其语言必使人人共晓，然后可以通达民情而办事无误。朕每引见臣工，凡陈奏履历时，惟有闽粤之人乡音难懂，若伊等赴任他省，安能于宣读训谕、审断词讼皆使百姓清楚。官民语言不通，必致吏胥从中代为传述，于是添饰假借，百弊丛生。着该两省督抚转饬所属各官，遍为传示，多方教导，务期语言明白通晓，不得仍前习为乡音。寻令两省州县均置正音学院，以教士民学习官话。

俞荫甫《茶香室续钞》卷十五亦载：国朝施鸿保《闽杂记》云："闽中各县从前皆有正音学院，所以训习官音也。雍正六年，钦奉上谕：凡官员有莅民之责，其言语必使人人共晓，然后可以通达民情，熟悉地方事宜，而办理无误。是以古者六书之训，必使谐声会意，娴习语音，皆所以成遵道之风，著同文之治也。朕每引见大小臣工，凡陈奏履历时，惟有闽广两省之人仍系乡音，不可通晓。夫伊等以现登仕籍之人，经赴部演礼之后，其敷奏对扬，仍有不可通晓之语，则赴任他省，又安能宣读训谕，审断词讼，皆历历清楚，使小民共晓乎？官民上下，言语不通，必使胥吏从中代为传递，于是添设假借，百病丛生，而事理之贻误多矣。且此两省之人，其言语既不可通晓，不但伊等历任他省不能深悉下民之情，即伊等身为编氓，亦不能明白官长之言。是上下之情扞格不通，其为不便实甚。但语言自幼习成，骤难更改，故必徐加训导，庶几历久可通。应令福建、广东两省督抚，转饬所属府州县有司及教官，偏为传示，多方训导，务使语言明白，使人通晓，不得仍前习为乡音，则伊等将来履历奏对可得详明，而出仕他方，民情亦易于通达矣。"

故闽粤两省既设正音书院，又定二省乡试举子须以官话词语，不得用方言词语。不谙官话之童子且不得试县府州试。书院则招本府州县之生员举人习京音。呜呼，南蛮鴃舌，自古病之，至今亦不可改矣。清王崇简《冬夜笺记》云："北方之音在齿舌，南方之音在唇舌，西方之音在腭舌，东方之音在喉舌。便于喉音不利于唇，便于齿者不利于腭。"四方之音实难互通也。

志书古今地名

明陈继儒，号眉公，其《见闻录》云："明王鏊撰《姑苏志》，以示杨循吉。循吉但观签票即曰：'不通，不通，府志修于我明，当称《苏州府志》。姑苏，吴王台名也，以此名志，可乎？'"

噫，吾中华三千年史，其古今地名变易者多矣，而修志亦历代沿循之习，古今皆修志而古今之地名亦变易，何所取耶？俞荫甫《九九销夏录》云："以古地名名书，乃宋以来志书之通例。如《淳熙三山志》《嘉泰会稽志》《嘉定赤城志》《宝庆四明志》《至元嘉禾志》《延祐四明志》《至大金陵志》等类，指不胜屈。岂自宋以来无一人知体要者，独杨循吉持正论乎？盖古来志书，皆私家著述。一人之力，闭户而成之，题以古名，但取雅驯，何拘时代。后来开设志局，俨同官书，则务从今制，不题古名，亦事理所宜也。"

曲园老人斯言善，近世亦兴修志，乃至于百工之业，政府有司亦各修其志，可谓盛矣。其书之名亦多以今名命之，不复旧称也。

又，古之志书例载美无恶，非同史书，贤奸并列，此亦体例之异同也。余观夫今之修志亦循其例，多有褒奖而无奸恶之书。

致仕制度

宋之前，历代皆无致仕制度。《尚书》虽载"大夫七十而致仕，老于乡里。"然秦汉以降，均无制度。自宋太祖至真宗朝，始建官员致仕之制。

致仕之制文臣年七十,武臣年八十应自请致仕。然未达年岁则不得请退。确因昏老不胜其任者方准予提前致仕,谓"引年致仕"。太宗时,致仕官员给半俸禄,神宗时,因战功而升转两官之武臣,致仕准予领全俸。

官员致仕,援例可求"恩例",如请允科考时升其亲属名次,援"出身",指射差遣,减少磨勘年限等,以示朝廷之恩。然凡为官者多不欲致仕,故仁宗时尝予致仕者全俸。年迈而不欲致仕者,则予勒令致仕,或停其磨勘转官,或不准荫补子弟,或降其官阶等,以示惩罚。宋释文莹《湘山野录》载北宋苏州太守孙冕《书苏州厅壁》诗:"人生七十鬼为邻,已觉风光属别人。莫待朝廷差致仕,早谋泉石养闲身。去年河北曾逢李,今日淮南又见陈。寄语姑苏孙太守,也须抖擞旧精神。"题毕,拂衣归隐九华山,其风格获朝廷嘉勉。

科举之世,功名得之非易,得一官尤难,故虽已髦年亦不忍弃之。若孙冕者鲜矣。考北宋初,二三品大员致仕,须"落职",然神宗时,许职事官带原职致仕。如欧阳修以观文殿学士、兵部尚书、知蔡州而致仕,为宋时"带职致仕"第一人矣。

中举发狂

吴敬梓《儒林外史》第三回"周学道校士拔真才,胡屠户行凶闹捷报",云秀才范进中举而发疯事,人多以为小说虚拟之人物,余见《履园丛话》"异事"亦记类事,曰:"有宁波秀才金法者,素有心疾,发狂锁禁者已数年矣。乾隆乙酉年秋试时忽愈,遂进场。及揭榜,中魁选。赴鹿鸣宴,忆及策内脱写第三问,心恐磨勘罚停会试,仍发狂,复锁禁数年而死。"

敏轩所著抑或以金法事而衍义者耶?

众乐为琴之臣妾

唐顾况《王氏文陵散记》云："众乐琴之姬妾也。"呜呼，众乐为姬妾则琴为帝王也，顾通翁此说遗乱后世也。士人喜琴自古由然，《礼记》云："士无故不彻琴瑟。"嵇康《琴赋》云："众器之中，琴德最优。"三千年间，琴与文士缘不可解。即辛亥后，蔡子民主政北大，倡"思想自由，兼容并包"，仍聘琴家王露、杨时百授琴学，欲使学子传千年文人之道也。然欲尊琴而以众乐为姬妾，不亦过乎？

《宋史·志·乐十七》载："颐天地之和者莫如乐，畅乐之趣者莫如琴。八音以丝为君，丝以琴为君。众器之中，琴德最优。《白虎通》曰：'琴者，禁止于邪，以正人心也。'宜众乐皆为琴之臣妾。"宋人持此说本于顾通翁也。窃谓通翁或一戏言耳，焉知误之后世矣。八音合谐，各有其妙。庙堂之乐，其肃穆也；郊祭之乐，其敬畏也；宴燕之乐，其融洽也；军旅之乐，其壮烈也；悲秋之乐，其伤哀也，至孔丘哀颜子之早逝，其乐则哀而不伤也。夫子闻《韶乐》而三月不知肉味，《韶》乃八音协且舞也，焉有琴为独尊之说焉？上古之郊祭黄钟大吕盖无琴也，抑惟以臣妾之器而谓之尊乎？此说之谬可知也。今人若仍以琴为尊，则谬而复谬矣。

周紫芝谀秦栓诗

陆放翁《渭南文集》有《致韩侂胄启》，然题曰"丞相"，不欲书其名，然既收于集，亦不免为后世讥也。文士丧节，阿谀权贵者，余以周紫芝为最矣。

周紫芝字少隐，号竹坡居士。《四库全书总目提要》云："紫芝年过六十始通籍，而集中谀颂秦桧父子者，连篇累牍，殆于日暮途远，倒行逆施。"又云："其诗在南宋之初特为杰出，无豫章生硬之弊，亦无江湖末派酸馅之习。"其少也贫，尝云："某素贫，平生辛苦仅营一食。年来身益老，口愈众，早食得一肉，得一鱼，暮则饭蔬。病在饥，不在饱也。"有诗云："诗翁老去无人数，晚岁移家在河浒。败絮蒙头那复霜，破屋穿天只愁雨。大儿窗下抄奇书，小儿灯前诵论语。明日羞囊余几何，客至无钱具欢黍。"秦桧当政，赏其诗"秋声归草木，寒色到衣裘"。故紫芝时有献分宜之诗也。秦分宜虽为奸相，然其诗亦非平平，余读其少年之作，颇有佳者也。而紫芝之与分宜诗，谀媚之情尤显，故为后世詈矣。其有《时宰生日诗三十绝》，权取一二观之。

诗云："秦汉功由百战成，庙堂何代不谈兵。凌烟阁上从头数，谁解垂衣致太平。"呜呼，凌烟阁中人物皆不如秦分宜之功矣。

又云："从来建业是王都，天产皋夔为帝谟。可笑晋人无眼目，渡江惟笑见夷吾。"皋陶为虞舜刑官，夔乃虞舜之乐官，皆贤者也，诗谓分宜乃今世之贤相也。西晋亡，司马睿建都建康，然未称帝，讥其无见识耳，而分宜助帝而建南宋也。

又云："万骑边声久不闻，蓬莱宫殿日长春。君王勤俭无行乐，闲作宸奎赐近臣。"

又云："知公清德自天然，犹复游心到简编。应笑向来张相国，后堂宾客少彭宣。"

案：张相国者，西汉丞相张禹也。其弟子有淮阳彭宣与沛郡戴崇。宣恭顺俭朴，遵礼法；崇性疏放不羁，故禹时召崇入后堂饮。宣来访，禹则正襟危坐，与之谈经义，未召之后堂乐。紫芝以张禹比桧而自比彭宣，隐示未入其后堂也。

又云："南北交欢万国宁，不将黔首比金缯。时人未会新盟意，要与昭陵作中兴。"时南宋朝廷与金订《绍兴和议》，岁贡白银二十五万两，绢二十五匹。丧权辱国之盟，不以为耻，而谀其不啬金银而惜百姓性命，谓奠定南宋中兴。不亦过乎？

紫芝本亦儒林之硕才，奈何佳人而自毁其容耶？乱世之际，无挽狂飙之力则可避居山林，岂可献媚于权贵耶？明有湛若水以理学名，而为严嵩作《钤山堂记》，极口颂扬，以败其名节，林希逸文章经术，卓有可传，而有《贺贾相启》，至以赵普、文彦博比之，亦自毁名节矣。文章千古事，不可不慎，吾信之矣。

又，紫芝时人誉之"诗声厌服江左"，余咏其《鹧鸪天》词，非虚得者也。词云："一点残红欲尽时。乍凉秋气满屏帏。梧桐叶上三更雨，叶叶声声是别离。 调宝瑟，拨金猊。那时同唱鹧鸪词。如今风雨西楼夜，不听清歌也泪垂。"

朱熹悬棺而葬

宋周密《癸辛杂识别集》载：孔应得云"朱晦庵之葬，用悬棺法，术家云：'斯文不坠，可谓好奇。'"夫朱熹卒于庆元六年三月初九，享年七十有一，葬于建阳。或疑其何为悬棺而葬焉？盖悬棺之俗乃蛮夷南人之古习。其贵者亡，则以悬棺而葬，其法乃以危崖上凿数孔，钉以木桩，置棺木其上，或以一端置崖穴中，另一端架于木桩之上，今之闽、川尚有遗迹存也。然赣地无此俗，晦庵何以悬棺而葬焉？盖未明悬棺之义也。

《孔子家语·曲礼子贡问》载："子游问丧之具。孔子曰：'称家之有亡焉。'子游曰：'有亡恶于齐？'孔子曰：有也，则无过礼。苟亡矣，则

敛手足形，还葬，悬棺而封。人岂有非之者哉。"唐杜佑《通典》曰："敛
首足形还葬"：还之言便也，言已敛即葬之，不待三月；悬棺而封：不设
碑，不备礼也；封，下棺也。清徐乾学《读礼通考·薄葬》云："古人悬棺
而葬，不为地道。""自周衰，战国秦汉，皆以碑悬棺，或以木或以石，既
葬，碑留圹中，不复出矣。其后稍书姓名爵里其上，至后汉遂作文字识矣。
今人掘地得古碑而有窍者，非丽牲之碑则下棺之碑也。"《春秋左氏传》
僖公二十五年载："晋侯朝王。王享醴，命之宥。请隧，弗许。"杜预谓：
"阙地通路曰隧，王之葬礼也。"今人杨伯峻云："古代天子葬有隧，诸侯
以下有羡道。隧有负土，即全系地下道；羡道无负土，虽是地道，犹露出地
面。晋文请天子允许于其死后得以天子礼葬己耳。"《国语·周语》亦载：
"襄王拒晋文公请隧。""晋文公既定襄王于郏，王劳之以地，辞，请隧
焉。王不许，……文公遂不敢请，受地而还。"《明史》卷二百八十四载：
"成化初，山东守臣上言：嘉祥县南武山西南元寨山之东麓，有渔者陷入穴
中，得悬棺，碣曰：'曾参之墓'，诏加修筑。" 是知晦庵先生所谓悬棺
者，乃效之古礼，非南鄙危崖之悬棺也。

朱元璋革城隍爵号

　　城隍为道教守护城池之神，兴于南北朝，至明清时，谓之"阴官"，乃
与所在府、州、县之"阳官"相应之也。城隍之人选，各地迥异，然皆以乡
民敬慕之忠烈之士任之。凡官吏甫赴任，多至城隍庙斋宿，行祭。欧阳修有
祭城隍文曰："吏竭其力，神佑以灵，各供其职，无愧斯民。"

　　明初，天下城隍皆有封爵。南京应天府之城隍为"承天鉴国司民升福明
灵王"；汴、濠、鸠、滁等州为太祖龙兴之地，是诸府城隍为"正一品王

爵"；他府城隍则为"鉴察司民城隍威灵公"，为正二品；州城隍为"鉴察司民城隍威灵侯"，为正三品；县城隍为"鉴察司民城隍显佑伯"，为正四品。

清代，省为都城隍，爵威灵公；府为府城隍，爵绥靖侯；县为县城隍，爵显佑伯。亦有异者若苏州另置"布政财帛司城隍庙""粮巡道城隍庙""江南织造城隍庙"等。

明陆容《菽园杂记》卷五载："城隍之在祀典，古无之。后世以高城深池捍外卫内，必有神主之，始有祠事。惑于理者，衣冠而肖之，加以爵号，前代因袭，其来久矣。洪武元年，各处城隍神皆有监察司民之封，府曰公，州曰侯，县曰伯，且有制词。盖其时皇祖尚未有定见。三年，乃正祀典，诏天下城隍神主，止称某府城隍之神、某州城隍之神、某县城隍之神。前时爵号，一切革去。"

又旧时城隍庙尊城隍主神外，尚有文武判官、各司大神、甘柳将军、范谢将军、牛马将军、日夜游神、枷锁将军等，皆主神之下辖也。《杂志》云："未几，又令各处城隍庙内屏去间杂神道。城隍神旧有泥塑像在正中者，以水浸之。泥在正中壁上，却画云山图。神像在两廊者，泥在两廊壁上。此令一行，千古之陋习为之一新。惜乎，今之有司多不达此，往往塑为衣冠之像。甚者，又为夫人以配之。习俗之难变，愚夫之难晓，遂使皇祖明训，托之空言，可罪也哉。"是知朱元璋尝尽革天下城隍爵号。盖其欲正祀典，而城隍之神大抵为历代人氏，一邑之民崇之则以之为神，若以府州县而别其爵，则名实难副也。余考之各地城隍之神，闽地多为汉高祖时御史大夫周苛，北京多为杨继盛，苏州多为春申君黄歇，安徽青阳为海瑞，杭州为文天祥，柳州为柳宗元，吾邑处州之缙云县则为首任知县李阳冰也。

陆容乃成化丙戌进士，则知成化间城隍复塑泥像，惟爵号未复。至清末，此俗未易。

朱元璋禁纹身

纹身陋习，古已有之，今之青年仍有纹者，然自古纹身者皆贱民也，故或以囚刺青，贱之也。其习，宋元以来犹盛。孟元老《东京梦华录》卷七"驾登宝津楼诸军呈百戏"条："又爆仗响，有烟火就涌出，人面不相觑，烟中有七人，皆披发文身。"宋人话本多有言纹身者。《万秀娘仇报山亭儿》："大官人乘着酒兴，就身上指出一件物事来道：'是，我是襄阳府上一个好汉，不识得时，我说与你道，教你顶门上走了三魂，脚板下荡散七魄。'掀起两只脚上间朱刺着的文字，道：'这个便是我的姓名，我便唤做十条龙苗忠。'"《郑节使立功神臂弓》："郑信脱膊下来，众人看了喝采。先自人材出众，那堪满体雕青：左臂上三仙仗剑，右臂五鬼擒龙；胸前一搭御屏风，脊背上巴山龙出水。"《水浒传》中有"九纹龙史进"洪迈《夷坚志》载："吉州太和民谢六以盗成家，举体雕青，故人目为花六，自称'青师子'""忠翊郎王超者，太原人。壮勇有力，善骑射，面刺双旗，因以得名。""饶民朱三者，市井恶少辈也，能庖治素脏，亦仅自给。臂股胸背皆刺文绣，每岁郡人迎诸神，必攘袂于七圣袄队中为上首。"

考之纹身之习，实本于蛮夷也。范成大《桂海虞衡志·志蛮》："蛮毕椎髻跣足，插银铜锡钗，妇人加铜环，耳坠垂肩，女及笄即黥颊为细花纹，谓之'绣面'。女即黥，集亲客相庆贺。"周去非《岭外代答》卷十《蛮俗门绣面》："海南黎女以绣面为饰，盖黎女多美，昔尝为外人所窃。黎女有节者，涅面以砺俗，至今慕而效之。其绣面也，犹中州之笄也。女年及笄，置酒会亲旧女伴，自施针笔，为极细花卉飞蛾之形，绚之以遍地淡粟纹。有皙白而绣文翠青，花纹晓了，工致极佳者。唯其婢使不绣。邕州溪峒使女，惧其逃亡，则黥其面，与黎女异矣。"

及明太祖时，严令禁纹身，凡刺青者皆判流放充军。《菽园杂记》卷十载："幼尝入神祠，见所塑部从，有袒裸者，臂股皆以墨画花鸟云龙之状。初不喻其故，近于温、台等处，见国初有为雕青事发充军者，因询问雕青之所以名。一耆老云：'此名刺花绣，即古所谓纹身也。元时，豪侠子弟，皆务为此，两臂股皆刺龙凤花草，以繁细者为胜。洪武中，禁例严重，自此无敢犯者。'因悟少年所见，即文身也。闻古之文身，始于岛夷。盖其人常入水为生，文其身以辟水怪耳。声教所暨之民，以此相尚，而伤残体肤，自比岛夷，何哉。禁之诚是也。由是观之，凡不美之俗，使在上者法令严明，无有不可易者。"

陆容所谓"文身，始于岛夷。盖其人常入水为生，文其身以辟水怪耳"，宋人王观国《学林》则谓："泰伯、虞仲知古公之欲立季历以传昌也，乃奔荆蛮，文身断发，盖自同于蛮夷之习，以示无争立之心，乃得以全其生也。使二人不奔荆蛮，则见忌于父子兄弟之间，其能全其生乎？……盖文身断发者，粤俗之所好也，非避蛟龙之害也，班固误训其文，故应劭注国《史记》有象龙子之语耳。"

窃谓，古之纹身总乃蛮夷之习，非中原人氏行之者。盖自汉始，儒学昌盛，儒家以为"身体发肤，受之父母，不敢毁伤"，是故绝无纹身者。朱洪武严令禁之，当为易其陋习耳。今人不明其理，多有少年纹身者，叹叹。

侏儒为贡品

夫人生而矮者，诚可哀之也，隋唐时竟以侏儒为贡，直以玩物视之，是无人性矣。

冯梦龙《醒世恒言》载：隋炀帝时"道州贡矮民王义，眉目浓秀，应对敏捷，帝尤爱之。"《唐语林》载："杨国忠尝会亲，知吏部铨事，且欲噱以娱之。呼选人名，引入于中庭，不问资序：短小者道州参军，胡者与湖州文学。帝中大笑。"盖道州之民多矮也。

侏儒之人自古则有，《礼记·王制》载"瘖、聋、跛、躄、断者、侏儒，百工各以其器食之"。孔疏云："此等既非老无告，不可特与常饩，既有疾病，不可不养，以其病尚轻，不可虚费官物，故各以其器食之。器，能也。因其各有所能，供官役使，以廪饩食之。"上古之时，侏儒即以其能而食之，是王者仁心也。至唐时，竟以侏儒为贡物，以之为戏，丧天良之举也。

《新唐书·阳城传》载："城出为道州刺史，州产侏儒，岁贡诸朝。城哀其生离，无所进。帝使求之，城奏曰：'州民尽短，若以贡，不知何者可供。'自是罢。"《旧唐书》本传亦载："道州土地产民多矮，每年常配乡户贡其男，号为'矮奴'。城不平其以良为贱，又悯其编氓岁有离异之苦，乃抗疏论而免之，自是乃停其贡，民皆赖之，无不泣荷。"阳城抗疏而绝贡侏儒，功德无量也。白居易有新乐府《道州民》述其事云："道州民，多侏儒，长者不过三尺馀。市作矮奴年进贡，号为道州任土贡。任土贡，宁若斯，不闻使人生离别，老翁哭孙母哭儿。"自阳城后，世有侏儒而无贡矮奴者也。

竹枝词书电报

西学东渐，西洋科技方传至中土，余于重印《申报》见诸书电报之竹枝词，其惊讶之情如见也。同治十三年《申报》载咏电报诗云："栈器全凭火力雄，般般奇巧夺天工。一条电报真难测，万里重洋瞬息通。"（《沪游竹枝词》）"奇哉电报巧难传，万水千山一线牵。顷刻音书来海外，机关错讶有神仙。"（《续春申浦竹枝词》）"漫说天机不易参，远乡消息霎时谙。人工巧夺天工巧，今后休寻鲤寄函。"（《洋场竹枝词》）"最是称奇一线长，跨山越海度重洋。竟能咫尺天涯路，音信飞传倏忽详。"（《春申浦竹枝词》）

《申报》之《洋场述见篇》谓："电线递信，速于置邮，虽万里如一瞬，此等语，辄目之为海外奇谈，疑信者半。"又述一内地人初至沪，于租界睹电报之神奇，谓："见列柱如林，布线如蛛丝，知为电报，而传报之速则不获见也。一日友人有事传电伦敦，未顿饭时而回电已至，友人告仆曰：此即电报灵速之证也。伦敦去此六七万里，而来去消息至于如此之速。不禁为之舌桥不下。"

百年前之神奇之物今已消亡，代而起者愈益神奇也，惜未见人赋竹枝词矣。

撰史先诩祖宗

刘知几《史通》以为史家当具"才、学、识"，而皆具此三者鲜矣。历代私撰史书者多也，而其谬荒不经者亦时见矣。《双槐岁钞》卷一载："四明陈桱，尝事张士诚为编修，国初徵为修撰，进直学士。尝作《宋鉴纲目》二十四卷行于世，笔入其先世数事曰：'户部尚书显者尝论蔡京之奸，不复仕。显孙曰吏部尚书伸，上章辩伪学，谏韩侂胄北伐，遂致仕。伸子曰工部尚书德刚，请复济王官爵，端平中，左迁而卒。德刚子曰太学博士者，上书论贾似道奸邪，出判临安府。'桱即著之孙也。"

余未之见陈桱之书，然以其史观而论，当非良史也。清乾嘉间章学诚治史，于刘知几史家当三长论复加一"德"字，以为史家首当具德，无德则非真史家也。桱之撰宋史纲目，岂可假史而谥己祖宗耶？其所述先祖诸事，或为实事，然其事可入乎史乎？史家择取史事而撰，自有所取舍，然绝无以己家先祖而书者也。既包一私心，史家之德丧矣，其书之不传，当然之事也。

状元夫人登城撒谷

清临鹤山人撰世情小说《红楼圆梦》，其书荒诞不经，然第二十七回名"番邦女转世联芳，状元妻故乡撒谷"，初不知状元妻何以撒谷。及见《田陵庄氏增修族谱》载庄氏一门累世多科举高进者，且谓：依俗例状元夫人当登城撒谷，后榜眼、探花夫人，母亲亦可与焉。"至乾隆乙丑状元钱维城，榜眼庄存与，江苏武进人，亦在同城，有司援例以请，两家各有母，且钱母为嫂，庄母为姑，姑嫂俱率子妇登城撒谷，一时传为佳话。后九年，庄母次子魁天下，而子妇在京，有司遂专请庄母撒谷。一夫人两度撒谷，尤世所罕见。"是知状元妻登城撒谷乃为民俗也。然是俗之因亦无从考者。近读《茶香室续钞》卷十载：国朝崔应榴《摊饭续谈》云："俗传是省今年出状元，则秋收必歉，故有状元夫人登城楼撒谷之说。余初未之信，及见鲍西冈《续纪事诗》云：'听说劝农冠盖出，倾城又看状元妻'，则信有其事矣。鲍作诗为丁丑，是年状元为嘉善蔡公以台，鲍所见当是蔡夫人也。庚子状元汪君如洋，其夫人上城撒谷，余友杨子让见之。按此则状元夫人撒谷，在本朝确有故事矣。惜于古无徵耳。"

窃谓民间婚娶多有新妇于洞房撒谷之俗，取其家富多子之义。状元妻撒谷其乞丰年之义乎？

追赠不及第人

唐代科举常科十二种，然时人重进士科。王定保《唐摭言》云："进士科，始于隋大业中，盛于贞观、永徽之际，缙绅虽位极人臣，不由进士者，终不为美。"然进士所取额少，得等难，故有"三十老明经，五十少进士"之说也。《通典·选举三》载："其进士大抵千人，得第者百一二；明经倍之，得第者十一二。开元以后，四海晏清，士无贤不肖，耻不以文章达。其应诏而举者，多则二千人，少犹不减千人，所收百才有一。"是以多有文学俊才而未能登第者。韦庄尝奏请追赠诸不及第人。《唐摭言》卷十"韦庄奏请追赠不及第人近代者"条载所请者有孟郊、李贺、皇甫松、李群玉、陆龟蒙、赵光远、李甘、刘得仁、陆逵、傅锡、平曾、贾岛、刘稚圭、顾邵孙、沈佩、顾蒙、罗邺、方干，俱无显遇，皆有奇才，丽句清辞，偏在时人之口；衔冤抱恨，竟为冥路之人。但恐愤气未销，上冲穹昊。伏乞宣赐中书门下，追赠进士及第，各赠补阙、拾遗。见存明代，惟罗隐一人，亦乞特赠科名，录升三级，便以特敕显示优恩。俾使已升冤人，皆沾圣泽；后来学者，更历文风。

其说所误者有二，一为李贺乃讳父名而未经进士科考；二为孟郊实乃登第者。今传其《登科后》诗云："昔日龌龊不足夸，今朝放荡思无涯。春风得意马蹄疾，一日看尽长安花。"盖东野四十六岁方登第矣。嗟乎，倘得"丽句清辞，偏在时人之口"。何冤之有哉？

子弟书

王国维谓"凡一代有一代之文学"。而所谓"一代之文学"者，谓其成就"后世莫能继焉者也"。唐诗、宋词、元曲、明传奇，就韵文言，世有公论，谓其乃各时代之一"绝"。然有清一代，可媲者何焉？呜呼，子弟书也。

郑振铎先生《中国俗文学史》第十三章云："所谓'子弟书'，是指八旗子弟浸润于汉文化，游手好闲，斗鸡走狗者日多，遂习而为此种鼓词以自娱娱人。但其成就，却颇不少。"清末震钧《天咫偶闻》云："旧日鼓词有所谓子弟书者，始轫于八旗子弟，其词雅驯，其声和缓，有东城调，西城调之分。"子弟书属鼓词之分支，唱而不说，以八角鼓击节，佐以弦乐。东西两派：东调近弋阳腔，以激昂慷慨见长；西调近昆曲，以婉转缠绵见长。其词篇幅短小，一二回至三四回不等，数十回者较少见。每回限用一韵，隔句叶韵。

子弟书盛于乾隆至光绪间，满族富察氏傅惜华尝辑《子弟书总目》录书目四百馀种，千余部。惜今之学者编著文学史，竟无一言及之子弟书者，叹叹。俗文学之不入雅人之目乎？今之子弟书与宋词、元曲同成案头文学，同为"绝调"，同成"绝响"矣。

纵囚期归

汤显祖知遂昌县时，尝纵囚除夕归聚，约期而尽归，元宵复纵囚观灯，朝野为之震动，今人言临川之德，尚喜谈及。然纵囚之事非临川之创也，唐太宗即尝行纵囚事。欧阳修《纵囚论》谓："方唐太宗之六年，录大辟囚三百余人，纵使还家，约其自归以就死。是以君子之难能，期小人之尤者以必能也。其囚及期而卒自归无后者。"而唐太宗亦非首行纵囚之人。余观《癸辛杂识后集》载有数则纵囚之事，其云：

"梁席阐为东阳太守，在郡有能，悉放狱中囚，依期而至。后汉虞延为细阳令，每至岁时伏腊，辄休遣囚徒，各使归家，并感其恩德，因期而还。《南史》何胤在齐为建安太守，为政有恩，人不忍欺，每伏腊放囚还家，依期而返。呜呼，中孚之信及豚鱼，盖非一日之积也。"

夫纵囚之举虽谓其仁，然悖于律令，焉可尽效之耶？临川所纵之囚，所犯之罪应属微者，囚之则为惩，纵之亦无虑其遁，盖其遁则罪大矣，况祸及家人，度其必不为也。至若唐大宗纵三百大辟之囚，窃谓其子虚之传，欧阳公是以作《论》斥之也。

祖谥为号

楚汉相争之际，项梁立熊心为楚怀王，《史记·项羽本纪》载：

居鄭人范增，年七十，素居家，好奇计，往说项梁曰："陈胜败固当。夫秦灭六国，楚最无罪。自怀王入秦不反，楚人怜之至今，故楚南公曰：

'楚虽三户，亡秦必楚'也。今陈胜首事，不立楚后而自立，其势不长。今君起江东，楚蜂午之将皆争附君者，以君世世楚将，为能复立楚之后也。"于是项梁然其言，乃求楚怀王孙心民间，为人牧羊，立以为楚王，从民所望也。

裴骃《集解》注云："以祖谥为号者，顺民望。"初，楚威王十一年，芈熊槐即位，及死于秦，谥怀，是为楚怀王，其芈姓熊氏名槐也。熊心者，楚怀王熊槐之裔孙也。项梁既立其为楚王，且以熊槐之谥"怀"为其尊称，图其顺民意尔。盖熊槐因于秦时，秦"因留楚王，要以割巫、黔中之郡"，槐拒之，谓"秦诈我而又强要我以地"。"怀王卒于秦，秦归其丧于楚。楚人皆怜之，如悲亲戚。诸侯由是不直秦。楚秦绝。"（《史记·楚世家》）

马迁所记多以熊心为怀王，《高祖本纪》记刘邦入关灭秦后云："始怀王遣我，固以通宽容；且人已服降，杀之，不祥。"项羽怨怀王之约亦云："怀王者，吾家项梁所立耳，非有功伐，何以得主约。本定天下，诸将及籍也。"是皆以"怀"为熊心之尊号也。

左传词语奇异

《左传》之词语多有不可解处，虽注疏者众，即若战国之时文亦无如其者，余时为之惑也。

文公十四年，"周公将与王孙苏讼于晋，王叛王孙苏，而使尹氏与聃启讼周公于晋。赵宣子平王室而复之。"周公阅，姬姓，王孙苏，周卿士，争为执政而讼于晋。时顷王崩，匡王立，先尝诺王孙苏而背之，《左传》书一"叛"字，周天子背卿士岂可为叛哉？

襄公二十七年，"齐崔杼生成及疆而寡。娶东郭姜，生明"。男子丧妻而不言鳏而言寡，其说类《墨子·辞遇》所云："宫无拘女，故天下无寡夫。"故《小尔雅·广义》云："凡无妻无夫通谓之寡。"也。

《公羊传·昭公二十五年》云："昭公将弑季氏，告子家驹曰：'季氏为无道，僭于公室久矣。吾欲弑之，何如？'"公欲诛臣言弑，后世无此言也。

先秦之辞语固无后世之分析细致，故不可以后世之辞义解先秦之辞语也。

左　迁

古以降官贬职谓"左迁"，清伊秉绶《谈徵》谓："人道尚右，以右为尊，故尊文曰'右文'，尊武曰'右武'，莫能尚者曰'无出其右'。以左为僻，凡幽猥曰'僻左'，策画有适事宜曰'左计'，非正之术曰'左道'，舍天子仕诣侯曰'左官'，去朝廷为州县曰'左迁'。"

《礼记·王制》"执左道以乱政。"孔颖达疏引卢云："左道，谓邪道。"《国语·晋语一》"今君分之土而官之是左之也。"韦昭注云"犹外也。"自汉而后，尊右而卑左，史籍皆如是。《史记·廉颇蔺相如列传》"位在廉颇之右。"《史记·张丞相列传》"吾极知其左迁"。谓贬秩为左迁也。汉时亦以邪僻不正之道谓之左。《汉书·杜钦传》"是背经术惑左道也"。颜师古注云："左道，不正之道也。"《汉书·郊祀志下》"挟左道，怀诈伪"。颜师古注云："左道，邪僻之道。"今人语"旁门左道"义类也。

李太白《自汉阳病酒归寄王明府》诗云："去年左迁夜郎道。"柳宗元《送李谓赴京师序》云："过洞庭，上湘江，非有罪左迁者罕至。"明王攀龙《送皇甫别驾往开州》诗云："吴下诗名诸弟少，天涯宦迹左迁多。"是"左迁"之言贬秩义成俗语也。

卷　九

安贫拒美食

宋僧文莹《湘山野录》云："范仲淹家贫，就学于南部书舍。日煮粥一釜，经夜遂凝，以刀画为四，早晚取其二，断齑数十茎啖之。留守有子同学，归告其父，馈以佳肴。范置之，既而悉败矣。留守子曰：'大人闻汝清苦，遗以食物，何为不食？'范曰：'非不感厚意，盖食粥安之已久，今遽享盛馔，后日岂能复啖此粥乎？'"后世以其断齑画粥称之。宋有石守道者亦有不受盘餐事，近乎范文正公也。

《清波杂志》卷九云："石守道为举子时，寓学于南部，其固穷苦学，世无比者。交游间尝以盘餐遗之，石谢曰：'甘脆者，亦介之愿也；但日飨之则可，若止一餐，则明日何以继乎？朝飨膏粱，暮厌粗粝，人之常情也，所以不敢当。'归之。"

两说之事迹极近似，未知孰为本事，抑或两事皆存钦？然安贫箪瓢，人以为贤哉。

八字鼻祖李虚中

今人尚多有惑于八字之说者，所谓"八字"者，乃以年干年支合而为年柱；月干月支合而为月柱；日干日支合而为日柱；时干时支合而为时柱，四干四支凡八字，故曰四柱八字也。唐时有李虚中者，以人生年月日所直干支，推人祸福生死，首创命理之说。

李虚中，字常容，唐命理学家。贞元十一年进士及第，元和间官至殿中侍御史，精究阴阳五行说。据人生之年月日干支，而测其贵贱寿夭，吉凶祸福，唯不及时也。盖古人言己之年，但论年月日而不及时也。《离骚》屈子自叙其生，曰："摄提贞于孟陬兮，维庚寅吾以降。"摄提者，岁也；孟陬者，月也；庚寅者，日也。其地支皆属寅，乃寅年寅月寅日，推之则为楚元王元年正月十四也。

五代宋时徐子升纂《渊海子平》，以李常容推年月日干支之法，而创时干支之法，"四柱八字"方成，后人谓之"子平术"者是也。

噫，古以为男命起寅，楚俗以庚寅为吉宜之日，屈平之生也，其年月日皆寅，而终死于汨罗，岂命理八字不吉焉？

拔 河

拔河竞赛今人以为传之于欧人，谬矣。余阅典籍，拔河之技盖源于春秋之季也。

《墨子·鲁问》篇载："昔者楚人与越人舟战于江，楚人顺流而进，迎流而退，见利而进，见不利则其退难。越人迎流而进，顺流而退，见利而进，见不利则其退速。越人因此若埶，亟败楚人。公输子自鲁南游楚，焉始为舟战之器，作为钩强之备，退者钩之，进者强之。量其钩强之长，而制为之兵，楚之兵节，越之兵不节，楚人因此若埶，亟败越人。"所谓"钩强"者，又谓"牵钩"。《隋书·地理志》载：故楚地南郡，襄阳"有牵钩之戏，云从讲武所出。楚将伐关，以为教战，流迁不改，习以相传。钩初发动，皆有鼓节，群噪歌谣，振惊远近。俗云：'以此厌胜，用致丰穰。'其事亦传于他郡"。盖楚人训水师，以薄竹片劈为细条而制"篾缆"代替长钩，将士分为两队，各执篾缆一端而对拉，互为较力。此教战之法渐至民间，是以流传。南朝梁宗懔《荆楚岁时记》载：立春之日"为施钩之戏，以绠作篾缆，相霄绵亘数里，鸣鼓牵之。"至南北朝，教战之法演变而为民间之戏也。

唐代封演《封氏闻见记》载：唐中宗时清明节于梨园球场"七宰相二驸马为东朋，三宰相五将军为西朋。东朋贵人多，西朋奏胜不平，请重定。不为改，西朋竞输"。可知唐时宫廷之内亦喜此俗。唐玄宗时进士薛胜尝作《拔河赋》状其景曰："执金吾祖紫衣以亲鼓，伏柱史持白简以览绳。败无隐恶，强无蔽能。"此犹今之裁决者也。状其相持之状"绳暴拽而将断，犹匍匐而不回"。几与今之拔河类矣。

玄宋喜此戏，尝作《观拔河俗戏》诗云："状徒恒鼓勇，拔拒抵长河。欲练英雄志，须明胜负多。"（《全唐诗》卷三）终唐一代，拔河之风未衰。《新唐书·中宗纪》载："景龙三年……及皇后幸玄武门，观宫女拔河，为宫市以嬉。"宋以后，拔河之俗渐衰，然仁宗时尚存。盖梅尧臣有《江学士画鬼拔河篇》诗"分明八鬼拔河戏，中建二旗观却前"。南宋之后，拔河之俗衰，典籍无记，文士诗词笔记亦无所见。至民国间新式学堂兴，方复有兴起。

霸陵奢俭

汉文帝崇俭，史家多有美誉。《汉书·文帝纪》载：

七年夏六月己亥，帝崩于未央宫。遗诏曰："盖天下万物之萌生，靡不有死。死者天地之理，物之自然，奚可甚哀。当今之世，咸嘉生而恶死，厚葬以破业，重服以伤生，吾甚不取。""霸陵山川因其故，无有所改。"

班固赞曰：文帝"治霸陵，皆瓦器，不得以金银铜锡为饰，因其山，不

490

起坟"。刘向亦曰:"文帝去坟薄葬,以俭安神。"是以后世皆以之誉文帝也。

然余阅《晋书·索綝传》所述,则霸陵亦非俭也。其云:"时三秦人尹桓、解武等数千家,盗发汉霸、杜二陵,多获珍宝。帝问綝曰:'汉陵中物何乃多邪?'綝对曰:'汉天子即位一年而为陵,天下贡赋三分之,一供宗庙,一供宾客,一充山陵。汉武帝飨年久长,比崩而茂陵不复容物,其树皆已可拱。赤眉取陵中物不能减半,于今犹有朽帛委积,珠玉未尽。此二陵是俭者耳,亦百世之诫也。'"

《晋书·孝愍帝本纪》亦云:"六月,盗发汉霸、杜二陵及薄太后陵,太后面如生,得金玉彩帛不可胜记。时以朝廷草创,服章多阙,敕收其余,以实内库。"

诸说殊异,未知孰合史实矣。中唐人鲍溶《倚瑟行》诗云:"泉宫一闭秦国丧,牧童弄火骊山上。与世无情在速贫,弃尸于野由斯葬。生死茫茫不可知,视不一姓君莫悲。始皇有训二世哲,君独何人至于斯。灞陵一代无发毁,俭风本是张廷尉。"白乐天新乐府《草茫茫惩厚葬也》云:"奢者狼藉俭者安,一凶一吉在眼前。凭君回首向南望,汉文葬在霸陵原。"是唐时人尤谓霸陵未为盗者,然《晋书》亦为唐房玄龄等所撰,何以所说迥异哉?窃谓以汉时之俗,帝王之陵,文帝霸陵当为俭者也。

考汉时之丧葬,非复帝王之陵,即民间亦崇厚葬。《盐铁论》曰:"今富者绣墙题凑,中者梓棺楩椁,贫者画幢衣袍,缯囊缇橐。"又曰:"受生不能致爱敬,死以奢侈相高。虽无哀戚之心,而厚葬重币者,则称以为孝,显名立于世,光荣著于俗,黎民相效,至于发屋卖业。窃以为文帝之世,其俗当亦崇厚葬也,然其遗诏有俭葬之意,其心仁厚矣。"

白衣宣至白衣还

　　杨维桢字廉夫，号东维子，泰定进士，元末明初人，善文学、精书画戏曲，文名盖天下，有一时诗宗之称。入明不仕。洪武二年，太祖召诸儒纂修礼乐之书，维桢辞谢道："岂有老妇将就木，而再理嫁者耶？"明年复召之，赴京百日而乞归，作《老客妇谣》。

　　宋濂《送杨廉夫还吴浙》诗云："皓仙八十起商山，喜动天颜咫尺间。一代辽金归宋史，百年礼乐上春官。归心只忆鲈鱼脍，野性宁随鸳鹭班。不受君王五色诏，白衣宣至白衣还。"言其不仕而归也。廉夫《老客妇谣》见于其《城南唱和诗册》云："老客妇，老客妇，行年七十又一九。少年嫁夫甚分明，夫死犹存旧箕帚。南山阿妹北山姨，劝我再嫁我力辞。涉江采莲，上山采蘼。采莲采蘼，可以疗饥。"其诗归隐之志甚明，宋濂赠诗所谓"皓仙""商山"者，知其心迹也。

　　观夫明初，前朝士人多有不欲仕者，若丁野鹤、陶宗仪等皆或诏或荐而皆不仕。窃以为，当其时也，儒者以大节为重而不仕贰主，历代皆有，然明初之一切用重典，岂非士人之多不欲仕进之因焉？太祖时，解缙尝疏云："陛下无几时不变之法，无一日无过之人。"练子宁疏云："陛下以区区小过，纵无穷之诛，何以为治？"叶伯巨疏云："取士之始，网罗无遗。一有蹉跌，苟免诛戮，则必在屯田、筑城之科，不少顾惜。"嗟乎！洪武初，武将被戮固不足论，文人学士若入仕则鲜有善终者也。宋濂固为大明开国文臣之首，亦不免茂州之行也。其书"白衣宣至白衣还"之时，焉知廉夫之明智哉？可谓其愚不可及也。

卑者执牛耳

今人多以主事者为执牛耳，误矣。王渔洋《池北偶谈》卷十四"牛耳"条云："盟用牛耳，卑者执之，尊者莅之。郏泽之盟，卫侯请执牛耳。发阳之役，卫石魋蒙之盟，鲁孟武伯，皆小国执牛耳。惟鄪衍之役，吴以大国执之，不合盟礼，故孟彘不从。"

盖古时诸侯结盟，割牛耳而歃，牛耳盛于盘，主盟者持之，故称主盟国为执牛耳也。所谓执牛耳者，非持牛耳而割之者，乃执置牛耳之盘也。《左传·定公八年》："晋师将盟卫侯于郏泽，赵简子曰：'群臣谁敢盟卫君者？'涉佗、成何曰：'我能盟之。'卫人请执牛耳。成何曰：'卫，吾温、原也，焉得视诸侯？'将歃，涉佗捘卫侯之手，及捥。卫侯怒，王孙贾趋进，曰：'盟以信礼也，有如卫君，其敢不唯礼是事而受此盟也？'"夫盟礼：次盟者执牛耳，而尊者莅牛耳，以主导次盟者。卫侯与晋大夫盟，卫侯自以当莅牛耳也，故请晋大夫执牛耳。唐孔颖达正义曰："盟用牛耳，卑者执之，尊者莅之。"《周礼·戎右》："盟，则以玉敦辟盟，遂役之。赞牛耳、桃茢。"赞牛耳者，握郑注，与诸侯会盟，王为主盟者，割牛耳盛于珠盘，戎右协助王进行。如是之述，《左传》定公八年，襄公十七年皆有所及，是知古之所谓执牛耳者，非主盟者也。

北宋婚嫁尚俭

今人但喜言宋人崇奢侈，然北宋时亦非皆尚豪侈也。梁绍壬《随笔》载：司马温公娶子妇，闻其家有绣帐陪赠，毅然不许入门。王荆公嫁女于蔡卞，以锦为帐，未成礼，而华俊已闻于外。一日，神宗问介甫云："卿大儒之家，亦用锦帐嫁女，急舍之开宝寺福胜阁下为佛帐。"盖介甫夫人王氏怜女，购天下东晕锦为之制帐也。噫，锦帐虽贵，以宰相之尊，嫁奁一帐似亦未可谓其奢也，而神宗嘱其舍于佛寺。司马温公固谦谦君子，不欲以绣帐为人口实，然此二事可窥斯时婚嫁尚俭之风矣。夫二公政见相异，互为攻讦，然于家风行事则一也。余观夫今之婚嫁，一味尚奢，竞相斗富，伤哉，颓风不可挽也。

北宋南宋亡国之君厚薄有异

北宋亡于金，南宋方于元，同为亡国之君，而所遇厚薄有异，岂报应之说哉？

《金史》载：宗翰等破汴京，宋徽、钦二帝出降，金太宗即诏废二帝为庶人。宗翰以二帝及后妃太子四百七十余人及宗族三千余人北去。《太祖本纪》云："丁丑，以宋二庶人素服见太祖庙，遂入见于乾元殿。封其父昏德公、子重昏侯。"其后复迁之于韩州，给田十五顷，俾耕以自食。徽宗薨后，金熙宗皇统元年，始改封天水郡王，钦宗封天水郡公。钦宗又奏乞本品俸，乃诏阙济之。海陵篡立，又杀赵氏子男三十余人。世宗始以一品礼葬钦宗于巩洛之原，又葬天水郡王被害子孙于河南祖墓。是二帝之子孙近族，皆已被杀无遗也。

元世祖灭南宋，亦迁宋恭帝及太后至上都。《元史·世祖本纪》载："丁丑，阿塔海、阿剌罕、董文炳诣宋主宫，趣宋主㬎同太后入觐。朗中孟祺奉诏宣读，至'免系颈牵羊'之语，太后全氏闻之泣，谓宋主㬎曰：'荷天子圣慈活汝，当望阙拜谢。'宋主㬎拜毕，子母皆肩舆出宫，唯太皇太后谢氏以疾留。"所谓"系颈牵羊"者，辱其身也。《史记·宋微子世家》载："周武王克殷，微子乃持其祭器造于军门，肉袒面缚，左牵羊，右把茅，膝行而前以告。于是武王及释微子，复其位如故。"宋主至上都后，授开府仪同三司、大司徒，封瀛国公。《元史·后妃传》载："时宋后全氏至京，不习北方风土，后为奏令回江南，帝不允，至三奏，帝乃答曰：'尔妇人无远虑，若使之南还，或浮言一动，即废其家，非所以爱之也。苟能爱之，时加存恤，使之便安可也。'后退，益厚待之。"及宋主及太后为僧尼，有地三百六十顷，亦免征其租。盖元世祖允亡宋全后母子私产，听其永为世业也。是亡国之君，亦有幸与不幸矣。

北魏孝文帝改胡姓为汉姓

吾中华人氏自三代以来，重姓氏，续血统，虽数千载而不易。今时尤尚修族谱，以明血统也。北魏时，孝文帝则诏改胡姓为汉姓，异族入统中土者唯此一例矣。

夫鲜卑乃北方民族，拓跋部为其分支。自淝水之战而前秦亡，拓跋部复国，国号魏，称皇帝。皇兴五年，拓跋宏即位，是为孝文帝。孝文素羡中华文化，既即位便欲列籍中夏。《资治通鉴·齐纪六》载：

魏主下诏，以为："北人谓土为拓，后为跋。魏之先出于黄帝，以土德王，故为拓跋氏。夫土者，黄中之色，万物之元也；宜改姓元氏。诸功臣旧族自代来者，姓或重复，皆改之。于是始改拔拔氏为长孙氏，达奚氏为奚氏，乙旃氏为叔孙氏，丘穆陵氏为穆氏，步六孤氏为陆氏，贺赖氏为贺氏，独孤氏为刘氏，贺楼氏为楼氏，勿忸于氏为于氏，尉迟氏为尉氏；其余所改，不可胜纪。"

孝文以血亲婚媾以笼络汉魏以来华北诗礼大姓。《通鉴·齐纪文》载："魏主雅重门族，以范阳卢敏、清河崔宗伯、荥阳郑羲、太原王琼四姓，衣冠所推，咸纳其女以充后宫；陇西李冲以才识见任，当朝贵重，所结姻娅，莫非清望，帝亦以其女为夫人。诏黄门郎、司徒左长史宋弁定诸州士族，多所升降。""故世之言高华者，以五姓为首。"

魏晋以来之门阀制度所生之九品中正用人之制愈为备矣。司马君实叹曰："选举之法，先门第而后贤才，此魏晋之深弊，而历代相因，莫之能改也。……虽魏孝文之贤，犹不免斯弊。故夫明辨是非而不惑于世俗者诚鲜矣。"

孝文之欲效中华者，于易姓氏而复禁胡语，亦为他族所绝无者。据《魏书·咸阳王禧传》：（孝文帝）"今欲断诸北语，一从正音。其年三十已上，习性已久，容不可猝革。三十以下，见在朝廷之人，语音不听仍旧；若有故为，当加降黜。"正音者，汉语也。呜呼，语言者，一族之根本也。族有亡，国有亡，而语言不可亡；语言存则其精神存。族亡可复，国亡可兴，语言既亡则尽亡矣。

噫，然孝文真不谙其理乎？窃谓孝文实深谙儒学者也。儒学之中心乃宗法伦理者，亲其亲而尊其尊，衍生而化五伦，三纲五常、忠孝节义生矣。其易胡姓而崇望族，结姻于大家，实欲依强宗大族之血统纽带而行其治也。《孟子·离娄上》云："为政不难，不得罪于巨室。巨室之所慕，一国慕之；一国之所慕，天下慕之，故沛然德教溢乎四海。"巨室不可轻，望族不可绝，此治国之道也。孝文虽慕中华文化，其所行事则欲以北国小邦而治中土者焉。

匾额门字无勾

余尝游故宫，见诸门之匾额门字，末笔之竖勾皆作竖而无微勾，甚惑。偶读明马朴《谈误》，其卷四言："太祖初命中书詹希原，书太学集贤门，门字右直微勾起，上曰：'吾方欲招贤，原门乃闭门，塞我贤路耶'遂杀之，而以粉涂其勾。"明马愈《马氏日抄》则曰："'门'字两户相向，本无句踢。宋都临安玉牒殿灾，延及殿门，宰臣以门字有句脚带火笔，故招火厄，遂撤额投火中，乃息。后书门额者多不句脚。我朝南京城门额皆詹孟举所书，北京大明门额皆朱孔易所书，'门'字俱无钩脚。"是故民间传门字末笔之勾为"火勾"，后世书家书门匾则不用带火勾之门也。亦有言勾可钓水中之物，龙潜于水，不吉，故禁宫内书门不用勾。诸说皆有所据，余以为马朴之记似较近实。盖朱洪武时，文字之狱甚厉，一字一词而致狱者无数，因一时心思而杀詹希原亦属平常。

詹希原，明书家，字孟举，号逸庵，徽州婺源人，洪武初官中书舍人。丰坊《书诀》谓其"大字独步当代，中楷学欧者次之，小楷学虞而稍变……希原善大书，凡宫殿、城门、坊匾皆其书。"一时书家，披祸于无辜，悲哉。

不郎不秀

今人讥人常谓之"不郎不秀"，亦以为当作"不稂不莠"者，莫衷一是，余是以考之。

夫古语云"马饩不过稂莠"，盖以"稂莠"为"害苗之草"也。《国语》载："季文子相宣、成，无衣帛之妾，无食粟之马。仲孙它谏曰：'子为鲁上卿，相二君矣。妾不衣帛，马不食粟，人其以子为爱，且不华国乎？'文子曰：'吾亦愿之，然吾观国人，其父兄之食粗而衣恶者犹多矣，吾是以不敢。人之父兄食粗衣恶，而我美妾与马，无乃非相人者乎。且吾闻以德荣为国华，不闻以妾与马。'文子以告孟献子，献子因之七日。自是，子服之妾不过七升之布，马饩不过稂莠。文子闻之，曰：'过而能改者，民之上也。'使为上大夫。"是知春秋之时稂莠为劣鄙草料也。

唐人舒元舆《坊州按狱》诗云："去恶犹农夫，稂莠须耘耨。"是以稂莠为恶草也。清人沈自南《艺林汇考》云："今俗鄙称有'不郎不秀'之语。有解曰：'此祖《诗》语。《诗》云：'不稂不莠，禾粟生穗。'盖不实之称也'。"

明人田艺蘅《留青日札》云："元时称人以郎、官、秀为等第，至今人之鄙人曰不郎不秀，是言不高不下也。"高士奇《天录识余》云："洪武初年，每县分人为哥、畸、郎、官、秀五等，家给'户由'一纸，哥最下，秀最上；而每等之中又有分等，巨富谓之'万户三秀'。如'沈万三秀'，即为秀之三者。"赵翼《檐曝杂记》卷五载：汤沐《公余日录》：明初民间称呼有二等：一曰秀，谓故家右族颖出之辈；一曰郎，则微裔末流群小之辈。

盖所谓"不郎不秀"则本之于"不稂不莠"也。

不是其酱不食

《论语·乡党》谓孔子"割不正，不食。不得其酱，不食"。盖春秋之时，凡食则以各色酱佐之，不可率性而佐，既为习，则视之为礼，故孔子以食非所酱为违礼，是以不食也。然春秋之际所谓酱，非后世之酱也，其所谓酱者，泛指发酵而以佐食之物也，若肉酱谓醢然。

今之酱者，其酿造始于西汉。汉元帝时史游《急就篇》云："芜荑盐豉醯酢酱"，颜师古注："酱，以豆合面为之也，以肉曰醢，以骨为肉，酱之为言将也，食之有酱。"古之调味有盐、梅、醯、醢，而以酱为主也。

《履园丛话》卷二十一载："今南方烹庖鱼肉皆用酱，故不论大小门户，当三伏时，每家必自制之，取其便也。其制酱时，必书'姜太公在此'五字，为压胜，处处皆然。有问于袁简斋曰：'何义也？'袁笑曰：'此太公不善将兵，而善将酱。'盖戏语耳。后阅颜师古《急就章》云：'酱者，百味之将帅，酱领百味而行。'乃知虽一时戏语，却暗合古人意义，见《随园随笔》。"吾乡处州邑内有名"酱园弄"者，光绪二十年，该弄有王万丰、王允和、王久和三间大酱园，酱缸百口，年产酱千余担，以是称其弄为"酱园弄"也。

不肖子弟成三虫

五代孙光宪《北梦琐言》载："唐咸通中，荆州书生号唐五经，聚徒五百，束脩自给，有西河济南之风。尝谓人曰：'不肖子弟有三变：第一变为蝗虫，谓蠹田庄而食也；第二变为蠹虫，谓蠹书而食也；第三变为大虫，谓蠹奴婢而食也。'"近世喻不肖子弟有谓富二代者，赖先人之资财而不学无术，吾不知当谓之何虫矣。

不朽与速朽

《左传·襄公二十四年》载："大上有立德，其次有立功，其次有立言。虽久不废，此之谓不朽。若夫保姓受氏，以守宗祊，世不绝祀，无国无之。禄之大者，不可谓不朽。"此春秋时郁郁乎文哉之周礼传统，人之所欲者不朽也。然至战国则有游士出，附依权势，陷于争斗，唯人主之命是从，唯一己私利是从，但能得欲，速朽何妨。后世如斯者不绝，皆战国游士之流矣。《史记·范雎蔡泽列传》载游士蔡泽事，谓：

蔡泽者，燕人也。游学干诸侯小大甚众，不遇。而从唐举相，曰："吾闻先生相李兑，曰'百日之内持国秉'，有之乎？"曰："有之。"曰："若臣者何如？"唐举孰视而笑曰："先生曷鼻，巨肩，魋颜，蹙齃，膝挛。吾闻圣人不相，殆先生乎？"蔡泽知唐举戏之，乃曰："富贵吾所自有，吾所不知者寿也，愿闻之。"唐举曰："先生之寿，从今以往者四十三岁。"蔡泽笑谢而去，谓其御者曰："吾持粱刺齿肥，跃马疾驱，怀黄金之印，结紫绶于要，揖让人主之前，食肉富贵，四十三年足矣。"

呜呼，汲汲求利之相无遗矣。不期不朽，唯求富贵，太史公妙绘战国游士之丑相绝也。方其时也，游士之徒，巧言令色，纵横海内，其安有图不朽之念哉？苏秦挂六国相印之时，叹曰："且使我有雒阳负郭田二顷，吾岂能佩六国相印乎？"秦之术数，无非揣摩人主之心，焉有己之志向哉？《战国策·赵策一》载："苏秦说李兑曰：'愿见于前，口道天下之事。'李兑曰：'先生以鬼之言见我则可，若以人之事，兑尽知之矣。'苏秦对曰：'臣固以鬼之言见君，非以人之言也。'"人话鬼言，尽可择而应之，此苏秦之术也。

李斯微时，沉郁下僚，艳羡仓鼠，《史记·李斯列传》载：李斯"年少时，为郡小吏，见吏舍厕中鼠食不洁，近人犬，数惊恐之。斯入仓，观仓中鼠，食积粟，居大庑之下，不见人犬之扰。于是李斯乃叹曰：'人之贤不肖譬如鼠矣，在所自处耳。'"及其腰斩咸阳，顾谓其中子曰："吾欲与若复牵黄犬俱出上蔡东门逐狡兔，岂可得乎？"司马贞《索隐述赞》谓其"鼠在所居，人固择地。斯效智力，功立名遂。置酒咸阳，人臣极位。一夫诳惑，变易神器。国丧身诛，本同末异"。是亦中肯之评也。

商鞅本卫贵族之后，长居于魏，虽非母邦，亦属故国也。及入秦，说秦孝与魏战，且身将兵攻之，欺旧好故人公子卬，伪和战而劫虏之，公序良俗尽叛。及其败亡之魏，"魏人怨其欺公子卬而破魏师，弗受"。终至"秦惠王车裂商君以徇"。太史公谓其乃"天资刻薄人也"。《索隐述赞》司马贞评其曰："卫鞅入秦，景监是因。王道不用，霸术见亲。政必改革，礼岂因循。既欺魏将，亦怨秦人。如何作法，逆旅不宾。"斯亦战国游士之名显者也。

夫战国之游士，虽皆才智之辈，然其营营私利，所图者名利耳，即其居高位而煊赫，及其败皆非善终，是以谓之速朽者也。《孟子·滕文公下》载："景春曰：'公孙衍、张仪岂不诚大丈夫哉？一怒而诸侯惧，安居而天下息。'孟子曰：'是焉得为大丈夫乎？……富贵不能淫，贫贱不能移，威武不能屈，此之谓大丈夫。'"大丈夫者，不朽之人也。至若战国之游士，虽一时烟云，然其末流千载而未息，凡风云变幻之际，则苏秦、张仪之亡魂必复出，盖其逐者一也。于戏，速朽者何足羡，欲三不朽固难，然留己一点赤子之心，焉为不易？此不亦不朽者乎？

曹魏太学

魏文帝重儒学，黄初五年立太学。太学奉孔子祀，帝令鲁郡修旧庙，置百户吏卒守。太学于博士中择贤者一人为博士祭酒，掌太学学业诸事。博士则从侍中、常侍中儒学优异者中选任。初，太学生员仅数百耳，后增至数千。宋程大昌《演繁露》云："魏文帝黄初五年，立太学。初诣学者为门人，满一岁试通一经者补弟子，不通一经罢遣。弟子满二岁试通二经者补文学掌故，不通经者听须后试。"按此则门人、弟子自有等级也。太学生员不拘年齿，年幼如钟会、刘馥者仅十五岁也。

案《通典》，太学博士职能为"掌以五经教子弟"，"魏及西晋朝博士置十九人"。其后则甚滥矣。学官博士竟至七千余人。据《三国志·刘馥传》，魏设太学二十余年，所出人才寥寥，盖选博士甚宽，致博士才学不足。其时内宫美人与太学博士俱滥。《三国志·王朗传》云："内宫美人数至近千，学官博士七千余人。"鸣呼，博士既滥，生员亦势滥矣。《刘馥传》云："自黄初以来，崇立太学二十余年，而寡有成者，盖由博士选轻，诸生避役，高门子弟，耻与其伦，故无学者。虽有其名而无其人，虽设其教而无其功。"以至朝中擅文辞都罕有。《王肃传》云："时朝堂公卿以下四百余人，其能操笔者未有十人，多皆相从饮食而退。"

《三国志》裴注引鱼豢《魏略》云："从初平之元，至建安之末，天下分崩，人怀苟且，纲纪既衰，儒道尤甚。至黄初元年之后，新主乃复，始扫除太学之灰炭，补旧石碑之缺坏。备博士之员录，依汉甲乙以考课。申告州郡，有欲学者，皆遣诣太学。太学始开，有弟子数百人。至太和、青龙中，中外多事，人怀避就。虽性非解学，多求诣太学。太学诸生有千数，而诸博士率皆粗疏，无以教弟子。弟子本亦避役，竟无能习学。冬去春来，岁岁如是。又虽有精者，而台阁举格太高，加不念统其大义，而问字指墨法点滴之间。百人同试，度者未十。是以志学之士，遂复陵迟，而末求浮虚者各竞逐也。"

夫曹魏至晋，行九品官人之制，太学虽置，族微之家未可入仕，而家世显赫者，其品自高，安需太学而读哉？故其徒为避役之所，岂能成育才之场焉？

曾皙之志

《论语·先进》写曾皙言其志而异乎他人，谓己之志乃"莫春者，春服既成，冠服既成，冠者五六人，童者六七人，浴乎沂，风乎舞雩，咏而归"。孔子喟然叹曰："吾与点也。"此章文字注者多有所异，为读《论语》之难处也。

朱熹《四书章句集注》云："曾点之学，盖有以见夫人欲尽处，天理流行，随处充满，无少欠阙。故其动静之际，从容如此。而言其志，则又不过即其所居之位，乐其日用之常，初无舍己为人之意。而其胸次悠然，直与天地万物上下同流，各得其所之妙，隐然自见于言外。视三子之规规于事为之末者，其气象不侔矣，故夫子叹息而深许之。"钱宾四先生注此章曰："本章吾与点也之叹，甚为宋明儒所乐道，甚有谓曾点便是尧舜气象者。此实深染禅味。朱注《论语》亦采其说，然此后《语类》所载，为说已不同。后世传闻有朱子晚年深悔未能改注此节留为后学病根之说，读朱注者不可不知。"

曾皙之志，夫子虽称之而未明言，故后人各以己解。何晏《论语集解》

引包咸曰："我欲得冠者五六人，童者六七人，……歌咏先王之道，而归夫子之门。"夫曾点所率冠者、童子，实乃景仰孔子之学子也。既云率之，则曾点之职司乃为师也，是故曾点之志乃为教诲冠者、童子之师矣。

《论语·述而》："子曰：'志于道，据于德，依于仁，游于艺。'"上古之学，乐学而游息。《礼记·学记》云："故君子之于学也，藏焉，修焉，息焉，游焉。"曾点所谓"浴于沂，风乎舞雩"者，莫春之游也。夫子既无意于政，蹉跎之后以授徒终老，闻曾点之言，焉能不叹欤？

倡优救汉武乳母

汉武帝时有所幸倡郭舍人者，发言陈辞虽不合大道，然令人主和说。《史记·滑稽列传》载：

武帝少时，东武侯母常养帝，帝壮时，号之曰"大乳母"。乳母所言，未尝不听。有诏得令乳母乘车行驰道中。当此之时，公卿大臣皆敬重乳母。乳母家子孙奴从者横暴长安中，当道掣顿人车马，夺人衣服。闻于中，不忍致之法。有司请徙乳母家室，处之于边。奏可。乳母当入至前，面见辞。乳母先见郭舍人，为下泣。舍人曰："即入见辞去，疾步数还顾。"乳母如其言，谢去，疾步数还顾。郭舍人疾言骂之曰："咄，老女子。何不疾行。陛下已壮矣，宁尚须汝乳而活邪？尚何还顾。"于是人主怜焉悲之，乃下诏止无徙乳母，罚谪谮之者。

余见葛洪撰《西京杂记》卷二亦有类事。《杂记》载：

武帝欲杀乳母，乳母告急于东方朔，朔曰："帝忍而愎，旁人言之，益死之速耳。汝临去，但屡顾我，我当设奇以激之。"乳母如言，朔在帝侧曰："汝宜速去，帝今已大，岂念汝乳哺时恩邪？"帝怆然，遂舍之。

宋王楙《野客丛书》又载：

《史遗》载："韩晋公为浙东观察，有乳母求外事，公欲杀之，顾况为之营救，诣公问之。公曰：'天下皆以某守法，乳母先犯之。'况曰：'公幼时早起晚卧，即要乳母，今为侯伯，乳母焉用？诚宜杀之。'公遽舍之。"

夫韩晋公者，唐玄宗天宝间人，名滉，善画工书，其《五牛图》传世于今。三者所述皆类，窃以为葛洪之所谓东方朔事当源于太史公，而王楙所谓《史遗》所载则不知所据。

抄经仪礼

余见今之抄经者，仿佛临帖然，殊无规矩，有违佛门戒律也。隋唐之时即多有抄经者，其定式为每行十七字，亦谓"行十七"。偈文多为四至七字，抄写格式为：每句首字当与尾字齐，左右单字齐，观之尤为工稳也。宋赵彦卫《云麓漫钞》云："释氏写经，一行以十七字为准。故国朝试童行译经，计其纸数，以十七字为行，二十五行为一纸。"

抄经亦有仪礼，佛弟子以为"沐手抄经如面佛"。"书写经之一行半句，能成就大愿"。其礼仪为：以香水沐手，收摄身、口、意，焚香以达诚意。合掌三称"南无本师释迦牟尼佛"，然后诵"开经偈""无上甚深微妙法，百千万劫难遭遇。我今见闻得受持，愿解如来真实义"。诵毕，然后静心抄经。待抄经皆，双手合掌，诵"回问偈""愿消三障诸烦恼，愿得智慧真明了。普愿罪障悉消除，世世常行菩萨道"。而后卷经置经筒内，供养于佛堂或高洁之处。

盖抄经之制礼仪，有助于收摄身心，一经抄毕，胜于诵经无数遍也。窃谓此亦儒家之抄书类，古时读书人多喜抄书，一书既抄，胜诵读无数遍矣。

陈寿书隆中对

诸葛孔明《隆中对》，文字铿锵，或口语则朗朗上口，或书语则意蕴隽永，凡读罗氏《三国演义》者，莫不熟谙其事。然比之陈寿所著《三国志·诸葛亮传》，方知罗氏之书皆陈寿之文也。其文二百九十五字，尽为小说家挪腾而用。陈承祚书《诸葛亮传》，原系历史虚构，湖海散人则照搬史料，文史交汇，相得益彰。

夫《隆中对》三百字，写孔明未出茅庐而料定天下大势三足鼎立，且先巧取荆州，后并吞益州，五十载天下格局即此而定，直若天人。凡此种种，窃以为皆陈承祚之功也。是故后世评者于其多有称誉。苏洵《嘉祐集》谓："史之难其人久矣。魏、晋、宋、齐、梁、隋间，观其文则亦固当然也。所可怪者，唐三百年，文章非三代两汉当无敌，史之才宜有丘明、迁、固辈，而卒无一人可与范晔、陈寿比肩。"南宋叶适则云："陈寿笔高处逼司马迁。"以此观之，《隆中对》之盛名，实副陈承祚之盛誉也。

《隆中对》之文美则美也，然书孔明之智则不亦过乎？周树人《中国小说史略·元明传来之讲史》云："状诸葛之多智而近妖。"一语中的矣。

陈寅恪评黄濬

夫人之立身于世间，或以行名于时，或以文名于时，然后世论者，多以其品行优劣而视其文也。虽有人书分论之说，谓不可以人而废其言者，然佳人作贼，名节既已亏损，睹其文则鄙其人，是亦人之常情，不亦悲乎？

余读寅恪先生诗，有言黄濬者，题作《丁亥春日阅花随人圣庵笔记深赏其游旸台山看杏花诗因题一律》，诗云："当年闻祸费疑猜，今日开编惜此才。世乱佳人还作贼，劫终残帙幸余灰。荒山久绝前游盛，断句犹牵后死哀。见说旸台花又发，诗魂应悔不多来。"然吴宓诗存稿有录是诗，语有异处，诗题为《题花随人圣庵摭忆后》，云："当年闻祸费疑猜，今日开编惜此才。乱佳人还作贼，随花圣解幸余灰。法严一死终难贷，名毁千秋倍可哀。太息旸台春又动，游魂应悔不多来。"窃谓吴录当为未定稿也。

黄濬，字秋岳，又称哲雄，室名花随人圣庵，年十七毕业于京师大学堂译学馆，授举人，七品京官。尝留学日本早稻田大学。入民国，任北京政府陆军部承政厅秘书。受林森赏，任南京政府行政院机要秘书，得与闻密勿。以通日寇罪，与其子黄晟俱伏法白门。

濬为石遗室陈衍之得意弟子。史载其"才气横溢，诗工尤深"，肆力于骈体，"能集清代之大成"。其诗为孙雄选入《四朝诗史》。汪辟疆将之列名《光宣诗坛点将录》，谓其作之佳者"有杜、韩之骨干，兼苏、黄之诙诡"。及其伏法，家人乃以其稿于北平付印。寅恪先生惜其才，乃首肯其作之第一人也。谓"秋岳坐汉奸罪死，世人皆曰可杀。然今日取其书观之，则援引广博，论断精确，近来谈清代掌故诸著作中，实为上品，未可以人废言也"。余读《摭忆》，深感所论不虚，复亦叹黄秋岳之失足，佳人一旦为贼则不复为佳人矣。

称人姓前加老

今俗称人每于姓前加老字，示之尊也。或谓乃语缀尔，似亦牵强。《周礼·地官·序官》"乡老"，郑玄注谓"老，尊称也"。《左传·昭公十三年》"合诸侯而执其老"。杜预注谓"老,尊卿称"。《孟子·梁惠王上》"老吾老,以及人之老",朱熹注云:"老,以老事之也。"赵岐注谓"老,犹敬也"。

或云此乃近世之俗称,非也。唐宋时即多有此习也。白居易《戏赠元九李十二》诗云"一篇长恨有风情,十首秦吟近正声。每被老元偷格律,苦教短李伏歌行"。老元者,元稹也。又《晚春酒醒寻梦得》诗云"独出虽慵懒,相逢定喜欢。还携小蛮去,试觅老刘看"。老刘者,刘梦得也。东坡则喜于人字上加老字。其《题过所画枯木竹石三首》云:"老可能为竹写真,小坡今与石传神。山僧自觉菩萨长,心境都将付卧轮。"老可者,文与可也。是知称人姓氏前加老之俗,唐宋以来已有也。

丑年状元不吉

世事每有巧合,人或以之附会,谬也。明嘉靖间,辛丑科、癸丑科、乙丑科三科状元皆殒非命,或谓逢丑年不吉也。

《万历野获编》卷十六载:"嘉靖二十年辛丑状元沈坤,直隶太和卫人也,历官南祭酒,忧居,以倭事起,将吏奔溃,坤率壮勇保其乡里,遂以军法榜笞不用命者,其里中虽全而人多怨之。有儒生辈为谣言构之,南道御史林润弹治之。时坤起为北祭酒,上命捕至诏狱拷治,瘐死狱中。润所劾枭败卒之首,并剁住房人两手,皆无其事也。至三十一年(案,当为三十二年)癸丑科状元陈谨,福建闽县人,以中允丁忧归,忤其乡戍海之卒,被众聚殴而死。四十四年乙丑科状元范应期,浙江乌程人,以祭酒罢官归,乃子不肖,牟利殖货,敛怨乡曲,巡按御史彭应参憎之,募民讦其过,里中奸豪因百端窘辱之,应期不能堪,遂自缢死。"

三丑三元死于非命，且其死俱系诬言而不得白，不亦冤乎。三人既为状元，系天子门生，且负奇冤，余不知斯时庶民之负冤者又当几何矣。

春秋时乱伦不以怪

闲读宋张君房《丽情集》，载越娘事云：

"陈敏夫随兄任广州参军，其兄素无妻室，专宠一妾，名越娘，美貌能诗。兄在任不禄，敏夫与越娘搬挈还家。归次洪都，越娘吟诗一联曰：'悠悠江水涨帆渡，叠叠云山缓辔行。'命敏夫和之。敏夫应声曰：'今夜不知何处宿，清风明月最关情。'微寓相挑之意。越娘见诗，微笑。是夜宿双溪驿，月明如昼，越娘开樽，同敏夫饮，唱酬欢洽。问敏夫：'今夜何处睡？'答曰：'廊下图得看月。'各有余情。夜向深，敏夫闻廊下有履声，乃潜起看，见越娘摇手令低声，迎进相抱曰：'今日被君诗句惹动春心。'遂就寝。越娘乃吟词《西江月》：一自东君去后，几多恩爱暌离。频凝泪眼望乡畿。客路迢迢千里。 顾我风情不薄，与君驿邸相随。参军虽死不须悲。幸有连枝同气。"此事亦载《宋词纪事》。

夫敏夫与越娘事虽为士人乐道，然亦多有以为淫乱者，盖宋时理学方盛，弟而乱嫂，焉可容于人哉？余以为观夫春秋之时，后世所谓乱伦之事，殊不以为怪也。《左传》有谓"蒸报婚"者，云"上淫曰蒸，下淫曰报"也。章炳麟《俱分进化论》曰："春秋之世，戕杀蒸报不以为忌。"

顾颉刚《浪口村随笔》曰："《左氏》书中，凡卑辈娶尊辈之妻妾为己偶者谓之'蒸'，亦曰'报'。"又引古注"上淫曰蒸"，"淫亲属之妻曰报。淫季父之妻曰报"。余考之《春秋左氏传》，桓公十六年，"卫宣公蒸于夷姜"。夷姜为宣公庶母也；庄公二十八年，"晋献公蒸于齐姜"。齐姜为献公庶母也；僖公十五年，"晋侯蒸于贾君"。贾君为惠公父献公之妃，亦为庶母也；宣公三年，"文公报郑子之妃曰陈妫"。郑文公为侄，郑子为叔，陈妫为其婶娘也。至若兄弟之妻妾，蒸、报之事历历矣。至汉时，据马迁《史记·匈奴列传》"父死，妻其后母；兄弟死，皆取其妻妻之。"而满清，沿满洲俗，父死子娶其庶母，兄死弟娶其嫂。故清初时，兄弟、叔侄间妻妾互娶事不以为怪也。

大臣妻女发为象奴

《礼记·曲礼》云"刑不上大夫"。孔疏："制五刑三千之科条，不设大夫犯罪之目也。所以然者，大夫必用有德，若逆设其刑，则是君不知贤也。"余观夫永乐帝靖难之时则以建文大臣之妻子发为象奴，或教坊为娼，是亘古未有逆礼之行也。

初，洪武二十五年，太子朱标病故，帝以皇太孙朱允炆继之。及建文即位，是为惠帝，时燕王拥兵自重，朝廷孤危。燕王以"靖难"为名，陷京师，废建文年号，称建文四年为洪武三十五年，搜索建文旧臣五十余人尽戮之，复凌辱其妻女无复加矣。《板桥杂记》记其事云："发象房，配象奴，不辱自尽；胡闰妻女发教坊为娼：此亘古所无之事也。"象奴者，《明史·职官志五》谓"驯象所，领象奴养象，以供朝会陈列、驾辇、驮宝之事。"乃属锦衣卫下专司驯养群象之役徒，为极卑贱之人也。

燕王既陷南京，以非礼之行而凌辱旧臣之妻女，泄其私愤耳。《奉天刑赏录》引《立斋闲录》云："大理寺少卿胡闰妻汪氏及二女俱配象奴，户部侍郎郭任三女亦配象奴；刑部尚书侯泰妻曾氏，配象奴剌三为妻；户部给事中陈继中妻姚氏，配象奴阿宗为妻。"是时，不甘受辱而自尽者甚多也。

其最烈者，当以黄观一家。黄观，字澜伯，一字尚宾。安徽贵池人。洪武二十四年会试等一。建文初，擢礼部右侍郎，右侍中。靖难兵入城，收其妻翁氏并二女皆配象奴。翁氏不屈，乘间率二女及家属十人，俱赴淮清桥下死。（《革朝遗忠录》卷下）顾炎武《黄侍中祠》序云："其妻翁氏及二女为官所簿录，将给象奴，亦赴水死。"可证其事。《列朝诗集》记斯时有一烈妇自沉前题诗云："不忍将身配象奴，手提麦饭祭亡夫。今朝武定桥头死，要使清风满帝都。"据《教坊录》，永乐元年七月二十一日，本司右韶舞邓诚题奏，汪氏于本年四月初三日，由锦衣卫发下教坊司。发教坊为娼，乃朱棣凌辱旧臣妻女之法也。

嗚呼，朱棣屠建文旧臣，方孝孺一案即灭其十族，杀八百四十七人，辱其妻女亲属，如齐泰、黄子澄之姐妹与外甥媳四人发入教坊，"每一日一夜二十条汉守者"肆意淫辱；谢升之妻韩氏，"送淇国公丘福处转营奸宿"；历阳徐尚书，"纵教坊子弟群乱其妻致死"。如此兽行，实乃亘古所无之事也。朱洪武临危之时谓"燕王病矣"，是知其为祸也。夫帝王之争，以至戮杀，诚无可非之，然朱棣祸及妻女，以禽兽之行凌辱之，则其卑鄙甚焉。

大清国歌

吾中华素无国歌。清嘉庆五年，清廷驻英大使，曾国藩长子曾纪泽出使间，睹西欧诸国于礼仪场均演奏其国国歌，甚慕之。上奏并拟《国乐草案》，定国乐为《普天乐》，未准。

光绪二十二年，清廷遣北洋大臣，直隶总督李鸿章为特使，聘于西欧及俄罗斯诸国。所聘之国于迎宾礼仪际，皆奏国歌，其景甚壮，李甚尴尬。遂嘱随员以古曲填词，权为国歌。其词为唐王建诗，"金殿当头紫阁重，仙人掌上玉芙蓉。太平天子朝天日，五色云车驾六龙"。后人亦称之为《李中堂乐》。既归，其曲未获准用。

光绪三十二年，清廷设陆军部，陆军部制军歌《颂龙旗》，其词曰："于斯万年，亚东大帝国。山岳纵横独立帜，江河漫延文明波；四百兆民神明胄，地大物产博。揭我黄龙帝国旗，唱我帝国歌。"一时间，每值与外国公使交往，则以之代国歌奏唱之。

清宣统二年，尝赴扶桑考其乐制之礼部左参议曹广权，鉴刻"各国皆有专定国乐，极致钦崇，遇亲贵游历，公使宴集，既自奏国乐"。而"我国国乐从前由出使大臣曾纪泽权宜编制，声调缓慢，至今各国常致疑问"。故奏请"整饬礼乐，以正人心"。于是，海军部参谋官严复撰词，爱新觉罗·溥侗制曲，谱《巩金瓯》歌，其词曰："巩金瓯，承天帱，民物欣凫藻。喜同袍，清时幸遭。真熙皞，帝国苍穹保。天高高，海滔滔。"宣统三年八月十三，帝批谕内阁："典礼院会奏，遵旨编制国乐专章一折，声音之道，与政相通，前因国乐未有专章，谕令礼部各衙门妥慎编制。兹据典礼部会同各该衙门将编制专章缮单呈览，声词尚属壮美，节奏颇为叶和，着即定为国乐，一体遵行。"（《清通鉴》）

夫首制国歌者当属荷兰国，明穆宗隆庆三年（1569），其国民因抗西班牙人之统治，昂歌《威廉凡那叟》击敌，胜之。以是歌为其国歌也。西欧诸国以是效之，此为今世界国歌之起因也。

大暑去酷吏

夫子曰："苛政猛于虎。"苛政之下必有酷吏，故《史》《汉》皆置《酷吏列传》焉。

宋释文莹《玉壶清话》卷六云："周祖自邺起师向阙，京国扰乱，鲁公遁迹民间。一旦，坐对正巷茶肆中。忽一形貌怪陋者前揖云：'相公相公，无虑无虑。'时暑中，公执一叶素扇，偶写'大暑去酷吏，清风来故人。'一联在上，陋状者夺其扇曰：'今之典刑，轻重无准，吏得以舞，何啻大暑耶？公当深究狱弊。'持扇急去。一日，于祆庙后门，一短鬼手中执其扇，乃茶邸中见者。未几，周祖果以物色聘之，得公于民间，遂用焉。忆昔陋鬼之语，首议刑典，疏曰：'先王所恤，莫重于刑。今繁苛失中，轻重无准，民罹横刑，吏得侮法。愿陛下留神刑典，深轸无告。'世宗命公与台官剧可久、知杂张湜聚都省详修刊定，惟务裁减，太官供膳。殆五年书成，目曰《刑统》。"

考《清话》所云"大暑去酷吏"句，本于唐杜牧五言律《早秋》，诗云："疏雨洗空旷，秋标惊意新。大热去酷吏，清风来故人。樽酒酌未酌，晓花翾不翾。铢秤与缕雪，谁觉老陈陈。"

若夫酷吏者，何代无之，酷暑者，何时能除。酷暑不除，酷吏亦不除，酷暑除而复至，酷吏亦去而复生，天道如斯矣。

大禹一沐三握发

或言"吐哺握发"，人必以周公言之，或言"漂母乞食"，人必以韩信言之，其不知周公、韩信之前已有类事也。

《史记·鲁周公世家》："周公戒伯禽曰：'我文王之子，武王之弟，成王之叔父，我于天亦不贱矣。然我一沐三捉发，一饭三吐哺，起以待士，犹恐失天下之贤人。子之鲁，慎无以国骄人。'"

《淮南子·氾论训》："禹之对以五音听治，县钟鼓磬铎，置鞀，以待四方之士，为号曰：'教寡人以道者击鼓，谕寡人以义者击钟，告寡人以事者振铎，谕寡人以忧者击磬，有狱讼者摇鞀。'当此之时，一馈而十起，一沐而三提发，以劳天下之民，此而不能达善效忠者，则才不足也。"

《淮南子》乃淮南王刘安主撰，安为高祖之孙，淮南厉王之子，文帝时人。太史公撰《史记》当参之于《淮南子》也。

《汉书》载韩信漂母乞食事云："信从下乡昌亭长食，亭长妻苦之，乃晨炊蓐食。食时信往，不为具食。信亦知其意，自绝去。至城下钓，有一漂母哀之，饭信，竟漂数十日。信谓漂母曰：'吾必重报之。'母怒曰：'大丈夫不能自食，吾哀王孙而进食，岂望报乎。'"而春秋时伍子胥事亦早于《汉书》所载也。

《吴越春秋》载："子胥默然，遂行至吴，疾于中道，乞食溧阳。适会女子击绵于濑水之上，筥中有饭。子胥遇之，谓曰：'夫人可得一餐乎？'女子曰：'妾独与母居，三十未嫁，饭不可得。'子胥曰：'夫人赈穷途少饭，亦何嫌哉？'女子知非恒人，遂许之，发其箪筥，饭其盎浆，长跪而与之。子胥再餐而止。女子曰：'君有远逝之行，何不饱而餐之？'子胥已餐而去，又谓女子曰：'掩夫人之壶浆，无令其露。'女子叹曰：'嗟乎。妾独与母居三十年，自守贞明，不愿从适，何宜馈饭而与丈夫？越亏礼仪，妾不忍也。子行矣。'子胥行，反顾女子，已自投于濑水矣。"

夫《史记》《汉书》人之所素熟者，故其事既传，则人皆以之为源也。孰知尚有其所本者矣。

道观之始

比丘所居曰庙曰寺，比丘尼所居曰庵，道士所居曰观，观者，上古无屋宇之义也。《谈徵》谓："终南山尹喜之居有草楼焉，后人创立道宫，名曰楼观。故道家所居多以观名。按《黄帝内传》：'西王母授帝白玉元始真容，置于高观之上。时人谓之道观。'名观之义，疑取诸此。"

夫尹喜者，周大夫也，任大散关令。遇老子，授《老子五千言》，即今之《道德经》是也，后随老子西出散关。庄周谓其"古之博大真人"。晋葛洪《〈关尹子〉序》云："今陕西灵宝县太初观，乃古函谷关侯见老子处，终南宗圣宫乃关尹故宅，周穆王修其草楼，改号楼观，建老子祠，道观之兴，实祖于此。"

余谓道观者，乃观道也。《释名》云："观者，于上观望也。"道家重天象，道观之地乃窥测无上天意所在之所，观其天道也。故其当作动词，阴平声也。今人多读如惯音，误也。

道教徒礼神叩齿

佛教徒礼佛必叩首，人所尽知，道教徒礼神以叩齿为礼，人鲜知也。宋无名氏《道山清话》云："人之叩齿，将以收召神观，辟除外邪，其说出于道家，故修养之人多叩齿，不闻以是为恭敬也。今人往往入神庙中叩齿，非礼也。"是知宋时道教徒入神庙而以叩齿为礼也。《灵飞经》云："常以正月二月甲乙之日，平旦沐浴斋戒，入室东向，叩齿九通，半坐思东方东极玉真青帝君讳云拘字上伯。"以是观，叩齿固道家之说也。梁陶弘景《真诰协昌期》云："常以本命之日，向其方面叩齿三通，心存再拜，而微祝曰：'太一镇生，三气合真'。"又云："凡入室烧香，皆当对席心拜，叩齿阴祝，随意所陈，惟使精专，必获灵感。"《九真高上宝书神明经》云："叩齿法，左相叩，名曰'打天钟'；右相叩，名曰'捶天磬'。"此则喻叩齿之法也。

余尝见今人尚有养生之法，亦以叩齿为效，其或道家之叩齿亦养生之道耶？

狄仁杰焚项羽庙

西楚霸王自亡于乌江，后人建庙祀之，刘氏既建汉室，民间仍有项羽祠存，史家见仁见智，而其香烟未绝也。唐初，狄仁杰任江南安抚使，令焚项羽祠，自汉以来，未有之也。仁杰刚正行事，于淫祠尤为恶之。

《旧唐书·狄仁杰传》载："高宗将幸汾阳宫，以仁杰为知顿使。并州长史李冲玄以道出妒女祠，俗云盛服过者必致风雷之灾，乃发数万人别开御道。仁杰曰：'天子之行，千乘万骑，风伯清尘，雨师洒道，何妒女之害耶？'遽令罢之。高宗闻之，叹曰：'真大丈夫也。'"盖妒女者，名介妹，介山氏，传谓介子推妹也。昔介子推归隐不受晋文公禄，介山氏以为有要挟君主之意而耻兄要君也。介子推既被焚于绵山，晋俗禁火号寒食，介山氏不忍寒食陋俗，积薪自焚之，以变其俗，故民感而祀之。唐时其风极盛，尊为"妒神"。

《本传》又载："吴、楚之俗多淫祠，仁杰奏毁一千七百所，唯留夏禹、吴太伯、季札、伍员四祠。"《唐语林》载：仁杰"充江南安抚使。其风俗，岁时尚淫祠，庙凡一千七百余所，仁杰并令焚之。有项羽庙，吴人所惮。仁杰先檄书，责其丧失江东八千子弟，而妄受牲牢之荐，然后焚之。"

仁杰之以正气立身于世，是以未尝以他物为浸也。故其立身于武氏之朝，而独能行其事，此岂他人可行者耶？杜工部有《狄明府》诗云："狄公执政在末年，浊河终不污清济。国嗣初将付诸武，公独廷净守丹陛。禁中决册请房陵，前朝长老皆流涕。太宗社稷一朝正，汉官威仪重昭洗。"呜呼，身禀天地之正气，诸邪不能侵之，狄公之谓也。

地 衣

李后主《浣溪沙》词"红日已高三丈透，金炉次第添香兽，红锦地衣随步皱"。地衣者，地毯也。古之谓"氍毹""壁""毛席"者。南唐未亡前，李主极侈靡，宫中行乐，锦作地衣，即其证矣。此习承之于唐而遗之于后世。

余翻检唐宋诗词，多有书及地衣者。唐王建《宫词》"连夜宫中修别院，地衣帘额一时新"。唐花蕊夫人《宫词》"青锦地衣红绣毯，尽铺龙脑郁金香"。"蜀锦地衣呈队舞，教头先出拜君王"。唐秦韬玉《豪家》"地衣镇角香狮子，帘额侵钩绣避邪。"宋柳永《蝶恋花·凤栖梧》"蜀锦地衣丝步障。屈曲回廊，静夜闲寻访"。凡言地衣者，皆绘豪贵之家之侈华之景，唯白乐天《红线毯》诗云："地不知寒人要暖，少夺人衣作地衣。"悲天悯人之情，溢于言表，可为侈靡者戒也。

帝后崩赐遗留物

宋时帝、后崩，以钱物分等颁赐两府、宗室、近臣；并遣使告哀辽、夏，亦赠以钱物，均称"遗留物"，意谓系去世帝、后所遗留者也。

《宋史·礼二十五》载："嘉祐八年三月晦日，仁宗崩，英宗立。三司请内藏钱百五十万贯、紬绢二百五十万匹、银五十万两，助山陵及赏赍。遣使告哀辽、夏及赐遗留，又遣使告谕诸路。又以听政奠告大行，近臣告升遐于天地、社稷、宗庙、宫观，又告嗣位。赐两府、宗室、近臣遗留物。"

《清波杂志》卷六载："显仁上仙，遣使告哀北虏，并致遗留物。"是宋时帝、后崩，皆有赐钱物之礼也。其赐所谓遗留物者，意为受者留为念想，取睹物思人之义耳。盖民间亦有是俗。先人亡，后辈各取先人平日所用之物一二，名谓"念想"，今尤存此俗也。然宋室竟赐所谓遗留物予辽、夏，实为贿也，岂有虎狼之邦而存慈悲之念想者焉。斯举当亦无奈，悲夫。

帝王赐姓

人皆有姓，虽千载而不易，姓者，表宗族之沿续也。今人尚修族谱，亦以示一姓之续耳。上古之时，姓氏有别，泾渭分明，姓者，别婚姻也，氏者，表贵贱也。自秦之后，姓氏方合而为一。然自汉始而有赐人姓者。

赵翼谓"赐姓本始于汉初，《北史·鲍宏传》所谓项伯不同项羽，汉高赐姓刘氏，秦真父能死难，魏武赐姓曹氏是也"。余观史籍，凡逢乱世，则赐姓之举亦多。盖一朝立，则必以帝王之姓最为贵，谓之国姓，而以国姓赐人，受者亦视为殊荣，故乱世之际，多以之安抚降将，笼络外蕃，褒奖功臣，以示恩宠也。

唐初武德间赐姓甚多，盖隋末天下大乱，群雄并起，李唐草创之时，于归附之各路"烟尘"首领多赐以国姓，瓦岗旧将多赐以李氏姓。及安史之乱，平叛后期，安史部将张忠志举其地归国，"赐姓名曰李定臣"。（《旧唐书·李定臣传》）乾元二年，黄秦矸贼营，归李光弼，"赐姓李氏，名忠臣"。（《旧唐书·李忠臣传》）

五代时亦多有赐姓，而以后唐为最。后唐庄宗多赐后梁旧将姓名。如赐朱友谦为李继麟，张从楚为李绍文，温韬为李绍冲，段凝为李绍钦。盖一姓之赐而有兵不血刃之功矣。

赐姓之举，亦可收安抚蕃邦之功。李唐时，欲拓疆土，凡内附之蕃邦权贵多以赐姓。武德七年八月，东突厥可汗颉利遣夹毕特勤阿史那思摩入见高祖，赐姓李氏。唐初有契丹酋长窟哥、奚族酋长可度者、靺鞨酋长突地稽等率所部内附，皆赐姓李氏。（《旧唐书·西戎传》）宪宗元和四年，奚王没辱孤归附，亦赐以李氏姓。中唐后，赐姓而常伴赐名。

赐姓亦以示恩宠。唐初邴粲与高祖李渊交厚，得以赐李氏；武则天时，"嵩山人韦什方等以妖言惑众，太后甚信重之，赐什方姓武氏。"（《资治通鉴》卷二〇五）

观夫唐时，赐姓亦有以辱之者，盖赐其恶姓也。唐武后时，赐高宗原皇后王氏、宠妃萧良娣改姓为"蟒""枭"；垂拱间，李唐宗室琅琊王李冲、越王李贞等起兵，乱后，武后赐其李姓诸王及子孙、公主更姓虺姓。（《资治通鉴》卷二〇一）唐玄宗于太平公主乱后，"改窦怀贞姓为毒，改新兴王晋之姓为厉"。（《资治通鉴》卷二一〇）

南唐后主喜翰墨，时歙州有工匠奚延珪善制墨，后主赐其姓李氏，后世皆以李延珪称之也。

五代后，赐姓之习鲜，然至清，赐恶名仍存。雍正帝赐胤禩名阿其那，赐胤禟名塞思黑，亦旧习也。

帝王功胜于德

俗言成者王侯败者寇，史传褒贬亦以成是而败非，其来有素也。

《史记·项羽本纪》云："项羽已定东海来，西，与汉俱临广武而军，相守数月。当此时，彭越数反梁地，绝楚粮食。项王患之。为高俎，置太公其上，告汉王曰：'今不急下，吾烹太公。'汉王曰：'吾与项羽俱北面而受命怀王，曰：约为兄弟。'吾翁即若翁，必欲烹而翁，则幸分我一杯羹。"呜呼，无赖之辞，溢于言表矣。《后汉书》李贤注引《陈留风俗传》云：沛公起兵野战，丧皇妣于黄乡。天下平定，乃使使者招魂而葬。追尊先媪曰"昭灵夫人"。宋晁载之《昭灵夫人祀》诗云："杀翁分我一杯羹，龙种由来事杳冥。安用生儿作刘季，暮年无骨葬昭灵。"刺高祖于父母之无情也。

《资治通鉴》卷一九一，司马温公论唐太宗以藩王夺长嫡，推刃同气云："蹀血禁门，推刃同气，贻讥千古，惜哉。夫创业垂统之君，子孙之所仪刑也。彼中、明、肃、代之传继，得非有所指拟以为口实乎？"清王夫之《读通鉴论》卷二〇云："太宗亲执弓以射杀其兄，疾呼以加刃其弟，斯时也，穷凶极惨，而人之心无毫发之存者也。"

夫汉唐之际亦尊儒学，以孝悌而教天下。然汉高祖"分我一杯羹"可谓孝乎？唐太宗"执弓以射杀其兄，疾呼以加刃其弟"可谓悌乎？窃谓若初使霸王、建成有分羹、推刃之举，史官不知如何书之。是故成事业者，功胜于德焉。读史者当明之也。

帝王何时专黄色

黄乃帝王之色，袍衫、坐具、诏书皆为黄色，即宫殿亦以黄为其基调也。然自上古至唐，服饰绝无禁忌。

《周礼·春官宗伯》载："司服掌王之吉凶衣服，辩其名物，与其用事。""王之吉服：祀昊天上帝则服大裘而冕，祀五帝亦如之；享先王则衮冕；享先公、飨、射则鷩冕；祀四望、山川则毳冕；然社稷、五祀则希冕；祭群小祀则玄冕；凡兵事韦弁服；视朝则皮弁服；凡甸冠弁服。"周时帝之服饰因祭祀有异而所服亦别之，此乃礼制也。据唐、宋文献，窃谓帝王之专断黄色非一时一人所为，其亦自唐始而渐进成之也。

《旧唐书·志二十五·舆服》载：

武德初，因隋旧制，天子宴服，亦名常服，唯以黄袍及衫，后渐用赤黄，遂禁士庶不得以赤黄为衣服杂饰。四年八月敕："三品已上，大科绸绫及罗，其色紫，饰用玉。五品已上，小科绸绫及罗，其色朱，饰用金。六品已上，服丝布，杂小绫，交梭，双紃，其色黄。六品、七品饰银。八品、九品鍮石。流外及庶人服绸、絁布，其色通用黄，饰用铜铁。"

夫其时高祖所禁乃赤黄色，而非一切黄色，九品之外及百姓仍可以黄色为服饰之色。

《新唐书·志十四·车服》载：

至唐高祖，以赭黄袍、巾带为常服。腰带者，搢垂头于下，名曰铊尾，取顺下之义。一品、二品銙以金，六品以上以犀，九品以上以银，庶人以铁。既而天子袍衫稍用赤黄，遂禁臣民服。亲王及三品、二王后，服大科绫罗，色用紫，饰以玉。五品以上服小科绫罗，色用朱，饰以金。六品以上服丝布交梭双紃绫，色用黄。六品、七品服用绿，饰以银。八品、九品服用青，饰以鍮石。勋官之服，随其品而加佩刀、砺、纷、帨。流外官、庶人、部曲、奴婢，则服绸绢絁布，色用黄白，饰以铁、铜。

是知唐高祖李渊时，盖天子袍衫用赤黄，故臣民禁用，然六品以上官员仍可服黄色。贞观四年，"又制，三品已上服紫，五品已上服绯，六品、七品服绿，八品、九品服以青，带以鍮石。妇人从夫色。虽有令，仍许通著黄"。宋人王楙《野客丛书》卷八云："自唐高祖武德初用隋制，天子常服黄袍，遂禁士庶不得服，而服黄有禁自此始。"其说未审，朝廷虽有禁令，然仍"许通著黄"也。

据《旧唐书·志二十五·舆服》："龙朔二年，司礼少常伯孙茂道奏称：'旧令六品、七品着绿，八品、九品着青，深青乱紫，非卑品所服。望请改八品、九品着碧，朝参之处，听兼服黄。'从之。总章元年，始一切不许着黄。"是以黄色为帝王专服之色始于唐高宗总章元年，而庶民及贱民不复服黄、紫、红诸色，天子专黄色，而紫、红乃品秩高者之服，故亦禁之。自此始至清末，未之易也。

帝王家事

窃谓自古帝王家无私事也，盖天下既为一家之天下，一家之事即天下之事，故帝王之家事皆天下之事焉。

唐高宗欲废王皇后，立昭仪武氏为后。时大臣褚遂良、长孙无忌之属，皆以死争。帝无奈而询之李勣，勣独曰："此陛下家事，何必更问外人。"帝意遂决，至有后来武氏夺李家天下之祸也。其后玄宗复因武惠妃之谮欲废太子瑛等，张九龄之属亦固以为不可，独李林甫谓："此陛下家事"，一语而决，遂基唐室之乱也。

夫李勣乃大唐开国之臣，为凌烟阁二十四功臣之一，封英国公。《旧唐书》谓"近代称为名将者，英、卫二公，诚烟阁之最"。而其"此陛下家事"一语几毁大唐基业。李林甫固口蜜腹剑之权臣，其亦因"此陛下家事"一语而致祸起萧墙。此皆私心欲迎上意，岂以天下为念哉？以家事为辞者，不知帝王之家事即天下之大事耶？观夫后世凡立储，立后皆与一朝之兴衰息息相关，可知帝王之家无私事矣。

近人梁启超《中国史界革命案》谓"二十四史非史也，二十四姓之家谱而已"。斯言善矣。

帝王诗气象有异

诗言志，虽为帝王者，其志异而所赋诗气象有异也。宋陈善《扪虱新话》云："帝王文章自有一般富贵气象。国初，江南遣徐铉来朝。铉欲以辩胜，至诵后主月诗云云。太祖皇帝但笑曰：'此寒士语耳，吾不为也。吾微时，夜自华阴道中逢月出，有句云'未离海底千山暗，才到中天万国明'。'铉闻，不觉骇然惊服。太祖虽无意为文，然出语雄杰如此。"

李后主固为词赋高手，而其承先业，据江南，亦为数十州之主也，然其诗赋多病语，实为亡国之兆，与陈后主制《后庭花》一也。后主有五言律云："病态加衰飒，厌厌已五年。"七言有云："衰颜一病难牵复，晓殿君临颇自羞。"又云："冷笑秦皇经远略，静怜姬满苦时巡。"其《病中书事》云："病身坚固道情深，宴室清香思自任。月照静室惟捣药，门扃幽院只来禽。庸医懒听何取，小婢将行力未禁。赖问空门知气味，不然烦恼万涂侵。"诗固佳诗，然岂人主之作欤？至若汴京之赋，则宜其悲矣。

帝王问疾大臣携纸钱

晏殊为相，晚年病危，仁宗将临问，元献谢拒之。《宋史·晏殊传》载：晏殊"病寝剧，乘舆将往视之。殊即驰奏曰：'臣老疾，行愈矣，不足陛下忧也。'已而薨。帝虽临奠，以不视疾为恨，特罢朝二日，赠司空兼侍中，谥元献，篆其碑首曰'旧学之碑'。"帝王亲临问疾，人皆视为殊荣，元献公何以拒之耶？或疑之。余读宋王铚《默记》云："晏元献病既革，上将临问之，甥杨文仲谋谓："凡问疾大臣者，车驾既出，必携纸钱，盖已膏肓，或遂不起，即以吊之，免万乘再临也。'遂奏：'臣病稍安，不足仰烦临问。'仁宗然之。后数日即薨。"于戏，问人疾病而以纸钱行，其制实为荒谬且不近人情者焉。然余见宋史亦多有载帝王问疾大臣事，未有书携纸钱事，未知事实如何？

旧传宋时有谚云："宣医纳命，敕葬破家。"《石林燕语》载："大臣及近戚有疾，恩礼厚者多宣医。及薨，例遣内侍监护葬事，谓之'敕葬'。国医未必高手，既被旨，须求面投药为功，病者不敢辞，偶病药不相当，往往又为害。敕葬，丧家无所预，一听于监护官，不复更计费，惟其所欲，至罄家资有不能办者。"故时多有上章乞免者，朝廷知其意，亦皆从之。

滇南人祀王羲之

梁绍壬《两般秋雨庵随笔》云："滇南人初不知有孔子，祀王右军为先师。元世祖至元十五年，始建孔子庙。"盖世祖孛儿只斤海山，幼时即学儒学，即位两月，即诏孔子封号"至圣文宣王"前增"大成"二字，并遣使祭祀，以表尊崇。然边鄙之地，文教未及也。

《元史·张立道传》载："先是云南未知尊孔子，祀王逸少为先师。立道首建孔子庙，置学舍，劝士人子弟以学，择蜀士之贤者，迎以为弟子师，岁时率诸生行释菜礼，人习礼让，风俗稍变矣。"明洪武间，文学名士王奎、韩宜可贬谪云南建水，广传儒学。又明清两朝，建水建崇正、景贤、焕文、崇文、慈云及文昌诸书院，并设学政考棚，至是滇地儒学方兴焉。永乐九年白圭中乡试式，正统七年刘锴始中进士。然初滇人何以祀王右军为先师，不可考也。

典　妻

清代民间有典妻俗，法无禁止，其多乃贫家无奈之举也。典妻者与承典者书典妻契约，明所典妻之时间，约产子即归本夫家。典妻家多为因贫而典，承典者则多为无子故。民国间作家柔石尝以典妻事著小说。

典妻之俗明代即存，而以清季为盛。处州松阳县旧俗有所谓"坐堂招夫"者，盖原夫贫病，妻征夫意，招典夫于家，收其典金以养夫也。边鄙之地，典妻之风尤盛。赵翼《檐曝杂记》卷四"甘省陋俗"条载：

"甘省多男少女，故男女之事颇阔略。其有不能娶而望子者，则僦他人妻，立券书期限，或二年，或三年，或以得子为限。过期则原夫促回，不能一日留也。"

叹叹，妻之可典，形同物也，究其本则一贫字矣。若可饱腹，岂有以妻典之者哉。

殿试黜落为汉奸

北宋华阴人张元，因殿试黜落以至判宋投西夏，甘为汉奸，此亦一奇事也。张元字雷复，壮时"以侠自任"，"负气倜傥，有纵横才"，然累试不第，遂判宋投西夏，为西夏军师，国相。仁宗景祐间，与宋军战，败韩琦，宋军亡七万余。元题诗云："夏竦何曾耸，韩琦未足奇。满川龙虎辈，犹自说兵机。"无耻之极矣。

盖宋初科举，殿试皆有黜落，临时取旨，或三人取一，或二人取一，或三人取二，故有累经省试取中、屡摈弃于殿试者。《燕翼诒谋录》载："故张元以积忿降元昊，大为中国之患，朝廷始囚其家属，未几复纵之。于是群臣建议，归咎于殿试黜落。嘉祐二年三月辛巳，诏进士与殿试者皆不黜落，迄今不改。是一叛逆之贼子，为天下后世士子无穷之利也。"

张元以一己私欲而叛国附敌，引狼入室，其心可诛。而仁宗变殿试之制，岂张元一人所致哉？

殿试重书法始于康熙

清代科举重书法，殿试优劣尤以书法衡量，《大清会典事例·殿试》载："向来读卷诸臣，率多偏重书法，而于策文，则惟取其中无疵颣，不得充选而已。"殿试既疏策论之优劣，以致空疏浅陋，竞列清班。读卷官评定楷法复苛求于点画之间。桃华圣《解庵日记》云：

"国朝自乾隆已前，状元犹或取才名，其策亦多取条对，高宗屡诏申饬，故毕沅及庄有恭，皆由特简。嘉庆以后，渐行波靡，自己未姚文僖后，遂无名家，然其时，尚未专取楷法。道光以后，始专论字，然犹取欧、褚、赵、董，所谓帖意者是。宣宗晚年，讲求字画，于是禁止帖体，奉行之吏，乃至并禁说文正体，遂以不误者为误，而字学举偶等书出矣，士人争以痴肥板重为工，有黑光方匀之目，非此不得列前十卷，而楷法亦尽亡矣。故嘉庆至今（道光）七十八年，状元三十七人，官至一品者，仅二人，二品者十人，而偃蹇夭折者大半。嘉道间之龙头，士大夫已不能举其姓氏，除姚文僖外，著作亦一字流传，朝廷取此等人，果何用也。"

终清一代，殿试重字轻文之风相沿未革。李慈铭《越缦堂日记》评入式之士子云："论其学，则不辩唐宋；论其文，则不辩之乎。童而习之，破句之四书，长而效之，录旧之墨卷。其应试也，怀挟小策，钻营关节；其应制也，描摹墨卷，研磨墨光，明人谓三十年不科举，方可以致太平，余谓必不得已，当大减天下学额三分之二，停送翰林三十年，始可言节气与政事也。"

殿试重书法，实自康熙已始也。清王士祯《易居录》云："二十三日御太和门传胪，赐中式举人戴有祺及第第一。初，读卷官拟吴昺第一，有祺第二。既进御览，改有祺第一，昺第二。昺，全椒人，对策仿陆宣公奏议。上以书法拔有祺状元，而昺次之。"以是殿试重书法自康熙开端矣。

东家丘

孔丘圣人，自汉始，儒者尊之，帝王敬之，百姓仰之，何等尊贵，然当其时也，乡邻蔑之谓"东家丘"。北齐颜之推《颜氏家训·慕贤》载："世人多蔽，贵耳贱目，重遥轻近。少长周旋，如有贤哲，每相狎侮，不加礼敬；他乡异县，微藉风声，延颈企踵，甚于饥渴。校其长短，核其精粗，或彼不能如此矣。所以鲁人谓孔子为东家丘。"南宋陈善《扪虱新话》亦云："夫子方无恙之日，伐木于宋，削迹于卫，穷于商周，厄于陈蔡，人之为是东家丘也。"李太白《送薛九被谗去鲁》诗云："宋人不辩玉，鲁贱东家丘。我笑薛夫子，胡为两地游。"

余读俞曲园《茶香室丛钞》卷八亦云："余谓李、杜诸人，在今日则光芒万丈矣，在当日亦东家丘耳。或遭摈弃，初不足怪。"是知孔子生时，乡邑亦以一平常人视之也。然诸书所引，皆谓本于《孔子家语》，余查诸今本《家语》绝无此文字，或所谓古本之《家语》耶？

东南西北皆道主

《左传·僖公三十年》载烛之武言秦伯"若舍郑以为东道主，行李之往来，共其乏困"。后世皆以称主人为东道主，盖郑位于秦出东之途也。然亦有以南西北而称之者。

《魏书·裴延儁传》："昨得汝主簿为南道主人，六军丰赡。"南朝陈徐陵《为贞阳侯与北齐荀昂兄弟书》"想谋元宰，善保良图，南道主人，以相付之"。清赵翼《陔馀丛考》卷三十九载："唐郑余庆为岭南节度，与罗让善。郑还朝荐让，让至谒郑，郑指语坐客曰：'此吾南道主人也'。"此谓南道主人也。

《后汉书·邓晨传》载：更始北都洛阳，以晨为常山太守。会王郎反，光武自蓟走信都，晨亦间行会于巨鹿下，自请从击邯郸。光武曰："伟卿以一从我，不如以一郡为我北道主人。"《后汉书·耿弇传》载：光武官属腹心皆不肯，曰："死尚南首，奈何北行入囊中？"光武指弇曰："是我北道主人也。"《彭宠传》载：彭宠将反，光武问朱浮。浮曰："大王倚宠为北道主人，今既不然，所以失望。"此谓北道主人也。

唐温大雅《唐创业起居注》载："仍命华先济为西道主人，华大悦而去。"宋刘攽《彭城集》卷九《自江南将归先寄和甫》"寄声西道主，好在嗣宗家"。宋王禹偁《小畜集·寄秀州冯十八礼杰同年》"愿作入朝西道主，只看黄霸诏书征"。此谓西道主人也。

自《左传》有"东道主"，后世假其意而有南道主、北道主、西道主也。然今人唯以待客之主为东道主，鲜有以南西北称之也。

都都平丈我

宋晁说《晁氏客语》云："王荆公教元泽，求门宾须博学善士。或谓发蒙恐不必然。公曰：'先入者为之主。'予由是悟未尝讲学改易者，幼年先入者也。"夫幼儿发蒙，如于素笺上著墨，一经著墨不可易也。《文心雕龙·体性》云："才有天资，学慎始习。斫梓染丝，功在初化。器成采定，难可翻移。故童子雕琢，沿根讨叶，思转自圆。"

今有效古之私塾而教幼童蒙学者，无非取明清蒙学之书咏之耳，而训其字义，语音，则茫然也。正孟子所谓"贤者以其昭昭使人昭昭，今以其昏昏使人昏昏"者矣。

明冯梦龙《古今谭概·谬误》"五字皆错"条云："曹元宠《题村学堂图》云：'此老方扪虱，众雏争附火。想当训诲间，都都平丈我。'昔有宿儒过村学中，闻其训'都都平丈我'，知其讹也，校正之，学童皆骇散。时人为之语曰：'都都平丈我，学生满堂坐；郁郁乎文哉，学生都不来。'实可谓谑而非虐。蒙读此则，尝有诗云：'此言真与我心同，择傅宁能忽训蒙。今日非无村塾老，都都平丈教儿童。'"

《论语·八佾》：子曰："周监于二代，郁郁乎文哉，吾从周。"村塾师不谙而训"都都平丈我"，虽为笑谈，未必实事，然以其昏昏而欲使人昭昭者则今亦有之矣。故为父母者，欲教子启蒙，择师当为首要，此王荆公所谓"先入者为之主"之义也。明王廷相《雅述》云："童蒙无先入之杂，以正导之而无不顺受。""壮大者已成驳僻之习，虽以正导，彼以先入之见为然，将固结而不可解矣，夫安能变之正。故养正当于蒙。"

余时闻有讲《论语》《大学》者，咏读之间，讹音时显，盖不知古之破读也。复念前人之有言及启蒙之语，故成此篇。

独占鳌头

古时谓殿试状元为独占鳌头，固有所本也。唐宋时翰林学士，承旨官朝见时立于镌有巨鳌之殿陛石正中，因谓入翰林院为上鳌头。唐姚合《和卢给事酬裴员外》诗云："鸳鹭簪裾上龙尾，蓬莱宫殿压鳌头。"《西厢记》第五本第一折："当日向西厢月底潜，今日向琼林宴上搠，谁承望跳东墙脚步儿占了鳌头。"

清洪亮吉《北江诗话》云："俗语谓状元独占鳌头，非尽无稽。胪传皆，赞礼官引东班状元、西班榜眼二人，前趋至殿陛下，迎殿试榜。抵陛，则状元稍前，进立中陛。石上正中镌升龙及巨鳌，盖警跸出入所由，即古所谓螭头矣，俗语所本以此。"

杜甫诗避闲字

古人避讳，双亲之名亦必讳之，杜子美父名闲，故其诗无闲字也。马迁父名谈，故《史记》人名遇"谈"者皆易之。如"张孟谈"易为"张孟同"，"赵谈"易为"赵同"。范晔《后汉书》亦如是，晔父名泰，故《后汉书》名"郭泰"者易为"郭太"，名"郑泰"者易为"郑太"。清曹雪芹《石头记》述林黛玉母名敏，故黛玉遇敏字俱读若米或密，此习至民国方绝，然余见今人制先人墓碑，于先人名上皆书一讳字，亦古风所存矣。

《侯鲭录》卷七载：王立之云"老杜家讳闲，而诗中有'翩翩戏蝶过闲幔'，或云恐传者谬。又有'泛爱怜霜鬓，留欢卜夜闲'。余以为皆当以闲为正，临文恐不自讳也"。迁叟李国老云："余读《新唐书》，方知杜甫父名闲，检杜诗，果无'闲'字。唯蜀本旧杜诗二十卷内《寒食》诗云：'邻家闲不违。'后见王琪本作'问不违'。又云'曾闪朱旗北斗闲。'后见赵仁约说薛向家本作'北斗殷'。由是言之，甫不用'闲'字，明矣。"

周必大《二老堂诗话》云："世云杜子美诗两押'闲'字，不避家讳，故《留夜宴》诗：'临欢卜夜闲'，七言诗'曾闪北斗朱旗闲'，虽俗传孙觌《杜诗押韵》亦用二字，其实非也。卞圜杜诗本云'留欢卜夜欢'，盖有投辖之意。'卜'字似'上'字。"

张耒《明道杂志》载：杜甫之父名闲，而甫诗不避讳。某在馆中时，同舍屡论及于此。余谓甫天姿笃于忠孝，于父名非不获已，宜不忍言。试问王仲至，果得其由，大都本误也。《寒食》诗云："田父要皆去，邻家闲不违。"仲至家有古写本作"问不违"。作"问"实胜"闲"。又《诸将》诗云："见愁汗马西戎逼，曾闪北斗朱旗闲。"写本作"殷"字，亦有理，语更雄健。又有"娟娟戏蝶过闲幔，片片惊鸥下急湍"。本作"开幔"，"开幔"语更工，因开幔见蝶过也。

余见今本杜诗于三处多作闲，误也。子美忠孝之至者，焉忍书父讳耶？唐时避讳之习当盛，李贺之父名进，以至贺不予进士科。至若子美诗避父讳亦属平常情理之事，今本以"闲"字不当。

杜甫诗中公孙大娘

杜甫《观公孙大娘弟子舞〈剑器〉行》诗云："昔有佳人公孙氏，一舞《剑器》动四方。"公孙大娘何许人耶？今注诗者多语焉不详也。清高士奇《天禄识馀》云："《剑器》，古舞之曲名，其舞用女妓，雄妆空手而舞，见《文献通考》。"杜甫于本诗序云："自高头宜春、梨园二教坊内人，泊外供奉舞女，晓是舞者，圣文神武皇帝初，公孙一人而已。"是故公孙大娘当属宜春院内人也，唐时教坊中称女伎为"大娘"，寻常之称也。据《教坊记笺订》，如善歌舞者有颜大娘、善歌者有裴大娘、善竿木者有范大娘、善戴百尺竿者有王大娘类也。

唐时宜春院属内教坊，伎人之优者方可入选。《教坊记》云："妓女入宜春院，谓之'内人'，亦曰'前头人'，常在上前头也。其家犹在教坊，谓之'内人家'，四季给米。其得幸者，谓之'十家'，给第宅，赐无异等。"然其既以教坊为家，则身无自由也。据《教坊记》：宜春院中人"每月二日、十六日，内人母得以女对；无母，则姊妹若姑一人对"。等乎卖身者也。窃谓玄宗开元盛世之时，女伎之优者尚可扬名于世，亦为幸事也。若夫自晚唐五代女子缠足，至宋则女子限于中门之内，即令天资聪慧亦无公孙大娘之幸焉。

杜丽娘事有所本

汤临川《牡丹亭》又作《还魂记》，其杜丽娘死而复生事乃有所本也。宋郭象《睽车志》卷四载：

有士人寓迹三衢佛寺，忽有女子夜入其室，询其所从来，辄云所居在近。诘其姓氏，即不答，且云："相慕而来，何乃见疑？"士人惑之。自此比夜而至，第诘之终不言。居月余，士人复诘之，女子乃曰："方将自陈，君宜勿讶。我实非人，然亦非鬼也。乃数政前郡倅马公之第几女，小字绚娘，死于公廨，丛涂于此，即君所居之邻空室是也。然将生还，得接燕寝之久，今体已苏矣。君可具斤锸，夜密发棺，我自于中相助。然棺既开，则不复能施力矣，当懵然如熟寐，君但逼耳连呼我小字及行第，当微开目，即拥致卧榻，饮之醇酒，放令安寝，既寤即复生矣。君能相从，再生之日，君之赐也，誓终身奉箕帚。"士人如其言，果再生，且曰："此不可居矣。"脱金握臂俾士人办装，与俱遁去，转徙湖湘间，数年生二子。其后马倅来衢，迁葬此女，视殡有损，棺空无物，大惊闻官，尽逮寺僧鞫之，莫知所以。马亦疑若为盗发取金帛，则不应失其尸。有一僧默念数岁前士人邻居久之，不告而去，物色访之，得之湖湘间。士人先孑然，复疑其有妻子，问其所娶，则云马氏女也。因逮士人，问得妻之由。女曰："可并以我书寄父，业已委身从人，惟父母勿念。"父得书，真其亡女笔札，遣老仆往视，女出与语，问家人良苦，无一遗误。士人略述本末，而隐其发棺一事。马亦恶其涉怪，不复终诘，亦忌见其女，第遣人问劳之而已。

夫还魂之事，余始见于《左传》宣公八年："八年春，白狄及晋平。夏，会晋伐秦。晋人获秦谍，杀诸绛市，六日而苏。"至魏晋时，《搜神记》《幽明录》等多载还魂之事矣。《牡丹亭》之杜丽娘乃宦家之女，柳梦梅亦一士子，余故疑汤临川乃本于绚娘之故事也。

杜衍不避讳

古人避讳之习，虽属沿袭，然亦多有扰及民生者，唯北宋杜衍不避。宋吴处厚《青箱杂记》卷二载："杜祁公衍常言，父母之名，耳可得闻，口不可得言，则所讳在我而已，他人何预焉。故公帅并州，视事未三日，孔目吏请公家讳，公曰：'下官无所讳，惟讳取枉法赃。'吏悚而退。"

夫宋时自太祖始官吏皆避讳，如太祖庙讳匡胤，世之卖香印者不敢斥呼，鸣锣而已。仁宗庙讳祯，语近"蒸"，世之卖蒸饼者皆称炊饼。吴越钱武肃王讳镠，镠音留，吴越间人谓石榴为金樱，刘家、留家为金家、田家。杨行密奠基吴国，据江淮，至此今民间犹谓蜜为蜂糖。滁州人谓荇溪为菱溪。又有刘温叟者，历仕后唐、后晋、后周、后汉、北宋五朝，官至御史中丞，其父名岳，即终身不听乐，不游嵩华。盖嵩山为中岳，华山为西岳也。其每赴内宴闻钧奏，回则号泣移时，曰："若非君命，则不至于是。"此等行径与唐时李贺因父名晋肃而不敢举进士类也。

呜呼，杜衍所讳者惟取枉法赃，此等讳天下为官者皆当讳之，名字之讳何足道哉？

度牒鬻钱

释教入东土，至梁武帝时极盛。杜牧《江南春》诗云："南朝四百八十寺，多少楼台烟雨中。"清刘世琦《南朝寺考·序》云："梁世台寺二千八百四十六，而都下乃有七百余寺。"寺既多则僧尼亦必随之众也。僧尼出家需凭度牒，自南北朝始也。《事物纪原》卷七载："《僧史略》曰：'度牒自南北朝有之，见《高僧传》。名籍限局，必有凭由，凭由即今祠部牒也。'"而《唐会要》曰："天宝六年五月制：僧尼令祠部给牒。"则僧尼之给牒自唐明皇始也。夫南北朝至唐之给僧尼度牒，为一凭由耳。至宋时，为边事频发，军需日增，国库乏力，则以度牒鬻钱以补之矣。

《宋会要辑稿·道释》云："绍兴二十七年八月十八日，'宰相进呈：诸州有给换不尽僧道度牒，乞令尽数缴纳尚书礼部。'上曰：'前日贺允中上殿，朕问即今僧道之数。允中言：道士止有万人，僧有二十万。朕见士大夫奉佛，其间议论多有及度牒者。朕谓目今田业多荒，不耕而食者犹有二十万，若更给卖度牒，是驱农为僧。且一夫受田百亩，一夫为僧，即百亩之田不耕矣。佛法自东汉明帝时流入中国，前代以来，非不禁绝，然终不可废也。朕亦非有意绝之，所以禁度牒者，正恐僧徒多则不耕者众耳。'"《朝野杂志》卷一五"祠部度牒"云："绍兴初，李仲永初入朝，见上，为上言：今岁鬻度牒万，是失万农也；积而累之，农几尽矣，非生财之道。上纳其言。十三年，既罢兵，遂不复鬻。三十一年春，朝廷闻金亮欲败盟，始放度牒。"是知宋廷之发放度牒，实为敛财而充军需也。

清赵翼《廿二史札记》云："宋时凡赈荒兴役，动请度牒数十百道济用，其价值钞一二百贯至三百贯不等，不知缁流何所利而买之。""一丁往落发，意在规避徭役，影庇赀产。"故民所以趋之若鹜也。然国家售卖度牒虽可得钱，而实暗亏丁田之赋，则亦何所利哉？

除鬻卖度牒外，宋时复有鬻妇女邑号者。《清波杂志》卷七载："张孝祥建议：自恭人至孺人，邑号分等第立价，许贵家妇女及妾投名书填，则数百千万不日可办。于以佐国用，较之度牒，生齿不削，户口不耗，仍不为民之蠹。"其《于湖居士集》亦云："臣昨曾具白札子，乞将妇人封号，自恭人至孺人等第，立价出卖，许人户书填，与母若妻及女。如贵族品官之家，亦许与妾。比之官诰，人更乐从；比之度牒，不损户口。"

嗟乎，度牒之鬻钱，已属无奈，至于鬻爵号以诱妇人，名器轻假，岂治国之道哉。清代国艰之时，官爵亦可鬻，其效宋之鬻妇人名号乎？

对牛谈经

蒋礼鸿先生撰《义府续貂》，效清黄生之著《义府》也。其《对牛谈琴》条云：《齐东野语》卷十四姚干父杂文条载姚干父《喻白蚁文》云："物之不灵，告以话言而弗听，俗所谓'对马牛而诵经'是也。"礼鸿窃疑今言"对牛弹琴"乃"对牛谈经"之讹变，音相近耳。

　　窃谓其说非。东汉牟融，少博学，喜佛经，以教授《大夏侯尚书》闻名州里。融尝向儒生讲佛经，时以《诗》《书》喻之，或质之，曰："公明仪为牛弹清角之操，伏食如故。非牛不闻，不合其耳矣。转为蚊虻之声，孤犊之鸣，即掉尾、奋身、蹀躞。"（《理惑论》）是"对牛弹琴"之典本于斯也。周密南宋人，其说当亦本于牟融之说。至若"俗所谓'对马牛而诵经'"者，当为南宋时俗语也。宋时俗语焉能易东汉之典焉？

　　宋禅师惟白《续灯录·汝能禅师》云："对牛弹琴，不入牛耳。"与"非牛不闻，不合其耳矣"类。牟融之以儒学解佛经，以闻者熟谙之语而喻之，是亦讲学之妙法也。南朝梁僧祐《弘明集》载蕅益大师讲解《弥陀要解》，时引天台宗教理而解净土，明高僧莲池大师讲解《弥陀疏钞》，亦引禅宗教理而解净土，其理一也。

恶其人而恶其诗

　　白香山有诗名，而与牛僧孺交好，时李德裕为相，故力诋之。有呈香山诗者，李相掩卷而弗视，盖恶其人，遂恶其诗也。李贺诗名盛于当世，其表兄崔生妒而以其诗稿投诸溷中，以至后世传者少。《晋书·解系传》载："及张华、裴頠之被诛也，伦、秀以宿憾收其兄弟。梁工肜救系等，伦怒曰：我于水中见蟹且恶之，况此人兄弟轻我邪，此而可忍，孰不可忍。"东坡有诗云："怒移水中蟹，爱及屋上乌。"

　　呜呼，恶其人而不及其余，不亦过乎。况大奸大恶之人岂无一是处耶。至若恶其人而及于蟹，盖解音与蟹同，见蟹而恶之，自非有胸襟之人也。

范成大为蔡襄重外孙

今人论北宋书，皆言苏黄米蔡，而所谓蔡者，或以为蔡京，或以为蔡襄，莫衷一是。盖二人皆善书，而后人以忠奸不欲言京也。

蔡京为"北宋六贼"之首，而蔡襄以谥"忠惠"终，不可同日语也。襄字君谟，仁宗天圣八年登进士第，历任馆阁校勘、知谏院、龙图阁直学士、翰林学士。襄为京之堂兄，而性迥异。为官清廉，勤政亲民。欧阳修撰《端明殿学士蔡公墓志铭》谓："襄于朋友重信义，闻其丧，则不御酒肉，为位而哭。""工于书，人得其字，以为珍藏，仁宗尤称爱之。"君谟之后，其族中进士者凡二十有三，世之所罕者也。其孙女妻江苏吴县范雩，生子范成大，为襄之重外孙也。

焚　香

近睹有雅士聚而焚香品之者，自许谓扶桑之香道也，殊不知焚香之俗乃吾先人祭祀之礼耳。

《尚书·君陈》载：我闻曰："至治馨香，感于神明。黍稷非馨，明德惟馨尔。"其香乃谓祭祀之黍稷之香，以喻之谓圣德之香也。《礼记·郊特牲》云："诸侯为宾，灌用郁鬯，灌用臭也。"郁鬯乃香酒，故诸侯朝天子，宴所献者郁鬯之香气也。此之谓"至敬不飨味而贵气臭也"。

《尚书·虞书·尧典》载："岁二月，东巡守，至于岱宗，柴，望秩于山川。"柴者，燔木而行祭祀之礼也。《礼记》亦有谓"柴于上帝"之说，盖其所燔之柴乃焚而味香之木也。

宋丁谓《天香传》云："香之为用从古矣，所以奉高明，所以达蠲洁。三代裡享，首惟馨之荐。"今人以香而供奉神明，祈祷福顺，乃为中华之独特之文化也。

夫吾国先人崇物之香者，屈原《离骚》记香草十有九种，若艾草、琼枝、扶桑、秋菊、木兰、江离、芷、秋兰、宿莽、荃类；《九歌》记香草十有六种，若沅芷、澧兰、蕙、杜衡、蘼芜、荪类。盖以之喻君子也。其辞云："户服艾以盈要兮，谓幽兰其不可佩。览察草木其犹未得兮，岂珵美之能当""惟草木之零落兮，恐美人之迟暮"，则以香喻人，以物喻志，后世士人皆效之矣。

以焚香为雅事乃唐宋始兴之事，然其所焚非今之所谓线香。"红袖添香"亦非取一支线香焚之也。细审前人画作，多有绘仕女焚香者，可窥焚香之事也。明人丹青有《千秋绝艳》图卷，其"莺莺烧夜香"，题咏云："梨花寂寂斗婵娟，月照西厢人未眠。自爱焚香销永夜，欲将心事诉苍天。"卷中崔莺莺立于高香几前，几上置一香瓶，插一香匙一香箸，又有小香炉一，莺莺右手捧小香盒，左手拇食二指拈物添于香炉之中，此即所谓添香者也。盖唐宋之时，所焚之香乃经"合香"而制之各式香丸、香球、香饼、或散末也。

焚香既为雅事，其仪式必臻繁复，宋人洪刍专著《香谱》，述制香之法。《陈氏香谱》述焚香之法甚详，明人高濂专作《遵生八笺》，卷十五举"焚香七要"，谓必备者"香炉、香合、炉灰、香炭墼、隔火砂片、灵灰、匙箸"也。其"隔火砂片"述焚香之法云：

烧香取味，不在取烟。香烟若烈，则香味漫然，顷刻而灭。取味，则味幽香馥，可久不散……隔火焚香，妙绝。烧透炭墼，入炉，以炉灰拨开，仅埋其半，不可便以灰拥炭火。先以生香焚之，谓之发香，欲其炭墼因香爇不灭故平。香焚成火，方以箸埋炭墼，四面攒拥，上盖以灰，厚五分，以火之大小消息。灰上加片，片上加香，则香味隐隐然而发。然须以箸四围直搠数十眼，以通火气周转，炭方不灭。香味烈则火大矣，又须取起砂片，加灰，再焚。其香尽，余块用瓦合收起，可投入火盆中薰焙衣被。

唐宋间人焚香，喜以"焚""烧""蓺""炷"诸字，然实非直焚其香，乃以香置小隔片上，使其香受热而幽幽传之也。余读明末冒襄《影梅庵忆语》，其述焚香即此。其曰："宿火常热，色如液金粟玉。细拨活灰一寸，灰上隔砂选香蓺之，历半夜，一香凝然，不焦不竭，郁勃氤氲。"盖炭火慢燃，其效若熔金之液，玉粒闪烁也。沈三复《浮生六记》卷二"闲情记趣"亦记"静室焚香，闲中雅趣。芸尝以沉速等香，于饭镬蒸透，在炉上设一铜丝架，离火半寸许，徐徐烘之，其香幽韵而无烟"。

隔火熏香之法，唐时已兴，至宋则盛。宋人陈敬《香谱》引颜约《香史》云："焚香，必于深房曲室，用矮草置炉与人膝斗平，火上设特制银叶或云母，制如盘形以之衬香，香不及或自然舒幔，无烟燥气。"焚香之法既兴，人皆以之为雅事，故多喜为之。清人席佩兰《寿简斋先生》诗云："绿衣捧砚催题卷，红袖添香伴读书。"又有联云："碧纱待月春调瑟，红袖添香夜读书。"至是，添香之事似属女子也。

焚书诗

自秦王焚书坑儒，后世叹其焚书之诗不绝，而以唐章碣《焚书坑》最为人熟知。诗云："竹帛烟销帝业虚，关河空锁祖龙居。坑灰未冷山东乱，刘项原来不读书。"其《东都望幸》亦以讽科场之弊而为人传咏，诗云："懒修珠翠上高台，眉月连娟恨不开。纵使东巡也无益，君王自领美人来。"

唐罗隐有《焚书坑》诗云："千载遗踪一窖尖，路傍耕者亦伤神。祖龙算事浑乖角，将谓诗书活得人。"唐朱存有《金陵览古》诗云："一气东南王斗牛，祖龙潜为王孙忧。金陵地脉何曾断，不觉真人已姓刘。"唐沈佺期有《咸阳览古》诗云："咸阳秦帝居，千载坐盈虚。版筑林光尽，坛场雷听疏。野桥疑望日，山火类焚书。唯有骊峰在，空闻厚葬馀。"宋于石有《始皇》诗云："万世纲常具六经，天应未遽丧斯文。焚书欲灭先王道，道在人心不可焚。"明陆容《菽园杂记》卷一记焚书诗，然不知何人所作。其云："'焚书只是要人愚，人未愚时国已墟。惟有一人愚不得，又从黄石授兵书。'此《焚书坑》诗，不知何人所作。家君常诵之。坑在骊山下，即坑儒谷是也。"

士人固诟始皇之焚书，余谓梁元帝之焚书尤为可叹。盖祖龙本非儒者，且时儒者亦尝惑其，一怒而焚儒家之籍，以招千载恶名。然萧绎乃士人中之佼佼者也，天圣四年，及江陵被困，帝竟焚图书拾四万卷。《资治通鉴·梁纪》卷一百六十五载：及城破，或问："何意焚书？"帝曰："读书万卷，犹有今日，故焚之。"呜呼，读书万卷便可保国祚之永乎？其固迂矣。清黄景仁《杂感》诗云："十有九人堪白眼，百无一用是书生。"其见识胜萧绎焉。

风神为孟婆

人多以孟婆为阴世之神，居奈何桥傍，凡人死魂至则饮以汤，谓饮其汤即忘其前生也。余见南宋蒋捷《解佩令》词云："春晴也好。春阴也好。著些儿，春雨越好。春雨如丝，绣出花枝红袅。怎禁他，孟婆合皂。 梅花风小。杏花风小。海棠风，蓦地寒峭。岁岁春光，被二十四风吹老。楝花风，尔且慢到。"是以孟婆为风之神也。宋徽宗亦有词云："孟婆好做些方便，吹个船儿倒转。"《山海经》载："帝女游于江，出入必以风雨自随。以其帝女，故称孟婆。"是孟婆为风神本于《山海经》也。

风闻言事

　　古之所谓言官可风闻言事，其始乃唐武氏所创也。《资治通鉴·唐玄宗开元五年》载："武后以法制群下，谏官、御史得以风闻言事，自御史大夫至监察得互相弹奏，率以险诐相倾覆。"《续资治通鉴·宋仁宗庆历八年》载："御史故事许风闻，今以疑似之间，遽被诘问，臣恐台谏官畏罪缄默，非所以广言路也。"宋吴曾《能改斋漫录·记事一》载："近有陈请不实，重行黜陟之文。例皆偷安苟简，避罪缄默，甚失设置之意，可仍旧许风闻言事。"《明史·王德宪传》载："宫禁严秘，虚实未审。臣即愚昧，决知其不然。第台谏之官得风闻言事。果中宫不得于陛下以致疾欤？"

　　言官以风闻言事，查实者嘉之，不实者免罚，此风既兴，冤狱亦必纷起也。既为风闻，则为无据，焉可据之为实耶？风闻言事之例，亦有禁之者，《明史·李文祥传》载："臣见登极诏书，不许风闻言事。古圣王悬鼓设木，自求诽谤。言之纵非其情，听者亦足为戒，何害于国，遽欲罪之？昔李林甫持此以祸唐，王安石持此以祸宋。远近骤闻，莫不惊骇。愿陛下再颁明诏，广求直言，庶不坠奸谋，足彰圣德。大率君子之言决非小人之利，谘问倘及，必肆中伤。如有所疑，请试面对。"夫风闻言事之禁与驰，利弊互存，诚不可一言而断之也。余见《清通鉴·康熙二十六年》载：乙未，又谕曰："凡参劾贪官，其受贿作弊处，因身未目睹，无所对据，恐言事不实，不行参劾者甚多。今间有弹章，亦只风闻参劾耳。岂有身与之通同受贿作弊，而尚肯参劾之耶？向者原有风闻纠弹之例，辅政大臣停止。今再行此例，贪官似有儆惧。若有挟仇参劾者，审明果系挟仇，自有反坐之典在。"

　　呜呼，风闻言事者盖罗织告密之别名耳。风闻者，三人成虎，参曾之母亦为之惧，冤狱纷起，小人得逞矣。康熙所言反坐之典方为良法也。

俸禄薪之别

古之官吏有俸薪，或言俸禄者，犹今之薪水也。然三者有别，俸乃以银两计或以实物折合为钱，多按月发放；薪乃以实物计，如柴草布帛等；禄乃以米计，多按岁发放。清查慎行《人海记》云："本朝初年，满洲官员支俸不支薪，汉官则薪俸并支。薪侈于俸，如四品官，季给薪三十金，俸才二十金。顺治甲午停秋冬二季俸，明年汉官但给俸不给薪。按此知国初官员有给薪之例，故至今薪俸之名犹在人口，而近来各局委员有薪水之给，亦本此也。"

余查清季俸薪，一品年俸为一百八十两，禄米一百八十斛，养廉银一万六千两。五品知府，年俸八十两，禄米八十斛，养廉银二千四百两。七品知县，年俸四十五两，禄米四十五斛，养廉银一千二百两。故官员之收入非独俸薪也，此亦类今之薪水之外尚有福利者也。

佛家计时

中华古时计时以刻漏，初每日以百刻计之，然佛家另有所依。唐释道世《法苑珠林》云："僧祇律云二十念为一瞬，二十瞬名一弹指，二十弹指名一罗预，二十罗预名一须臾。"一日一夜有三十须臾：日极长时，昼有十八，夜有十二；极短时，昼有十二，夜有十八；春秋分便等。按此佛家无一日十二时之说，余不知何以计之也。中华以漏壶计时，刻为最小，佛家则以念为最小，若无漏壶，不知一念之时何以计之？窃谓佛家所云以佛理喻之耳，其日常则应以漏壶按刻计时也。

卷　十

古今山东之名

山东一词，古今迥异，今人读史籍，多有未明者。古之所谓山东者，谓华山之东。《管子》："桓公问于管子曰：'楚者，山东之强国也，其人民习战斗之道。举兵伐之，恐力不能过。'"此山东谓崤山以东也。崤山，以古崤县得名，位于长安、洛阳间之黄河流域，古时与相邻之函谷关并称崤函。《春秋》僖公三十二年晋人及姜戎败秦师于崤，即此也。

汉之后，以崤函以东总谓之山东。贾谊《过秦论》"秦并兼诸侯山东三十余郡。"《焚书坑》诗"竹帛烟销帝业虚，关河空锁祖龙居。坑灰未冷山东乱，刘项原来不读书。"皆谓崤函之东也。至唐时，则以太行山之东为山东。《新唐书·杜牧传》"生人常病兵，兵祖于山东，羡于天下。不得山东，兵不可去。禹画九土曰冀州。"是以太行以东为山东也。

唐之后，释史籍者凡言山东，或谓崤山，或谓函谷，或谓太行，窃谓释名当副其时，不可易代而言之也。若今人言山东者，但谓齐鲁之地矣。

古今字义相异

古今字义殊难尽知，若行之今而古未有者，亦有行之古而今无其义者，读先秦典籍，尤当留意，兹举数例以证之。今之毒字，《说文》谓"毒，厚也。"段玉裁注云："毒兼善恶之辞，犹祥兼吉凶，臭兼香臭也。"《庄子·人间世》"无门无毒，一宅而寓于不得已，则几矣"。"毒"，训为"治"也。《易·师·彖传》"以此毒天下"，陆德明释文引郭象注"毒，治也"。又若祥字，《左传·僖公十六年》"是何祥也"。孔颖达疏云："吉之先见谓之祥。恶事亦称为祥。祥为总名。"《尔雅·释言》"祺，祥也"。郝懿行义疏"祥之一字本兼吉凶二义。《书》序云：亳有祥桑谷。此以妖怪为祥也"。《礼记·中庸》"必有祯祥"。孔颖达疏云："吉凶先见者皆曰祥。"《左传·昭公十八年》"将有大祥"。孔颖达疏云："祥者，善恶之徵。"又若"落"字，古义兼始终也。《楚辞·离骚》"惟草木之零落兮"。王逸注"零、落，皆坠也。草曰零，木曰落"。《诗·小雅·斯干序》，"斯干"，郑玄笺"歌斯干之诗以落之"，陆德明释文谓"落，始也"。《逸周书·文酌》"物无不落"，孔晁注："落，始也，类也。"又若"臭"字，《稽古编》谓"臭，气之总名"。《左传·僖公四年》"十年尚犹有臭。"孔颖达疏："臭，是气之总名。元非善恶之称，但既谓善气为香，故专以恶气为臭耳。"《诗·大雅·生民》"胡臭亶时"，朱熹集传云："臭，香也。"《楚辞·离骚》"纫秋兰以为佩"，洪兴祖补注"古者男女皆佩容臭，臭，香物也"。《后汉书·列女传》"其臭如兰"。李贤注："古人通谓气为臭也。"又若"乱"字，《说文》"乱，治也"。《荀子·解蔽》"故学乱术足以为先王者也"。王先谦集解引郝懿行曰："乱者，治也。"《释诂》亦云："乱者，治也。"

呜呼，古之学者，首以识字释义，字义之不解，何以释文焉？以上所举，后世多有纷争者也。老杜诗"朱门酒肉臭，路有冻死骨"。或谓臭为腐恶之味，或谓臭为香味。陶靖节《桃花源记》"落英缤纷"，或谓落为花之飘坠，或谓花之始绽，其义迥异者，盖未以古义训之矣。

古人不以金银交易

今人读明清话本小说，观古装影视，无论朝代，皆以白银黄铜相贸易，殊不知误人深矣。

或曰，《封神演义》述姜子牙尝受友宋异助银五十两；《隋唐遗文》谓秦琼被困潞州酒肆，小二以"纹银"结账；《水浒传》中诸好汉买醉助友，皆以白银；至若冯梦龙"三言""两拍"，乃至《金瓶梅》，但有言财者概以金银言之，于是乎，今之人惑矣。据文献考，自商周至宋元，民间贸易概不以白银。夫商周之时，"抱布贸丝"，（《诗·卫风·氓》）虽有所谓币，乃贝壳铜贝类。至春秋而战国，方见铜质之布币、刀币、环币也。秦之后，仍以铜铁钱，若秦半两、汉五铢、唐开元通宝……宋时有纸质之交子、会子，与钢铁钱俱通，然亦不以白银相贸也。

然金银之物何为焉？据历代正史食货志，金银之用乃储藏之国库及巨款之支付耳，另有诸如赋税、军饷、赏赐等方用以白银。至北宋末，则白银之用几为契丹、党项、女真之"岁贡"。盖北鄙之人唯以绢帛、茶及白银为财也。庆历四年，宋与西夏议和，盟约岁支西夏绢帛十三万匹，茶三万斤，白银七万两。宋、元、明三朝，纸钞行于世，元时，民间大小贸易概以纸钞相结。若以金银则必易为纸钞方可流通。明洪武七年，颁"钞法"，定"宝钞"一贯与铜钱一贯、白银一两等值；并"禁民间不得以金银物货交易，违者罪之"，而"以金银易钞者斩"（《明史·食货志》）。顾炎武《日知录》卷十一载："钞法之兴，因于前代未以银为币，而患钱之重，乃立此法。唐宪宗之飞钱，即今之会票也。"原注引赵孟頫言云："古者以米、绢民生所须，谓之二实；银、钱与二物相权，谓之二虚。钞乃宋时所创，施于边郡，金人袭而用之，皆出于不得已。"《明史·食货志》载："禁民间不得以金银物货交易，违者罪之；以金银易钞者听。……铸小钱与钞兼行，百文以下止用钱。""商贾沿元之旧习用钞，多不便用钱。"

夫宋、元、明时，民间皆以纸钞行，然话本小说亦斯时方兴，何以小说之言违谬如斯焉？窃谓话本小说之作，非一时一人所成，其后期增删者欲添文彩，随意而刊之耳。其言锭、言两、言钱者，概为纸钞之值焉。

钞法之行，亦存其弊。《日知录》载："自钞法行狱讼滋多，于是有江夏县民，父死以银营葬具，而坐以徙边者矣；有给事中丁环，奉使至四川，遣亲吏以银诱民交易，而执之者矣。"丁环之事有如今之所谓钓鱼执法者也。

古人书信题后以复

尺牍往复，自古有之，然古时得书则每于书后作答，并以原书复之。清张尔岐《蒿庵闲话》云："古人往来书疏，例皆题其末以答，惟遇佳书，心所爱玩，乃特藏之，别作柬为报耳。晋谢安轻献之书，献之尝作佳书与之，谓必存录，安辄题后答之，甚以为恨。"其事载于唐孙过庭《书谱》，云："谢安素善尺牍，而轻子敬之书。子敬尝作佳书与之，谓必存录，安辄题后答之，甚以为恨。安尝问敬，'卿书何如右军'？答云'故当胜'。安云'物论殊不尔'。子敬以答'时人那得知'。"

今之上代墨迹，传世帖书，多有尺牍之作，当属留存佳作也。近时有印行明清乃至民国间书札墨迹者，当亦属此类也。

固棺之具名细腰

自墨子言"昔者，楚灵王好士细腰，故灵王之臣皆以一饭为节"。（《墨子·兼爱中》）南朝梁徐陵《玉台新咏》序云："本号娇娥，曾名巧笑，楚王宫里无不推其细腰。"后世遂以细腰喻美女也。

《礼记·檀弓上》载："天子之棺四重……棺束缩二衡三，衽每束一。"郑玄注："衽，小要也。"盖衽乃连接固棺盖与棺身之木榫也。汉王符《潜夫论·浮侈》云："钉细腰，削除铲靡，不见际会。"南朝梁江淹《铜剑赞》云："往古之事，棺皆不用钉，悉用细腰。其细腰之法，长七寸，广三寸，厚二寸五分，状如木枰，两头大而中央小，仍凿棺际而安之。……棺凡用细腰五十四枚，大略如此。"盖棺身棺盖之际，凿坎填细腰以固棺，故固棺之具谓细腰、小腰也，即今所谓插销也。

然自徐陵论出，辞赋家无不以细腰喻美女，流风既成俗，人不知其本义焉。兹以唐宋间人例之。

李商隐《梦泽》诗："梦泽悲风动白茅，楚王葬尽满城娇。未知歌舞能多少，虚减宫厨为细腰。"《离亭赋得折杨柳二首》："暂凭樽酒送无憀，莫损愁眉与细腰。人世死前惟有别，春风争拟惜长条。"

杜牧《新柳》诗："无力摇风晚色新，细腰争妒看来频。绿阴未覆长堤水，金穗先迎上苑春。"

黄庭坚《菩萨蛮》词："细腰宫外清明雨，云阳台上烟如缕。"

马子严《浪淘沙》词："几度细腰寻得蜜，错认蜂房。"

陆游《秋思》诗："大面山前秋笛清，细腰宫畔暮滩平。"《重阳》诗："商略此时须痛饮，细腰宫畔过重阳。"而后明清至今沿习，约定俗成，无复棺钉之义也。

官 家

《水浒传》第三五回："便是赵官家，老爷也憋鸟不换。"白仁甫《梧桐雨》第三折："黄埃散漫悲风飒，碧云暗淡斜阳下……这个不得已的官家，哭上逍遥玉骢马。"元明后戏剧小说多有官家一词。《湘山野录》载：

李侍读仲容魁梧善饮，两禁号为"李万回"。真庙饮量，近臣无拟者，欲敌饮，则召公。公居常寡谈，颇无记论，酒至酣，则应答如流。一夕，真宗命巨觥俾满饮，欲剧观其量，引数大醉，起，固辞曰："告官家撤巨器。"上乘醉问之："何故谓天子为'官家'？"遽对曰："臣尝记蒋济《万机论》言'三皇官天下，五帝家天下'。兼三、五之德，故曰'官家'。"上甚喜。李仲容，字仪父，始以为翰林侍读学士，久之，兼龙图阁学士，至户部侍郎。其言《万机论》乃三国魏蒋济所著。然其以为"三皇官天下，五帝家天下"为蒋济所言则误也。

汉刘向《说苑·至公》："鲍白令对秦始皇曰：天下官则让贤，天下家则世继。故曰五帝以天下为官，三王以天下为家。"后因称帝为官家也。《资治通鉴·晋成帝咸康三年》："官家难称，吾欲行冒顿之事，卿从我乎？"胡三省注云：称天子为官家……西汉谓天子为县官，东汉谓天子为国家，故兼而称之。

唐时，官家一词多称为官之人，尚无称帝皇之习也。白居易《喜罢郡》诗："五年两郡亦堪嗟，偷出游山走看花。自此光阴为己有，从前日月属官家。"《青石》诗："不愿作人家墓前神道碣，坟土未干名已灭；不愿作官家道旁德政碑，不镵实录镵虚辞。"北宋时，尚有以之称官府者。苏轼《初到黄州》诗："只惭无补丝毫事，尚费官家压酒囊。"盖宋时，官家一词多称官府，以之称帝，当为内阁中事也。

官吏犯罪南京筑城

明太祖定都南京，放事营造，集天下工匠二十万户于京师，劳役之力自取之民，洪武间，凡官吏有犯罪者亦赴京师为筑城之役，此可谓空前而绝后之举也。

《明史·叶伯巨传》载："叶伯巨，字居升，宁海人。"其上书言时事曰："泊乎居官，一有差跌，苟免诛戮，则必在屯田工役之科。"是知官员凡有差跌，即免死亦必为苦役。《明史·朱煦传》载："朱煦，仙居人。父季用，为福州知府。洪武十八年诏尽逮天下积岁官吏为民害者，赴京师筑城。季用居官仅五月，亦被逮，病不能堪，谓煦曰：'吾辩一死耳，汝第收吾骨归葬。'煦惶惧不敢顷刻离。时诉枉令严，诉而戍极边者三人，抵极刑者四人矣。煦奋曰：'诉不诉，等死耳，万一父缘诉获免，即戮死无恨。'即具状叩阙。太祖悯其意，赦季用，复其官。"叶伯巨史官归其于孝子传，则太祖之赦其父亦以其孝也。犯官筑城，可窥明初南京城工程之浩大，用工之巨矣。

官名讹误

古之官名，因其音而致讹误者时有之。《清波杂志》载："绍兴间，张扶少持籨右正言除太常卿。翌日，宰执奏太常卿班高，故事不除，改国子祭酒。时祭酒虚位亦久，前驺接呼，赴监供职。学前居民惊惧，曰：'官来捕私酒。'传以为笑。"

《麈史》卷下"谐谑"云:"官制行,判大理寺崔谏议台符换太中大夫,前呼曰'太中来'。人不知,皆笑曰:'大虫来。'"夫"太",他盖切,"大",徒盖切,均属《广韵》十四泰,所异在纽之清浊也。"中",陟弓切,"虫",直弓切,所异亦在纽之清浊也。音近,故都人误听耳。

古之官名亦有因义而讹误者,如《史记·太史公自序》司马"无泽为汉市长"。盖西汉长安有四市,各有长、丞。东汉大司农属官有洛阳市长。近世亦有市长之制,人多惑之。又古有"环卫官"者,乃武官名,环卫乃禁卫之义。宋制,诸卫上将军、大将军、将军,并为环卫官,无定员,皆命宗室为之。再如"洗马",秦置,汉沿之,为太子之官属,尤为人所难解也。

国子监禁饮酒

宋时国子监之学生禁饮酒,恐其饮而生事也。《清波杂志》载:"元丰间,驾往国子监,出起居,有旨:人赐河二升。诸斋往往置以益之,曰:'奉圣旨得饮。'遂自肆,致有乘醉登楼击鼓者。因是遇赐酒即拘卖,以钱均给。"

宋初,就学于国子监者皆官吏大员之子弟,欲其取功名也。故国子监督管甚严,禁饮酒即其一也。国子监制博士巡斋,另置直学一人司学生出入。起、寝、食均以击鼓为号。凡有违禁者有罚则五:一等为夏楚之后屏斥,行斥退仪,宣其罪,体罚之,再逐出学,永不得入仕;次为下自讼斋,犹今之禁闭。犯禁者自反省也。再次为迁斋,令其易寝室,须同斋之人公堂求情方可归;四等为前廊关暇,数月不得随意出入,即前廊亦不得至;五等为关暇,即不得出入学宫之门也。

是故监生于国子监就学,学规严于地方之学府也。

廪生考斥追粮为民

明清时府、州、县学生员经岁、科两试，一等前列者得为廪膳生，定额为府学四十人，州学三十人，县学二十人，月给廪米六斗。据《万历野获编》云，凡廪生考斥者则追粮为民，可谓严酷也。书云："正统元年初设提学省直宪臣，时山东提学佥事薛瑄疏请凡廪生考斥者俱追粮为民，时以为苦；至成化九年，北直提学御史阎禹锡奏今斥生已奉旨充吏，请停追粮，上许之。"窃谓薛瑄此举，其初心当亦励生员之奋学尔，然追粮为民则亦过矣。后瑄复于生员有疾而罢斥者亦追其廪米，则为酷矣。夫人之有疾，固不可免，学官当悯而助之，岂可雪上加霜耶？正统四年八月，江西南安知州林芊上言，谓其不可，以为不幸有疾，罢之可也，至于廪米，糜费于累岁而追索于一朝，固已难矣，且父兄不能保子弟之无疾，今惩偿纳之苦，孰肯令其就学？上是之，行礼部除其令矣。

薛瑄，字德温，号敬轩，开"河东之学"，蔚为大宗，为儒林宗师也，而观其行事则失之偏颇，殊无仁爱之心也。

溜须拍马考

溜须拍马之风，自古繁盛，然本于何时，实难稽考。余阅魏泰《东轩笔录》载："寇准拜中书侍郎平章事，丁谓参知政事。尝会食于中书，有羹污准须，谓与拂之。准曰：'君为参预大臣，而与官长拂须耶？'谓顾左右，大愧恨之。"溜须者拂须乎？然阿谀上司之事，唐胡璩《谭宾录》即有记之，"唐将军高力士特承玄宗恩宠。遭父丧，左金吾大将军程伯献、少府监冯绍正二人，真就其丧前，被发而哭，甚于己亲。朝野闻之，不胜其笑。"夫子云非其鬼而祭，谄也。非其亲而哭，亦谄也。《唐纪》载：武则天时，御史大夫魏元忠卧疾，诸御史尽往省之。郭霸为右台御史，独居后，请示便液，曰："大夫粪味甘，或不瘳。今味苦，当即愈矣。"元忠刚直，殊恶之，以其事露于朝士。

据《唐纪》，"北齐时，和士开为帝宠臣，人多附之。有一人名曾参，士开病，医者云须服黄龙汤。士开有难色，参曰：'此物甚易，王不须疑惑，请先尝之。'一举而尽。士开深感其意，为之强服，遂得汗，病愈。"黄龙汤者，粪溺也。李时珍《本草纲目》引陶弘景曰："近城市人以空罂塞口，纳粪中，积年得汁，甚黑而苦，名黄龙汤，疗温病垂死者皆瘥。"呜呼，邪谄如此，后无胜之者也。

明陆容《菽园杂记》卷二载官吏谄太监事，令人捧腹。"正统间，工部侍郎王某出入太监王振之门。某貌美而无须，善伺候振颜色，振甚眷之。一日问某曰：'王侍郎，尔何无须？'某对曰：'公无须，儿子岂敢有须。'人传以为笑。"王振为宦官，宠于明宣宗，得侍朱祁镇，人称王伴伴。宣德十年，英宗即位，振为司礼监掌印太监，公卿大臣皆称翁父，争相攀附，故为侍郎者亦阿谄如此矣。

清爱新觉罗·昭梿《啸亭杂录》载："于金坛相国敏中当权时，凡词林文士无不奔走竞其门。有某探花者，人愚暗，争慕时趋，命其妻拜于之妾为母，情谊甚密。及于公死，梁瑶峰秉枢柄，某又令其妻拜梁为义父，馈以珊瑚朝珠。"纪晓岚曾有专咏其事诗云："昔曾相父拜干娘，今日干爹又姓梁。赫奕门楣新吏部，凄凉池馆旧中堂。君如有意应怜妾，奴岂无颜只为郎。百八爪尼亲手捧，探花犹带乳花香。"末句盖言冬日，某令妻以体温干爹之朝珠事也。

明何孟春《余冬序录》载："韩侂胄当国，欲网罗四方名士相羽翼。垣尝筑南园，属杨万里为之记，许以掖垣。万里曰：'官可弃，记不可作。'韩恚，改命他人。万里卧室十五年，皆其柄国日也。"后陆游为之作记，叶绍翁《四朝闻见录》载："韩喜陆附己，至出所爱四夫人擘阮琴起舞，索公为词，有'飞上锦裀红绉'之语。又命公酌青衣泉，旁有唐开成道士题名，韩求陆记，记极精古，且以坐客皆不能尽一瓢，惟游尽勺。"清王士禛《香祖笔记》记其事云："放翁晚节，以韩侂胄《南园词》为世口实。"《南宋杂事诗》载赵昱诗咏其事云："掖垣清职弃如遗，片石休嗟瘗草时。不敌四夫人擘阮，锦裀红绉索新词。"钱塘符曾亦有诗云："报国翻成去国哀，弃官肯许掖垣回。如何鉴水龟堂老，晚为南园撰记来。"

嗟乎，阿谀事人，虽非心愿，其行可诛也。至若下贱尝粪，香乳温珠，则为人之不耻者矣。放翁作一园记，且为后世口实，是知古人之重名节如此矣。然世之名利既存，则溜须拍马者亦不可绝，是亦无奈何者焉。至若放翁之为韩侂胄作园记，窃谓其必有无奈矣，书生行事岂能尽称己意者耶？近有周一良君，治中古史有功，人皆谓其承陈寅恪薪火者，然时逢浩劫，为权势所挟，作违心之文，以至士人皆诟之。后周著书自诉，以《毕竟是书生》名之。嗟乎，后世讥诮前人，当不应苛求书生矣。

刘伶以酒入史传

夫凡入正史之士人，或儒林或文苑，皆有所建树者也，而竹林中之刘伶，尝任建威参军，无事功之可言；本传所记仅数百言《酒德颂》一篇，况"淡默少言"，竹林之中清谈亦非其长，然《晋书》赫然载其传，不亦奇乎？儒家向有三不朽说，《左传·襄公二十四年》载："太上有立德，其次有立功，其次有立言，虽久不废，此之谓不朽。"孔颖达疏曰："立德，谓

554

创制垂法，博施济众，……立功，谓拯厄除难，功济于时；立言，谓言得其要，理足可传。"然伯伦唯酒耳。

《晋书》本传，四百六十二字，平生唯三事入传，皆言酒也。"常乘鹿车，携一壶酒，使人荷锸而随之，谓曰：'死便埋我。'其遗形骸如此。"此为一。"尝渴甚，求酒于其妻。妻捐酒毁器，涕泣谏曰：'君酒太过，非摄生之道，必宜断之。'伶曰：'善。吾不能自禁，惟当祝鬼神自誓耳。便可具酒肉。'妻从之。伶跪祝曰：'天生刘伶，以酒为名。一饮一斛，五斗解酲。妇儿之言，慎不可听。'仍引酒御肉，隗然复醉。"此为二。"伶虽陶兀昏放，而机应不差。未尝厝意文翰，惟著《酒德颂》一篇。"此为三。竹林名士皆喜酒，然亦有诸多行事可纪，唯刘伯伦"惟酒是务，焉知其余"。

《世说新语·任诞》载："刘伶恒纵酒放达，或脱衣裸形在屋中，人见讥之，伶曰：'我以天地为栋宇，屋室为裈衣，诸君何为入我裈中。'"《晋书》本传谓其"与阮籍、嵇康相遇，欣然神解，携手入竹"。是其本色乃清谈玄学流也。然正史乃政治风俗之史，焉能载一酒徒耶？刘伶之留名史册，赖其乃标一代士风之竹林人物焉。

刘宋闺门无礼

宋武帝以诈力得天下，而家教无方，后代宫闱之乱，无复伦理也。《宋书·赵伦之传》载："赵倩尚文帝女海盐公主，始兴王浚出入宫掖，与主私通。倩知之，与主肆詈搏击，至引绝帐带。事上闻，文帝诏离婚，杀主所生母蒋美人。"《废帝纪》载："帝姊山阴公主淫恣过度，谓帝曰：'妾与陛下虽男女有殊，俱托体先帝，陛下后宫数百，而妾惟驸马一人。事不均平，一何至此？'帝为置面首左右三十人。公主又以吏郎褚渊貌美，就帝请以自侍，备见逼迫。十余日，渊誓死不回，乃得免。"

又《休仁传》载：帝又使左右淫建安王休仁母杨太妃，刘道隆欲得帝欢，尽诸丑状。休仁妃殷氏有疾，召祖翻诊视，翻貌美，殷悦之，遂与奸。事泄，遣还家，赐死。

又《王皇后传》载："上尝宫内大集，而裸妇人观之，以为欢笑。后以扇障面，独无所言。帝怒曰：'外舍家寒乞，今共为笑乐，何独不视？'后曰：'为乐之事，其方自多。岂有姑姊妹集聚，而裸妇人形体。以此为乐，外舍之为欢适，实与此不同。'帝大怒，遣后令起。"

又《陈太妃传》载："帝又以妃陈氏赐李道儿，寻又迎还，生后废帝，故人间皆呼废帝为李氏子，废帝亦自称李将军，或自谓李统。"

嗟乎，宫廷之内习尚如此，亦为异数矣。正史所载，多为尊者讳，而沈约撰《宋书》记宫闱淫秽之事甚详，廿四史中独有者也。

刘向疾小人而被噬

夫君子小人固不可同处，其君子以言讥小人则每被小人所噬，君子之悲，可不慎乎？余读刘向《说苑》所载，固多讥小人语，故其为小人所噬也势之然矣。

《说苑》载：齐桓公问于管仲曰："国何患？"管仲曰："患夫社鼠。"桓公曰："何谓也？"管仲曰："夫社束木而涂之，鼠因往托焉。熏之则恐烧其木，灌之则恐败其涂，此鼠之不可得杀者，以社故也。夫国亦有社鼠，人主之左右是也。内则蔽善恶于君主，外则卖权重于百姓，不诛则为乱，诛之则为人主所案，据腹而有之，此亦国之社鼠也。"又曰："人有酤酒者，为器甚洁清，置表甚长，而酒酸不售。问之里人何故，里人曰："公之狗猛，人挈器而入，且酤公酒，狗迎而噬之，此酒酸所以不售之故也。'夫国亦有猛狗，用事者也。有道术之士欲明万乘之主，而用事者迎而龁之，此亦国之猛狗也。左右为社鼠，用事者为猛狗，二者每每相妨，而道术之士不得进用，此国家之所深患也。"

向以门荫入仕，宣帝时授谏大夫，给事中。元帝时授宗正卿。好直言极谏，虽累次坐罪而不退。于元帝之"优柔不断"，成帝之"湛于酒色"，固职守而规谏，盖以《说苑》故事，陈古讽今，集腋成裘，诸家众集，虽"街谈巷语，道听途说"亦不弃也。其所讽言社鼠、猛狗者，宦官弘恭、石显也，故为恭、显所噬，坐罪下狱，免为庶人。盖疾小人不可形之言，岂不重其毒乎？是故君子疾小人亦当慎之矣。

留学生授进士

清季，内忧外患，时局艰辛。光绪三十一年八月初四，谕令即停科举，诏云：

"方今时局多艰，储才为急，朝廷以近日科举每习空文，屡降明诏，饬令各省督抚，广设学堂，将俾全国之人，咸趋实学，以备任使，用意为深厚。前因管学大臣等议奏，已准将乡、会试中额分三科递减。兹据该督等奏称，科举不停，民间相率观望，欲推广学堂，必先停科举等语，所陈不为无见。著即自丙午科为始，所有乡、会试，一律停止；各省岁、科考亦即停止。其以前举、贡、生员，分别量予出路，及其余各条，均著照所请办理。"

自此诏谕发，慈禧那拉氏七十寿辰甲辰科会试，遂为千余载科举之末科也。自科举废，清廷官吏多出自学堂。光绪二十七年十月，政务处与礼部奉旨议核《学堂选举鼓励章程》。次岁，管学大臣张百熙进呈《钦定各级学堂章程》，为选举学堂毕业生之则也。时有选送出洋留学生者，待其归则为之朝考。以《考验游学毕业生章程》为则，定每岁八月朝考。凡应考留学生予进士或举人出身，并分别授翰林院检讨、主事、内阁中书或知县等。然鱼龙混杂，不可与先同日语矣。

《清代野记》载："自科举废倡言新学，凡留学日本三年归国者，送部应廷试，或赏翰林，或进士、或举人，皆出于一榜焉。此从来科名未有之变局也。光绪末年，有奥人某廷试得翰林，呼何秋辇中丞为秋辈，读奸究之究为究。予初以为言者过甚耳，迨指其人而实之，始知不谬。吁，此亦国之妖异也，安得不亡哉。"

銮坡与鸾坡

宋叶梦得《石林燕语》卷五云："俗称翰林学士为'坡'，盖唐德宗时尝移学士院于金銮坡上，故亦称'銮坡'。唐制：学士院无常处，驾在大内，则置于明福门；在兴庆宫，则置于金明门，不专在翰林院也。""金銮坡"者，得名于唐大明宫中之"金銮殿"，是知銮坡本谓金銮坡，实乃金銮殿旁之一坡耳，因殿而名。

宋代重文，翰林学士为世羡仰，銮坡以邻帝王而名，故宋人直以翰林雅称为"銮坡"也。宋之后，除翰林学士，文官近臣复以"銮坡"称之也。宋时，王安石《送郓州知府宋谏议》诗云："纶掖清光注，銮坡茂渥沾。"管鉴《水调歌头·次韵以谢一雨洗烦溽》词云："叹君才，方进用，岂容休。銮坡凤沼，情知不为蜀人留。"明沈鲸《双珠记·廷对及第》"职居鳌禁，名重銮坡"。清赵翼《彭芸楣尚书挽诗》"同试銮坡赋独工，清班扬名到司空"。

北宋后，多有以"鸾坡"称之者，后世则"銮坡""鸾坡"并用也。北宋时，孔武仲《苏子由示诗再用前韵》诗"鸾坡凤阁蔚相望，灿灿奎壁连晶光"。南宋时陆放翁《老学庵笔记》卷四"予读郑畋作学士时《金鸾坡上南望》诗"。"銮坡"易为"鸾坡"也。元时张昱《奉天门早朝次韵》"据兰凤阁舍人贵，视草鸾坡学士闲"。明时陈汝元《金莲记·构衅》"管教他早离鹤禁鸾坡上，永绝云龙凤虎交"。然"銮坡"方为宋人称翰林学士之始者也。

宋哲宗用纸扇

西周制羽扇，汉时行竹扇，后有纨扇，北宋始创纸扇。时富家皆以帛绢为之，而哲宗独用纸扇。宋朱弁《曲洧旧闻》卷二载：

哲宗御讲筵，诵读毕，赐坐，例赐扇。潞公见帝手中独用纸扇，率群臣降阶称贺。宣仁闻之，喜曰："老成大臣用心，终是与人不同。"是日晚，问哲宗曰："官家知大臣称贺之意乎？用纸扇是人君俭德也，君俭则国丰，国丰则民富而寿，大臣不独贺官家，又为百姓贺也。"

呜呼，哲宗其俭而用纸扇乎？余疑之矣。赵煦元丰八年立为太子，同年即位，年仅十岁，祖母高氏为太皇太后临朝听政，用司马光为相，废王安石新政。哲宗讲筵，文彦博为讲师，其贺上用纸扇，欲以之劝勉俭朴耳。然以纸为扇面，可书可画，亦其可喜处，岂哲宗因俭而用纸扇焉？而文彦博诱之以俭，不亦善乎？

酥与酪

《世说新语·捷悟》载：人饷魏武一杯酪，魏武噉少许，盖头上题'合'字以示众，众莫能解。次至杨修，修便噉，曰："公教人噉一口也，复何疑。"

《三国演义》第七十二回"诸葛亮智取汉中　曹阿瞒兵退斜谷"，记杨修与曹操斗智事：塞北送酥一盒至。操自写"一合酥"三字于盒上，置之案头。修入见之，竟取匙与众分食讫。操问其故，修答曰："盒上明书'一人一口酥'，岂敢违丞相之命乎？"操虽喜笑，而心恶之。

"一杯酪"，"一合酥"，酪乎？酥乎？湖海散人固取材于《世说》，然何易"酪"为"酥"？读书人焉能忽之。

"酪"，《说文》释义："酪，乳浆也"。"酥"，南朝梁陶弘景曰："酥出外国，亦从益州来。本牛、羊乳所作也。"二者实为一物，细究之，则酥乃酪作。《本草纲目》引元忽思慧《饮膳正要》："用乳半杓，锅内炒过，入余乳熬数十沸，常以杓纵横搅之，乃倾出罐盛，待冷，略取浮皮以为酥。"是知酥乃酪之浮面油脂浮皮也，其状似白羊脂，然绝非今日所谓酥饼、酥糖者。今之"酥"字有松脆食品义，应为后起之义也。韩昌黎《早春呈水部张十八员外》诗"天街小雨润如酥，草色遥看近却无"。小雨既细且润，故以之喻，是知唐时人解"酥"乃作细润也。

余幼时，先祖尝讲曹阿瞒忌才杀杨修事，诸般故事以"一盒酥"记忆最深，而所谓"酥"即以为酥饼类。《世说》言"公教人噉一口也，复何疑"。噉，啖也，义为食。然不明如何食，罗贯中笔下则写"竟取匙与众分食"。匙者，匕也。乃汤匙类器皿，所以盛液态物，故"一杯酪"乃液态之奶酪也。

刘知几《史通》谓"学者何以考时俗之不同，察古今之有异"。以今而度古，不究历代之风俗，斯误必矣。

隋唐已用壹贰叁肆等字

余《四当室杂钞》尝谓："今凡会计票据书数字皆为大写，凡一、二、三、四等字为壹、贰、叁、肆等字。其制始于明初，乃开济于户部时所定。探其因乃源于明初郭桓案也。"今见清叶名沣《桥西杂记》云：壹贰叁肆等字，陆容《菽园杂记》谓始于明初刑部尚书开济，而宋边实《昆山志》已有之。考石刻隋《龙藏寺碑》"劝奖州内士庶壹万人等"；唐《开元寺贞和尚塔铭》，书"开元贰拾陆年"；元和《华岳庙题名》"壹用挈拾陆日"，又云"元和拾伍年壹月"；《尉迟恭碑》"粟米壹仟伍伯石"。盖此事不自宋始也。读书少而落笔终有所恨矣。记之以警读余书者，勿为所误也。

随蝶随羊

余旧作《四当室杂钞》尝书晋武帝骄奢淫逸，乃至"掖庭殆将万人"，"而并宠者甚众，帝莫失所适"。乃"常乘羊车，恣其所之，至便宴寝"，众妃嫔"乃取竹叶插户，以盐洒之，而引帝车"。今见五代王仁裕《开元天宝遗事》言唐玄宗随蝶所幸事，一随羊，一随蝶，明皇亦随晋武欤？《遗事》云："开元末，明皇每至春时旦暮，宴于宫中，使嫔妃辈争插艳花，帝亲捉粉蝶放之，随蝶所止幸之。后因杨妃专宠，遂不复此戏也。"

"后宫佳丽三千人，三千宠爱在一身。"按白香山所言，明皇后宫必多人也，然随蝶之举当亦以之为戏耳。天宝后，世多有讥明皇者，开元之盛不复言矣。随蝶事不见于正史，惟《开元天宝遗事》记之，或亦巷间之言欤？

太监娶妻

今人皆谓古之太监既阉则无妻室，考之史籍，自秦汉而至清，宦者若宠于上，多有娶妻且纳妾者也。

据《史记》载，赵高"赘其婿阎乐，阎乐反弑二世"。是知赵高亦尝娶妻生女也。东汉时，"常侍、黄门亦广娶妻"。至恒帝时，单超"多娶良人美女以为姬妾，皆珍饰华侈，拟则宫人"。

《旧唐书·高力士传》载："高力士，潘州人，本姓冯。少阉，……则天嘉其黠惠，总角修整，令给事左右。……开元初，瀛州吕玄晤作吏京师，女有姿色，力士娶之为妇，擢玄晤为少卿、刺史，子弟皆为王傅。"又据《李辅国传》，"帝为娶元擢女为其妻，擢以故为梁州刺史"。李辅国亦宦官，天宝十四年安史乱，力劝太子李亨登基，权倾一时。此似为宦官娶妻之始也。宋时，宦官梁师成亦娶妻。《朱子语类》载："梁师成妻死，苏叔党、范温皆衰经临哭。"梁师成，字守道，徽宗时宦官，名列"六贼"。苏叔党乃东坡季子，名过，有《斜川集》传世。范温字元实，名臣范祖禹之幼子，秦少游之婿。苏、范皆一时才俊，而亦阿谀于宦者，宦官之权势可知矣。明沈德符《万历野获编》"赐内官宫人"条云："叶文庄《水东日记》云：内臣陈芜，交阯人，以永乐丁亥侍太孙于潜邸，既御极，是为宣宗，以旧恩升御马监太监，赐姓名曰王瑾，字之曰德润，赏赐不可胜纪。……且出宫女两人赐之为夫人。"

又有"内臣妾抗疏"条载:"天顺初赐太监吴诚妻南京庄田,以椓人授室为异,尚未知诚前事也。诚先于正统十四年随太上皇驾北征阵亡,至景泰二年八月,吴诚妾姚氏奏称诚存日曾于香山置坟,今欲将其所遗衣冠招魂安葬。景帝允之。按,此则内臣娶妻,蒙上恩札,已为创见,至于生前畜妾,殁后陈情一如所请,则太祖初厉禁可直付高阁耶?古来宦官有妻者多矣,未闻买妾且以闻之至尊,廷臣亦不以为骇怪,何耶?景泰去宣德不远,故主上不以为吴诚罪,且允其请。"

宦官既娶妻复纳妾,与世俗辈无异矣。

然明初,宋太祖驭宦者极严,凡宦官娶妻者有剥皮之罪,与治贪污官吏类。至英宗朝之吴诚、宪宗朝之龙闰辈,已违禁多矣。至清季,宦官娶妻之风仍存,《清稗类钞》载:内监美丰仪者,颇得幸,既复为娶妻。

嗟乎,夫太监者,其初皆贫家子也,既入宫,偶有得宠于上,娶妻纳妾者万有其一而已,而复为世俗鄙薄,亦为不幸矣。

唐代酒价

杜子美《饮中八仙歌》云:"李白斗酒诗百篇,长安市上酒家眠。天子呼来不上船,自言臣是酒中仙。"唐时诗人多嗜酒,然酒价几何?后世鲜有言者。

宋文莹《玉壶清话》卷一载:"真宗尝曲宴群臣于太清楼,君臣欢浃,谈笑无间。……上遽问近臣曰:'唐酒价几何?'无能对者,唯丁晋公奏曰:'唐酒每升三十。'上曰:'安知?'丁曰:'臣尝读杜甫诗曰:蚤来就饮一斗酒,恰有三百青铜钱。是知一升三十钱。'上大喜曰:'甫之诗,自可为一时之史。'"丁晋公者,丁谓也。其说乃子美《逼仄行赠毕曜》之句，当为"街头酒价常苦贵，方外酒徒稀醉眠。速令相就饮一斗，恰有三百青铜钱"。然白乐天《与刘梦得沽酒闲饮诗》云："共把十千沽一斗，相看七十欠三年。"当刘、白之时，则酒价何其昂欤？《唐书·食货志》载："德宗建中三年，酒价每斛三千钱，正元二年酒价每斗一百五十钱。"夫唐时酒为官酿，然其间酒价亦随市而有变易。子美饮酒乃玄宗开元、天宝间之价，乐天饮酒乃宪宗贞元间之价，窃谓酒价异也。况唐时酒之类多，陆放翁《老学庵笔记》卷五云："唐人喜赤酒、甜酒、灰酒，皆不可解。李长吉云：'琉璃钟，琥珀浓，小槽酒滴珍珠红。'白乐天云：'荔枝新熟鸡冠色，烧酒初开琥珀香。'杜子美云：'不放香醪如蜜甜。'陆鲁望云：'酒滴灰香似去年。'"唐时酒类既多，则其价必异，当不可以"唐酒每升三十"而概言之也。

唐人诗所言酒价似与《食货志》所载皆昂，若李太白诗曰："金尊沽酒斗十千"，王维诗曰："新丰美酒斗十千。"崔辅国诗曰："与沽一斗酒，恰用十千钱。"许浑诗曰："十千沽酒留君醉。"权德舆诗曰："十千斗酒不知贵。"陆龟蒙诗曰："若得奉君欢，十千沽一斗。"凡唐人言十千一斗者类然，一斗三百钱独见于子美所云，故引以定当时之价也。《食货志》又云："德宗建中三年，禁民酤酒以佐军费，置肆酿酒，斛收直三千。"似可以子美之言验也。

窃以为，唐人言酒斗十千者，既以诗赋而言酒美，似亦效曹子建之寓言也。子建《名都篇》云："归来宴平乐，美酒斗十千。"子建名盛，后人效之，不亦可乎？倘酒肆之价斗十千，岂穷儒可沽者哉？

564

唐宋僧人不戒酒

夫酒乃僧人之大戒，《沙弥律要》第四十七，佛言："若依我为师者，不得饮酒，亦不与他饮。不贮畜。有重病者，医教以酒为药，乃暂权开听，非谓长途服食。若无病托病，轻病托重，俱犯。"此谓之"遮罪"，防之初耳。然唐宋时僧侣多有饮酒者。

明徐𤊹《笔精》云："唐僧都不戒酒，任华《赠怀素上人》云：'十杯五杯不解意，百杯已后始颠狂。'韦应物有《寄释子良史酒》云：'秋山僧冷病，聊寄三五杯。'"是知唐时僧人无酒戒，诗人亦不以为讳也。又云："宋苏子美《赠僧秘演诗》云：'卖药得钱只沽酒，一饮数斗尤惺惺。'演涂去之，云：'公诗传万口，吾持戒不谨，已为浮屠罪人，公从而暴之，可乎？'"以是度之，唐时僧人不忌饮酒，而宋时虽饮而有所讳也。至若唐太宗不戒少林寺僧众饮酒，实平常事耳。

天宝年号

唐韦绚尝从刘禹锡学，闲中刘为述前代轶事，绚退而默记，著《刘宾客嘉话录》。内载唐玄宗改天宝年号事，云：

李丞相泌谓德宗曰："肃宗师臣，岂不呼陛下为崽郎？"圣颜不悦。泌曰："陛下天宝元年生，向外传改年之由或以弘农得宝，此乃谬也。以陛下此年降诞，故玄宗皇帝以天降至宝，因改年号为天宝也。"圣颜然后大悦。

李泌字长源，历玄、肃、代、德四朝，倚老卖老而忤圣，复以巧言以狡饰，非忠厚长者也。然其谓玄宗改元天宝事，余查诸典籍，无稽也。或谓，开元二十九年，玄宗同辈兄弟死两人，为避晦气，改元天宝。或谓是年地方官吏上祥瑞而促其改元。或谓弘农得宝而改元。唐代典籍无载其事，殊难定论。窃谓弘农得宝事似较合于情理也。

夫唐乐曲有《得宝歌》，传为玄宗所制。《旧唐书·韦坚传》载："玄宗时，南方租赋漕运总码头落成，百人唱'得宝弘农野，弘农得宝耶。漂里船车闹，扬州铜器多。三郎当殿坐，看唱《得宝歌》'。"三郎，玄宗乳名也。盖弘农漕运总码头落成，视之为宝也。是故改元天宝亦合常情。玄宗自先天、开元凡三十余年，太平盛世，自视甚伟，以天降之宝而改元，亦属平常。

天宝三年，玄宗改"年"为"载"，可窥其心理一斑也。《唐大诏令集》收《改天宝三年为载制》曰："历观载籍，详求前制，而唐虞焕乎可述。是用钦若旧典，以叶惟新，可改天宝三年为三载。"呜呼，夫自汉武开帝王年号纪年始，一以年为纪，玄宗独改为载，其以尧舜自视也。《尔雅·释天》云："载，岁也。夏曰岁，商曰祀，周曰年，唐虞曰载。"

安史乱后，肃宗于灵武即位，改元"至德"，沿用"载"。至德三载改元"乾元"，诏"载"为"年"。据右所述，李泌所谓因德宗降诞而玄宗改元事，诔言矣。

天　妃

处州城南旧有天妃宫，今已毁，仅存后寝耳。今人多有不省天妃者，或谓玉皇大帝之妃，谬也。略考之于史籍，以正其名。

天妃者，俗谓妈祖，乃沿海民众所祀之神也。传天妃本姓林，名默，福建莆田湄州屿人，生一月而不啼，故以默名之。《莆田县志》载：默诞时"而地变紫，有祥光异香"。二十七岁登仙，《扬州天妃宫碑记》谓其登仙之时"闻空中乐声，氤氲有祥云若乘，自天而下，神乘之上升"。故于雍熙四年建庙奉祀，称之妈祖庙。

《明史·礼志》载："南京神庙初称十庙……天妃，永乐七年封为'护国庇民妙灵昭应弘仁普济天妃'，以正月十五日，三月二十三日，南京太常寺官祭。太仓神庙以仲春、秋望日，南京户部官祭。"

郎瑛《七修类稿》载："洪武初，海运风作，漂泊粮米数百万石于落漈。万人呼号待死矣，大叫'天妃'，则风回舟转，遂至直沽。太祖以天妃于今时尚懋出险持危之绩，有裨朝野，应享明禋。"封为"昭孝纯正孚济感应圣妃"。

《菽园杂记》卷八云："天妃之名，其来久矣。古人帝天而后地，以水为妃。然则天妃者，泛言水神也。元海漕时，莆田林氏女有灵江海中，人称为天妃。此正犹称岐伯张道陵为天师，极其尊崇之辞耳。或云水，阴类，故凡水神皆塑妇人像。而拟以名人，如湘江以舜妃，鼓堆以尧后。盖世俗不知山水之神，不可以形像求之，而谬为此也。"

沈德符《万历野获编》"女神名号"条云："至于海神，今东南共祀者，在宋已封天妃，盖妃生宋哲宗元祐时，莆田人，姓林氏，生而灵异，殁而为神。本朝永乐六年正月初六日，太宗又加封为'护国庇民妙灵昭应弘仁普济天妃'庙号，宏济天妃之宫。"

天妃之名既定，然士大夫亦多有以为谬者，盖以为林默既为处女室子，何为以为天帝之配？《明文衡》收唐肃《上虞孝女朱娥诗序》文，曰："予昔过曹娥庙著论云：娥未事人而死，汉称孝女，礼也。今庙祀乃以夫人谥。夫有君子而后为夫人，生而女死而夫人可乎？娥之孝，不以女薄，不以夫人厚也。及至吴，见海滨有庙祀天妃某夫人者，云本闽中处女，死为海神。则又叹曰：妃，配也。天之主宰曰帝，天妃者岂帝之配邪？处女死为神，称夫人，谬矣。而又谓之天妃可乎？历代祀典掌之宗伯，议之朝廷，凡非礼若此者，孰能革而正之哉。"

明谢肇淛《五杂俎》卷四载："海上有天妃神甚灵，航海者著应验。如风涛之中忽有蝴蝶双飞，夜半忽现红灯，虽甚危，必获济焉。天妃者，言其功德可以配天云耳，非女神也。"

天妃名号之争终未有定论，明田艺蘅则主以"圣女""天女"称之，以避"天帝之妃"之亵渎，其《留青日札》云：

宋神宗元丰六年，博士王吉请妇人之神，封夫人，再封妃。北阙西有天妃宫，乃漕运奉祀之神，皆起于宋，盛于元。盖时海运著灵也，而不知何处人。此女乃福建莆田林氏之季女，幼悟玄机，长知祸福，在室三十年，显灵元祐，州里立祠。至元中奏号天妃，我朝洪武初海运有功，乃封"昭应德正灵应孚济圣妃娘娘"之号，夫曰圣妃可也。旧乃曰天妃，天果有妃乎？盖妃，媲也，对也，故天子曰后妃，次曰妃嫔。……今以三十之室子，而强加之曰妃，可谓名称其情乎？以妃而上配之以天，不亦甚亵乎？神必有所不享也。余意欲以圣妃易作圣女，何如？或曰"天女"，庶不悖渎也。

夫天妃者，近水之民祀之神也，乞神护佑，民俗使然，至于所谓林默者，当亦为其地民众尊崇之人，祀之既久，传之四方，则皆以为神也。至若称之妃，崇之耳，士大夫以字义考之不亦迂乎？

天山雪莲

自金镛、梁羽生新武侠小说流行，天山雪莲亦为世人视为异物。余尝游新疆，土著有以雪莲花售之者，价甚昂。

所谓天山雪莲，汉人之称也。唐释慧苑《慧苑音义》卷上云："优钵罗，具正云尼罗乌钵罗。尼罗者，此云青；乌钵罗者，花号也。其叶狭长，近下小圆，向上渐尖，佛眼似之，经多为喻。"优钵罗乃印度梵语音译，优钵罗花汉语谓之雪莲也。其花洁净幽清，秀色异香，孤高脱俗，故佛经常以之喻佛。《法华经·妙音菩萨品》："菩萨目如广大青莲花叶。"以之喻佛之慧眼也。

夫雪莲花生于高山雪线之岩缝、石壁间，西域人以其为神山圣域之小佛像，乃瑶池王母天池沐浴时仙女所撒之琼花也。《穆天子传》载，周穆王乘八骏之车求长生之药于西王母，西王母即以天山雪莲相赠。此说又早于佛经也。

唐岑参从军西域有《优钵罗花歌》云："白山南，赤山北。其间有花人不识，绿茎碧叶好颜色。叶六瓣，花九房。夜掩朝开多异香，何不生彼中国兮生西方。移根在庭，媚我公堂。耻与众草之为伍，何亭亭而独芳。何不为人之所赏兮，深山穷谷委严霜。吾窃悲阳关道路长，曾不得献于君王。"诗前有序云："参尝读佛经，闻有优钵罗花，目所未见。……交河小吏有献此花者，云得之于天山之南。"

清纪昀《阅微草堂笔记》卷三《滦阳消夏录》记其流放新疆所见雪莲云："塞外有雪莲，生崇山积雪中，状如今之洋菊，名以莲耳。其生必双，雄者差大，雌者小。然不并生，亦不同根，相去必一两丈。见其一，再觅其一，无不得者。"清人王树楠《望博格达山》诗云："矗翠嶙峋石柱天，好花开遍雪中莲。世间冷尽繁花梦，天外飞来绰约仙。脉脉素心人万里，亭亭寒影鹭双拳。乞公碧藕长生种，采向瑶池不记年。"

天师道徒王羲之

《晋书·王羲之传》载："羲之既去官，与东土人士尽山水之游，弋钓为娱。又与道士许迈共修服食，采药石不远千里，遍游东中诸郡，穷诸名山，泛沧海，叹曰：'我卒当以乐死。'"

右军之琅琊王氏家族素与道教渊源甚深。据《晋书》本传，右军家族"世事张氏五斗米道，又精通书道。"《道经》记右军始祖王子晋向神仙之灵虚，尝迈行放达于天台北门金庭桐柏山第二十七洞天之故事。寅恪先生考证谓右军父子均以"之"为字，乃其信奉天师道之符号也。本传载"羲之雅好服食养性，不乐在京师，初渡浙江，便有终焉之志。会稽有佳山水，名士多居之，谢安未仕时亦居焉。孙绰、李充、许询、支遁等皆以文义冠世，并筑室东土，与羲之同好"。

夫天师道乃道教之始创者，汉顺帝元年，有张陵者于鹤鸣山称受太上老君之封，是为天师之位，故创天师教。其教旨乃葛洪所称"地仙"也。盖道教所倡者乃仙也，葛洪以之分为"天仙""地仙""尸解仙"，而"天仙""尸解仙"成之于身后，"地仙"则现世自我成仙也。其编《神仙传》最可奇者，无过于刘安、左慈、孔安国、郭璞辈赫然在列，是以谓现世之人亦可成仙也。右军之言行实为践行"地仙"之天师道人也。

天之大数

南朝梁昭明太子萧统编选《昭明文选》，以佚名古诗十九首入编，命之曰《古诗十九首》。然古诗传之南朝岂仅存十有九邪？千载以来前人为之笔墨仗未息。

吾国春秋之时历法，乃阴阳合历，一十九年之期设七闰月，以补阴阳之差。故以一十九年为"一章"。"十九"乃一成数，且为天之大数。萧统编选古诗，以天之大数为其名，不亦宜乎。

汉武帝时制《郊祀歌》，乃以十九章所成之诗。郊祀者，祭天也，其礼乐以"十九"之天之大数而成，岂巧合者焉。

《庄子·养生主》有"庖丁解牛"故事，人皆尽知，然皆未尽解其辞也。庖丁自云："良庖岁更刀，割也；族庖月更刀，折也。今臣之刀十九年矣，所解数千牛矣，而刀刃若新发于硎。"庖丁为神其技，以族庖、良庖与之比，然以"十九"之数，当有说也。既言族庖、良庖之技乃割乃折，而己操刀有"道"而"游刃有余"，可知其言"十九年"乃极言其大也。唐道士成玄英疏《庄子》，谓"十，阴数也。九，阳数也。故十九年极阴阳之妙也"。北宋吕惠卿《庄子义》谓"十有九则阴阳之极数也"。清初王夫之《庄子解》称"十年为率而又九年，形其久也"。诸儒所解，盖莫勘破肯綮所在，无奈而强作解人而已。

夫"十九"之数，实乃天文历法之周期，言其无限大也。萧统编集《文选》以天之大数选"古诗"，征其天下精华囊括于斯耳，若清人《金石萃编》之"萃编"，《古文观之》之"观之"类也。

天主教与康熙礼仪之争

康熙四十三年甲申，罗马教廷与大清因礼仪之争，几成大祸，此亦为天主教之于中国传教史之大事也。

初，康熙帝于天主之传教甚为宽容。三十二年，帝患疟疾，久治不愈，传教士洪若翰、刘应进金鸡纳霜（奎宁），寻愈。帝赐重金于西安门内赐地供其修建教堂。黄伯禄《正教奉褒》载：帝尝为京城某教堂敕书"万有真源"额，并书一联云："无始无终先作形声真主宰，宣人宣义聿昭拯济大权衡。"帝亦有诗云："森森万象眼轮中，须识由来是化工。体一无终而无始，位三非寂亦非空。天门久为初人闭，福路全凭圣子通。除却异端无忌惮，真儒若个不钦崇。"

夫天主之传教自明始，利玛窦、汤若望辈耶稣教士最为贴合民众，尊中华传统，着儒家服饰，引儒家之经典而论说天主之教义，故士大夫多所敬也。及清入关，汤若望任掌钦天监，主修历法。至顺治末，天主教堂遍二十八大邑，教徒达十万余。康熙初，两宫皇太后屡颂汤若望之西洋历法，并言其受诬之事，帝亲查其案，为之平反，诏革杨光先职，任南怀仁为钦天监监正，命驱逐至广州之传教士二十五人各自返回本堂，允其传教。以至天主传教之危局得以复苏也。

然康熙四十三年，罗马教廷命圣职部制"禁约"七条，令禁中国教徒尊孔祭祖，并遣特使多罗携"禁约"予帝，请据之颁布。此举实违中国之固有思想甚也，帝怒，逐多罗于京，交澳门总督看管，竟殁于澳狱。

余尝见黄秋岳云于故宫文献部乐寿堂见康熙朝谕西洋人谕旨一道，似是内阁所拟，经圣祖朱笔删改者，记罗马教廷与康熙之礼仪之争甚详，实为堪考史实之材料，兹录于左：

上面谕："尔西洋人自利玛窦到中国，二百余年，并无贪淫邪乱，无非修道，平安无事，未犯中国法度。自西洋人航海九万里之遥者，为情愿效力。朕因轸念远人，俯垂矜恤，以示中华帝王不分内外，使尔等各献其长，出入禁庭，曲赐优容致意。尔等所行之教，与中国毫无损益，即尔等去留，亦无关涉。因自多罗来时，误听教下阎当，不通文理，妄诞议论。若本人略通中国文章道理，亦为可恕。伊不但不知文理，即目不识丁，如何轻论中国理义之是非。即如以天为物，不可敬天；譬如上表谢恩，必称皇帝陛下阶下等语；又如遇御座，无不趋跄起敬，总是敬君之心，随处皆然。若以陛下为阶下，座位为工匠所造，怠忽可乎？中国敬天，亦是此意。若依阎当之论，必当呼天主之名，方是为敬，甚悖于中国敬天之意。据尔集西洋人修道起意，原为以灵魂归依天主，所以苦持终身，为灵魂永远之事。中国供神主，乃是人子思念父母养育，譬如幼雏物类，其母若殒，亦必呼号数日者，思其亲也。况人为万物之灵，自然诚动于中，形于外也。即尔等修道之人，倘父母有变，亦自哀恸，倘置之不问，即不如物类矣，又何足与较量中国敬孔子乎？圣人以五常百行之大道，君臣父子之大伦，垂教万世，使人知亲上敬长之大道，此至能圣先师之所应尊应敬也。尔西洋人亦有圣人，因其行事可法，所以敬重。多罗、阎当等知识甚浅，何足言天，何知尊圣。前多罗来，俱是听教下无赖妄说之小人，以致颠倒是非，坏尔等大事。今尔教主，差使臣来京请安谢恩，倘问及尔等行教之事，尔众人公同回答应：'中国行教俱遵利玛窦规矩，皇上深知，历有年所。况尔今来上表请皇上安，谢皇上爱育西人之重恩，并无别事。汝若有言，汝当启奏皇上，我等不能应对。'尔等不可各出己见，妄自应答，又致紊乱是非。各应凛遵，为此特谕。"

观康熙之谕，清季诸帝之见识均逊于其也。其中理论有足见东西思想根本之不同者，此亦足见康熙帝之博学处也。

填词讽科举弊病

南宋度宗时，有无名氏撰《沁园春》词以讽科举弊病。云：

"国步多艰，民心靡定，诚吾隐忧。叹浙民转徙，怨寒嗟暑，荆襄死守，阅岁经秋。虏未易支，人将相食，识者深为社稷羞。当今亟，出陈大谏，箸借留侯。（缺二字）迂阔为谋。天下士、如何可籍收？况君能尧舜，臣皆稷契；世逢汤武，业比伊周。政不必新，贯仍宜旧，莫与秀才做尽休。吾元老，广四门贤路，一柱中流。"

盖宋初太祖于科举取士尚甚严，弊虽犹存，然风气清正。朝廷虽防科举之弊，然科举陋习难除，舞弊之风不可绝也。至南宋，其弊尤甚，寒门士人登入仕途。《癸辛杂识》别集卷下载：

"咸淳辛未，正言陈伯大建议，以为科场之弊极矣，欲自后举始行，下诸路运司牒州县，先置士籍，编排保伍，取各家户贯，三代年甲，娶谁氏，兄弟男孙若干之数。其有习举业者，则各书姓名，所习赋经。子孙若凭所书年甲，如十五以上实能举业者，自五家至二十五家而百家，百家而里正，许其自召其乡之贡士，结罪保明，批书举历，然后登士籍。一样四本，县州漕部各解其一，仍从县给印历，俾各人亲书家状于历首，以为字迹之验，不许临期陈状改易。或有随侍子弟，合赴漕牒诸色漕试者，各令赍历先赴县批凿，前去各处状试，每遇唱名后，重行编排保伍取会。如有新进可应举者，续照前式保明付籍。或有事故服制者，并画时申闻批凿或毁抹。如虚增人名，妄称举子，其犯人与里正保伍并照贡举条例施行。大意如此，御笔从行，偏牒诸路昭揭通衢。"

嗟乎，南宋至咸淳时，大厦将倾，岂除科学之弊可挽者焉。

填词为判书

讼狱判文，自隋唐时重文辞，与上古异。古之讼狱无判词。《周礼·秋官·小司寇》"以五声听狱讼，求民情：一曰辞听，二曰色听，三曰气听，四曰耳听，五曰目听。"孔子赞子路"片言可以折狱"是无所谓判词也。（《论语·颜渊》）唐颜真卿《文忠集》载其一判词绝妙，文采飞扬，辞藻华丽，且引经据典，骈散兼用，词情并茂，读之令人神往矣。时颜为州刺史，有书生杨志坚妻嫌其贫，求离婚。其判词云："杨志坚素为儒学，遍览九经，篇咏之间，风骚可摭。愚妻睹其未遇，遂有离心。王欢之廪既虚，岂遵黄卷；朱叟之妻必去，宁见锦衣。污辱乡闾，败伤风俗。若无褒贬，侥幸者多。阿决二十后，任改嫁。杨志坚秀才，赠布帛各二十四，米二十石，便署随军，仍令远近知悉。"判词所谓王欢者为前燕人，妻嫌其贫，焚其书，求改嫁，后符坚称帝，任太子少傅。朱叟者，朱买臣也。讼狱判词重文采之风，后世沿习未绝。余见《事林广记》记东坡守杭时，以《踏莎行》词为判词，则空前而绝后者也。

《广记》谓："灵隐寺有僧名了然，不遵戒行，常宿娼妓李秀奴家，往来日久，衣钵为之一空。秀奴绝之，僧迷恋不已，乘醉往秀奴家，不纳，因击秀奴，随手而毙。县官得实，具申州司，时内翰苏子瞻治郡，一见大骂曰：'秃奴，有此横为，送狱院推勘。'则见僧臂上刺字云'但愿同生极乐国，免教今世苦相思'之句。及见款状招伏，即行结断，举笔判成一词，名《踏莎行》。这个秃奴，修行忒煞。云山顶上持斋戒。一从迷恋玉楼人，鹑衣百结浑无奈。毒手伤人，花容粉碎。空空色色今何在？臂间刺道苦相思，这回还了相思债。判讫，押赴市曹处斩。"

呜呼，坡公之文名天下，其判词亦传于后世矣。

豚与彘

余读《孟子·梁惠王章句下》"五亩之宅，树之以桑，五十者可以衣帛矣。鸡豚狗彘之畜，无失其时，七十者可以食肉矣。"杨伯峻先生注云："豚是小猪，但只能杀以祭祀，正如王筠在《说文释例》所说的'古人之豕，非大不食，小豕惟以致祭也'。"译文谓"鸡狗与猪等家畜家家都有饲料和工夫去饲养，那么，七十岁以上的人都可以有肉吃了。"余终惑也，豚与彘皆猪，何必分而言之哉？若云豚乃小猪，彘而大猪，则鸡狗亦有大小之别，何不俱而别之？朱熹《四书章句集注》于此句则未注。惑之不解，寻之于文献。

《说文》云："彘，豕也。后蹄废谓之彘。"《尔雅·释兽》云："豕子，猪。"今亦曰彘。刘俊田《四书全译》注云："鸡豚狗彘之畜；豚，小猪；彘，猪。"呜呼，孟子之言谓鸡、小猪、狗、猪四类乎？抑或后世之错简乎？《汉语大词典》释复云："彘，亦指野猪。"则孟子之言明矣，鸡豚狗彘者，鸡、猪、狗、野猪也。《淮南子》载："野彘有艽槎栉，窟虚连比，以象宫室，阴以防雨，景以蔽日，亦其知也。"窃谓战国之时，彘亦为人所畜，然其生长既缓复以善食，后世不复畜养之也。一家陋识，尚待方家教之矣。

娃娃鱼上树

鲵，身长而扁，生于山溪中，声如婴，俗称"娃娃鱼"者是也。《尔雅·释鱼》："鲵大者谓之鰕。"余邑庆元山溪间今尚存，以其希，人尤以贵之。明黄瑜《双槐岁钞》卷八载："鲵鱼出峡中，如鮎，四足，长尾，能上树。天旱，辄含水上山，茹草叶覆身，张口，俟鸟来饮水，因吸食之，声如小儿。将食，先缚之树，鞭之，出汁如白汗，乃无毒。鮱鱼出四川雅州荣经水及西山溪谷，似鲵，有足，亦能缘木，声如儿啼，蜀人食之。"《释名》云："人鱼，鮱鱼。时珍曰：'如小儿，故名'。"

《孟子·梁惠王上》云："以若所为，求若所欲，犹缘木而求鱼也。"以此而观之，则物之不可穷究者亦存之，天地间事物岂可尽详审焉？

王敦田舍相

晋时王敦，琅琊临沂人，为魏晋门阀第一大族之传人也。《世说新语》记其"王大将军年少时，旧有田舍名，语音亦楚"。"田舍名"者，犹今所谓"乡巴佬"也；"语音楚"者，谓其不暗官话也。及其为晋武帝司马炎驸马，尚舞阳公主，其田舍之相犹未能除也。

《世说新语·纰漏》载："王敦初尚主，如厕，见漆箱盛干枣，本以塞鼻，王谓厕上亦下果，食遂至尽。既还，婢擎金澡盘盛水，琉璃碗盛澡豆，因倒着水中而饮之，谓是干饭。群婢莫不掩口而笑之。"虽为野史逸闻，于王敦及司马氏家族贬损甚至也。及其至石崇府邸如厕，则处之泰然，无复田舍相矣。《世说新语·汰侈》载："石崇厕常有十余婢侍列，皆丽服藻饰。置甲煎粉、沉香汁之属，无不毕备。又与新衣着令出，客多羞不能如厕。王大将军往，脱故衣，着新衣，神色傲然。群婢相谓曰：'此客必能作贼'。"

王处仲虽有田舍相，然其"君蜂目已露，但豺声未振耳。必能食人，亦当为人所食"。（《世说新语·识鉴》）忍狼之心他人不及也。《汰侈》记其赴石崇处饮，"石崇每要客燕集，常令美人行酒。客饮酒不尽者，使黄门交斩美人。王丞相与大将军尝共诣崇。丞相素不能饮，辄自勉强，至于沉醉。每至大将军，固不饮，以观其变。已斩三人，颜色如故，尚不肯饮。丞相让之，大将军曰：'自杀伊家人，何预卿事'"。残忍如斯，可窥一斑也。及其逼元帝司马睿致死，复欲废明帝司马绍，则俨然豺狼之相，焉复田舍相耶？

呜呼，人固不可以相而论之，王处仲之田舍相余以故为掩饰之举也。门阀大族之人焉有于厕间食枣饮豆者焉？此亦世人恶其逆叛，诟而伪撰之者也。虞世南评其人曰："晋之迁都江左，强臣擅命，垂拱南面，政非己出，王敦以磐石之宗，居上流之地，负才矜地，志怀冲向鼎，非明帝之雄断，王导之忠诚，则晋祚其移于他族矣。"

王维《息夫人》诗本事

王右丞有《息夫人》诗："莫以今时宠，能忘旧日恩。看花满眼泪，不共楚王言。"后来评议者见仁见智，然皆未及其本事也。

唐孟棨《本事诗·情感》云："宁王曼贵盛，宠妓数十人，皆绝艺上色。宅左有卖饼者妻，纤白明媚，王一见注目，厚遗其夫取之，宠惜逾等。

环岁，因问之：'汝复忆饼师否？'默然不对。王召饼师使见之，其妻注视，双泪垂颊，若不胜情。时王座客十余人，皆当时文士，无不凄异。王命赋诗，王右丞维诗先成……座客无敢继者。王乃归饼师，以终其志。"

宁王者，李宪也。乃唐睿宗之嫡长子，玄宗李隆基之长兄，因其让储于隆基而深宠。《旧唐书·让皇帝宪》载其"奏乐纵饮，击毬斗鸡，或近郊从禽，或别墅追赏，不绝于岁月矣"。"宪尤恭谨畏慎，未曾干议时政及与人交结"。开元八年，王维长安就试吏部落第，每从诸王游宴，《息夫人》诗即是时作。清贺裳《载酒园诗话》谓："摩诘'莫以今时宠，能忘旧日恩。看花满眼泪，不共楚王言'，正以咏饼师妇佳耳。若直咏息夫人，有何意味？"窃谓摩诘此诗若意在饼师妇，则其旨逾高也。宁王夺饼师妻，固权贵欺人之恶行，是以座中文士"无不凄异"，摩诘以息妫喻饼师妇，假以婉讽宁王，终至"王乃归饼师"，摩诘此诗功德无量也。

窃谓宁王终非无行衔内者流，闻摩诘诗而知善恶，可知诗之感人至深者矣。唐宋以来，诗家辈出，然诗评多有异者，为未明其本事也。

小品一词源于佛学

明清小品文，独抒性灵，不拘格套，为世人所重。所谓"公安派""竟陵派"者，皆有美文传世。以文体言，所谓"小品文"始于明清，然小品之名称实源于佛学。释典有《小品经》，罗什译，十卷，此经即《小品摩诃般若波罗蜜经》之异名，原谓佛经之节本也。名小品者，与二十四卷本《摩诃般若波罗蜜经》相对耳。《世说新语·文学》"有北来道人好才理，与林公相遇于瓦官寺，讲《小品》"可证。又，"殷中军读《小品》，下二百签，皆是精微，世之幽滞。尝欲与支道林辩之，竟不得。今《小品》犹存"。刘孝标注云："释氏《辩空经》，有详者焉，有略者焉。详者为大品，略者为小品。"是以知所谓"小品"者乃相对"大品"而言者也。然明清之前，称小品者，非谓文体，乃专谓佛经也。唐陆龟蒙《寂上人院》诗"趁幽翻《小品》，逐胜讲《南华》"。清金农《写经研》诗之二"到处云山到处佛，《净名》《小品》倩谁书"？

　　窃谓就文学论，凡篇幅短小者皆可谓之小品。若尺牍、游记、日记、序跋，乃至骈文、辞赋、小说，概可为小品焉。晚明时，为文者多喜径以小品名之。朱国祯之《涌幢小品》、陈继儒之《晚香堂小品》、王思任之《谑庵文饭小品》皆此类也。至若未以小品名之而实为小品文者，众矣。今人熟知者若李渔之《闲情偶寄》、张潮之《幽梦影》、余怀之《板桥杂记》、冒襄之《影梅庵忆语》、沈复之《浮生六记》皆是矣。

秀才讨债还债

　　夫释家言轮回因缘，是以俗间有讨债还债之说，乡间民妇每遇逆心之事则以讨债还债云云。明陆容《菽园杂记》载僧言秀才讨债还债说，其语固近于戏谑，然亦警人也。其云：

　　僧慧暕涉猎儒书，而有戒行。永乐中，尝预修《大典》，归老太仓兴福寺。予弱冠犹及见之，时年八十余矣。尝语坐客云："此等秀才，皆是讨债者。"客问其故。曰："洪武间，秀才做官，吃多少辛苦，受多少惊怕，与朝廷出多少心力？到头来，小有过犯，轻则充军，重则刑戮，善终者十二三耳。其时士大夫无负国家，国家负天下士大夫多矣。这便是还债的。近来圣恩宽大，法网疏阔。秀才做官，饮食衣服，舆马宫室，子女妻妾，多少好受用，干得几许好事来？到头全无一些罪过。今日国家无负士大夫，天下士大夫负国家多矣。这便是讨债者。"

呜呼，还债、讨债之说，固佛家绪余，然以洪武间之严刑酷律与永乐盛世相较，士大夫之际遇自不可同日语也。然律弛则吏流于惰，律严则吏流于囿，此亦吏治之难中庸者焉。

薛公柳

宋仁宗庆历八年，欧阳修知扬州，于罗岗上大明寺筑堂，坐堂上江南诸山历历在目，似与堂平，名之曰平山堂。《墨庄漫录》卷二载："扬州罗岗上大明寺堂前，欧阳文忠公手植柳一株，谓之欧公柳。公词所谓'手种堂前杨柳，别来几度春风'者。薛嗣昌作守，相对亦种一株，自榜曰薛公柳，人莫不嗤之。嗣昌既去，为人伐之，不度德有如此者。"所言欧公词乃其填《朝中措》也，词云：

平山阑槛倚晴空。山色有无中。手种堂前垂柳，别来几度春风。 文章太守，挥毫万字，一饮千钟。行乐直须年少，尊前看取衰翁。

嗟乎，文忠公道德文章为人所钦，虽一词一令亦莫不行于世，非其辞赋皆臻于佳也，乃因其道德人品而及于辞赋也。人谓其手植柳为"欧公柳"者，敬其人而念及柳也。薛嗣昌何德何能，自榜曰薛公柳，直效颦之举矣，故其人去而人伐之也。若薛嗣昌辈，世亦多有之。余所游名胜，时见于先贤摩崖文字处，无知小人亦仿而勒之，呜呼，殃及崖石矣。薛公柳可伐而勒石不可除，惟遗笑后人耳。

学诗与举业

诗词文赋与场屋之文异，诗词文赋乃性情之作，重文采，而场屋之文乃八股之作，守绳墨。是故能为好诗文者，未必善场屋之文，其间因缘实难言说也。自科举兴，灵心慧质之人众，得意场屋者鲜，抑或诗赋举业不可皆得乎？

夫人之初学蒙学，莫非识字、熟典、作对、习文，至清末民初盖萧规曹随。唐翼修《父师善诱法》云："未读经时，工夫有暇，当与调声叶韵，讲解故事。盖声韵调熟，则文章自有音律。故事博通，则对联亦必精工。非徒为词赋小道也。"是知声律启蒙、熟谙典故乃为后日作文之备，诗乃蒙学之工具、举业之附庸。文辞固为器，如一味溺于其中，则为崇德尚理者所不取也。士之读书乃为举业，溺于诗赋则有碍举业，故旧时塾师其初既以诗赋教人，及其长则复警其溺也。清人黄之骥《宏远谟斋家塾程课条录》云："世俗童子师，每令日日作对及诗，此最虚费心力，徒弃时光。十五岁前不能记诵九经，皆由于此。"此说虽偏激，然亦可知时风之重举业而轻诗赋也。王阳明终为大儒，深谙童子教习之法门，其《训蒙大意示教读刘伯颂等》云："今人往往以歌诗习礼为不切时务，此皆末俗庸鄙之见，乌足以知古人立教之意哉。大抵童子之情，乐嬉游而惮拘检，如草木之始萌芽，舒畅之则条达，摧挠之则衰萎……故凡诱之歌诗者，非但发其志意而已，亦所以泄其跳号呼啸于咏歌，宣其幽抑结滞于音节也。"是言为知童子之心性者也。

嗟乎，世间多有才高逼世者，其固视举业为探囊取物耳，然场屋之中屡试不第，自行科举以来，此亦非一代一时之事。朱熹谓其友黄子厚云："中年不得志于场屋，遂发愤谢去，杜门读书，清坐竟日，间辄曳杖行吟田野间，望山临水以自适……由是其诗日以高古，遂与世亢，至不复可以示人。"（朱熹《黄子厚诗》序）诗赋既碍举业，则复弃举业而溺于诗赋，此亦一类也。亦有既知诗赋碍于举业，则强己弃之者。清人赵翼，初学时文，后溺于诗赋古文，为举业故，则弃己所爱而专时文。至若龚定庵、蒲留仙辈，皆溺于诗赋古文而不喜时文者，以至终身潦倒场屋。以其人言固为不幸，然于后世岂非幸事哉？定庵入仕则世无《己亥杂诗》，留仙中举则世无《聊斋》焉。

喜诗赋而不屑时文，以致久困公车之才子，何代无人？余不胜举矣。夫诗赋与场屋之文关乎文化之认同乃至人生价值之区分，是以幸与不幸，实亦难言也。

学文与学行

孔子倡学，弟子汇纂《论语》首章即为"学而"，首篇即言"学而时习之"，然夫子所论之"学"，既言"学文"，亦言"学行"也。《尚书》云"知易行难"，然知果易耶？窃谓行固难，知亦不易也。自古而来，坐而论道者众，身体力行者鲜，故夫子倡学文，尤重于学行也。其学之法，学文求"温故知新"，学行求"躬行君子"也。

孔子所谓"学文"，尧、舜、夏、商、周、春秋六代之文献也，尤以《诗》《书》《礼》《乐》《易》《春秋》为重。孔门所言"学行"，谓学六代圣贤之圣德善行也，其圣德善行则多载于六代文献，故孔子教学，学文学行时而重言也。权录夫子之言析之。

子曰："学而时习之，不亦说乎？有朋自远方来，不亦乐乎？人不知而不愠，不亦君子乎？"（《学而篇》）

有子曰："礼之用，和为贵。先王之道，斯为美：小大由之；有所不行，知和而和。不以礼节之，亦不可行也。"（《学而篇》）

"学而时习之"谓习文献，盖"六艺"之说，非文字诵背，知其所言即可，尚需讲习演练也。三句所言既谓君子之德行，兼及学文。有子之言讲习"先王之道"，即谓六代文献所记之古圣王之"道"也。圣王重礼法，重和谐，故其所学非限于"学文"，乃"学文""学行"并行也。

《论语》所记夫子言行，皆"学文""学行"并重，非后世腐儒寻章摘句，坐而论道者也。

子贡曰："《诗》云：'如切如磋，如琢如磨'，其斯之谓与？"子曰："赐也，始可与言《诗》已矣，告诸往而知来者。"（《学而篇》）

此节述夫子师徒论诗，固为"学文"，然《诗》之说乃言君子之"行"，谓古之君子切磋琢磨，以修养己之道德也。夫子重"学行"，诫弟子"孝弟信爱亲"，"躬行君子"，"行有余力，则以学文"，惜后来儒士弃其本而逐其末焉。窃谓周代君子言仁，一为致力于修齐治平之大业，于其身则戒图安逸，勿拘小节也。儒家之学，至宋明理学兴，则于君子之言行囿无数之细微末节，迫士人由事功而转事心。呜呼，君子坦荡荡转而言行非一矣。今人喜以圣贤之言炫于人前，岂知圣人之教重于行耶？倘不能遵圣人之教而行一事，便烂熟五经于腹，于己于人于世复何益哉？

巡抚演戏

清乾隆间，江西巡抚国泰酷喜梨园，尝与藩司于易简同演《长生殿》，国饰杨妃，于饰明皇。《清稗类钞》载其事云："乾隆季年，山东巡抚国泰年甫逾冠，玉貌锦衣，在东日，酷嗜演剧。适藩司于某亦雅擅登场，尝同演

《长生殿》院本，国去玉环，于去三郎。演至定情、窥浴等出，于自念堂属也，过媟亵或非宜，弄月嘲花，略存形式而已。讵舞余歌阕，国庄容责于曰：'曩谓君达士，今而知乃迂腐也。在官言官，在戏言戏，一关目，一科诨，戏之精神寓焉。苟非应有尽有，则戏之精神不出，即扮演者之职务未尽。君非头脑冬烘者，若为有余不敢尽，何也？'于唯唯承指。继此再演，则形容尽致，唐突西施矣。国意殊惬，谓循规赴节，当如是也。"

黄濬《花随人圣庵摭忆》"做官与演戏"条亦记其事，评之云"国泰寥寥数语，却是艺人正论，然惜其忘却本分耳。假令国泰能如其言，在官言官，处处尽责，则以余暇登场，庸何伤。抑更进言之，假令在官言官，又焉有余暇演戏耶？惟在官言官，在戏言戏，此理相通，抑亦相类。"

夫国泰，姓富察氏，满族镶白旗人。监生出身，袭刑部郎中，放任山东布政司。其人善逢迎，结交权臣和珅，乾隆四十二年除山东巡抚。史载"国泰纨绔子，婪索诸属吏，征赂诸州县，数辄至千万"。后为御史钱沣所劾伏法。窃以为可叹者，国泰既明白在官言官之理而贪赃枉法，黄濬讥其忘却本分，却复坠为汉奸，是二人于理则皆明也，于事则皆昏也，抑言之易而行之难哉？

衙内本禁卫官

明清小说每有书显赫官宦之子弟为衙内，如《水浒传》"恰待下拳时，认的是本管高太尉螟蛉之子高衙内。"而前代无此称也。

《旧唐书·德宗纪上》载："己亥，敕左右卫上将军、大将军，并于衙内宿。"则衙内为禁中之称也。五代及宋初，藩镇亲卫官有牙内都指挥使，牙内都虞候，多以子弟充任。宋张唐英《蜀梼杌》云："孟昶，知祥第三子，累迁西川衙内马步军都指挥使。"又宋王称《西夏事略》云："李继筠卒，弟继捧立；继捧初为牙内指挥使，嗣继筠为留后。"以是知唐时藩镇皆以亲子弟领衙内之职，故人称其人为衙内，以所职称之也。至于官宦子弟之称，春秋之时称公子，如《史记》所书四公子者。战国之后则多称王孙，《左传·哀公十六年》"王孙若安靖楚国，匡正王室，而后庇焉。启之愿也"。《楚辞·淮南小山·招隐士》"王孙游兮不归，春草生兮蔓蔓"。王夫之释云："秦汉以上，士皆王侯之裔，故称王孙。"唐末宋初则称衙内矣。

案，牙者，旗也，汉时太守出有门旗，后世遂以牙为衙也。子弟称衙内，宋之后之俗，而义含贬焉。

颜回郭外有田郭内有圃

晋皇甫谧《高士传》载："颜回，字子渊，鲁人也，孔子弟子。贫而乐道，退居陋巷，曲肱而寝。孔子曰：'回，来家贫居卑，胡不仕乎？'回对曰：'不愿仕。回有郭外之田五十亩，足以给饘粥；郭内之圃十亩，足以为丝麻。鼓宫商之音，足以自娱；习所闻于夫子，足以自乐。回何仕焉？'孔子愀然变容，曰：'善哉，回之意也。'"

《论语·雍也》云："子曰：'贤哉，回也。一箪食，一瓢饮，在陋巷。人不堪其忧，回也不改其乐。贤哉，回也。'"朱子注云："颜子之贫如此，而处之泰然，不以害其乐，故夫子再言'贤哉回也'以深叹美之。"朱子之后士人亦多以为颜子固贫也。然据《高士传》，颜子郭外有田五十亩，郭内有圃十亩，衣食当可无忧矣，岂可谓其贫耶？程子曰："颜子之乐，非乐箪瓢陋巷也，不以贫窭累其心而改其所乐也，故夫子称其贤。"又

586

曰："箪瓢陋巷非可乐，盖自有其乐尔。其字当玩味，自有深意。"程子所言中的也，颜子之乐非衣食之丰美也，鼓宫商之音以自娱，习夫子之教以自乐，此其乐者也。然若其无郭外之田，郭内之圃，则亦当如曾参之仕矣。

梁绍壬《两般秋雨庵随笔》又云："《高士传》：颜回有郭外之田六十亩，以供饘粥。有郭内之圃六十亩，以供丝麻。若是，则小康之家矣，何至箪瓢陋巷，不堪其忧耶？其说殊不足信。"

今之鼓《思贤操》者，当深体颜子之乐也。

又，宋之后多有以郭外田入诗者，取颜子之乐也。宋刘克庄《送叶知郡》诗云："家在春风住二年，借侯无路意怆然。到来不饮官中水，归去难谋郭外田。"宋杨公远《次姚吏隐惠诗韵》云："喜评曲直人间事，懒问肥硗郭外田。忙里依然清兴在，时时不吝惠新篇。"清吕汝修《留星侯度岁》云："楼外青山郭外田，双流燕尾绕堤前。绿堤种得千条柳，泄漏春光剧可怜。"

晏殊有知人之明

晏殊居要位，唯贤是举。范仲淹、孔道辅、王安石均出其门下，韩琦、富弼、欧阳修皆经其栽培、荐引，富弼虽为其婿，然同叔举贤不避亲，朝中一时多贤达之士。"庆历新政"台阁虽多时贤，殊实总其事者也。

宋王铚《默记》载：王荆公于杨寘榜下第四人及第。是时，晏元献为枢密使，上令十人往谢。晏公俟众人退，独留荆公，再三谓曰："廷评乃殊乡里，及闻德行乡评之美，况殊备位执政而乡人之贤者取高科，实预荣焉。"又曰："休沐日相邀一饭。"荆公唯唯。既出，又使直省官相约饭会，甚殷勤也。比往时，待遇极至。饭罢，又延坐，谓荆公曰："乡人他日名位如殊，坐处为之有余矣。"且叹慕之又数十百言，最后曰："然有二语欲奉闻，不知敢言否？"晏公言至此，语欲出而拟议久之，乃泛谓荆公曰："能容于物，物亦容矣。"荆公但微应之，遂散。公归至旅舍，叹曰："晏公为大臣，而教人者以此，何其卑也。"心颇不平。荆公后罢相，其弟和甫知金陵，时说此事，且曰："当时我大不以为然。我在政府，平生交友，人人与之为敌，不能保其终。今日思之，不知晏公何以知之，复不知'能容于物，物亦容焉'二句有出处，或公自为之言也。"

嗟乎，晏同叔可谓有知人之明矣。天下万物，有容乃大，大者方可容物，己之不大，焉能容大物哉？介甫性耿直，与司马君实虽为君子之交，政见相异，亦不能容。余谓其不能度他人之心腹而权衡之也，殊不知相异政见者亦思强国富民之人，途虽异而终一也。变法之途倘略为之缓，民之怨略微，持之数载，终亦必至。不能容于芥子，则人皆为敌，其变法亦随之毁，不亦悲乎？

宴会赋诗

春秋之宴，无论天子宴诸侯抑或诸侯互宴，概奏乐赋诗，故孔子云："不学诗，无以言。"（《论语·季氏》）《左传》引《诗》凡二百一十九处皆此类也。《周礼·春官》载，天子、诸侯之飨宴："飨食诸侯，序其乐事，令奏钟鼓。"《礼记·仲尼燕居》云："不能诗，于礼缪；不能乐，于礼素。"是知诗乐乃时人之基本素质也。

先秦典籍，多有引《诗》而言者，然细究其义，多有牵强附会者，盖斯时宴会，宾主习以《诗》而言事。诸侯之间，囿于礼，亦以《诗》而表意，盖以《诗》对答，乐工奏之，其意含蓄且雅，不失君子之风也。

《左传·文公三年》："公（鲁文公）如晋，及晋侯盟。晋侯飨公，赋《菁菁者莪》。庄叔以公降、拜。曰：'小国受命于大国，敢不慎仪？君贶之以大礼，何乐如之？抑小国之乐，大国之惠也。'晋侯降，辞。登，成拜。公赋《嘉乐》。"《菁菁者莪》乃《诗·小雅》之诗，晋侯取其"既见君子，乐且有仪"义。文公赋《嘉乐》乃《诗·大雅》之诗，取其"显显令德，宜民宜人，受禄于天"之义。两国既盟，国君互赋，以表其敬。

《左传·文公十三年》："郑伯与公宴于棐。子家赋《鸿雁》。季文子曰：'寡君未免于此。'文子赋《四月》。子家赋《载驰》之四章。文子赋《采薇》之四章。郑伯拜。公答拜。"《鸿雁》，《诗·小雅》之诗，云："鸿雁于飞，肃肃其羽。之子于征，劬劳于野。爰及矜人，哀此鳏寡。"子家赋此，以鳏寡自喻，欲鲁文怜之，再度赴晋而请和也。然季文子推诿其辞曰："寡君未免于此。"不欲助郑也。赋《四月》者，其云："四月维夏，六月徂暑。先祖匪人，胡宁忍予？"文子言己思归祭祀，不欲更复还晋也。子家复赋《载驰》，《诗·鄘风》之诗，取其"控于大邦，谁因谁极"义，谓郑当求援引于大国晋。文子赋《采薇》，义取其"戎车既驾，四牡业业。岂敢定居？一月三捷"之"岂敢定居"，盖许其不安居，折而复至晋，为之谋成也。两国交涉，大夫代国君赋诗而成其事。

《左传·文公四年》载："卫宁武子来聘，公与之宴，为赋《湛露》及《彤弓》。不辞，又不答赋。"宁武子何以不辞且不答赋焉？盖其以为《湛露》乃天子宴诸侯之乐，文公赋此，有僭越之嫌也。《论语·公冶长》云："子曰：'宁武子邦有道则知；邦无道则愚。其知可及也，其愚不可及也'。"可窥一斑。

《左传·襄公八年》载："晋范宣子来聘，且拜公之辱，告将用师于郑。公享之。宣子赋《摽有梅》。季武子曰：'谁敢哉？今譬于草木，寡君在君，君之臭味也。欢以承命，何时之有？'宾将出，武子赋《彤弓》。"《摽有梅》本言男女婚姻当及时，此赋寄意望鲁及时出兵也。《彤弓》序云："天子锡有功诸侯。"武子意在晋悼继晋文之霸业也。

《左传·襄公二十七年》载："齐庆封来聘，……叔孙与庆封食，不敬。为赋《相鼠》，亦不知也。"《相鼠》云："人而无仪，不死何为？人而无止，不死何俟。人而无礼，胡不遄死？"故孔子云"不学诗，无以言"也。

《左传》载重耳寄居秦，秦穆公宴请，《左传·僖公二十三年》载："公子赋《河水》。公赋《六月》。"重耳赋《河水》，寓求穆公出兵助其夺回君位也。穆公赋《六月》，借以应诺之请也。

夫诗以言志，春秋之季宴间赋诗，杯酒之间，诗味溢散。虽断章而取其义，不亦言志乎？实乃春秋之际之风流盛事也。秦汉之后，此风绝矣。至唐宋后则以投壶、酒令为之佐，然亦不失其雅。观夫今之宴，划拳喧嚣，斯文失之尽矣。

杨溥不听子弟言

明耿定向《先进遗风》云："杨文定公溥执政时，其子自乡来省。公问曰：'一路守令闻孰贤？'对曰：'儿道出江陵，其令殊不贤。'公曰：'云何？'曰：'即待儿苟简甚矣。'乃天台范理也。文定默识之，即荐升德安府知府，甚有惠政。"

杨溥，字弘济，时为内阁首辅也。闻子言而知孰贤，盖范理非阿谀之人也。夫执政之子，人皆欲附之，其自湖广至金陵，所经之处多也，而独诟江陵令，可知沿途府县皆奉之甚善，而文定独于诟言中闻其贤，是真贤者矣。王永彬《围炉夜话》云："父兄有善行，子弟学之或不肖；父兄有恶行，子弟学之则无不肖；可知父兄教子弟，必正其身以率之，无庸徒事言词也。"

余尝见有《少年行》云："少年不读书，父兄佩金印，子弟乘高车。少年不学稼，朝出乌衣巷，暮饮青楼下。岂知树上花，委地不如蓬与麻。可怜楼中梯，枯烂谁论高与低。尔父尔兄归黄土，尔今独自当门户。尔亦不辨亩东西，尔亦不能学商贾，时衰运去繁华歇，年年大水伤禾黍。旧时诸青衣，散去知何所。簿吏忽升堂，催租声最怒。相传新使君，怜才颇重文。尔曾不识字，张口无所云。卖田田不售，哭上城东坟。昔日少年今如此，地下贵人闻不闻。"此诗可为纨绔子作一传矣。

夫凡居位者，其子弟多藉其势以行强横，世人詈之谓官二代，其必祸及己而殃及父也。呜呼，贤哉杨文定。

杨朱学说之湮灭

战国之时，百家争鸣，依史实考，杨朱学派当亦为一大家也。然后世诸家之说，皆有所传，唯杨朱之学既无传人亦无文字传世，不亦怪乎？今人所可窥者，仅散见于诸家片言耳。

杨朱者，何许人，史家无可稽考。《庄子》有阳子居者，《吕氏春秋》有阳生者，或疑为阳朱。其学之旨为"贵己""为我""轻物重生"。其学派人子华子谓："全生为上，亏生次之，死次之，迫生为下。"（《吕氏春秋·贵生》）又有詹何者于楚王问"为国"，曰："何闻为身，不闻为国。"（《吕氏春秋·执一》）是以杨朱之说虽与墨家相敌，诸家诟之者众也。《淮南子·俶真训》云："百家异说，各有所出，若夫墨、杨、申、商之于治道，犹盖之无一橑，而轮之无一辐，有之可以备数，无之未有害于用也。"其说于儒家之说尤为抵突，《孟子·滕文公下》：

"圣王不作，诸王放恣，处士横议。杨朱、墨翟之言盈天下。天下之言，不归杨，则归墨。杨氏为我，是无君也；墨氏皆爱，是无父也；无父无君，是禽兽也。……杨、墨之道不息，孔子之道不著。……距杨、墨，放淫辞，邪说者不得作。……能言距杨、墨者，圣人之徒也。"

亚圣之惶恐愤激，情见于辞也。《尽心上》谓杨朱"杨子取为我，拔一毛而利天下不为也"。孔子主仁，孟子主施仁政，皆爱天下，杀身而成仁，是故孟子为之愤也。《尽心下》云："逃墨必归于杨，逃杨必归于儒。归，斯受之而已矣。今之与杨、墨辩者，如追放豚，既入其苙，又从而招之。"呜呼，视杨朱之流直如豚，诛伐之辞何其甚也。窃谓杨朱抑真禽兽者邪？《韩非子》记其两佚事，则杨子者亦性情中人焉。《说林上》载：

杨子过于宋东之逆旅。有妾二人，其恶者贵，美者贱。杨子问其故；逆旅之父答曰："美者自美，吾不知其美也；恶者自恶，吾不知其恶也。"杨子谓弟子曰："行贤而去自贤之心，焉往而不美？"

《说林下》又载：

杨朱之弟杨布衣素衣而出，天雨，解素衣，衣缁衣而反。其狗不知而吠之。杨布怒，将击之。杨朱曰："子毋击也。子亦犹是。曩者使汝狗白而往，黑而来，子岂能毋怪哉？"

韩非略后于杨朱，其所记当可信也。若以其记，则杨朱推己及物、揆理度情，焉有"禽兽"之气哉？

战国之时，儒、墨皆称显学，而孟子斥墨，秦汉后墨学几绝，唯《墨子》一书存矣。然杨子之学，则至此湮灭。噫，诸子百家，其宗主及言论皆有传于后世，文献可征，惟杨子之学绝，岂非怪事哉？

或曰，《列子》有《杨朱》篇，多有杨朱议论，然《列子》乃晋人托名之作，后六百载矣。若考之《列子·杨朱》篇，所谓"古之人损一毫而利天下不与也，悉天下奉一身不取也。人人不损一毫，人人不利天下，天下治矣"云云，取之《孟子》明也。

一饼谪配

　　宫中之使多骄纵，以其有宠于上也。《旧唐书·高少逸传》载："少逸，长庆末为侍御史，坐失举劾，贬赞善大夫，累迁谏议大夫，乃代元裕。稍进给事中，出为陕虢观察使。中人责峡石驿吏供饼恶，鞭之，少逸封饼以闻。宣宗怒，召使者责曰：'山谷间是饼岂易具邪？'谪隶恭陵，中人皆敛手。"《资治通鉴》亦载其事，云："以右散骑常侍高少逸为陕虢观察使。有敕使过峡石，怒饼恶，鞭驿吏见血；少逸封其饼以进。敕使还，上责之曰：'深山中如此食岂易得。'谪配恭陵。"《唐语林》又云："高尚书少逸为陕州观察使。有中使于峡石驿怒饼饵黑，鞭驿吏见血，少逸封饼以进，中使亦自言。上怒曰：'高少逸已奏来。深山中如此食，岂易得也？'遂谪配恭陵，复令过陕赴洛。"

　　夫上差之使于下，自视上之所差，多骄纵强横；即州府之差，至县亦如钦差，卑吏苦于其也。少逸封饼而奏，以惩恶使，不亦快乎？

一鼓三十槌

　　《左传·庄公十年》"夫战，勇气也。一鼓作气，再而衰，三而竭。"注家皆谓一鼓为一通，然一通为几何邪？《周礼·夏官·大司马》"鼓人皆三鼓。疏云："鼓，以作其士众之气也。"周时但言战则三鼓，亦未明一鼓作几槌。《谈徵》引《卫公兵法》云："鼓三十槌为一通，鼓止，角动，吹十二声为叠。"是知古之一鼓乃为三十槌也。

夫战之一鼓为三十槌，而州府报时之晨昏钟鼓则又异也。《坚瓠集》谓"一通为三十六声。"至若乐府之鼓则当依乐而槌，未有定数矣。唐王泠然《汴堤柳》诗"隋家天子忆扬州，厌坐深宫傍海游。穿地凿山开御路，鸣笳叠鼓泛清流。"唐岑参《献封大夫破播仙凯歌》"鸣笳叠鼓拥回军，破回平蕃昔未闻。"为乐府之鼓；宋范成大《晚雨》"东风吹雨晚潮生，迭鼓催船镜里行。"为樵楼之鼓；苏轼《游博罗香积寺》"霏霏落雪看收雨，隐隐叠鼓闻春糠。"为寺庙之鼓。鼓虽一，槌之数当各异也。

一年不二君

封建时代，君崩而年号不易，新君即位仍沿之，翌年方易年号。若清顺治帝于十八年正月初七日病逝于养心殿，初九日第三子玄烨即皇帝位。颁布诏书，以明年为康熙元年。康熙六十一年十一月十三日帝崩，二十日雍亲王胤禛即皇帝位，以次年为雍正元年。此遵礼制也。《左传·文公元年》经云："元年春王正月，公即位。"僖公乃前年十一月薨。《公羊传》云："缘民臣之心，不可一日无君；缘终始之义，一年不二君，不可旷年无君。"是知一年不二君遵春秋之礼制也。